Une Enquête sur la guerre et le militarisme

edited by

Augustin Frédéric Adolphe Hamon

with a new introduction
for the Garland Edition by

Sandi E. Cooper

Garland Publishing, Inc., New York & London
1972

Library of Congress Cataloging in Publication Data

Hamon, Augustin Frédéric, 1862-
Une enquête sur la guerre et le militarisme.

(The Garland library of war and peace)
Reprint of the 1899 ed., which was issued as a special number of L'Humanité nouvelle.
1. Peace. 2. International relations.
I. L'Humanité nouvelle. II. Title. III. Series.
JX1963.H225 327 70-147470
ISBN 0-8240-0262-8

Printed in the United States of America

Introduction

In the early months of 1898, the combination of world crises which were to dominate that year inspired Augustin Hamon (editor of L'Humanité Nouvelle) *and two Italian journalists associated with the peace movement (G. Ciancabilla and E. T. Moneta of* La Vita Internazionale) *to circulate a questionnaire among several thousand prominent Europeans on the general subjects of war, peace and militarism. Returns at first were few and unsatisfying but as the year unfolded, Spain was defeated by the United States, China was partitioned and Nicholas II issued his Rescript calling for a conference of the powers to discuss the arms race. Hovering in the background was the disquieting Dreyfus affair and the trial of Émile Zola. By the end of the year, the initiators of the questionnaire received a sufficient number of responses to warrant publication in the special issue of* L'Humanité Nouvelle *(May, 1899) which appeared as the Peace Conference at The Hague was about to open. Evidently the original intuition of the editors was justified. "Everywhere, threats of war attracted attention to the question of militarism."*

Respondents were asked to discuss four broad questions:

1) Is war among civilized nations still necessitated

by history, by law, by progress?

2) What are the moral, physical, economic and political effects of militarism?

3) In the interest of the future of world civilization, what solutions will have to be found to the grave problems of war and militarism? and

4) What are the fastest possible means of effecting these solutions?

Of the several thousand polled, one hundred and thirty-eight responses were included in this issue. Recipients of the questionnaire who apparently detected a mild anti-war or anti-military bias in it generally did not respond. There were many too who believed the entire inquiry was improper, considering who was conducting it. A few responses argued the case for the importance of war and of military virtues. See, for example, the letter of Scipione Borghese (pp. 140-144) and that of the anonymous woman author quoted in the introduction (pp. 3-4). On the whole, the responses reflected the range of late nineteenth century opinion – from moderate liberal to "far left" – on the issues of war, peace and militarism. The editors were apologetic about the imbalance since their original objective had been to provide the widest spectrum of views.

Several tables analyzing the results of the questionnaire by attitudes, by nationality and by professional connection appear at the end of this published version. Frenchmen comprised the largest nationality group of respondents, with Italians second; and journalists (59) followed by university faculty (19) and rentiers (19) were the major professional or income groups. Replies appear from certain of the eminent leaders of the peace and internationalist movements, such as Bertha von Suttner, Alfred H. Fried, Jacques Novicow, Gaston Moch, Moritz Adler, but the majority were not associated with such organizations. It is interesting to observe the similarities and differences of views among those directly connected to peace work and those vaguely sympathetic. And, notably, the difference between Tolstoi's absolute pacifism and the more guarded legal internationalism of the peace workers is striking.

A number of respondents complained that the questions required volumes to be treated adequately. A significantly recurring response to the first question was the position that war lingered on among civilized nations as a product or holdover from the past. Émile Durkheim, then professor at Bordeaux, observed that ancient vestiges, like war, subsided slowly and only would disappear entirely when new forms evolved and matured. For Durkheim, the "natural enemy" of war was the idea of fraternity and only when this idea triumphed, could war be eliminated.

Some few argued the extreme position of applied Social Darwinism which viewed war as an ineluctable human destiny. Many more criticized war for destroying rather than selecting the fittest. However, Professor Hauser, an important historian at Clermont, did not accept the idea that war was a form of atavistic or biologically determined behavior. Rather, he saw it as the inevitable result of discordant cultures which were contained in the abstraction known as "Europe." There was no other means to overcome basic differences in national temperaments, once passions were aroused. The events of 1870-71 loomed largely and darkly behind Hauser's assessment. Even, he argued, if the side of "right" lost temporarily, war was a moral obligation enjoined on nations by history, right and progress.

Jean Grave (editor of Les Temps Nouveaux) *and Georges Sorel represented the socialist and left-anarchist positions. With some difference in emphasis, both viewed the reason for war in terms of the needs of ruling classes, rather than as the result of vaguer forces such as "history" or "progress." Grave's recommendation was forthright – destruction of the "parasites" who exploited and governed peoples. Sorel added his sour criticism of contemporary socialist leadership which was to distinguish his works. Observing that socialist parties and candidates were competing with nationalists in the hustings for votes, they themselves had become "patriots" and even chauvinists and thus, were vitiating the solid front of the international working men's unity against war. In the light of socialist positions in July and August, 1914, Sorel's analysis of fifteen years earlier commands attention.*

One of the most complex responses came from Ahmed Riza, editor of Mechveret, *an organ of the original Young Turk movement. Admitting that war was an ugly and destructive affair and that militarism was ruinous of public and social welfare, Riza nonetheless insisted that violent struggle was an essential element of human behaviour. The condition of "peace" was a sterile and temporary state. From this psychological insight, Riza proceeded however to observe that some nations – notably England and France – might be getting ready to abandon war but most of the peoples of the world could not. Turks, for instance, could never cease their vital struggle for freedom against obsolete and irrelevant social and political modes. Riza's contribution is suggestive of a tone that characterized European liberal and nationalist revolutionaries in the generation around 1848. By the turn of the twentieth century, however, excepting certain groups in Eastern Europe, such "radical" views about popular crusades and wars for liberation were no longer part of the general climate. Peace workers and internationalists mainly ignored or disregarded such arguments and thus, could not truly comprehend the importance of war to oppressed peoples.*

While Scipione Borghese could point to the importance of militarism in holding the State together (he cited the work of Windischgratz, Radetzsky and Jellacich in 1848-9 on behalf of the Austrian Empire), the majority of published discussions on this issue expressed negative attitudes toward military values. A number of writers, however, complained that the word "militarism" itself was too vague. Did it mean the training and equipment of forces at public expense? Or, did it refer to a set of values of which obedience, hierarchy, authority and control were the most distinctive virtues? Definitions of militarism remain among the more elusive problems facing social analysts.

Several writers, Durkheim in particular, had clearly been distressed by the implications of the Dreyfus case. The needs of military security were dangerously at odds with the tradition of liberty and equality before the law which France supposedly had introduced to Europe. Durkheim worried that the army had ceased to remain a profession like any other and had been elevated to some sacred level in the public mind. While society needed engineers, entrepreneurs and doctors, public wealth was poured into sophisticated defenses for war and into organizations which exalted the heroic over the industrious virtues. Durkheim warned that the contradiction between the free, liberal tradition and the special position of the military was the gravest danger confronting French democracy – it was a "moral divorce" which must end.

Others also feared the growth of the military. Henry Béranger observed that a democracy needed an army of citizens, not slaves, and that the military would improve enormously if its tyrannical hierarchy could be replaced by a system of consent. Hauser saw the danger of a military élite exacting obedience, like tribute, from civil society. Others claimed the barracks environment created not brave, virtuous young men but alcoholic, syphilitic and degenerated cynics. Sorel provided an interesting twist. The military gave employment to the sons of the upper middle classes as officers but also provided a place for the sons of the petty bourgeoisie "who have always had the tastes and aspirations of the antechamber, who idealize the valet dressed in the costume of the gentleman, who love authority and have a terror of socialism."

The chief editor and organizer of the Enquête, *Augustin Hamon, was a publicist, editor and writer who first developed a minor reputation for his works on public hygiene. In the early 1890's, his interests turned to topics of a social and sociological nature, particularly social psychology. A considerable stir was created by the publication of his book,* Psychologie du Militaire Professionnel *(Brussels, 1894) which concluded that "militarism constitutes a veritable school of crime." Hamon defended his study, an analysis of the personality components which were attracted to the military as a career, in a second edition (1895) by insisting that his work was conducted in the true spirit of vigorous, scientific inquiry. A companion book was his critical analysis of the psychology of "professional" anarchists.*

The Enquête *remains a unique piece of historical documentation. Rarely can one explore the "mind" or rather "minds" of a period on the topics related to war and militarism so handily collected and collated in one publication. The ideas and arguments, the points of view and perspectives found in these pages are representative of the thinking of a not too distant generation. There remains a surprising similarity between that generation and the current one.*

Sandi E. Cooper
Division of Social Sciences
Richmond College (C.U.N.Y.)

Une Enquête

sur

la Guerre et le Militarisme

Une Enquête

sur

la Guerre et le Militarisme

AU LECTEUR

Les événements se succèdent si rapidement dans la vie fébrile des civilisés, que déjà sont oubliés ceux qui, en février 1898, firent naître dans l'esprit de M. G. Ciancabilla, correspondant parisien de « La Vita internazionale », *et du directeur de* « L'Humanité Nouvelle » *l'idée d'une vaste enquête sur la guerre et le militarisme. Le fameux procès Zola se terminait, la guerre hispano-américaine commençait, l'horizon s'obscurcissait fortement en Chine. Partout des menaces de guerre attiraient l'attention sur le militarisme. L'occasion était bonne pour cette enquête. M. E. Moneta, directeur de* « La Vita internazionale », *en jugea de même. Un questionnaire fut dressé, un peu hâtivement, et, dans les premiers jours de mars 1898, une lettre-circulaire* (1) *fut*

(1) Voici cette lettre-circulaire :

LA VITA INTERNAZIONALE,
Revue bimensuelle,
Milan.

L'HUMANITÉ NOUVELLE,
Revue internationale mensuelle,
Paris.

Monsieur,

Dans le but d'être utile au développement des idées humanitaires et de la civilisation, *La Vita internazionale* (Milan), avec l'appui de *L'Humanité nouvelle* (Paris et Bruxelles), a cru devoir s'intéresser au difficile problème qui, dernièrement, s'est montré dans toute sa gravité et son importance à cause de la délicate question pour laquelle la France et le monde entier se sont passionnés si vivement : nous voulons parler du problème de la guerre et du militarisme.

A cette fin, nous prions tous ceux qui, en Europe, dans la politique, les sciences, les arts, dans le mouvement ouvrier, parmi les militaires mêmes, occupent la place la plus *envoyée à un grand nombre de notabilités dans le monde entier.*

Soit que le questionnaire fût mal fait, soit pour toute autre raison, les réponses furent rares, sauf en Italie. Aussi, en avril, nous renvoyions, aux mêmes personnes, de nouvelles lettres qui ne donnèrent point grand résultat. Des réponses toutefois parvinrent. Leur intérêt prouva l'importance de l'enquête.

D'ailleurs, les événements se suivaient avec rapidité. La défaite des Espagnols, le commencement du partage de la Chine, la circulaire du Tsar, donnaient encore plus d'actualité à l'enquête entreprise. Aussi, dans les derniers jours de septembre 1898, à nouveau, nous envoyions une lettre-circulaire quelque peu différente de la première (1). De nouvelles réponses vinrent, un peu de tous pays.

éminente, de contribuer à cette œuvre hautement civilisatrice en nous envoyant les réponses au questionnaire suivant :

1° La guerre parmi les nations civilisées est-elle encore voulue par l'histoire, par le droit, par le progrès?

2° Quels sont les effets intellectuels, moraux, physiques, économiques, politiques du militarisme ?

3° Quelles sont les solutions qu'il convient de donner, dans l'intérêt de l'avenir de la civilisation mondiale, aux graves problèmes de la guerre et du militarisme ?

4° Quels sont les moyens conduisant le plus rapidement possible à ces solutions ?

Nous vous prions très vivement de bien vouloir accueillir favorablement ce questionnaire et de nous envoyer la réponse avant le 25 avril *au plus tard*, afin qu'elle paraisse dans *La Vita internazionale* et dans *L'Humanité nouvelle*.

Dans l'espoir que vous ne voudrez pas refuser votre parole autorisée à une enquête aussi importante et aussi féconde, nous avons l'honneur de vous présenter l'assurance de nos sentiments distingués.

E. T. Moneta, directeur de *La Vita internazionale*.

A. Hamon, directeur de *L'Humanité Nouvelle*.

G. Ciancabilla, correspondant parisien de *La Vita internazionale*.

(1) Voici cette 2e lettre-circulaire :

L'HUMANITÉ NOUVELLE,

Revue internationale mensuelle. — Sciences et arts.

Directeur : A. Hamon, 3, boulevard Berthier, Paris, XVIIe.

Monsieur,

Les événements récents qui ont troublé le monde ont appelé à nouveau l'attention sur les questions de la guerre et du militarisme. Leur gravité ne vous a certes point échappé.

Il nous a paru intéressant de recueillir, sur ces importantes questions, l'opinion de ceux qui, dans les sciences, les lettres, les arts, la politique, etc., occupent une place éminente. Dans ce but, nous adressons aux personnalités les plus en vue le questionnaire suivant :

1° La guerre parmi les nations civilisées est-elle encore nécessitée par les conditions historiques, par le droit, par le progrès ?

2° Quels sont les effets intellectuels, moraux, physiques, économiques, politiques du militarisme ?

3° Quelles sont les solutions qu'il convient de donner, dans l'intérêt de l'avenir de la civilisation mondiale, aux graves problèmes de la guerre et du militarisme ?

4° Quels sont les moyens conduisant le plus rapidement possible à ces solutions ?

Les réponses dont nous serons honorés paraîtront, en français, DANS UN NUMÉRO

Toutefois, nous n'en eûmes aussi qu'une centaine en tout. Et pourtant près de deux mille lettres-circulaires avait été envoyées, à diverses reprises, par La vita Internazionale *et* L'Humanité Nouvelle.

Toutes ces réponses ou presque toutes sont très intéressantes; le lecteur en jugera par les pages suivantes. Il constatera aussi qu'une petite minorité seule s'est érigée en défenseur de la guerre et du militarisme. C'est là un fait qu'il importait de noter, dès le commencement de ce numéro spécial. Il a, en effet, sa signification.

Pour notre enquête, nous nous étions adressé à des personnes de toute classe sociale, de toute profession, de toute opinion philosophique et politique. Parmi ceux qui s'abstinrent de répondre furent surtout maints de ceux qui, d'une manière avérée, sont connus comme soutiens du militarisme et de la guerre.

Quelles sont les raisons de cette abstention? Nous ne savons. Mais le fait est là, regrettable certes, car il donne un caractère d'unilatéralité, de parti pris à une enquête qui voulait être, qui était impartiale.

Nous avons un témoignage de cette abstention en le fait suivant. Parmi les personnes interrogées se trouvait une éminente femme de lettres dont nous nous abstiendrons de citer le nom. Elle eut l'insigne gracieuseté de nous envoyer une belle lettre où notamment se lisait :

« Dire que la guerre provoque des maux cruels est une calinotade dont « vous me dispenserez. Mais il en est beaucoup d'autres dans notre pauvre « monde, auxquels depuis des siècles on n'a pas encore porté remède..... Au- « tant d'abominations dont nous aurions à purger la terre, avant de nous « occuper de la guerre qui, si elle verse le sang loyalement, théoriquement, « engendre aussi cette généreuse vertu qui est le sacrifice de sa vie pour une « cause.

« Quant au « militarisme » dont vous parlez, j'ignore le sens de ce mot. « Tout ce que je sais, c'est qu'il y a des braves qui ne craignent pas de se faire « casser la tête pour sauvegarder la liberté et la dignité nationales. Je les « estime et les respecte infiniment. Je crois que leur existence au sein d'une « société constitue une réserve de nobles et mâles vertus où, aux heures de « faiblesse, on peut avoir grand besoin de puiser. Je tiens enfin pour per-

SPÉCIAL de *L'Humanité Nouvelle* et, en italien, dans *La Vita internazionale*, revue bimensuelle éditée à Milan.

Nous pensons, Monsieur, que, vous trouvant au nombre de ceux dont l'opinion est, à juste titre, estimée et respectée, vous voudrez bien nous favoriser d'une réponse.

Votre opinion, en se répandant, ne peut qu'aider à la solution des graves problèmes de la guerre et du militarisme,

Veuillez agréer, Monsieur, avec nos remerciements anticipés, l'assurance de notre parfaite considération.

A. Hamon,
professeur au Collège libre des Sciences sociales de Paris
et à l'Université nouvelle de Bruxelles.

« nicieuse toute réforme sociale qui serait de nature à énerver les courages « et à affaiblir les énergies, dont les armées sont une des sources les plus fé- « condes ».

C'était net, franc, clair. Et cette lettre, le public ne la trouvera point dans les pages suivantes, car l'auteur s'est ravisée. Elle ne veut point qu'une lettre d'elle puisse figurer en une revue à côté d'autres réponses, dont certainement quelques-unes, sinon beaucoup, seront des attaques, parfois vives et violentes, de tout ce qui lui est cher. C'est là un sentiment que nous comprenons très bien. Il a dû être assez général chez ceux qui se sont abstenus. Si nous comprenons ce sentiment, nous en regrettons les effets, car il prive le lecteur de connaître les arguments de maints défenseurs de la guerre et du militarisme. Nous constaterons aussi que le silence de ces soutiens de la guerre et du militarisme est une étrange manière de propagander. Rien n'est moins rationnel que de ne point répondre, sous motif que la réponse qu'on ferait en avoisinerait d'autres, absolument opposées d'idées, passionnées, voire même violentes.

Il en est, en effet, quelques-unes qui sont pleines de passion, de violence. En général, elles émanent de littérateurs, de jeunes surtout. Sentimentaux, au tempérament facilement émotif, ils ont laissé libre cours à leur indignation. Ils ont oublié que les injures et les insultes ne sont point arguments. Ils n'ont pas songé à modérer l'emportement de leur passion. Le froid raisonnement n'est pas venu tempérer la fougue de leur langage. Toutefois, quelques-unes, rares, dont la violence était outrée, ont été, sur notre demande, adoucies de ton, — non d'idées, bien entendu.

D'aucuns, cependant, estimeront, peut-être, que certaines réponses sont encore dans un ton déplaisant par sa violence, par sa brutalité même. Nous avons cru que nous devions passer outre à ce scrupule et les publier telles quelles. Il s'agit, en effet, d'une enquête dans laquelle chacun exprime son opinion personnelle. Il s'agit d'une enquête dans laquelle chacun n'engage que lui-même, rien que lui-même.

Il eût été absolument malséant de notre part d'éliminer telle ou telle lettre à cause des idées ou sous motif de la forme et du ton dans lequel elles étaient émises. Chacun n'engage que soi. *Ayant interrogé des gens de toute opinion, de tout âge, de tout tempérament, nous devions avoir des réponses de tout genre.*

Donc, aucun de ceux qui seraient choqués par quelques-unes des réponses passionnées qui figurent en les pages suivantes, ne pourra logiquement s'en prendre à la direction de L'Humanité Nouvelle. *Il ne nous appartenait pas de régenter ceux qui nous faisaient l'honneur de répondre à notre invitation.*

Les réponses reçues, nous les publions en les divisant en deux sections : Français et Etrangers. Nous avons ainsi agi parce que les premiers sont les plus nombreux. Dans chaque section, nous avons classé les réponses par ordre alphabétique de leurs auteurs.

Quelques-uns d'eux sont illustres, d'autres sont célèbres, la plupart sont connus ; nous avons cru cependant bon d'indiquer, pour tous, la nationalité, la profession, les titres individuels ou ceux des œuvres.

Les réponses que nous donnons ci-après ont été écrites à de longs intervalles, plusieurs mois ; nombreuses furent celles qui nous parvinrent avant que l'on ne connût la circulaire du Tsar. Cela explique les allusions à des faits récents au moment où l'écrivain rédigeait sa réponse et déjà anciens au moment où nous la publions.

Dans l'évolution humaine, les œuvres de l'esprit, théories, systèmes et doctrines, n'ont qu'une influence minime, très minime même si on la compare à celle des phénomènes économiques, cosmiques, physiques et physiologiques.

Cependant, ces œuvres ont une influence indéniable, quelque petite qu'elle soit. Rien d'ailleurs n'est, sans retentir sur ce qui sera. Puisse l'effet de cette enquête, pour ceux qui la liront, être aussi grand que possible ! Puisse-t-elle diminuer pour l'avenir la part de violence dans le processus de l'humanité vers le mieux être !

Nous ne voulons pas clore ces quelques lignes sans adresser nos remerciements à Mlle Henriette Rynenbroeck qui a bien voulu traduire toutes les réponses des Italiens, à MM. L. Daubresse, Victor Dave, De Rudder, Laurence Jerrold qui ont fait les traductions de l'allemand, de l'anglais et de l'espagnol.

A. HAMON.

20 janvier 1899.

Enquête sur la Guerre et le Militarisme

A.-D. Bancel. — *Français. Pharmacien. Auteur de* : Le coopératisme devant les écoles sociales (1897).

Voici un questionnaire très important et très complet dans la simplicité de ses quatre articles.

Pour y répondre avec quelque satisfaction, il me faudrait, à première vue, pouvoir disposer de toute votre revue au moins. Mais comme cela est impossible, je prie le lecteur de suppléer à mon laconisme voulu.

1° Parmi les nations civilisées, la guerre fait l'effet d'un monstrueux anachronisme. L'histoire, le droit, le progrès la doivent également réprouver. Et cela est tellement vraiment vrai, que, à part quelques brigands, comme de Moltke, quelques mauvais écrivassiers de bas étage et quelques niais chauvins, pas un seul homme sensé n'ose encore la recommander, — même théoriquement, — ou, simplement, l'excuser.

2° Le militarisme provoque l'abrutissement des officiers et des soldats. Il brise leur individualité, les transforme en automates et réveille chez les ignorants des sentiments de brutalité et d'intolérance.

Au point de vue physique, s'il développe le corps de certains efféminés — ce que pourrait aussi bien, et même mieux, déterminer la pratique de la gymnastique, il effectue parmi les nations qui en sont affligées, une véritable sélection *à rebours*, puisque les hommes valides vont succomber dans les charniers de la gloire patriotique et que les invalides sont conservés pour la reproduction. Le militarisme est la principale cause de la dégénérescence humaine.

Au point de vue économique, en temps de paix, il occasionne la ruine des nations par suite des armements inconsidérés auxquels elles se livrent, l'écrasement des peuples sous des impôts sans cesse accrus. En temps de guerre, il détermine parmi les vainqueurs et parmi les vaincus, la misère générale, la famine, les épidémies, etc.

Le militarisme profite en tout temps aux capitalistes, mais il coûte beaucoup aux prolétaires.

Au point de vue politique, il consolide la situation des monarques, aux prises avec le libéralisme populaire, et, dans les pays pseudo-libéraux, il livre la nation au pouvoir de la haute soldatesque.

De plus, il consomme l'asservissement des petites nations aux grandes, et, sous prétexte de colonisation civilisatrice, il prépare la domination des races prétendues supérieures sur les races dites inférieures.

3° La civilisation mondiale pouvant être gravement compromise par les méfaits de la guerre et du militarisme, il est absolument nécessaire de supprimer, par tous les moyens possibles, même illégaux, ces deux vestiges de la barbarie.

4° Les classes dirigeantes ne chercheront jamais, très probablement, à amener cette suppression. C'est donc à nous, aux intéressés, d'y arriver à l'aide de plusieurs actions : 1° l'action morale ; 2° l'action politique ; 3° l'action économique.

1° L'action morale, en démontrant l'illogisme, l'erreur, l'horreur de la guerre et de ses maux. En s'adressant surtout aux femmes et aux enfants. Aux femmes, par des conférences pacifiques ; aux enfants, par une éducation appropriée et en les mettant en relations avec leurs jeunes camarades de l'étranger. Pour ce dernier cas, *l'œuvre de la correspondance internationale*, préconisée par *la Review of Reviews*, en Angleterre, et *la Revue des Revues*, en France, donnera une bonne méthode. Cette méthode sera meilleure encore si, pour cette œuvre, les enfants adoptent une langue internationale — *l'Esperanto*, par exemple — qui, par son caractère général, leur assurera de plus grandes relations dans *tous* les pays étrangers. La sympathie viendra d'abord entre correspondants, puis l'affection, puis l'amitié et, à côté de ce sentiment, il n'y aura plus de place pour la guerre.

L'affiliation des anti-militaristes aux sociétés de la paix par le droit est bonne et désirable, à condition toutefois que ces sociétés-là n'imposent pas à leurs membres (comme elles le font actuellement) l'obligation morale de servir leur pays en cas de guerre — ce qui est en contradiction flagrante avec le principe pacifique dont elles se recommandent.

2° L'action politique, en démontrant aux patriotes sincères, le mal fondé de la thèse patriotique et, de plus, en combattant *énergiquement* les politiciens *de tous les partis* (même socialistes) qui, sous le couvert du patriotisme, flattent, pour arriver au pouvoir, les instincts militaristes de la foule stupide.

3° L'action économique, en prenant nettement position pour les libre-échangistes contre les protectionnistes et en faisant supprimer les droits de douane, etc., etc. ; en créant, partout où cela est possible, des syndicats ouvriers auxquels on adjoint des coopératives de consommation (1). On fédère ces institutions nationalement d'abord, internationalement ensuite, de façon à fonder *l'Internationale* sous les yeux des gouvernements eux-mêmes et aussi, et surtout, de façon à matérialiser la question sociale.

Les intérêts des prolétaires étant ainsi solidarisés économiquement, en cas

(1) Voir *Humanité nouvelle*, n° 7, notre « *Essai de conciliation* ».

de guerre, ceux-ci refuseront de se battre et, lorsque les gouvernements voudront briser leurs associations, nous pourrons déterminer, sans doute, à la faveur de la révolte des intéressés, un sérieux mouvement en faveur du communisme. Ce sera peut-être là une *opération de police* un peu rude. Il faut la souhaiter le moins sanglante possible et se féliciter d'ores et déjà de ses résultats, à la pensée que ce sera probablement la dernière à laquelle devra se livrer l'humanité !...

A.-D. Bancel.

Jean S. Barès. — *Français, Directeur du* Réformiste.

La guerre et le militarisme sont l'exercice, la prépondérance de la force, la négacion complète du droit et de la justice. Le militaire est un paresseux qui vit sans produire, en dépouillant les travailleurs du produit de leur travail. Donc, Cirus, Alexandre, Cézar, Napoléon et Bismarck, n'ont été que des capitaines de voleurs.

Voilà pour le militarisme qui a pour religion le dépouillement du prochain et qui doit être distingué de celui qui a pour but de lui rézister, de défendre contre ses entreprizes, la vie, l'honeur et la propriété de ceux qui travaillent.

Ce dernier militarisme, qui est *orijiné* par l'esprit de conservacion et soutenu par l'horreur qu'inspirent le vol et la tiranie aus consciences honêtes, est simbolizé par Léonidas défendant les Termopiles et par les 600.000 volontaires s'ofrant en un seul jour, pour défendre contre la tiranie de l'Eglize et de la Monarchie, la République qui venait de proclamer les « Droits de l'Home ».

Le premier est la manifestacion de la force méprizant toute justice, l'accion des homes sans sentiments, qui dépouillent leurs semblables.

Le second reprézente la dignité humaine froissée, tâchant de défendre, contre des pillards sans vergogne, la vie, l'honeur et les biens de l'Humanité.

Je vous laisse le soin de deviner laquèle des deux est préférable au point de vue de la justice et de la morale.

Jean S. Barès.

Victor Basch. — *Français. Professeur à la Faculté des Lettres de l'Université de Rennes. Docteur ès Lettres. Auteur de* : Essai critique sur l'Esthétique de Kant.

1° La guerre me semble une nécessité inéluctable pour les nations civilisées, telles que l'histoire contemporaine les a façonnées. Dans l'état actuel de l'Europe, tout projet de désarmement se heurterait à un *non possumus* absolu. La France et l'Angleterre, l'Allemagne et la France, l'Allemagne et la Russie, la Russie et l'Autriche ont, en Europe, en Afrique et en Asie, des intérêts tellement antagonistes que chacune de ces nations est obligée d'être prête à les défendre au premier choc, par les armes. Je ne crois d'ailleurs pas que, malgré la fièvre d'armements qui s'est emparée de l'Europe, la guerre doive éclater. Je crois, au contraire, que, plus les nations rivales seront convaincues de leur force militaire réciproque, plus elles auront à cœur d'éviter toute lutte dont l'issue serait nécessairement douteuse et dont les effets seraient presque aussi terribles pour le vainqueur que pour le vaincu. En ce qui concerne la France, la question se pose dans les termes très simples que voici : La France veut-elle renoncer à l'Alsace-Lorraine ? Si oui, elle peut donner le signal du désarmement. L'Allemagne sera heureuse de la suivre, de s'unir à elle d'une façon indissoluble et de la seconder dans ses entreprises coloniales. Si non, elle est obligée de continuer la lutte, au risque de succomber économiquement. Or, aujourd'hui plus que jamais, il me paraît certain que, malgré le profond désir de paix qui règne dans le pays, la renonciation expresse à l'Alsace-Lorraine est chose impossible. Cette renonciation donnerait, certes, à toutes nos forces économiques un splendide essor et exercerait, à tous les points de vue, l'influence la plus heureuse, sauf au point de vue moral. Si la France veut rester la personne morale qu'elle a été, elle n'a pas le droit d'acquiescer au déni de justice qu'elle a subi, elle n'a pas le droit d'accepter que l'on ait disposé de citoyens sans leur aveu, et qu'on les ait fait passer, comme un bétail, d'un propriétaire à l'autre. Tant que cette question n'aura pas été réglée par la force ou à l'amiable, la France est obligée de rester au port d'armes.

Sans doute, cet état de paix armée semble en contradiction flagrante avec cet *état de droit* que la civilisation a précisément pour mission de substituer à l'état de nature, mais cet état de droit, qui est une conception purement idéale, a toujours été obligé de s'appuyer sur la force. Le recours, le dernier, le suprême recours de tout être, civilisé ou barbare, dans tout conflit matériel, intellectuel ou moral, a toujours été et restera toujours la force. Etes-vous attaqué par un être plus faible que vous ? Vous tentez, si vous restez maître de vous-même, de lui faire comprendre l'absurdité de son entreprise ; s'il hésite à la reconnaître et à renoncer à son agression, vous n'aurez pas d'autre ressource que de lui prouver son infériorité. Etes-vous attaqué par un être plus fort que vous ? Vous pouvez essayer de le désarmer en lui représentant que son agression est lâche et qu'elle sera châtiée. Si vous ne parvenez pas à le convaincre, vous vous adressez à la justice, qui, elle-même, n'a de sanction que parce qu'elle est étayée par la force armée.

L'instinct primordial de tout être est l'instinct de conservation. Or, pour subsister dans la lutte pour l'existence, nous sommes tous, tant que nous sommes, obligés d'écraser nos rivaux. Un concours d'agrégation est un combat, *concursus*, au même titre que la lutte de deux affamés pour un morceau de pain. L'instinct de guerre me paraît donc indéracinable de l'humanité, tant que subsistera en elle la moindre inégalité. Car c'est l'inégalité, loi souveraine de la nature, qui est la cause dernière de toute lutte. Supposez tous les êtres humains rigoureusement égaux, physiquement, intellectuellement et moralement, et toute guerre disparaîtra immédiatement. Cette hypothèse étant absurde, les hommes continueront à s'entredéchirer et à s'entredévorer. Tout ce que l'on peut souhaiter, c'est que, le droit ne pouvant se passer de la force, la force ne se passe jamais du droit. La force au service du droit ou le droit au service de la force, telle me paraît être la seule formule de justice possible pour l'humanité.

Le progrès pourra-t-il apporter quelque remède à cet état de choses ? A première vue, cela ne paraît pas probable. Si nous nous représentons les résultats des progrès réalisés depuis un siècle, nous sommes obligés de constater qu'ils ont, en grande partie, consisté à perfectionner les instruments de destruction dont disposent les hommes. Les nations les plus avancées en civilisation, la France, l'Allemagne, l'Angleterre, sont au premier rang des nations militarisées. Et si nous passons des progrès scientifiques aux progrès philosophiques, la même constatation s'impose. L'hypothèse générale qui réunit aujourd'hui le plus grand nombre de penseurs, l'hypothèse évolutionniste, part de l'instinct de guerre et aboutit à cet instinct. Malgré tous les efforts de Spencer et de ses disciples, la morale évolutionniste arrive fatalement et logiquement à la glorification de la force, et c'est pour l'avoir proclamé avec le plus magnifique lyrisme que Nietzsche compte tant d'adhérents.

2° Les effets du militarisme sont d'ordre très divers. Le militarisme est père nourricier de beaucoup de vertus et de beaucoup de vices. Tout d'abord le service militaire, surtout réduit à un an et, au plus, à deux ans, est incontestablement favorable au développement physique : un allégement pour le paysan qu'il enlève au dur labeur de la terre, un entraînement excellent pour l'employé, l'étudiant, le citadin qu'il soustrait à sa vie sédentaire ; il tonifie et fortifie la race. Il a d'incontestables avantages moraux aussi. Il donne à l'homme des classes inférieures une certaine assurance, une certaine confiance en lui-même qu'il ne perd que trop vite en rentrant dans la vie civile. Il favorise la solidarité, il mêle les catégories sociales : il fait vivre, un an au moins, le riche à côté du pauvre, le cultivé à côté de l'humble et ce contact peut avoir pour tous deux de puissantes vertus éducatives. Même au point de vue intellectuel, il peut y avoir influence favorable. Je viens de passer treize jours à la caserne et j'ai été étonné de constater la mentalité d'un certain nombre de sous-officiers. Tel sergent de l'active, se tirant très bien des fonctions assez compliquées de fourrier ou de sergent-major de la territoriale, avait été, avant son service, ouvrier maçon et avait fait presque toute son éducation à la caserne.

Mais, à côté de ces avantages, le militarisme, tel qu'il est organisé actuellement, entraîne d'énormes inconvénients. Au point de vue intellectuel, si la caserne est souvent une bonne école pour les classes inférieures, elle peut devenir un danger pour les classes cultivées. Ce que l'ouvrier maçon gagne, un jeune homme instruit risque de le perdre, surtout s'il est obligé — par un échec d'examen ou par l'impossibilité de poursuivre les longues et onéreuses études que nécessite la licence ès sciences, ès lettres ou le doctorat en droit — de servir trois ans. A ceux-là, en rentrant dans la vie civile à 24 ans, il ne leur reste guère que le petit emploi de l'Etat. Ils ont désappris à apprendre et souvent le grade qu'ils ont conquis — sergent, sergent-major, adjudant — leur rend toute position subalterne insupportable. Il y a là un prolétariat nouveau à ranger à côté du prolétariat intellectuel dont on a si souvent dénoncé le danger croissant.

Et je ne parle jusqu'ici que des soldats. Pour les officiers, de deux choses l'une : ou bien ils continuent, en sortant des Ecoles, à travailler, à s'instruire, ou bien ils cessent tout travail intellectuel et se donnent tout entiers à leur métier et au plaisir. Dans le premier cas, l'état d'officier est l'un des plus beaux et l'un des plus nobles que l'on puisse imaginer pour des hommes d'intellectualité moyenne. Ayant un champ d'activité physique, intellectuelle et morale suffisamment étendu, ayant des devoirs et des droits strictement délimités, ne se trouvant pas à chaque instant acculé, comme le civil, à prendre des résolutions, à changer de route, à conjurer le hasard, l'officier peut non seulement arriver à la vie heureuse, mais encore, par l'influence morale exercée sur ses subordonnées, remplir un véritable apostolat et conserver en même temps à son esprit, grâce à un travail intellectuel régulier, assez d'élasticité pour suivre les progrès scientifiques et pour se tenir au courant de tout ce qui doit intéresser un homme cultivé. Ce type d'officier, conscient de sa mission et s'efforçant de s'en acquitter, existe dans nos armées contemporaines et à tous il nous a été donné d'en rencontrer des représentants hautement estimables. Par malheur, le type contraire n'est pas plus rare. L'officier, au sortir de l'Ecole polytechnique, de Saint-Cyr, de Saint-Maixent, renonce à tout tràvail, à toute culture ultérieure. Sa lecture unique, les journaux et les romans légers; son occupation unique, le service et, en dehors de cela, le café et la fête. Dans ce cas, l'état d'officier favorise les pires instincts de l'homme. Habitué à l'obéissance passive à l'égard de ses supérieurs et de la part de ses subordonnés, il est impossible que les germes de servilité d'une part et de despotisme de l'autre, qui existent dans chacun d'entre nous, ne viennent pas à se développer. Il a tendance à considérer la vie tout entière sur le modèle de la hiérarchie militaire. Il devient d'une extrême souplesse envers ceux dont il attend de l'avancement et d'une brutalité révoltante envers ceux qu'il considère comme au-dessous de lui, et il finit par ranger dans cette catégorie tous ceux qui ne portent pas l'uniforme. Le type de l'officier *schneidig*, d'une insolenee et d'une outrecuidance insupportables, est courant dans l'armée allemande. Il est à craindre que, l'esprit militariste se développant dans d'autres pays, il ne devienne pas, là aussi, plus fréquent qu'il ne serait désirable.

Voilà pour les officiers. Quant aux hommes, j'ai constaté plus haut que l'effet du service militaire peut être moralisateur pour un grand nombre d'entre eux. Pour beaucoup d'ouvriers de la campagne et de la ville, les années passées à la caserne sont les meilleures que la destinée leur réserve, les seules où, arrachés pour quelque temps à une existence pleine d'incertitudes, de misères, de désordres, ou même de crapule, ils aient vécu, sans souci immédiat pour le lendemain, une vie normale, une vie vraiment humaine. Mais, d'autre part, les dangers moraux qu'entraîne la militarisation de la nation ne sont pas moins considérables. Je ne parle pas seulement des contacts inévitables entre la corruption des villes et la simplicité des campagnes, qui peuvent entraîner les pires conséquences. Je veux parler d'un danger général. L'effet le plus certain du service militaire est de discipliner les masses, de les habituer à l'obéissance passive et irréfléchie. L'état d'esprit ainsi créé est de toute nécessité en temps de guerre et il peut, en temps de paix, offrir d'incontestables commodités aux gouvernements, quels qu'ils soient. Mais, c'est cependant dans cet état d'esprit que me paraît résider le danger moral le plus grave qu'offre la militarisation des nations civilisées. Il enlève à l'individu la plus essentielle de ses prérogatives : l'habitude de réfléchir avant d'agir, de peser les motifs de toute résolution, de prendre la responsabilité de toute action, d'être vraiment et entièrement soi-même. Et les effets de cet état d'esprit sont palpables dans la France contemporaine. La facilité avec

laquelle les masses acceptent des mots d'ordre, les suivent aveuglément et en changent au premier signal donné, me paraît venir, en grande partie, de là. Pour le soldat, rentré dans la vie civile, c'est le journal qui représente le commandement. Il obéit à l'inspiration de son *leader* comme à l'ordre d'un supérieur et c'est ainsi que nous voyons se créer dans notre pays des courants que rien n'annonce, que rien ne prépare, que rien ne justifie. *La déchéance de l'esprit individualiste, tel est l'effet moral le plus redoutable du militarisme.* Et la contre épreuve irréfutable de ma démonstration, c'est que la seule grande nation où l'esprit individualiste a survécu à toutes les transformations politiques et sociales, où la liberté n'est pas seulement inscrite dans la constitution, mais est un fait véritable, est précisément la seule grande nation européenne qui n'ait pas d'armée permanente, à savoir l'Angleterre.

Les dangers politiques qu'offre le militarisme résultent logiquement de ce qui précède. L'institution militaire est d'essence monarchique. Elle est fondée sur le commandement et l'obéissance, sur la force : tout esprit de libre examen et de réflexion personnelle en est nécessairement exclu. Or, toute république, tout régime démocratique repose, au contraire, sur le libre examen, sur la réflexion indépendante, sur la persuasion. Les deux termes de démocratie et de militarisme sont donc logiquement antagonistes. Est-il possible, qu'à un moment donné, les chefs de l'armée ne prennent pas conscience de la force dont ils disposent et ne songent pas à en user contre ces parlementaires qui s'épuisent en discussions stériles et semblent incapables de toute action intérieure énergique, de toute action extérieure suivie et concordante? Cela est inadmissible dans une monarchie où l'empereur ou le roi est en même temps le chef de l'armée. Cela constitue, au contraire, un danger permanent dans une république, où le chef du gouvernement est un civil qui est obligé de confier le commandement suprême à des ministres de la guerre. Le cas du général Boulanger a prouvé d'une façon irréfutable la réalité de ce danger.

Quant aux effets économiques du militarisme, tout le monde s'accorde à les déplorer. On prévoit que si les armements continuent, et les maintenir c'est les continuer, toutes les nations européennes marchent à une ruine certaine. Mais, là encore, le problème est moins simple qu'il ne le paraît. Il semble démontré, en effet, que la puissance économique d'un pays est en rapport direct avec sa puissance militaire. Si l'Allemagne nous enlève nos marchés et commence à menacer ceux de l'Angleterre, elle le doit à son armée, et si l'Angleterre reste la première puissance commerciale du monde, c'est à sa flotte qu'elle en est redevable.

3° Constater le mal est relativement facile : la véritable difficulté commence aux remèdes.

J'ai dit plus haut que la guerre me paraît indéracinable de l'espèce humaine : elle correspond à quelques-uns de ses instincts les plus profonds, à l'instinct de lutte, de destruction, de risque, d'amour du danger. Cependant ces instincts, sans pouvoir être détruits, peuvent être bridés. L'évolution de l'humanité consiste à nous élever au-dessus de notre nature animale et à faire triompher en nous les instincts purement et proprement humains. Cette évolution, disposant de l'infini du temps, peut mener l'humanité à un état idéal où toute guerre deviendrait inconcevable et où, par conséquent, le militarisme s'effondrerait de lui-même. On peut concevoir cet idéal de deux façons. Ou bien le régime capitaliste disparaissant de par les lois immanentes du développement économique et cédant la place au régime socialiste, et ce régime socialiste s'établissant *en même temps* dans tous les états de l'Europe et des autres continents civilisés, les intérêts économiques absorberont toutes les préoccupations, les frontières entre les différentes nations s'évanouiront et toute guerre deviendra une impossibilité. Cet idéal est logiquement concevable et, à quelques égards, désirable. Cependant, pour des raisons que ce n'est pas ici le lieu d'exposer, ce n'est pas le nôtre et, puisque nous nous mouvons dans la sphère illimitée de l'avenir idéal, voici celui que nous voudrions proposer. Au lieu de la socialisation progressive de l'humanité, nous entrevoyons la possibilité de son individualisation croissante. Pourquoi ne pas espérer qu'à mesure que l'homme évoluera, ce seront ses instincts de justice et d'amour qui se développeront aux dépens de ses appétits de violence et de destruction. Avant tout, apprenez à l'homme à respecter en lui-même ce caractère sacré d'humanité qui lui est commun avec tous ses frères. Il apprendra alors nécessairement à respecter cette humanité en autrui. Il sentira que tout individu est une chose sainte et inviolable et que tout attentat dirigé contre l'intégrité physique ou morale d'un être humain est un crime abominable qui soulèverait l'universelle réprobation de toute la communauté humaine. A ce degré de l'évolution, toute guerre deviendrait inconcevable. L'idée qu'une nation, composée d'individus libres et conscients, forgeât des armes pour déposséder ou exterminer une nation composée, elle aussi, d'individus conscients et libres, apparaîtrait comme sacrilège, bien plus, comme absurde.

4° Pour réaliser cet idéal, que je crois aussi difficile à atteindre et aussi lointain que n'importe lequel de mes lecteurs, des mesures intermédiaires s'imposent. Avant tout, je suis partisan d'une réduction notable du service militaire. Un an me semble la limite qu'on imposerait à l'individu moyen ; pour les individus doués 6 ou 9 mois pourraient suffire ; pour les individus au-dessous de la moyenne, on ajouterait les mois nécessaires. On conserverait seulement des cadres solidement constitués. On diminuerait considérablement le nombre des officiers de l'active. En revanche, on convoquerait tous les ans pour une période d'exercices de 15 jours à un mois, soldats gradés, sous-officiers et officiers. L'officier de carrière disparaîtrait progressivement. Le type de l'officier serait l'officier de réserve et de territoriale, ne considérant pas son grade comme une carrière, mais comme une distinction et comme un devoir. Ces officiers, de par les périodes d'exercices annuels, resteraient en contact perpétuel avec les hommes qu'ils seront appelés à commander en temps de guerre, mais ils seraient en même temps des citoyens comme les autres, ayant les mêmes droits et les mêmes devoirs, ne formant pas une caste à part, portée à se croire au-dessus des autres citoyens. Pour les armes savantes surtout, mais aussi pour l'infanterie, des comités composés de spécialistes civils, sortant de l'Ecole polytechnique ou, mieux encore, de nos Universités, seront chargés de se tenir au courant des découvertes scientifiques et de l'application de ces découvertes à l'art militaire, de l'élaboration des projets de mobilisation, etc. La justice militaire ne fonctionnerait qu'en temps de guerre ; en temps de paix, la justice civile connaîtrait de tous les crimes et délits commis par tous les citoyens indistinctement. Enfin, et surtout, l'Etat exigerait que tout officier eût reçu son éducation dans un de ses établissements. Je sais bien que cette mesure essentielle pourra sembler en désaccord avec l'idéal de liberté illimitée et d'individualisme intransigeant que j'ai esquissé plus haut et qui est, en effet, le mien. Mais je sais aussi que la réalité est toujours rétive à la logique absolue et qu'il est maintes circonstances où il faut adapter ses idées, au risque de compromettre leur exactitude logique, aux nécessités du moment. Or, il me paraît aujourd'hui une nécessité inéluctable de donner aux officiers auxquels l'Etat confie sa défense extérieure et intérieure, une éducation libérale, largement humaine, profondément philosophique. Sans doute, les pères de famille doivent rester libres de donner à leurs enfants l'éducation et l'instruction qui leur paraissent les meilleures, mais l'Etat doit conserver aussi le droit de confier les fonctions dont il dispose à des hommes dont il a dirigé lui-même l'éducation et dont il soit sûr que les principes de vie ne soient pas en contradiction avec les principes essentiels de sa constitution. Ces mesures, semblent mener à l'idéal suprême que nous préconisons par des voies très lentes et bien détournées. Mais, encore une fois, nous disposons du temps illimité. La solution du problème de la guerre et du militarisme, comme la solution de tous les problèmes sociaux, réside dans l'éducation. C'est en modelant les cerveaux de nos enfants que nous préparerons l'humanité future, l'humanité meilleure, l'humanité nouvelle.

VICTOR BASCH.

MARCEL BATILLIAT.— *Français. Homme de lettres. Auteur de :* Chair mystique.

Chaque fois que l'Humanité a franchi une nouvelle étape vers la civilisation et vers le progrès, on a pu croire qu'il allait en être fini de la guerre, comme de l'intolérance, comme de la peine de mort, comme même de la misère humaine. Et chaque fois, hélas ! les événements ont montré le néant de cette espérance. Il semble que l'histoire doive éternellement se jouer de la raison, de la lumière et des nobles efforts un instant couronnés. Après Diderot et Voltaire, après tant de labeur et de sang généreusement versé, ce furent la tyrannie de Bonaparte et quinze années de massacre aboutissant au désastre de Waterloo ; après Hugo et Michelet, les hommes de Sedan et la terrible réaction de 1871. Aujourd'hui, après Tolstoï et Zola, quand tant de belles paroles ont glorifié la bonté, l'esprit d'humanité et de justice, les fanatiques de la haine et de la folie sanguinaire peuvent encore crier publiquement leurs excitations criminelles sans être réduits au silence par l'universelle indignation des hommes...

Non seulement la guerre est incompréhensible dans le monde moderne mais, logiquement, elle aurait dû disparaître depuis l'origine des sociétés dites policées.

Encore peut-on admettre le sentiment qui pousse à la guerre d'idées, c'est-à-dire à la lutte armée entre les collectivités opprimées et le pouvoir oppresseur ; la récente campagne des Cubains contre le despotisme espagnol restera une des plus belles pages de l'histoire. Mais la guerre de conquête est monstrueuse et coupable ; elle est la négation de la civilisation et du droit, le triomphe insolent de la force.

Une guerre qui serait préparée de longue main pour donner satisfaction à un désir obstiné de revanche n'aurait presque pas plus d'excuse, si ce désir de revanche devait survivre à la génération qui a subi la défaite. Un traité de paix, consenti et accepté par deux nations doit être un contrat loyal ; si douloureux qu'il soit pour le plus faible, il demeure la sanction définitive d'un différend. Le comprendre autrement serait vouloir la guerre perpétuelle, sans issue, jusqu'à la destruction des races.

Fort heureusement, et cela peut faire envisager l'avenir avec moins de découragement et de doute, les peuples ne veulent plus la guerre. *Tel a été le résultat de la substitution du service obligatoire au militarisme professionnel.* En France, par exemple — et naguère les instincts guerriers de notre pays inquiétaient sans cesse l'Europe — en France, personne, dans aucune classe de la société, ne désire la guerre ; personne même n'y songe sans angoisse. On a vu récemment, au cours d'un procès historique, comment certains coupables ont su exploiter à leur profit cette terreur d'une guerre nouvelle...

Alfred de Vigny, qui était officier et aimait sa carrière, a déclaré dans un beau livre qui n'a point vieilli, bien que les conditions du militarisme aient changé : « Les armées et la guerre n'auront qu'un temps, car il n'est point vrai que la terre soit avide de sang. La guerre est maudite de Dieu et des hommes mêmes qui la font et qui ont d'elle une secrète horreur ; et la terre ne crie au ciel que pour lui demander l'eau fraîche de ses fleuves et la rosée pure de ses nuées. » (*Servitude et Grandeur militaires.*)

Le militarisme est la ruine des nations modernes. A la France seule, il coûte aujourd'hui un milliard par an. Avec tant d'or jeté en pure perte par l'Europe, depuis trente ans, que de transformations auraient pu être réalisées dans l'ordre social !

On sait, du reste, quel préjudice le militarisme porte à l'agriculture en dépeuplant les campagnes et quel élément de démoralisation il constitue pour l'individu ainsi dépaysé. Mais il est un péril plus inquiétant encore et qui va grandissant chaque jour : je veux parler de la division de plus en plus profonde qui sépare la société militaire de la société civile. Cela est une terrible menace pour l'avenir de la nation. Les deux fractions, dont l'une a pour elle le nombre et l'autre la force, sont déjà sourdement hostiles. Demain, peut-être, elles seront ennemies...

Le salut de la civilisation est subordonné à la question du désarmement général. L'heure annoncée par Vigny est venue, la guerre a fait son temps ; les peuples se doivent à eux-mêmes de travailler pour l'avenir et de ne plus entraver l'évolution humaine en détruisant, par quelques jours de carnage, le fruit de longues années d'efforts et de progrès. La palme restera à celui qui pourra créer et non à celui qui ne saura que détruire.

Quant au moyen pratique, j'estime que dès aujourd'hui il peut être suffisamment réalisé par la création d'un tribunal international d'arbitrage. Non pas, certes, que je m'illusionne sur l'infaillibilité des jugements humains... Mais je préfère même l'erreur, dont l'avenir fera un jour justice, à la dévastation imbécile que rien, rien au monde ne pourra jamais réparer.

MARCEL BATILLIAT.

HENRY BÉRENGER. — *Français. Homme de lettres. Professeur au Collège libre des Sciences sociales. Principaux ouvrages* : **L'Effort, l'Aristocratie intellectuelle, La Proie, la Conscience nationale.**

La société de demain est si profondément engagée dans la société d'hier, elle lui est liée par tant de fatalités que même les plus confiants d'entre nous ne peuvent croire que se réalisera de suite leur idéal de solidarité intellectuelle.

La violence a régné trop de siècles, elle nous enveloppe encore trop, il y a encore en nous-mêmes trop d'instincts sauvages et sur la planète trop de nations barbares pour que cesse de si tôt le régime de la contrainte sanctionné par les casernes et les prisons.

L'éducation ne fera pas en un jour ce miracle de substituer la liberté à la discipline, ni le respect du droit au goût de la force. Bien des siècles encore, les armées seront nécessaires dans chaque nation, pour en défendre l'idéal et en maintenir l'existence.

Ici triomphent les militaristes : « Vous voyez bien, nous disent-ils, qu'en dernière analyse vous êtes réduits à vous appuyer sur la force. Vous ne seriez, sans l'armée, qu'une proie de prix livrée aux brutes et aux barbares ».

Comment ne voient-ils pas que, pour nous, l'armée n'est plus l'aristocratie héréditaire de la nation, mais un organe transitoire de défense? Nous ne saluons pas en elle le plus haut idéal humain, mais une simple nécessité historique.

L'armée symbolise pour nous l'héritage de violence que le passé nous a légué et qu'entourés de violents nous ne pouvons renier d'un coup sans perdre notre droit à la vie. Mais elle nous inquiète toujours. C'est en elle que l'aristocratie intellectuelle doit pénétrer le plus profondément pour lui inspirer des mœurs moins serviles et un idéal plus humain.

Il s'agit de remplacer de plus en plus les soudards par des soldats. Il faut enlever à la discipline son caractère d'obéissance passive, et le changer en un caractère d'obligation consentie, qui ne fera plus de l'officier un tyran oriental et du soldat un esclave antique.

Il faut faire savoir aux officiers que leur rôle est un rôle d'éducateurs et non d'abêtisseurs. Il faut introduire dans les casernes des mœurs plus nobles, un respect plus réel de la personne humaine, une conscience plus nette de l'idéal démocratique.

Ces réformes sont urgentes. Les livres de nos romanciers, les expériences de chaque citoyen, les scandales trop souvent répétés à tous les rangs de la hiérarchie militaire, tout nous avertit que l'aristocratie intellectuelle n'a pas encore pénétré l'armée.

Cette armée, telle que l'ont faite le service obligatoire, le suffrage universel, l'instruction gratuite est une armée de citoyens. Entre eux doit régner la solidarité de plus en plus volontaire qui est la marque du progrès social. Pour être de plus en plus librement consentie, la discipline n'en sera que plus forte et l'autorité des chefs plus efficace.

Si les armées savent être, comme l'a dit Lyautey, « plus grandes dans la paix que dans la guerre », elles finiront par rendre la guerre inutile.

HENRY BÉRENGER.

JACQUES DE BIEZ. — *Français. Homme de lettres. Conseiller d'arrondissement républicain. Auteur de :* La Question juive (1886) ; Un Maître Imagier (1886).

Le mot boucherie, prononcé par le général de Pellieux au procès Zola, en cour d'assises, est un signe qui dit toute la barbarie, toute l'animalité du principe guerre.

Jadis, M. Joseph Reinach, dans un article resté célèbre de la *Revue des Deux Mondes,* avait défini « matière première » la troupe, le soldat, celui qui paie les frais, la victime atomique qu'on pile dans le mortier de la gloire. C'était un mot de commerçant, de banquier, d'homme de comptoir qui débite en gros et au détail contre remboursement.

M. Urbain Gohier dans sa terrifiante *Armée nouvelle* parle tout simplement de la « chair à canon ». Le terme est moins inédit, mais plus conforme à l'idée de la guerre pour ceux qui, comme nous, sont obligés de la concevoir plutôt comme un sacrifice sanglant et obligatoire que comme une opération de commerce ou de banque.

Le mot « charnier » qui servit de tous temps pour désigner la fosse commune où l'on ensevelit pêle-mêle, au hasard de la pelle ou de la pioche, les débris de cette chair à canon débitée sur l'étal de la boucherie, au hasard de la baïonnette, du sabre ou des projectiles, synthétise définitivement ce que peut penser de la guerre un esprit décidé à affirmer que l'homme n'est pas fait pour être tué en vue de faire triompher des intérêts, et que, sous aucun prétexte, l'homme n'a le droit de sacrifier son semblable.

L'histoire à écrire plus tard, devra l'être dans l'horreur du sang versé. La chair humaine, que doivent ennoblir une intelligence perfectionnée et des sentiments tous les jours plus généreux et plus affectueux, ne saurait demeurer éternellement de la chair à canon, de la chair à meurtre, tabernacle sacrifié de la religion fausse du poignard, du revolver et du sabre d'honneur.

Les mères n'enfantent pas leurs fils dans la douleur et dans l'espérance, dans les larmes de l'angoisse et de la joie pour que cette chair de leur chair, de notre chair à tous, humains créés en vue de remonter par les voies du progrès et de la liberté aux sources infinies de la dignité humaine, pour que cette chair pétrie pour l'esprit, serve à l'avancement et au triomphe de quelques féroces dominateurs, habiles à entretenir les préjugés dont profite l'ambition.

Les hommes qui ont présenté la guerre comme une chose sainte, sont des monstres. Ceux qui la disent utile au jeu harmonieux des intérêts humains, sont encore des monstres. Demandez aux mères de tous les pays du monde.

La guerre est le geste bestial par excellence, celui où vient aboutir ce qu'il y a dans l'homme de plus essentielle animalité, l'idée du meurtre. Peu importe si ce qui est crime en temps de paix devient action d'éclat sur le champ de bataille.

Un esprit sage et ouvert à l'avenir ne doit plus tenir compte de ces façons de penser. La guerre qui met la vie humaine à la merci d'un acte de violence, est un principe à écarter, en tant qu'application erronée et féroce de l'idée de patrie. Une société comme la nôtre qui aboutit au fait de verser le sang par principes et selon les règles d'un certain art, l'art de la guerre, est encore dans l'enfance. Elle est à peine humanisée. Elle a des mœurs de ménagerie où les bêtes s'entretuent pour satisfaire leur appétit, signe représentatif des intérêts de leurs instincts.

La guerre devrait être considérée comme une exception; elle est classée, chose naturelle, elle est organisée comme indispensable et ses représentants forment une manière de caste privilégiée. C'est la fonction meurtre sacrée, consacrée, vénérée, entretenue, cultivée comme une religion.

Le sang humain coule au milieu de tout cela, c'est lui qui arrose les temples de Mars. Plus il en coule sur les autels de cette ménagerie officielle, plus il y a de héros à l'ordre du jour, plus il est convenu que l'idée de patrie est bien entretenue, ce qui ne dispense pas le grand Moltke de mourir un jour de vieillesse au water-closet (1).

En 1859, au mois de juin, je me trouvais tout enfant, avec ma famille, non loin de Solférino, dans une maison où l'Empereur Napoléon vint lui-même installer une ambulance au lendemain de la bataille. Il y avait là tout le train seigneurial pour recevoir un Empereur des Français, victorieux. Je me souviens qu'il parla de la bataille, du grand orage qui avait suspendu les hostilités vers quatre heures du soir. Il rappela que, le combat terminé, il était descendu de cheval et s'était arrêté épouvanté pour regarder les ruisseaux d'eau rouge qui couraient rapides comme des artères, parmi les cadavres blancs et bleus. Tous ces morts couchés dans tout ce sang, arrachèrent des larmes à cet infortuné vainqueur qui avait cru pouvoir se jurer qu'il ne recommencerait plus. Il contait cela d'une voix très douce, son œil blanc noyé sous des paupières un peu lourdes, roulant sa cigarette dans les doigts fins d'une main extrêmement jolie, pareille à celle de Napoléon Ier. Il voulait ne plus recommencer. Et il recommença, parce qu'il ne pouvait pas ne pas recommencer son funeste métier.

Beaucoup de braves gens sont effrayés par le héros du champ de bataille, le héros du meurtre, celui qui résonne avec un sabre à la main, lié au fléau dont il est l'instrument qui nous vient des temps à oublier. Mais on n'a pas encore réussi à enterrer ce revenant qui revient toujours, ce mort qu'on ne peut jamais tuer et qui, lui, tue toujours ceux qui voudraient vivre.

Il faudra cependant que, peu à peu, les hommes se fassent à l'idée qu'il y a des héros dans la vie, qui n'ont jamais tué personne, qui ont l'horreur du sang versé, qui sont des héros de l'intelligence, de l'enthousiasme, de l'affection, du dévouement et du courage moral.

Le culte de ces héros de l'esprit et du cœur est appelé à supplanter, pour le plus grand soulagement des victimes de la guerre, le culte des héros de sang et de meurtre, par l'œuvre de qui l'humanité se transforme par instants en boucherie internationale à l'enseigne de la gloire.

Le héros du meurtre doit disparaître, car il représente une fonction sociale qui tue la vie, qui tue ce qu'il y a de plus miraculeux au monde, la vie, qui supprime, par le seul fait qu'il agit, le gage le plus puissant donné à l'homme, le gage de la vie.

(1) Une dépêche de Berlin au *Journal des Débats*, du 26 avril 1891 disait que ce n'est pas dans son cabinet de travail que le maréchal de Moltke est mort. Il venait de faire une partie de whist avec son neveu et quelques officiers, et il s'était retiré au cabinet d'aisances quand la mort l'a surpris.

Les grands praticiens de la guerre, les dominateurs, les césariens, les instinctifs de l'ambition, les tueurs à qui profite le sang humain versé, affirment que la guerre rend la vie aux peuples en décadence. Ces gens-là vivent du culte de Moloch et ont en poche des discours tout prêts pour célébrer les louanges du Dieu des batailles, le Dieu des sacrifices sanglants qu'on remercie en raison de la hauteur du tas des victimes.

Dans la guerre on doit discerner les deux éléments du sacrifié et du sacrificateur : La victime, la chair à canon et les ambitieux qui se gavent de cette chair du sacrifice. Pour arriver à leurs fins, les sacrificateurs persuadent aux sacrifiés que la guerre développe des vertus essentielles.

Nous savons très bien de quelles vertus il s'agit; ce sont celles qui servent le mieux, par leur aveuglement et par leur intensité, la ruse perfide et la malice méthodique des régisseurs de cette mise en scène épouvantable du champ de bataille, organisée d'ailleurs pour le plus grand bien de ces régisseurs, agents néfastes du principe d'autorité.

Combien l'homme de guerre accompli utiliserait mieux son énergie intrinsèque, s'il mettait au service de la vie de ses semblables toute la vigueur qu'il déploie pour les tuer ! A quelle hauteur de beauté infinie, de justice et d'équité en serait arrivée l'humanité, si toute la force dépensée à tuer des soldats et à gagner des batailles, avait été localisée dans l'intelligence au service de ces idées éternelles d'infinie beauté, de justice et de vérité ?

Ces jours-ci les premiers épisodes de la guerre hispano-américaine ont mis en lumière un fait très remarquable et de premier ordre dans le genre des entreprises belliqueuses, très décisif aussi dans le sens de ce que nous pensons.

Voici ce fait tel que le racontèrent les journaux du mois d'avril. Lorsque le croiseur espagnol *Viscaya* leva l'ancre pour sortir du port de New-York, son départ fut salué par de formidables coups de sifflet et par des huées que lancaient les milliers de Yankees réunis sur les quais.

Le commandant du cuirassé, M. Eulate, entendit l'*ovation* et fit stopper immédiatement. Il ordonna de mettre son canot à la mer et dit au second du navire :

« Je vous confie le commandement. Je vais descendre seul à terre. Si vous entendez un coup de feu, bombardez New-York ! »

Il sauta dans le canot et se fit débarquer sur le quai, au milieu de la foule hostile. S'adressant à un groupe, il s'écria : « Le premier qui siffle, je lui brule la cervelle ! » Personne ne siffla et, pendant vingt minutes, M. Eulate se promena sur le quai devant la foule silencieuse. Lorsqu'il regagna son bord et que la *Viscaya* se mit en marche définitivement, on n'entendit aucun coup de sifflet.

Cet officier espagnol s'est conduit en homme valeureux. Il a défendu le prestige de sa patrie, selon les formules courantes, en homme brave prêt au sacrifice de sa vie pour défendre l'honneur de sa terre natale. On doit l'admirer et le considérer comme un héros. Aussi longtemps que l'idée de la guerre restera ce qu'elle est encore, des hommes comme ce capitaine seront des hommes dignes d'admiration. Ils acceptent leur rôle de victimes dédiées, avec une hauteur de désintéressement qui dénote en eux une accumulation d'énergie et de vigueur à toute épreuve.

Ceci dit, supposons maintenant ce qui arriverait si le même homme, le même accumulateur humain d'énergie et de vigueur, prenant un jour sa tête entre ses mains, concentrait toute son énergie sur une idée, laquelle au lieu d'aboutir à une menace de revolver, résoudrait le problème du sens de la vie et installerait aux lieu et place de la religion de la guerre et des héros du meurtre, une religion de bonté, de douceur, de droiture et d'intarissable équité.

Des hommes trempés comme cet Espagnol peuvent beaucoup; ils pourraient beaucoup pour le bien de l'humanité, si au lieu d'être employés au service du Moloch de la guerre et de la mort, on les dirigeait dans le sens des idées qui améliorent la vie.

Il est une patrie précieuse et bonne, dont l'idée contient toutes les idées liées au principe de la patrie, de l'esprit et du cœur; celle de la pureté des traditions telles qu'elles seraient, si l'égoïsme ne les avait pas faussées sur le chemin de la lutte cruelle de tous les jours; celle de l'amour du bien et du vrai; celle de l'esprit de justice, de la culture de la vérité. Cette patrie se dispensera de la guerre le jour où elle fonctionnera sur les bases sérieuses et douces de la miséricorde et du désintéressement. Elle fonctionnera et unira les hommes, le jour où aura été commencée l'éducation des peuples dans la direction de ce qui élève l'homme au niveau de sa destinée, et doit le libérer pour toujours du joug des aristocraties, des castes et des hiérarchies. Celles-ci s'organisent aux dépens des faibles, les exploitent, les dédaignent et vont chercher dans le principe inhumain de la guerre incessante, de nouveaux titres à dominer et à se croire les meilleurs parce qu'ils auront tué le plus d'hommes sur le champ de bataille.

La guerre émane de l'injustice; il est difficile qu'elle aboutisse à l'absolue justice. Elle ouvre trop grande la carrière du hasard pour ne pas assurer, malgré tout, le triomphe des plus audacieux. Le coup de main est légitimé par ce principe qui tue, assomme, poignarde, fusille et canonne. Si la vérité est de ce côté, elle ne peut pas être en même temps du côté de la paix qui favorise les éléments contraires à ce que développe la guerre. Les gens qui subissent de telles contradictions sans en souffrir ou sans les apercevoir sont à éclairer. Ce sera le rôle de l'histoire à venir.

La guerre crée l'esprit de caste, et cette caste est munie d'un pouvoir tel, que le jour où elle est autorisée, elle supprime d'un coup tous les rouages de la liberté individuelle liés à ceux de la vie publique que la guerre anéantit en même temps.

Dans une ville de garnison, allez donc déjeuner à l'hôtel où les officiers prennent leurs repas. Ils sont tous ensemble, mangeant à des tables réservées. Tout autour d'eux respire la classe à part dont l'uniforme est le signe distinctif. Cet uniforme est sacré. La loi le protège et en punit ce qu'elle appelle le port illégal. Dans le nombre de ces messieurs, beaucoup sont gens d'amabilité et de courtoisie. Quelques-uns sont même doux et pleins de bienveillance. Mais ne vous avisez pas de vous habiller comme eux. L'esprit de la guerre les anime, se manifeste par la hiérarchie des grades, qui se prolonge, s'étend jusqu'au pauvre pékin, être non admis à l'honneur d'être gardien de l'obélisque de Moloch. Le pauvre pékin dîne à la table d'hôte, la fosse commune des estomacs qui dînent à l'hotel. Il est très visible que la vie n'est point la même pour l'estomac garni de boutons d'or, d'aiguillettes et de galons que pour l'estomac qui digère sous un humble veston. Le privilège des honneurs de la guerre les sépare. Les hommes de guerre constituent une famille, où l'on se salue sans se connaître, en raison du privilège dont on jouit et des honneurs qu'il dispense.

Dans la vie, on voit tous les jours qu'un officier n'est pas un homme comme tout le monde. On dit : C'est un officier. Il ne m'est jamais arrivé de me trouver dans cette situation de pauvre pékin tout seul parmi des uniformes sans me sentir invité par l'allure ordinaire de mon esprit, à définir cet état différentiel de la situation civile et militaire. Ce qu'ils sont, ces hommes en uniforme ne peuvent pas ne pas l'être. C'est la guerre qui les façonne et leur impose son régime en dehors de l'égalité, telle que nous la concevons devant la dignité humaine.

Ils sont la mort enrégimentée, la mort obligatoire, distribuée selon les formes d'une hiérarchie déterminée, où le principe de la dignité de chacun disparaît devant l'horlogerie aveugle de la discipline. C'est à prendre ou à laisser, jusqu'à nouvel ordre, aussi longtemps que les esprits ne se seront pas assez dégagés pour placer l'idée de patrie un peu partout, dans leur âme, dans leur esprit et dans leur conscience, en même temps que dans un canon de fusil.

C'est contre le rôle prépondérant du canon de fusil que l'avenir devra édifier une muraille infranchissable de raison et d'équité. Tous les peuples devraient s'unir pour imposer silence à celui qui viole la paix générale et justifie le droit cruel de légitime défense. Quand on regarde un groupe d'officiers, on ne peut s'empêcher de penser que, dans leur cervelle, sous ce képi plus ou moins enrubanné de galons d'or, germent des idées d'obus perfectionnés, fermentent des explosifs à faire sauter le monde, et que chacun s'ingénie à améliorer l'art de donner la mort en vertu de la guerre trop soudée à l'idée vraie de la patrie. Beaucoup d'entre eux, n'égratigneraient pas un chien errant. Pas un, j'imagine, ne se dit que du simple fait qu'il est au service de la guerre, il attente au principe de la liberté individuelle jusqu'à sa totale suppression.

Que demain les murs se couvrent du papier blanc des affiches de la mobilisation, ces hommes qui dînent en ce moment avec leur serviette au col et croquent des radis roses, saupoudrés de sel, se sentiront lancés parmi les chances de leur métier, vocation où situation, et nous forceront d'y sauter comme eux, avec cette différence, que, dans l'état actuel, si l'on est parfois officier par vocation, on est toujours soldat par fatalité.

Les rues seront pleines de canons et de gens armés de fusils. Des cris de bêtes furieuses auront succédé au murmure de la vie laborieuse et intelligente. Ces gens qui dînaient hier par petites tables, causaient entre eux, sont avertis qu'aujourd'hui leur est délégué sur nous le droit de vie et de mort. Ils commandent, on doit obéir sous peine de lâcheté. Le point d'honneur est placé dans le point de mire d'une arme à feu qui tuera dix ou vingt pauvres bougres d'un coup. Car la vie de tous les hommes valides est à la merci de la guerre. La guerre a parlé. Et tout ce qu'une cervelle humaine peut contenir d'art, de pensée, d'invention, de sagesse, de bonté, de justice, de génie enfin, tout cela ne compte plus devant l'affiche blanche de la guerre.

L'homme valide n'a plus le droit de vivre, il n'a plus la liberté de penser, de créer de grandes œuvres, d'écrire de beaux livres, de réaliser de grandes découvertes utiles à l'humanité comme les découvertes de Pasteur, par exemple, devant les ordres de la guerre. Les gens qui portent ces ordres n'admettent pas d'observations. C'est le voile sinistre de l'inconnu, abaissé sur le grand principe de vie, et assurant la prépondérance à l'invention d'un projectile qui tuera tout le monde, sur la découverte d'un remède ou d'une idée qui sauverait l'humanité.

Demander la suppression de la guerre c'est exiger plus de vertu que les passions humaines dans l'état actuel de notre civilisation incomplète, superstitieuse et encore asservie aux privilèges, n'en peut comporter. On pourrait toutefois rétrécir l'horizon du militarisme en le réduisant aux lois strictes de la vocation, ou de la défense personnelle pour ceux qui ont quelque chose à défendre. Et puis il y aura pendant longtemps encore des gens qui auront la vocation des coups et blessures. Aussi longtemps que la guerre trouvera des motifs dans l'organisation défectueuse de la société, elle trouvera des fonctionnaires de bonne volonté. C'est faire un sort à la destinée de ces volontaires que de les mettre au service d'un principe qui leur ressemble, jusqu'au jour désirable où ce principe aura été déclaré hors de cause par la majorité des humains désormais affranchis de l'erreur et de l'animalité, régentes de l'orgueil, de l'envie et de l'ambition, têtes de l'hydre de la guerre.

Actuellement nous en sommes encore à envoyer tuer des fils de la France à Madagascar pour assurer la prospérité de comptoirs financiers et commerciaux. Nous n'avons pas, à ce point de vue, réalisé un progrès depuis la fin du monde prédite par les demoiselles Couesdon de l'an 1000. Les sociétés de secours aux blessés qui envoient aux soldats des bouteilles de Vichy et de champagne, qui ne leur parviennent pas toujours, sont fatalement complices d'un état de choses qu'elles ne savent pas empêcher. Ces sociétés privées envoient le cordial aux condamnés à mort de la société en général. Et quand le chef de l'Etat va distribuer des drapeaux aux soldats qui partent, c'est tout l'ordre social complice du pacte odieux qui fait arroser de sang humain les champs où fleurissent les graines d'épinards et des entreprises matérielles, tout ce qu'on peut imaginer de plus terre à terre.

On s'étonne que les sociétés de secours aux blessés ne se transforment pas en sociétés contre l'usage de faire des blessés.

La guerre ne disparaîtra que le jour où l'homme aura compris le sens de sa dignité, quand il saura ce qui lui est dû et ce qu'il doit à ses semblables ; quand il sera pénétré de l'idée qu'il vit depuis des siècles parmi des préjugés très subalternes ; quand il saura que les despotes n'ont de prise sur lui que parce qu'il ne s'est pas encore dit une bonne fois que la situation qu'on le force d'adorer, est une injure à la valeur morale, comme le rang est une offense à la dignité humaine.

Avant tout, il faut apprendre à l'homme la science de la vie, lui enseigner l'art d'être bon, lui dire que le bonheur n'est pas dans les situations qui s'acquièrent aux dépens d'autrui, et que la guerre, étant le principe qui récompense ceux à qui profite la mort des victimes, est pour cette raison un signe affreux de l'infériorité humaine.

JACQUES DE BIEZ.

Maurice Block. — *Français. Membre de l'Institut, Économiste. Dirige la publication de l'*Annuaire de l'Économie politique et de la Statistique.

Vous m'avez demandé mon avis sur certaines questions que je reproduis ci-après, en me faisant espérer que mon opinion ne pourra qu'aider à la solution des graves problèmes de la guerre et du militarisme.

Je ne pousse pas la vanité, ni l'optimisme, aussi loin que cela, je suis même convaincu que mon opinion restera sans la moindre influence, tout comme celle de la plupart des gens bien intentionnés qui ont tenté de travailler aux progrès de l'humanité. Mais comme il ne faut jamais désespérer complètement du progrès, je crois devoir répondre à vos questions.

Vous demandez :

« 1° *La guerre parmi les nations civilisées est-elle encore nécessitée par les conditions historiques, par le droit, par le progrès ?* »

Je réponds. La guerre nécessaire ? Elle ne peut l'être que pour les nations ou États attaqués par un adversaire armé, car on n'a pas que le droit, on a encore le devoir de se défendre ; ce droit est à la fois primitif et éternel, et ce devoir, il faut le remplir sous peine de mort. Malheureusement c'est presque toujours le plus fort qui attaque, et pour le faible le droit est un bouclier très insuffisant.

En dehors de la défense de soi-même et du secours apporté à un faible injustement attaqué, aucune guerre n'est nécessaire ni légitime.

2° *Quels sont les effets intellectuels, moraux, physiques, économiques, politiques du militarisme ?*

Le militarisme ne peut avoir de bons effets. On peut le tolérer comme un mal nécessaire, en le réduisant au minimum, pour préparer la défense contre des attaques possibles, mais c'est là sa seule utilité. Il ne saurait être un instrument de progrès, car l'essence du militarisme c'est, pour une grande partie de la nation, la soumission aveugle et absolue à la volonté d'autrui, c'est l'annulation de soi-même. Or, dans cette bête que Platon a défini « un animal à deux pattes, sans plumes », ce qui fait l'homme, dans la noble acception du mot, c'est surtout la volonté consciente, réfléchie, et combien rare n'est-elle pas ! Beaucoup d'individus en manquent complètement, ce sont des êtres plus ou moins inconscients, mus par impulsion, gouvernés par l'habitude, influencés par l'esprit d'imitation. Les autres individus ont plus ou moins de volonté, mais bien peu en ont assez pour, en se laissant guider par l'intelligence et la réflexion, diriger leurs actes dans le sens de la morale. « L'impératif catégorique » ne va qu'avec une volonté ferme et éclairée.

Et, puisque, de nos jours, la plupart des jeunes gens doivent passer par l'état militaire, ils sont soumis pendant un certain temps à une action tendant à briser leur volonté. Pendant cette période de service militaire, la carrière des gens est interrompue, et le milieu dans lequel ils se meuvent n'est favorable ni à la santé du corps, ni à la santé de l'âme, et il ne prépare pas la voie à la vie politique et économique du futur citoyen.

3° *Quelles sont les solutions qu'il convient de donner, dans l'intérêt de l'avenir de la civilisation mondiale, aux graves problèmes de la guerre et du militarisme ?*

Il n'y a évidemment qu'une solution désirable, c'est la suppression de la guerre, mais — et j'en ai la conviction — la guerre durera autant que l'humanité. L'humanité n'a jamais connu l'âge d'or, et elle ne le verra pas dans l'avenir. Selon une antique tradition, la guerre a commencé dès qu'il y a eu deux hommes sur la terre : des deux premiers frères, l'un a tué l'autre par jalousie ou par haine religieuse, et dans notre monde civilisé et surpeuplé les causes de la guerre ne peuvent que se multiplier.

Qu'est-ce qui n'est pas une cause de guerre ! La religion fondée sur le précepte : « Aime ton prochain comme toi-même » en est une des principales. Puis vient le patriotisme, d'abord parce qu'il est presque toujours mélangé de haine de l'étranger, terme souvent pris comme synonyme d'ennemi. Le patriotisme voudrait étendre la domination de la patrie, et il ne manque pas d'envahir les autres pays quand il se croit le plus fort. Les intérêts économiques sont également une fréquente cause de guerre ; enfin, il y a la longue liste des causes diverses. L'arbitrage ne sera invoqué que par les faibles, ou dans les questions de peu d'importance.

4° *Quels sont les moyens conduisant le plus rapidement possible à ces solutions* ?

Cette question peut être résumée ainsi : Comment peut-on supprimer la guerre? Il est facile d'en exprimer le vœu, mais plus que difficile de le réaliser. En effet, pour faire cesser la guerre et les maux moraux et matériels qui s'y rattachent, il faudrait changer la nature humaine. Ceux qui croient à la possibilité de ce changement réclament cinquante mille ans pour l'effectuer. Selon eux, il a fallu cinquante mille ans pour accomplir l'évolution du singe en homme, il faudra cinquante mille autres années pour faire évoluer l'homme à l'état d'ange... aimant son prochain comme soi-même.

Or, la nature humaine, telle qu'on la connaît depuis les temps historiques, semble se délecter aux scènes de carnages, de guerres, d'arènes où les lions et les tigres broient sous leurs dents la chair humaine, autodafés avec ou sans chemises soufrées, guillotinades, etc. Quelles sont les hommes les plus célèbres, les hommes couverts de gloire? De grands guerriers, par exemple, Alexandre le Macédonien, César, Charlemagne, Frédéric-le-Grand, Washington, Napoléon, Wellington, Moltke. Ces guerriers sont certainement plus connus que n'importe quel savant ou quel bienfaiteur de l'humanité. Les hommes adorent avant tout la force.

Que peut-on contre la force ? Les faibles peuvent s'unir et obtenir ainsi une force supérieure. L'Union fait la Force, mais seulement tant qu'elle dure, et elle dure peu. Les formes à observer pour s'unir c'est de délibérer et de signer un contrat, c'est aussi de faire adopter un code international. Mais les formes ne lient pratiquement que les faibles, et parfois elles deviennent ainsi plus gênantes qu'utiles.

Du reste, il faudrait une sanction à ce code qui, d'ailleurs, ne pourrait pas tout prévoir et n'empêcherait pas les conflits de surgir. Suffira-t-il d'instituer un conseil d'arbitrage permanent, composé de représentants de tous les pays, forts ou faibles, pour prévenir ces conflits? Il pourra alors arriver, par le hasard des combinaisons intérieures du comité (formation de commissions, etc.) que les représentants de petits Etats aient à résoudre une question passionnante entre deux grands Etats. Comprenez-vous, par exemple, que la Serbie intervienne en Russie, le Portugal en Allemagne, le Danemark en France ? Prendrait-on cette intervention au sérieux ?

Ajoutons qu'un écrit, un traité, est un faible lien pour un Etat ; un traité qui ne serait pas limité à un très petit nombre d'années serait bien vite déchiré par les intéressés. On dénonce le traité ou l'on répudie sa signature en faisant appel à la doctrine du salut public.

Le philosophe, et même le théologien (pensez au déluge) n'a pour cela qu'une seule explication : la majorité des hommes se compose de méchants, c'est-à-dire que la haine l'emporte chez eux sur l'amour du prochain. Faut-il chiffrer cette majorité ? Essayons-le sous toute réserve ,

51 pour 100 des hommes sont plus ou moins méchants.

40 sont indifférents.

9 bons.

C'est probablement une évaluation optimiste, car si la population terrestre atteint réellement, comme on le croit, le nombre d'un milliard et demi, cela ferait qu'on compte parmi eux 135 millions de bons. Tant de vertu a-t-elle pu germer sur notre globe ?

Du reste, nous parlons des *bons*, est-ce qu'il ne sont pas eux aussi, sensibles à la gloire militaire ; est-ce qu'ils ne sont pas, par patriotisme, jaloux des autres nations ; enfin, est-ce que la bonté et la vertu les empêchent de chasser, de s'amuser à tuer d'inoffensifs lièvres ou lapins, perdrix ou cailles... ?

Ajoutons que les hommes ne se divisent pas seulement en bons et méchants, il y a encore ceux qui ont de l'intelligence et s'en servent, et ceux qui en manquent. Il y a ensuite les passions, les esprits bizarres, les raisonneurs sans logique et autres excentriques, tous gens auprès desquels on ne peut même pas faire valoir utilement l'argument de l'intérêt bien entendu. Somme toute, il se fait peut-être plus de mal par bêtise que par méchanceté, de sorte que la sagesse commande de ne pas trop compter sur l'avènement de la paix perpétuelle.

Maurice Block (de l'Institut).

Jacques Bonzon. — *Français. Avocat à la Cour de Paris. Auteur de* : La législation de l'Enfance, le Crime et l'Ecole, etc.

Vous avez bien voulu m'envoyer récemment votre consultation sur le militarisme. Permettez-moi d'y répondre en avocat.

La guerre n'est autre chose que le procès sans appel de l'humanité, et les militaires professionnels, ses juges. Comme de tout procès, nous pourrons y voir du bien et du mal, un avenir meilleur, ou une défaite de l'idéal. Le militarisme n'a pas que des défauts, de même que toute cause n'est pas injuste. Il développe le courage, puisque même il le nécessite, la ténacité, la persévérance. Il entretient un certain sentiment de l'honneur, étroit, il est vrai, et spécial. Qu'à diverses époques des temps historiques, alors que les sociétés ignorantes risquaient de se désagréger, il ait pu en être le lien et la base solide, cela me paraît également incontestable. Cependant remarquez que depuis sept ou huit siècles les inconvénients du militarisme en ont surpassé les avantages. Les Croisades ravivent bien la curiosité du Moyen-Age et les relations, comme dirait votre circulaire, mondiales, mais elles renforcent la féodalité par la prépondérance qu'elles donnent aux chevaliers. Le seizième siècle noie le libéralisme naissant dans l'atrocité des guerres civiles. Quant aux campagnes de Louis XIV, elles laissent une France épuisée, prête à tous les scepticismes de la Régence. C'est tout au plus si l'on pourrait invoquer en faveur du militarisme les luttes héroïques de la Révolution. Et encore une histoire scrupuleuse nous apprend à en rabattre. Le peuple en armes, encadré d'ailleurs par les vieilles troupes d'Amérique, a sans doute sauvé la patrie, mais sitôt l'ennemi chassé, il devait rester aux frontières. En les dépassant, en exaltant l'esprit guerrier de la race, il engendra le pire militarisme dont ait souffert l'esprit français, le militarisme du Directoire corrompu et de Bonaparte brutal.

Croyez-en donc ma parole d'avocat — bien désintéressée, vous l'accorderez, car je semblerais naturellement incliné à ne rêver que plaidoirie : — une transaction même médiocre vaut toujours mieux qu'un procès même bon. Il en découle que nous devons favoriser les transactions entre les litiges des peuples, c'est-à-dire l'arbitrage. Plusieurs guerres en ce siècle ont été ainsi étouffées. Pour les autres, les plaideurs étaient trop échauffés, et combattaient autant par amour-propre que par intérêt. Ils se seraient trouvés alors en fâcheuse posture s'ils avaient au préalable supprimé les militaires de carrière, comme nous serions bien sots de supprimer magistrats et juges, pour nous faire juger par le peuple.

JACQUES BONZON.

FRÉDÉRIC BORDE. — *Français. Volontaire en Italie en 1859, et à Paris, en 1870; blessé et décoré de la médaille militaire à la bataille de Champigny. Publiciste. Fondateur et directeur de la revue du socialisme rationnel,* La Philosophie de l'Avenir. *Auteur de :* La Philosophie de la Guerre.

L'*Humanité Nouvelle* a ouvert une enquête « sur le militarisme et la guerre ». Je vais répondre à vos questions, mais permettez-moi de sortir un peu des limites que vous avez tracées.

1° On entend généralement par guerre le conflit de deux armées. Ce point de vue est trop restreint. La guerre économique, celle que le capital fait au travail, pour être moins sanglante est autrement meurtrière. J.-B. Say a écrit : « Il est affligeant de penser, mais il est vrai de dire, qu'une partie de la population *périt tous les ans* de besoin, même au sein des nations les plus prospères. » De son côté, le Dr Bertillon évalue à près de 200.000, le nombre de personnes annuellement fauchées par la misère. C'est le chiffre de nos morts durant la guerre de 1870 où il y a eu 32 batailles rangées et 800 combats.

Maintenant, qu'est-ce que le droit ? C'est, n'est-ce pas, la règle des actions individuelles et sociales, indiquant ce qu'il faut faire et ce qu'il faut éviter. Qui formule le droit ? Le souverain. Or, depuis que le monde est monde, il n'a jamais connu que deux espèces de souveraineté : 1° La théocratie qui ordonne au nom d'un dieu hypothétique, c'est la force masquée de sophismes ; 2° La démocratie qui ordonne à la moitié plus un des suffrages, c'est la force brutale. La guerre est donc bien conforme au droit actuel.

Je laisse de côté « les nations civilisées « et « le progrès » afin de ne pas trop allonger ma réponse.

2° Mais le militarisme n'est pas une cause, c'est un effet: l'effet de l'ignorance sociale sur la réalité du droit, sur l'unité du droit. Il y a des armées, parce qu'il y a des nations, toutes régies par des droits différents, et la dernière raison des rois comme des peuples, c'est toujours le canon.

L'armée, dit-on, est une grande école d'immoralité. Mais la banque et le commerce sont-ils des écoles de moralité ? En quoi est-il plus criminel de tuer des hommes à coup de fusil que de les faire mourir en les affamant ou en les empoisonnant ?

3° Il faut introniser la souveraineté de la raison, la logocratie. La connaissance de la réalité du droit et de son éternelle sanction une fois établie chez une nation suffisamment forte pour repousser les attaques des nations ignorantes ferait très rapidement la tache d'huile, et dans un laps de temps beaucoup plus court qu'on ne se l'imagine, fusionnerait toutes les nations, au sein de l'humanité. De là unité du droit, disparition des armées et de la guerre.

4° Après avoir renvoyé dos à dos la souveraineté de droit divin et la souveraineté du peuple, il faudrait étudier la souveraineté de la raison. Colins a-t-il réellement démontré la possibilité et la nécessité de cette souveraineté? Si oui, le devoir des écrivains et des penseurs, de tous ceux qui ont une influence par la plume ou par la parole, serait de le déclarer loyalement et hardiment. Il se formerait ainsi un grand courant d'idées. La force qui, jusqu'ici, a exclusivement gouverné le monde s'unirait peu à peu à la science réelle, au socialisme rationnel qui nous conduirait ainsi à la paix universelle.

FRÉDÉRIC BORDE.

HORTENSE BOUET. — *Française. Rédactrice au* Journal des Economistes.

Mon opinion bien arrêtée contre la guerre et le militarisme est celle de tant d'autres personnes de ma connaissance qu'en l'exprimant je ne ferais certainement que redire ce que d'autres ont dit et diront mieux que moi.

Je préfère donc vous résumer une conversation que j'ai eue, précisément ces jours derniers, avec un homme qui a beaucoup lu et surtout — ce qui vaut mieux encore — beaucoup vu de près les choses de la guerre. Ses idées ne sont point banales, du moins je ne les ai jamais entendu soutenir. Que valent-elles? Au public d'en juger.

Je demandais à M. X... ce qu'il pensait de la conférence internationale proposée par le tzar pour le désarmement, ou du moins pour la suspension de plus grands armements. M.X... haussa les épaules pour toute réponse.

J'insistai — Qui empêche le tzar, dit-il, de désarmer lui-même? La meilleure prédication n'est-elle pas celle qui se fait par l'exemple?

— Vous savez bien, répondis-je, qu'on ne peut pas désarmer les uns sans les autres, et que la nation qui désarmerait serait bientôt la proie de ses voisines.

— Vous avez bonne opinion de la nature humaine! Heureusement cette supposition est purement gratuite et erronée. Gratuite, parce qu'on ne voit pas actuellement les nations armées se jeter sans raisons sur celles qui ne le sont pas. Erronée, parce que la force des nations n'est point en raison de leurs armements, au contraire.

— Au contraire? Voilà une opinion qui me paraît au moins paradoxale.

— Paradoxale, soit, mais exacte. La puissance d'une nation est en raison de la quantité et de la qualité des hommes qui la composent.

— Personne ne conteste que les hommes sont les premiers facteurs de la force des nations. Mais, aujourd'hui surtout, avec les perfectionnements introduits dans les armements, il est impossible de ne pas suivre le mouvement sans s'exposer à être victime de son incurie.

— Permettez-moi de vous dire que vous êtes dans une complète erreur. Les armes à feu sont de la plus parfaite inutilité; je dis plus, elles sont un impédiment qui serait funeste à leurs possesseurs, si leurs adversaires n'étaient dans le même cas et s'ils avaient plus de courage.

Lisez les traités d'art militaire, vous verrez combien peu d'hommes sont tués ou blessés par les armes à feu, comparativement au nombre de coups tirés, et vous comprendrez combien il serait facile à une troupe munie d'armes blanches, leste, ferme, résolue, de capturer une armée empêtrée par ses canons et ses munitions.

Lisez l'histoire : vous verrez que, toujours et partout, les armées peu nombreuses et mal pourvues d'armes et de munitions — mais pourvues de courage et d'audace — ont vaincu les grandes armées, qui tournent nécessairement en cohues.

— Il y a quelque chose de spécieux dans votre thèse, mais elle me paraît exagérée. Si les armes à feu n'étaient pas supérieures aux armes blanches et plus meurtrières, il est évident qu'elles n'auraient jamais prévalu.

— C'est ce qui vous trompe. Ce ne n'est pas parce qu'elles sont plus meurtrières que les armes à feu ont prévalu, c'est parce qu'elles le sont moins. A leur apparition, les hommes de guerre les plus courageux et les plus compétents ont fait tous leurs efforts pour empêcher cette innovation; mais les lâches, qui sont toujours les plus bruyants et les plus influents, ont eu le dessus. Et, comme toujours, ils ont été victimes de leur lâcheté, car s'il en est résulté moins de morts par les armes, il y en a eu beaucoup plus par suite des misères, privations, souffrances de toutes sortes qui sont les conséquences de l'attirail guerrier moderne.

Si vous ajoutez que les armées permanentes, conséquence naturelle des armes à feu, sont une plaie perpétuelle pour les peuples qui les entretiennent, vous conviendrez, je pense, qu'il y a largement compensation.

— Votre idée me paraît si paradoxale que, sans pouvoir la réfuter, j'ai de la peine à m'y rendre.

— Mon idée n'est ni mienne, ni paradoxale. Je pourrais vous citer nombre d'auteurs spéciaux qui la partagent et, sans aller bien loin, lisez ce passage de la *Nouvelle Revue* du 15 juillet, livré au public par le général Dragomiroff.

Et je lus, p. 227 : « Des armées également trempées, braves, habiles et résolues, marchant à la rencontre l'une de l'autre avec la ferme et inébranlable résolution d'en venir à la baïonnette, offriraient un spectacle sans précédent dans la guerre contemporaine. Aucune bataille générale ne s'est encore passée de cette façon et, si cela était possible, on abandonnerait les fusils, la guerre changerait de caractère, et les combats deviendraient ce qu'ils étaient dans l'antiquité, c'est-à-dire un corps à corps. »

— Vous voyez, dit M. X..., que l'arme blanche est plus terrible que l'arme à feu.

— J'en conclus que l'arme à feu est un progrès.

— Vous avez tort puisque, je viens de vous le dire, les armes à feu tuent indirectement et empêchent de naître encore plus d'hommes que n'en détruisent les armes blanches.

— A votre avis, il serait donc de l'intérêt bien entendu d'un peuple de renoncer aux grands armements modernes et de revenir à l'arme blanche ?

— Sans aucun doute. Il vaudrait certes mieux renoncer à la guerre qui n'a aucune bonne raison d'être, mais entre deux maux il faut choisir le moindre. Du moment qu'il faut en venir aux mains, le mieux est de faire vite et bien. On y regardera à deux fois, alors, avant de se déclarer la guerre et on sentira la nécessité de recourir de plus en plus à l'arbitrage. J'avais donc raison de vous dire que le premier peuple qui désarmera sera le plus sage et le plus fort, et que si l'empereur de Russie est si pacifique que cela, il ne tient qu'à lui de le montrer.

— Si ces choses sont connues, sinon du gros public, du moins des hommes spéciaux, d'où vient que personne ne prend l'initiative de désarmer?

— Je vous ai dit que l'un des motifs de l'adoption des armes à feu a été la poltronnerie; il y en a eu un autre : l'intérêt. Cette innovation donnait lieu à des commandes de fournitures d'armes, de munitions, etc. Tous ceux qui y étaient intéressés furent partisans des grands armements et n'ont jamais cessé de pousser à la roue.

— Cela se comprend. Enfin, quand la mèche sera éventée, le désarmement viendra, car, en somme, les lâches et les égoïstes ne sont pas les plus nombreux.

— Vous êtes bien... naïve, passez-moi le mot. Vous vous imaginez donc que l'Etat fabrique, dans ses Ecoles militaires, des officiers pour les laisser sans situation et sans ressources?

M. X... me dit beaucoup d'autres choses non moins singulières. Mais je m'aperçois que le papier se remplit et qu'il ne faut pas, sous prétexte d'une lettre, écrire une brochure. Je m'arrête donc et soumets ces idées à votre appréciation et à celle de vos lecteurs.

HORTENSE BOUET.

H. DE BRAISNE. — *Français. Poète, romancier, auteur dramatique. Auteur de :* Eveil d'Amour, Mériennes, Vesprées, Parmi le fer, parmi le sang (*poésie*), La course au Mariage, Le Soldat (*théâtre*), Sur l'Esternelle, Monsieur Liénard, Vers le Bleu, Race perdue, Un Lovelace, Dédaignée, etc. (*Nouvelles et romans*).

Tout d'abord écartons l'Allemagne, dont l'hégémonie militaire n'est qu'en façade — autrement elle n'eut pas remis à trente ans l'occasion d'une deuxième guerre — et qui ne demande qu'à recourir au socialisme et qui y recourra, pour abattre le pouvoir insatiable dont elle souffre cruellement; l'Allemagne verrait décupler ses forces si elle secouait ce joug ; elle grandit en richesses non point parce que dans les mains d'un pouvoir militaire, mais en dépit de ce pouvoir. Et citons une nation européenne dont les citoyens, ou sujets, le mot ne fait qu'accentuer la chose, sont bien autant civilisés.

Jamais l'énorme puissance de l'Angleterre, puissance qui ne durera pas éternellement, puisque rien n'est éternel, mais puissance qui dure depuis des siècles et qui durera de longues années encore, jamais cette puissance, jamais la liberté dont les Anglais jouissent, liberté stupéfiante pour qui a quelque peu traversé le détroit, n'auraient acquis un tel développement, si les régents du royaume, république effective, ne s'étaient toujours opposés avec opiniâtreté à l'expansion du militarisme. Il semble donc évident pour nous, les plus proches voisins, que cet exemple était excellent à suivre.

Nous aurions ainsi épargné plusieurs révolutions et une interminable série de désastres. Prenons une seconde république, l'infiniment petit après l'infiniment grand. Jamais la Suisse n'aurait connu son actuelle prospérité, jamais ses habitants n'auraient vécu dans la large aisance qu'ils savourent, si ses lois n'avaient été cimentées par l'horreur du militarisme. Dans ce pays, la durée du service n'est-elle pas réduite à un rigoureux minimum ? Et les Suisses en sont-ils moins braves ?

Pensons maintenant au peuple qui fit jadis de la Méditerranée son lac intérieur : la république romaine. Elle ne périclita que le jour où ses gouvernants laissèrent prendre aux soldats une place démesurée. Que conclure ? Que les effets intellectuels, moraux, économiques, politiques, du militarisme sont déplorables. La Russie vit naître le nihilisme, une des mille formes du désespoir, et la famine chronique, à cause de son organisation férocement militaire. L'Italie est malade de ses armements exagérés, l'Autriche entre en convulsions parce qu'elle se refuse à épeler le mot liberté, l'Espagne meurt de n'avoir pas voulu changer son système gouvernemental, Rome fut étranglée par ses folles légions, la Chine a dû sa fabuleuse longévité à sa prédilection pour le pouvoir civil.

Une solution ? Elle réside dans le groupement fédératif des peuples. Confédérés, les peuples n'auront plus intérêt, ne croiront plus avoir intérêt à s'entre-déchirer. Ils se livreront en paix aux travaux du commerce et de l'industrie ; le champ est assez vaste pour suffire à de multiples générations, aux recherches sans bornes de la science et des arts. Tous nos efforts doivent donc tendre à hâter la réalisation de ce rêve : les Etats-Unis d'Europe. Je prévois l'objection. Nous aurons en face de nous les Etats-Unis d'Amérique qui pour le moment paraissent renier les principes créateurs de leur extraordinaire fortune, et nous nous jalouserons, et nous nous menacerons, et une nouvelle crise de guerre sera ouverte. Réponse : Il n'a jamais été question de supprimer la guerre, la sottise humaine ne sera jamais anéantie ; il est question seulement d'amoindrir les causes de guerre. Par la fondation des Etats-Unis d'Europe ce résultat serait atteint.

Le moyen conduisant le plus rapidement possible à ce résultat ? Une éducation virile et vraiment noble, contemptrice de toute idolâtrie, de toute humilité.

H. de Braisne.

Paul Bureau. — *Français. Professeur à la Faculté libre de Droit de Paris. Lauréat de l'Institut. Auteur de* : **La diminution du revenu et la** baisse du taux de l'intérêt; le Homestead; La Participation aux bénéfices, etc.

Votre lettre-circulaire vient me trouver ici et je suis heureux d'y répondre brièvement; je pense que la brièveté est une qualité très nécesaire en cette occurrence.

Bien que les chances de guerre diminuent sans cesse à mesure que le mouvement démocratique s'accentue, il paraît malheureusement certain que l'ère des guerres, parmi les nations civilisées n'est pas encore close. Certes ni le droit, ni le progrès n'exigent la lutte sanglante, ils la repoussent au contraire mais, même parmi les nations civilisées, il y a tant de millions d'hommes dont la formation sociale est si rudimentaire que la guerre, toujours improbable dans chaque hypothèse individuelle, doit finir par éclater un jour.

Maintenant, il ne faut pas confondre la guerre qui deviendra de plus en plus accidentelle et fortuite avec le militarisme, système dans lequel une nation se prépare d'une manière permanente à la guerre et donne à cette pensée une place prééminente dans ses préoccupations. Le militarisme a les effets les plus déplorables; il est un mal que tout bon citoyen doit supporter avec courage, mais dont tout homme sérieux doit désirer la disparition. Sans parler des énormes capitaux qu'il absorbe, il habitue trop souvent à l'imprévoyance et à la nonchalance les jeunes gens des classes pauvres et les détourne du travail des champs ou de l'atelier; d'autre part il offre à un certain nombre de jeunes gens de la bourgeoisie l'occasion de mener une vie sans responsabilité et sans travail.

La formation d'une armée permanente peu nombreuse et composée de soldats de métier pourrait diminuer le militarisme: elle devrait permettre de réduire à un an la durée du service militaire.

Quant aux moyens sociaux de lutter contre le militarisme, il n'y en a qu'un, mais il est d'une puissance magnifique : développer l'individu. Rendre l'homme plus capable, plus intelligent, plus instruit, plus énergique, développer en lui l'esprit critique et le bon sens, le jugement personnel et la volonté, tel est le grand moyen de faire de lui un antimilitariste, un excellent citoyen, et, si la guerre survenait, un admirable soldat. L'exemple des Etats-Unis doit instruire ceux qui aiment à réfléchir.

Paul Bureau.

Victor Charbonnel. — *Français. Homme de lettres. Auteur de:* Les mystiques dans la Littérature présente; Congrès universel des religions en 1900; La volonté de vivre.

I. La guerre ne saurait être considérée désormais, dans le monde qui pense, que comme une survivance des barbaries anciennes. Elle est faite de batailles et de conquêtes, c'est-à-dire de meurtres et de rapines. Si certaines conditions historiques semblent en maintenir la nécessité inéluctable, c'est contre tout droit humain, qui la condamne, et contre toute loi de progrès, qui la réprouve.

Quelques théologiens, à la façon de Joseph de Maistre, pourraient seuls proclamer la légitimité de la guerre au nom d'un farouche « Dieu des armées » qui imposerait aux hommes le sacrifice du sang expiatoire. Pour les civilisés

qui ont entendu avec Tolstoi le véritable sens de l'Evangile, la règle est dans cette parole : « Tu ne tueras pas ». Et ceux-là voient dans la guerre un mal social, une *inhumanité* dont il faut peu à peu diminuer les ravages et atténuer l'horreur.

II. — Mais, plus encore que la guerre en action où se révèlent du moins des beautés de courage et d'énergie, le militarisme est détestable : guerre en paroles, en menaces, en perpétuelles préparations, en forfanterie, en provocations de frontière, en vociférations de chauvinisme et en spadassinades patriotiques. C'est la grande erreur et le grand ridicule social de notre âge. C'est l'effroyable et stupide préjugé, le dernier sans doute auquel le Prince aura asservi le Peuple.

Les sociologues ont maintes fois dénoncé les effets du militarisme : souillures et tares physiques par la promiscuité des casernes ; accoutumance à la passivité intellectuelle qui subit par ordre les idées toutes faites ; étroitesse d'esprit par la spécialisation très bornée d'une compréhension mécanique, et manque de critique non moins que de culture générale ; diminution de l'initiative et du sens de la personnalité morale par une discipline aveugle qui exclut la réflexion, le consentement, la conscience; perversion des nobles amours de la terre, du foyer, de la tradition et de l'âme nationale, pour en faire des haines d'humanité qu'une rivière borne ; écrasement d'impôts et charges sociales diverses pour l'entretien d'armées et d'armements disproportionnés; déperdition d'activités qui devraient être utilisées en un labeur fécond aux champs, dans l'industrie, dans le commerce ; enfin progrès de cette brutale conception politique qui tient la force militaire surtout pour une force prétorienne de défense sociale, c'est-à-dire d'immobilisme conservateur, et qui juge tout simple de mettre aux prises, soldats contre citoyens, des hommes que rapprochera demain la fraternité de la souffrance et du travail.

Les militaristes prétendent célébrer les bienfaits du service militaire pour l'éducation physique des individus et, par suite, pour le développement physique des races. Souplesse des membres, fermeté de la tenue, agilité de la marche, endurance à toute fatigue : voilà ce que peut donner, disent-ils, le passage à la caserne.

Mais ne serait-il pas aisé d'assurer de tels avantages aux adolescents dès l'école même, par un programme d'éducation mieux compris qui ferait très large part aux exercices physiques, et de les continuer ensuite pour les jeunes hommes par une organisation de sports et de jeux ? Les Anglais ne sont pas militarisés comme les Allemands, et ils ont, avec une égale vigueur, un peu plus de légèreté des muscles.

Les militaristes allèguent encore que le service militaire débrouille l'intelligence populaire, la rend plus prompte et plus vive. Car les chefs ne donnent pas seulement des ordres, ils font aussi une instruction des soldats. Et il y a toujours une action des esprits les plus avisés sur les autres, par la camaraderie, le frottement journalier et même la brimade. Ça dégourdit les rustres.

Peut-être. Mais pour quelques pauvres intelligences qu'ouvre un peu la nécessité de se tirer d'affaire à la caserne et que pourra bien mieux ouvrir l'apprentissage, l'usine ou le cours du soir, combien de bons esprits s'abêtissent dans la vulgaire routine du militarisme ! Toute une jeunesse d'apprentis, d'étudiants, d'artistes, interrompt chaque année et délaisse son travail pour aller marquer le pas et porter armes. Cela ne saurait être sans dommage pour l'intellectualité d'un peuple.

Il paraîtrait, toujours au gré des militaristes, que le service militaire inspire ou fortifie le sentiment du devoir. Le militarisme aurait, du moins, cette excuse de façonner les hommes du peuple à l'obéissance, au dévouement, au sacrifice, au patriotisme généreux, aux scrupules nobles de l'honneur. Ce serait la dernière et indispensable école de moralité.

Mais parler de moralité est trop dire. Que le militarisme donne un pli de discipline, qui n'est guère qu'un pli de soumission à la force, et de servitude, nous le reconnaissons bien. Et nous voulons même avouer que cela n'est point négligeable, si l'on est surtout soucieux d'ordre et de conservation sociale. Seulement il n'en résulte aucune éducation de la conscience libre, aucune formation morale dans la liberté. La duperie a été immense, de ceux qui ont cru moraliser notre peuple français par ces grands mots de devoir, de patrie, d'honneur, en regardant du côté de la caserne. Le devoir, par peur des conseils de guerre ! La patrie, par haine d'autres hommes que sépare de nous une montagne, une rivière ! L'honneur, par des hypocrisies de caste ou d'uniforme qui peuvent cacher les pires turpitudes selon la conscience humaine ! Que voilà bien une pure moralité !

Les plus acharnés d'entre les militaristes ont même osé soutenir que la puissante organisation militaire d'un pays sert à son expansion agricole, industrielle et commerciale. L'Allemagne est forte militairement, ont dit quelques Allemands, et c'est pour cela qu'elle prospère. Le soldat y est durement discipliné, et donc aussi l'ouvrier, c'est par quoi s'expliquent tous les progrès.

Et les Anglo-Saxons? pourrait-on répondre. Ce n'est pas par le militarisme que s'explique la prospérité de l'Angleterre et des Etats-Unis. La discipline du travail doit être suffisamment établie par la division du travail, par le machinisme, par les habitudes d'association, et par cette idée de justice que, si le travail mérite salaire, le salaire aussi mérite travail. Qu'est-il besoin d'une discipline militaire qui prépare à l'esclavage ? D'ailleurs la vérité, reconnue par les divers économistes et récemment par le tzar dans son rescrit, est que le militarisme est à l'origine de la crise économique qu'ont à subir tous les pays militarisés d'Europe.

Enfin je vois bien les raisons politiques qui font glorifier l'armée et le militarisme. Partout on découvre l'irrespect des lois, le désordre, l'anarchie. Seule la force militaire est le soutien de la société. Il faut une police intérieure, et l'armée est cette police nécessaire.

Si cela était vrai, il y aurait une douloureuse désillusion à constater cet aboutissement des régimes de liberté et de démocratie. Mais il est tout à fait contestable que des millions d'hommes doivent être sur pied de guerre pour simplement faire la police. Les pays Anglo-Saxons ne sont pas plus que les autres dans l'état anarchique, et ils n'ont pas un militarisme policier. Du reste, une agglomération de force militaire ne serait nécessitée que par une agglomération de révolte, et une agglomération de révolte ne saurait être provoquée que par de réelles injustices sociales : car les hommes ne s'exaltent pas, s'ils sont une multitude, pour la seule folie du désordre. Le premier et meilleur recours serait donc de réparer les injustices sociales.

III.—Quelles solutions donner, dans l'intérêt de la civilisation mondiale, aux problèmes de la guerre et du militarisme, et par quels moyens hâter ces solutions ? Voilà le difficile.

La guerre existe, comme une fatalité sociale dans les conditions présentes de l'humanité.

Le problème de la guerre ne peut se résoudre, ainsi que tout problème du mal, que par un effort au moindre mal et au plus de bien possible

Le militarisme existe, comme un accident social, comme l'erreur et la faute passagère d'un état social qui peut être modifié.

Le problème du militarisme est donc à résoudre selon les contingences.

Les moyens seraient, contre la guerre :

1° De dénoncer et de détruire ce préjugé d'admiration qui glorifie les soudards et les batailles, les conquérants et les conquêtes, de montrer *l'inhumanité* et le « visage hideux » de la guerre, et de répandre, par contre, les idées d'universelle solidarité humaine;

2° De démocratiser de plus en plus les gouvernements, de substituer les républiques aux empires, de faire dépendre une déclaration de guerre de l'opinion des peuples et non du caprice ou de la violence des princes;

3° De faire précéder toute guerre d'une intervention diplomatique des puissances autres que celles qui vont être aux prises, et même d'un arbritage qui tenterait tous les moyens de conciliation;

4° De soumettre le conflit et la décision de guerre à un *referendum* populaire qui serait à régler selon la constitution politique de chaque nation intéressée;

5° De rattacher à la notion de la guerre quelques idées de droit, de justice, d'humanité, qu'il serait immoral et honteux pour un peuple de ne pas respecter ;

6° De faire prévaloir, contre la suprématie de la force et la liberté de conquête, ce principe que tout peuple civilisé a le droit de disposer de ses destinées et ne peut être conquis, annexé, asservi contre sa volonté, par la violence;

7° De régler les conditions de la guerre et d'en limiter les cruautés et les horreurs par un droit des gens plus précis, plus conforme aux idées de l'humanité nouvelle, et dont tous les peuples civilisés accepteraient l'autorité et garantiraient la stricte application;

8° De tendre à un internationalisme du travail, de la production industrielle, du commerce, qui confonde la vie des peuples et les tienne en une telle cohésion que l'ébranlement d'un seul doive être l'ébranlement de tous et qu'ainsi la guerre soit empêchée par son énormité même.

Les moyens seraient, contre le militarisme :

1° De neutraliser l'Alsace-Lorraine, dont l'annexion est la cause de l'hostilité entre la France et l'Allemagne, de leurs formidables armements et, par suite, des armements démesurés de tous les Etats d'Europe;

2° D'organiser, dès l'école, la préparation militaire des adultes pour que le service puisse être réduit à deux ans ou à un an;

3° De convenir entre nations d'un désarmement partiel, et par là même de renoncer peu à peu au principe du service universel pour en revenir aux armées de métier et de mercenaires, qui sans doute sont aisément prétoriennes, mais auxquelles on imposerait un commandement d'esprit démocratique : par exemple un ministre civil, des officiers qui auraient dû passer par les rangs et qui auraient été formés non plus dans les écoles spéciales militaires séparées de la vie universitaire, mais par un enseignement d'Université qui les aurait mis en contact avec la pensée et la conscience de toute la jeunesse, et au lieu des conseils de guerre en temps de paix, des juges civils qui assureraient une exacte discipline sans qu'elle pût devenir, entre les mains des chefs, un moyen de violence contre la démocratie ;

4° De tendre à une fédération des Etats d'Europe, qui désormais paraîtra moins utopique, par la constitution d'abord d'un Congrès international (le tzar et les diplomates viennent d'en reconnaître la possibilité) qui fixerait pour chaque Etat le nombre de soldats sous les armes, proportionnel à la population ou plutôt à la force actuelle des armées, et périodiquement modifiable, puis par la constitution d'une Justice supérieure qui déciderait des litiges internationaux, toutes les puissances devant s'allier contre celle qui n'accepterait pas les décisions prononcées.

VICTOR CHARBONNEL.

CHATEAUVIEUX. — *Français. Homme de lettre. Auteur de* : Casque et Sabre ; Réserviste ; Le roman d'un cheval.

1° La guerre est le dernier vestige de la barbarie.

Aujourd'hui, une ère nouvelle s'est ouverte pour l'humanité. C'est l'ère du *socialisme* et de la *fédération universelle.*

Plus que jamais, la guerre est donc devenue une lutte fratricide que nous n'aurons jamais assez d'indignation pour maudire, jamais trop de courage pour éviter. D'aucuns qualifieront ce courage de lâcheté. Ceux-là sont des malheureux que nous devrons plaindre.

La guerre est la négation du Droit.

C'est la mort du progrès, la ruine des peuples, le retour au néant.

Dans l'état social actuel, l'éventualité de la guerre est le cauchemar des nations.

Mais je considère que la guerre est désormais impossible puisque, vu l'effrayante perfection des armements actuels, les premiers chocs des armées seraient de si gigantesques hécatombes que les vainqueurs eux-mêmes ne s'en relèveraient jamais.

Les peuples ne veulent pas la guerre, c'est entendu. Mais les gouvernements ?

Les gouvernements en redoutent tellement les conséquences, tout en s'efforçant d'en écarter l'hypothèse, qu'aucun d'eux n'oserait assumer la responsabilité de sa déclaration.

2° Or, le *militarisme* est la profession de la guerre. Seuls les professionnels des armées la désirent, puisqu'ils y gagneraient fortune, croix et galons. *Ce sont eux seuls qui la provoqueraient.*

Le militarisme est la sélection des derniers Mohicans de la barbarie. C'est le plus épouvantable non-sens qui puisse exister dans une société civilisée, c'est le plus cruel défi porté à la fraternité.

Le militarisme est l'évocation de la haine entre les nations. Quand cette

haine ne peut s'exercer contre les peuples voisins, le militarisme frappe eeux qui l'entretiennent et le nourrissent.

Le militarisme est l'embrigadement parasitaire, suivant certaines règles, d'une légion de galonnés végétatifs; c'est la suprématie, sur la masse des travailleurs, d'une caste d'autant plus arrogante qu'elle sera désormais plus inutile et plus ruineuse.

Le militarisme est le corollaire du fanatisme religieux. Aujourd'hui, il remplace par la terreur d'une discipline de fer et d'un code féroce, exclusivement créé pour les mercenaires et les bandits enrôlés par Louvois et Napoléon, la crainte des châtiments célestes.

C'est avec le fanatisme religieux que, jusqu'à présent, le cléricalisme a gouverné les masses, c'est avec la menace de Biribi, pour le petit soldat, l'épouvante de la guerre et des agonies futures pour les peuples, que le militarisme essaye désormais d'asservir l'humanité.

Le militarisme est le plus merveilleux instrument d'abrutissement des races civilisées dont il est la ruine politique, morale et financière à bref délai.

3° Les *solutions* qu'il convient de donner dans l'intérêt de l'avenir de la civilisation mondiale, au problème de la guerre et du militarisme sont les suivantes :

Tout d'abord, le désarmement universel, le licenciement des armées permanentes et la fusion dans le monde des travailleurs des derniers professionnels du parasitisme à panaches. En supprimant la cause on supprimerait certainement les effets, car, plus de professionnels de la guerre, plus de guerre à redouter.

Les différends entre nations seraient tranchés par une commission internationale d'arbitrage, et, désormais, déchargés de l'impôt qui les écrase le plus lourdement, l'agriculture, le commerce et les arts prendraient en toute sécurité un essor inconnu. Dans l'immense élan de fraternité qui naîtrait de la paix universelle, l'humanité verrait enfin surgir une ère grandiose de travail, d'amour et de bonheur.

4° Une immense propagande par la parole et par la plume, la diffusion, l'envoi gratuit des journaux, la vente à bon marché des meilleurs ouvrages parus sur cette angoissante question, achèveraient l'évolution morale, qui, depuis la guerre de 1870, a fait chez nous de si grands progrès.

La terrible empreinte des longs siècles de l'asservissement subi est encore profonde. Le Français qui maudit, à la caserne, le panache dont il subit la déprimante discipline, est encore cocardier... loin du sabre.

La vue du régiment qui passe, tambours battant, clairons sonnant, lui chatouille agréablement l'épigastre. L'amour du bruit et de la mise en scène peut-être !

Il aurait besoin de lire, de redire et de méditer les puissantes études d'Urbain Gohier, la psychologie du militaire professionnel de Hamon, le Nommé Perreux de Bonnetain, Sous-Offs de Descaves, Biribi de Darien, En Dehors de Zo d'Axa, le Cavalier Miserey d'Hermant, la Grande Famille de Grave, Sous le sabre d'Ajalbert, la Débâcle de Zola... et enfin l'Histoire de France de Michelet.

CHATEAUVIEUX.

J. Chauvisé. — *Français. Ancien élève de l'Ecole Polytechnique.*

Depuis les temps antiques, l'humanité, mue par un sentiment inconscient, peut-être, mais à coup sûr irrésistible, s'est appliquée à créer de larges trouées dans la forêt vierge de l'inconnu qui lui semblait dérober à ses regards tout un monde de justice et de vérité. Elle a mis au service du but poursuivi toute son ambition et tout son génie. Au début, elle eut à couper de jeunes futaies, qui tombaient facilement sous la hache bien affilée de ses philosophes, sous la solide cognée de ses penseurs. Puis le travail est devenu plus ardu : il a fallu s'attaquer à des chênes puissants dont les branches à l'épaisse ramure eussent suffi pour couvrir une plaine de leur ombre. Plus d'un travailleur y trouva la mort, écrasé par la chute d'un de ces géants séculaires et, tandis que d'aucuns s'occupaient à poursuivre la marche en avant, d'autres, après avoir reconnu le chemin établi, s'efforçaient à détruire les lianes qui poussaient sur la route et tentaient d'en cacher la trace même aux futures générations.

Les hommes, d'abord, durent songer à leur existence matérielle puis, lorsque leurs journées ne furent plus uniquement occupées à lutter contre les mille embûches que la nature avait semées sous leurs pas, ils eurent quelques loisirs et en profitèrent pour rendre visite aux savants dont les bras, sans relâche, continuaient l'œuvre commencée. Beaucoup de ceux qui étaient venus en simples promeneurs s'intéressèrent au travail. Leur curiosité fut piquée par les découvertes de chaque instant. Ils s'enrôlèrent sous la bannière de ces démolisseurs de puissances malsaines, de ces sapeurs de préjugés surannés.

A cette heure ceux qui gouvernaient les peuples prirent peur. Ils craignirent que leur autorité, naguère incontestée, ne tombât dans le discrédit : ils avaient cru cette autorité indiscutable, éblouis jusqu'alors par les adulations des courtisans, par les mensonges des flatteurs qui vivaient grassement à leurs dépens. Leurs yeux subitement dessillés leur montrèrent qu'elle avait des pieds d'argile, comme la statue de Salmanazar, et que, s'ils n'y prenaient garde, s'ils ne s'opposaient de toutes leurs forces à la formidable poussée des défricheurs infatigables, elle s'écroulerait avec fracas et les entraînerait dans son effondrement.

Ils s'adressèrent à quelques-uns de leurs semblables auxquels ils firent les plus belles promesses, ils les habillèrent richement et les comblèrent d'honneurs, leur demandant, en retour, d'armer des hordes et de veiller à ce que personne n'approchât du chemin de Justice qui menait aux sources de Vérité. Tous ceux à qui le travail répugnait trouvèrent à ce métier l'occasion unique de vivre largement, sans effort et ils accoururent en foule. Le militarisme était né.

Mais le nombre des soldats devint rapidement trop considérable : — aussi, lorsque leur autorité parut raffermie, les « pasteurs de peuples » songèrent à augmenter leur puissance en déclarant la guerre à ceux de leurs voisins qui leur semblaient plus faibles qu'eux. Et c'est ainsi, en entretenant chez les chefs l'amour du panache et des lauriers conquis à peu de frais, et, chez les soldats, la vision sans cesse réveillée du pillage et des orgies, que les Alexandre, les César, les Napoléon sont partis à la conquête du monde.

Sinistres époques que celles où le fer et le feu étaient les maîtres incontestés, où le cliquetis des armes choquées et le bruit des batailles étouffaient la grande voix de la raison! Comment admettre de semblables pratiques, aujourd'hui que la pensée de tous les peuples est une, puisque chacun d'eux profite des progrès accomplis par tous les autres et que les savants de tous les pays font abstraction de toute limite et de toute frontière pour se transmettre le résultat de leurs recherches et de leurs études?

Il est admis, de plus, dans le droit privé des nations civilisées, que nul ne peut se faire justice soi-même. Comment admettre qu'il n'en soit pas ainsi en matière de droit international public et qu'il faille, chaque fois qu'éclate un conflit entre puissances, s'en remettre, pour trancher le différend, au sort douteux des armes?

2° Les armements des armées européennes, surtout depuis 1870, sont effrayants. Les budgets de la guerre et de la marine sont écrasants pour les peuples. Les nations sont prêtes, au moindre signal, à mobiliser le ban et l'arrière-ban de leurs citoyens et à se ruer les unes contre les autres. Pourquoi? Parce que les gouvernants sont affolés, et, ceci pour deux causes bien distinctes et presque opposées l'une à l'autre.

L'instruction est aujourd'hui obligatoire et c'est là un bienfait que nul ne saurait contester. Chacun peut lire et, grâce à la divulgation, par la voie de la presse, de tout ce qui nous intéresse, porter un jugement sur les événements de chaque jour. Aussi le peuple n'a pas seulement appris à lire, il a surtout appris à juger. Ouvriers et hommes des champs sont au courant de tout ce qui se passe, de tout ce qui se dit; ils ne se contentent plus de parler de leurs récoltes, de leurs travaux, du temps probable de la saison prochaine; ils s'entretiennent des problèmes sociaux les plus graves: ils raisonnent et, partout, arrivent à cette conclusion que tout n'est pas pour le mieux dans le gouvernement qui les régit. D'où la nécessité, pour ceux qui détiennent le pouvoir de garder entre leurs mains une force : l'armée, qui leur permette, le cas échéant, de s'opposer à un mouvement populaire, car ils sentent bien, les gouvernants, que leurs paroles sont pesées, que leurs actes sont discutés, que le peuple souvent murmure, qu'il grondera peut-être demain, et que « le lion populaire regarde ses ongles souvent ».

D'autre part le service militaire est obligatoire, lui aussi; il prend aux citoyens des divers Etats à qui deux ans, à qui trois ans de leur belle jeunesse et le bien-être général s'en ressent. Il prive l'industrie d'intelligences qui eussent travaillé, l'agriculture de bras qui eussent produit. Et de là un malaise dans la population urbaine comme dans la population rurale. L'état de paix armée dans lequel nous vivons est terrible et plus d'une nation, dans un avenir prochain, peut-être, se risquera à tenter la fortune des armes pour se débarrasser, dût-elle en périr, du lourd boulet qu'elle traîne. Mais les peuples hésitent, ils se regardent, ils se mesurent, comme les athlètes antiques avant d'en venir aux mains, car immense sera, devant l'histoire, la responsabilité de celui qui, le premier, aura mis le feu aux poudres.

Ainsi d'un côté le maintien des armées permanentes semble déterminé par la crainte d'une invasion étrangère et par la nécessité de maintenir l'ordre intérieur, et, d'un autre côté, leur licenciement s'impose par l'obligation de restreindre les dépenses de budgets qui ne s'équilibrent plus ou ne s'équilibren qu'en pesant lourdement sur ceux-là même qu'on envoie à la caserne pour défendre un état de choses qui les ruine.

Cruelle alternative où la société se débat ! Pitoyable agonie qu'elle prolongera par des médications savantes, mais qui, sans doute, doit être fatale pour elle !

Si l'état de choses actuel dure (et peut-il durer longtemps encore ?) les budgets, gonflés comme des outres trop pleines, éclateront. Alors ce sera la ruine, la faillite, la misère et tout le cortège des calamités humaines. Ce sera le triomphe d'une oligarchie enrichie qui s'empressera de supprimer toutes les libertés de ceux qui ne marchaient pas auparavant avec elle, et les maintiendra orgueilleusement sous les géhennes de sa férule. Si la guerre est déclarée, ce sera, au lendemain de la défaite, toutes les horreurs de la révolte chez la nation vaincue, qui se dressera, furieuse et violente, contre ceux qui l'ont, pendant tant d'années, maintenue et domptée en faisant miroiter à ses yeux des images de gloire ou de revanche.

La révolution sera victorieuse, car la colère populaire sera terrible et ne fera point quartier. Au lendemain de son triomphe, le soulèvement, comme une traînée poussée par quelque mousson formidable, s'épandra sur la nation victorieuse, qui réclamera, à son tour, les droits dont jouit sa voisine. Et le désordre sera partout, d'un bout du monde à l'autre bout, sans que personne, à l'heure actuelle, puisse prévoir où tout cela nous conduira.

3° Y a-t-il quelque solution à ces passionnants problèmes, y a-t-il quelque poterne dérobée par laquelle nous puissions nous échapper de l'enfer qui nous consume ? Certes, il y en a une dès longtemps indiquée ou, tout au moins, dès longtemps prévue au cas où une paix armée deviendrait intolérable : le désarmement franc et loyal, sans regret et sans arrière-pensée de toutes les nations civilisées. Mirabeau en avait eu l'intuition lorsqu'il disait le 25 août 1790 : « Il n'est pas loin de nous, peut-être, ce moment où la liberté, régnant sans rivale sur les deux mondes, réalisera le vœu de la philosophie : absoudre l'espèce humaine du crime de la guerre, et proclamer la paix universelle. » A une époque plus rapprochée de la nôtre, l'empereur Napoléon Ier, ce grand tueur d'hommes, caressait un semblable rêve de paix : mais il faut avouer qu'il avait employé, pour arriver à ses fins, une méthode homœopathique et, qu'en somme, son but était de détruire toutes les nations qui n'étaient pas la sienne, et de fonder avec les peuples soumis à son joug, une vaste société sur laquelle il aurait exercé son pouvoir absolu et dont il aurait posé lui-même l'assiette. La fortune, cette maîtresse si volage des conquérants, l'abandonna, et il eut le loisir de méditer, pendant six ans, sur le noir rocher de Sainte-Hélène, sa conception fantastique devenue tout à coup un sinistre cauchemar.

Plus près de nous encore, Napoléon le Petit avait convié les diplomates à un congrès où auraient été discutées les bases d'une entente envers les divers Etats pour régler les différends internationaux et, plus récemment encore, le Tzar de toutes les Russies a repris la même idée.

La démarche de Napoléon III ne lui valut que des lettres polies où les souverains rendaient hommage à son libéralisme, à ses excellentes intentions, et « faisaient les vœux les plus sincères pour que son entreprise réussît. » Phrases de chancellerie dictées par des cœurs secs habitués, dès longtemps, à ne s'émouvoir de rien, inspirées des esprits retors toujours prêts à flairer quelque

piège! La circulaire du tzar Nicolas aura sans doute le même sort. Ce n'est, pas, en effet, de la bouche ou de la plume d'un souverain que doivent sortir de semblables idées pour que bon accueil leur soit fait.

L'arbitrage, à coup sûr, parviendra, un jour ou l'autre, à s'imposer. La conscience publique le réclame parce qu'elle considère la guerre comme immorale et, de même que les tribunaux civils sont parvenus à remplacer le duel entre particuliers, les tribunaux internationaux d'arbitrage réussiront à supplanter le duel entre nations. Mais quand? Ah! cela c'est une autre affaire! Nous sommes Bertrand pour le moment, et Raton n'est peut-être pas encore né! Peu nous importe d'ailleurs! Nous qui luttons pour le triomphe de l'arbitrage, ce n'est pas par intérêt personnel et immédiat, ce n'est pas pour nous que nous travaillons, c'est pour ceux qui viendront plus tard et recueilleront le fruit de nos travaux, alors que, depuis des siècles, nos os seront blanchis et auront peut-être servi, comme Shakespeare le dit des ossements de César, à boucher quelque tonneau de Malvoisie.

L'immixtion d'un souverain dans les affaires de ce genre, est considérée et. souvent, à juste titre, comme suspecte. Pourquoi tel roi, pourquoi tel empereur désire-t-il un désarmement? C'est, sans doute, parce que les finances trop obérées de ses Etats ne lui permettent plus d'entretenir ses armées. Ah! la belle occasion pour ses ennemis! C'est presque de sa part une invitation à la danse des troupes avec orchestration inédite de canons de toute forme et de tout modèle. Et les ennemis de répondre que le moment ne semble pas venu, qu'il serait peut-être préférable d'attendre encore un peu et de donner mille raisons qui leur permettent de redoubler d'efforts pour être prêts à toute éventualité, pendant que « l'initiateur » s'épuise pour maintenir sous ses drapeaux des forces égales à celles qu'il avait avant « l'initiative » et devient ainsi une proie de plus en plus facile à capturer. Tous les gouvernements se font un raisonnement identique et l'idée se flétrit et disparaît comme une fleur s'étiole sur sa tige privée d'eau.

Voilà pourquoi l'intervention des potentats n'a jamais abouti au résultat le plus mince. Cependant l'idée est louable et féconde et, par cela même qu'elle possède d'inappréciables qualités, elle germera.

4° Mais, pour comprendre et bien définir la solution que nous nous proposons de donner à ce difficile problème : faire disparaître la guerre, il importe d'étudier ce qu'est la guerre et quels sont les inévitables résultats auxquels elle conduit, prendre la question à son origine et l'étudier méthodiquement, logiquement. Il est bien évident d'ailleurs, que, pour cette étude, nous nous plaçons au point de vue actuel, c'est-à-dire en considérant la situation des peuples telle qu'elle existe aujourd'hui.

Il y a, pour les collectivités, comme pour les individus, des conditions d'existence d'essence très diverses, dont les causes sont multiples et dont les conséquences peuvent être d'une étrange variété. Les unes sont des conditions primordiales et ont de tels effets que l'inexécution des devoirs qu'elles imposent ou des obligations qu'elles créent devient fatale et, non seulement, met en jeu la prospérité de la collectivité, mais la conduit, inévitablement, à la faiblesse et à l'impuissance, d'abord, et, plus tard, à la ruine et à la radicale disparition. Les autres sont des conditions passagères destinées à donner aux peuples un regain de force et d'activité, qui leur permet de se ressaisir aux époques critiques de leur existence, semblables à ces remèdes que l'on prescrit aux malades lorsqu'ils sont en danger de mort, et dont la prescription ne saurait être prolongée sans devenir plus funeste que le mal dont on les veut guérir.

La guerre peut, justement, être rangée au nombre des conditions passagères de l'existence des collectivités. Elle ne devrait être, lorsqu'un différend surgit entre deux nations, que le moyen extrême employé seulement quand tous les moyens pacifiques de régler le différend ont été examinés ; car elle ne produit rien de durable, ce qui a été acquis par la force devant tôt ou tard être repris par la force ; elle ne prouve, d'ailleurs, rien, sinon qu'un peuple est plus fort ou plus audacieux qu'un autre, qu'il possède des soldats plus endurants ou des stratèges plus habiles, et non qu'il a pour lui le droit et qu'il représente la justice.

La plupart des guerres se terminent par des traités, le vainqueur y rançonne généralement le vaincu d'une façon outrageante, celui-ci est contraint de faire contre mauvaise fortune bon cœur et de passer sous les fourches caudines de celui qui l'a terrassé : il abandonne une partie de son territoire ; il s'ampute lui-même, pour ainsi dire ; il ruine son commerce et jette le désarroi dans ses finances pour faire honneur à la signature qu'il a donnée, le couteau sur la gorge. Non content de renier le passé, il engage l'avenir : il se livre pieds et mains liés. Le vainqueur, de son côté, malgré les avantages pécuniaires ou territoriaux, plus apparents que réels, qu'il retire de la lutte, souffre cruellement d'avoir, pendant toute la durée de la campagne, distrait de la carrière qu'ils avaient librement choisie, nombre d'hommes dans la force de l'âge pour leur faire courir la fortune incertaine des combats.

La rivalité de puissances voisines, lorsqu'elles sont de force à peu près égale, se change rapidement en haine profonde et tenace. L'instruction donnée, soit dans les écoles primaires, soit dans les lycées, contribue du reste pour beaucoup à entretenir cette haine dans l'esprit des enfants et des adolescents. Car ce n'est pas la revanche que l'on prêche, c'est la vengeance : le vainqueur clame bien haut la faiblesse du vaincu, critique en termes acerbes et méprisants son organisation militaire ; il ne lui suffit pas d'avoir humilié et rançonné son ennemi, de lui avoir ravi des provinces, d'avoir arrêté brusquement le développement de son activité et l'essor de son évolution naturelle, il voudrait le voir abattu, ruiné, rayé définitivement de la carte du monde. Le vaincu ne cherche pas à se rendre compte des causes de sa défaite, mais il recueille avec un soin jaloux toutes les injures dont il a été victime de la part du vainqueur, comme si telle faute commise par quelque soldat aviné devait rejaillir sur tout un peuple ! L'enfant à qui l'on raconte tous ces menus épisodes, miettes de l'histoire, ou, plutôt, miettes de la légende (car ils sont toujours amplifiés et souvent mensongers), se garde bien de les oublier. Il en fait son profit et les regrets qu'ont ses aînés de n'avoir point commis les spoliations qu'ils reprochent à ceux qui les ont battus, deviennent chez lui un violent désir de les commettre si l'occasion se présente. C'est ainsi que les haines s'attisent soigneusement entretenues comme un feu sacré qu'on ne doit pas laisser éteindre. On réprouve les humiliations dont on a été l'objet, on condamne toutes les horreurs qu'on a subies, mais on se promet, le cas échéant, de les rendre au centuple. Le mot de fraternité est sur toutes les lèvres, mais il n'est nulle part ailleurs : dans les cœurs, ce qui règne sans conteste, c'est la lâche rancune, la basse vengeance, la soif jamais assouvie des sanglantes représailles.

Si l'arbitrage, au contraire, existait entre les nations civilisées, plus rien de tout cela n'apparaîtrait. Plus de haines séculaires, plus de récriminations intempestives et souvent injustifiées, plus de révolte possible contre une Haute-Cour de justice internationale, tribunal suprême qui représenterait le droit strict au lieu de la force brutale et dont les sentences seraient sans appel.

A l'encontre des négociations qui terminent les guerres et sont menées par les diplomates des nations ennemies, les pourparlers engagés au sujet d'un conflit le seraient par un ensemble d'hommes au milieu desquels les représentants de ces nations seraient noyés. La grande majorité des membres jugeraient froidement et en toute conscience, sans laisser aucune prise à la passion qui peut animer des adversaires. Les décisions du tribunal étant sans appel, ce serait le triomphe définitif du droit sur la force, de la balance sur la rapière !

Mais comment former ce tribunal ? Il semble, après mûre réflexion, que c'est à l'initiative privée que doive revenir l'honneur de le constituer. Il sera officieux, avant d'être officiel. Supposons qu'il se réunisse quelque part, à Berne, par exemple, en pays neutre, des jurisconsultes éminents de chaque nation en nombre proportionnel à la population normale de ces nations et que, là, ils posent les bases d'une juridiction souveraine au cas où des peuples ennemis feraient appel à leurs lumières : il est certain que leurs travaux seraient suivis avec attention et que les encouragements ne leur manqueraient pas. D'abord, on ne leur soumettrait, probablement, que des questions d'ordre secondaire, mais à la façon même dont ils jugeraient les causes à eux déférées, on reconnaîtrait rapidement le grand avantage de leurs décisions sur les conflits à main armée, et on finirait par s'en remettre à leur justice haute et éclairée pour la solution des différends les plus graves.

A ceux qui proposent une telle solution, nombre d'objections seront faites, nombre de questions posées. D'abord, quels moyens employer pour arriver à la constitution de ce tribunal ? Ensuite comment fonctionnera-t-il et comment rendra-t-il ses jugements ? Comment pourvoir aux frais inévitables nécessités par le déplacement de ses membres ? Comment enfin parvenir à faire respecter ses sentences, à faire exécuter ses décisions ?

Ce qu'il y a de plus important dans tout cela, c'est de constituer le tribunal et de le faire reconnaître par l'ensemble des nations. Nous avons dit un mot de la reconnaissance ; elle se fera petit à petit à mesure que les divers peuples auront eu occasion de recourir aux bons offices des arbitres permanents. L'humanité recherche le progrès et tout ce qui lui touche de près ou de loin : l'arbitrage est un progrès véritable et indéniable, car il présente des avantages immenses sur les solutions violentes, aussi cette humanité, éprise du vrai et du beau, sera portée vers lui, attirée vers lui par un invincible aimant. Les questions suivantes sont secondaires, elles sont d'administration intérieure, elles dépendent des résolutions qui seront prises lors des premières réunions du tribunal, lorsque les statuts seront rédigés et qu'ils seront soumis à l'approbation des parlements des nations. Chaque assemblée indiquera dans quel sens il lui paraît juste et équitable que ces statuts soient modifiés et ce n'est évidemment qu'après de longues et laborieuses discussions qu'ils deviendront définitifs.

Pour faire respecter les décisions rendues, il ne sera point, croyons nous, nécessaire de mettre une armée quelconque à la disposition du tribunal. Si cette force est faible, que pourrait-elle contre un peuple soulevé, et si elle est assez considérable pour résister à une nation entière révoltée, à quoi bon désarmer ? Comment, d'ailleurs, maintenir dans un bon ordre des troupes composées d'éléments les plus disparates, dont les caractères différents et les mœurs diverses seraient une cause perpétuelle de conflit? Il faut, du reste, dans la question présente, supposer que nous sommes à une époque où toutes les nations ont désarmé. En effet, dans le cas contraire, l'avis du tribunal ne serait qu'une consultation, et pas autre chose.

Supposons donc le désarmement accompli ; dans ce cas les nations auront pris préalablement l'engagement formel d'accepter les sentences rendues, quelles qu'elles soient, et elles seraient bien mal venues de protester contre un état de choses, qu'elles mêmes auraient créé. Au reste, si un peuple avait des velléités de résistance, il réfléchirait avant de se mesurer avec le reste du monde marchant contre lui au nom du droit et de la justice, et finalement il préférerait se soumettre plutôt que de s'exposer à être brisé comme verre et à disparaître inévitablement.

Reste la question primordiale d'où toutes les autres découlent : la constitution du tribunal. Il est certain d'abord que, dans chaque nation nous trouverons un assez grand nombre d'hommes aptes à être érigés en arbitres internationaux pour n'avoir point à nous occuper de leur recrutement : ce qui importe, c'est que nous leur donnions notre confiance, c'est qu'ils soient certains qu'ils représentent bien les idées dont l'immense majorité des citoyens de leur pays est animée, c'est qu'ils se sentent soutenus par les désirs de tous. Aussi, c'est à nous, apôtres, de faire des prosélytes, c'est à nous de répandre, par tous les moyens en notre pouvoir, les idées que nous avons, de les crier bien haut chaque fois que nous en aurons la possibilité. Le résultat final dépend de nous et de nous seuls. Mais ce qu'il faut surtout, ce n'est pas de provoquer la constitution d'un tribunal, c'est de mettre le monde en présence d'un fait acquis, d'un tribunal constitué dont les puissances n'auront plus qu'à ratifier le choix des membres.

A ce prix seulement, nous obtiendrons ce que nous, les rêveurs, nous recherchons depuis si longtemps, ce que nous appelons de tous nos vœux, ce pour quoi nous luttons de toutes nos forces : une humanité nouvelle se consacrant à l'étude avec passion sans avoir besoin d'écouter si quelque appel aux armes ne va pas l'arracher brusquement à ses travaux pour l'appeler sur un champ de bataille, une humanité régénérée et puissante qui n'aura qu'un but, la recherche du vrai et qu'un moyen, un seul : l'universelle fraternité.

J. Chauvisé.

Auguste Chirac. — *Français. Homme de lettres. Auteur de* : **La Haute Banque et les révolutions ; Les rois de la République ; L'agiotage sous la troisième République ; Si...! ; Le droit de vivre ; etc.**

1° ***La guerre, parmi les nations civilisées, est-elle encore voulue par l'Histoire, par le Droit, par le Progrès ?***

Il faut diviser la phrase.

La guerre

Si l'on entend par la guerre le recours à la force matérielle pour imposer une volonté, la question se réduit, à savoir si l'homme, multiplié par lui-même, par conséquent une nation, doit renoncer à recourir à la force dans toute circonstance.

Le recours à la force peut se manifester à l'intérieur d'une nation : c'est la guerre civile. Il peut se manifester à l'extérieur : c'est la guerre internationale.

Enfin, le recours à la force peut être ou simplement défensif, ou bien offensif. Faut-il les bannir tous les deux ou choisir entre les deux ?

Je ne crois pas qu'il soit possible à l'homme seul ou en collectivité, de se laisser choir aux mains de qui sera le plus fort. Mais je crois qu'on peut lui dire « qu'il est contre les lois de la nature de détruire son semblable, et « que cela est aussi vrai d'homme à homme, que de collectivité à collectivité. « Et cela parce que la nature a installé une étroite solidarité entre tous les « êtres, entre tous les animaux, entre toutes les plantes, entre tous les miné- « raux ; qu'elle a établi le roulement de la reproduction incessante qui, scienti- « fiquement, s'exprime par la loi de la circulation perpétuelle dans la matière « et dans la force ; que la base de cette circulation est la destruction automa- « tique d'une certaine quantité d'êtres, en *proportions déterminées* par la « nature, et que, arbitrairement, ajouter les destructions aux destructions « naturelles, c'est bouleverser l'équilibre du fonctionnement de la nature et « aller contre l'incessant perfectionnement de l'humanité ».

Parmi les nations civilisées.

Qu'est-ce que la civilisation ? Il n'y a pas de civilisation absolue. Tout, dans l'idée vague représentée par le mot, est relatif et complémentaire.

Si par « nation civilisée » on entend une nation ayant ajouté des besoins nés de ses ingéniosités, aux besoins primordiaux que satisfait la nature primitive, la question revient à ceci :

« Une nation qui a plus de besoins à satisfaire et qui ne possède pas tous « moyens de les satisfaire, peut-elle, pour cela, recourir à l'emploi de la force « matérielle ? » Poser la question, c'est la résoudre, rien n'obligeant les hommes à substituer le vol à main armée à l'échange amicalement débattu.

Est-elle encore voulue par l'histoire, par le droit, par le progrès.

Voulue ? Elle ne l'a jamais été ni par l'histoire, ni par le droit, ni par le progrès. L'histoire l'a enregistré comme un fait, et elle a eu tort de ne pas le flétrir en le racontant. Le droit l'a travesti par le plus grand orgueil des voleurs parasites. Le progrès a marché *quand-même* et *malgré elle*, beaucoup plus lentement que si elle n'avait pas existé.

2° Le questionnaire paraît lier indissolublement la guerre et le militarisme. Le lien n'existe pas. La division des services a spécialisé d'abord les occupations des hommes. Ceux-ci se sont voués à la défense ou à la conquête, les autres à la production nourricière. Les spécialités ont pour effet de modifier les êtres qui s'y consacrent au moyen des habitudes répétées, incrustées, par la suite dans l'organisme.

De nos jours, le militarisme est l'état de corps et d'esprit contracté par ceux qui, professionnellement, se consacrent à l'emploi organisé de la force matérielle s'exprimant au moyen des armes. De la nécessité de concerter leurs efforts collectifs, est né ce qu'on appelle la discipline. Celle-ci, incrustée par l'habitude quotidienne, s'épanche, naturellement, hors du cadre des compagnons et se transforme en autoritarisme et servilité. Des mêmes nécessités est aussi sortie l'obéissance passive et l'absence de toute habitude de réfléchir ; la réflexion, en discipline, étant formellement interdite. Voilà pour les effets intellectuels et moraux. Physiquement le militarisme développe le corps et corrompt les santés par l'ignorance et l'égoïsme des préposés aux travaux professionnels. Economiquement, il est une charge très nuisible à l'équilibre des échanges, et, politiquement, il est le réservoir de la tyrannie.

Malgré cela, il est des cas où des troupes professionnelles sont indispensables pour être efficacement opposées à d'autres troupes professionnelles.

3° et 4° Ces deux questions n'en font qu'une.

Théoriquement la solution est dans la suppression de la guerre, et par suite, des professionnels du combat.

Mais qui commencera ? Ici se place le vieux mot d'Alphonse Karr.

C'est le cercle le plus vicieux qui soit au monde.

Quant aux moyens devant conduire le plus rapidement à cette suppression ?

Rapides ? Je n'en vois pas. Efficaces ? Il y en aurait un, ce serait de faire disparaître du globe l'abominable système économique du capital. Sans capitalisme, les guerres deviendraient rapidement inutiles et comme telles abandonnées.

Par malheur, c'est pour la défense du capitalisme que le militarisme est organisé ; et il en résulte que, si, pour supprimer le militarisme, il faut supprimer le capitalisme ; pour supprimer le capitalisme, il faut supprimer le militarisme, et c'est encore un cercle beaucoup plus vicieux.

Il y aurait bien encore un moyen, ce serait la grève générale des combattants...

Mais la lâcheté humaine... mais le parasitisme... mais... mais... mais ?

Donc rien de rapide, mais une évolution lente, favorisée par l'incessante invention d'appareils et d'engins tellement destructeurs que la guerre en devienne matériellement impossible, à cause de l'inutilité, désormais certaine, de tous les résultats qu'elle se proposerait.

AUGUSTE CHIRAC.

VICOMTE DE COLLEVILE. — *Français. Secrétaire général de préfecture démissionnaire, ancien sous-préfet. Homme de lettres. Auteur de nombreux ouvrages et collaborateur de nombreuses revues.*

1° L'Histoire, le Droit, le Progrès ! Pourquoi user de ces vocables pompeux pour piper notre idéalisme ?

Au fait! La guerre est amenée au gré d'un groupe d'internationalistes banquiers, grands feudataires, commandant aux rois, aux présidents de républiques.

La campagne de Tunisie, celle de Madagascar, les massacres d'Arménie, la guerre de Grèce, comme celle de Cuba, tout ce sang répandu, c'est pour la hausse de bons plus ou moins ottomans qu'il a coulé.

C'est pour le triomphe du Capitalisme, pour l'engraissement de quelques israélites, que le petit soldat agonisa dans la brousse, que la vierge d'Arménie fut souillée, que l'enfant grec reçut des balles. Et quand défilent fièrement nos régiments aux sons cadencés des cuivres, que la brise de France se joue dans les ors et sur les moires du drapeau, que le citoyen s'incline devant le symbole de la patrie, aux aguets, le vieux Rothschild se gaudit de ce patriotisme qu'il a mis en actions comme le reste, et surveille avec intérêt ces bataillons qu'il peut demain faire marcher à la mort, ou retenir du reste si l'honneur commande d'aller de l'avant.

Et parce que l'actuelle jeunesse mieux avertie se sent peu de goût à continuer ce métier de dupe, la journalistique vendue, ou les idiots du Chauvinisme crient à la faillite du patriotisme !

Allons donc! Que la noblesse ait défendu ses prérogatives, le peuple, sa liberté, que les soldats de l'Empire aient combattu héroïquement pour leurs aigles cela s'explique, mais que le citoyen actuel se fasse joyeusement rompre les os pour l'exaltation de la Haute Banque, c'est trop demander !

Et, par delà les frontières, les peuples exploités se tendent fraternellement la main, implorant la fin des guerres, la fin de ce militarisme ruineux organisé par des syndicats de financiers et de fournisseurs qui, après avoir l'or, exigent encore le sang de leurs victimes.

2° Trois consécutives années d'incessants : *Portez armes*, agrémentés de pivotements qu'accompagnent d'impératifs : *Je vous fous dedans*, condamnent à l'avortement complet, à la stérilité définitive tous artistes, écrivains, poètes ou savants qui adviennent à la caserne en pleine gestation cérébrale.

Au lupanar, chez le mastroquet, en des parades, en des fêtes dont la syphilis et le delirium-tremens sont les fleurs, les professionnels des armes commandent l'admiration aux occasionnels soldats, par leur maestria à boire et à aimer et bientôt brisquarts et bleus rivalisent à l'envi dans ces sports.

Habitudes bacchiques et souvenirs vénériens que le soldat redevenu citoyen rapporte dans la famille et qui suffisent à flétrir toute une race. Ensuite l'habitude de la passive obéissance, de l'impassibilité sous l'injure, en atténuant chez le citoyen l'impérieux besoin de justice et de liberté et le sentiment de dignité qui sont en lui, ne le rend-t-elle pas plus apte à supporter sans un frémissement un gouvernement de voleurs ? Et n'est-elle pas un agent de corruption et de tyrannie ?

Cette paix armée, ce militarisme à outrance, plus redoutable que la guerre elle-même, n'endette donc pas seulement l'Etat, mais elle est aussi une ruine morale pour le pays. En nous frappant enfin d'innombrables taxes, elle accable surtout l'ouvrier qui, de son salaire dérisoire, soldant l'impôt multiforme, ne peut, pour tromper les exigences trop répétées de son estomac, qu'absorber d'abominables mixtures provocatrices de crime, de suicide et de folie.

3° L'art de détruire les hommes a fait de tels progrès, les effroyables engins découverts par la science rendent l'issue de la prochaine guerre tellement douteuse que les Lohengrin les plus casqués hésitent à déchaîner l'horrible fléau.

La guerre, tant glorifiée jadis pour avoir détruit plus d'hommes que le choléra, la peste et l'inondation, la guerre, fondée sur le droit barbare de la force, le meurtre soustrait à l'échafaud par l'arc de triomphe, comme a dit Girardin, répugne à l'âge moderne. Et ce sera la mission du siècle qui va commencer de substituer la force intelligente à cette force brutale et destructive.

La rapidité des transports, l'électricité ont singulièrement diminué les distances, rapproché les peuples. Les nations sont maintenant à l'Europe, ce que les comtés étaient à l'ancienne monarchie, les actuels Etats sont les provinces de l'Europe, et l'Europe n'est qu'une fédération d'Etats encore séparés par des préjugés, mais unis par d'étroits intérêts.

Une assurance mutuelle de ces Etats contre le fléau de la guerre, des arbitres connaissant impartialement des différends entre peuples, comme les juges des différends entre individus, ce sont là des solutions qui deviendront prochaines, lorsque les syndicats financiers cosmopolites, seuls intéressés aux conflagrations, auront disparu.

4° En de vagues ligues autorisées, sinon patronées, par le pouvoir, des notaires gras et philanthropes s'épanchent annuellement en de monotones oraisons sur les bienfaits de la paix. D'ambulants prédicateurs en d'émollientes conférences célèbrent de par l'Europe les beautés de l'universelle concorde cependant que des réformateurs plus énergiques préconisent la grève du conscrit et le refus de l'impôt du sang.

Autant de paroles, de fumée dans lesquelles se perdent notre énergie et notre vouloir. N'en est-il pas toujours ainsi? Si une noble et généreuse pensée, source de vérité, vient à naître, d'officiels Frédéric Passy s'en emparent aussitôt pour la canaliser, l'endiguer, l'annihiler, et d'habiles possibilistes s'efforcent d'aiguiller la publique opinion, l'universel suffrage sur ce que l'idée a de plus pauvre, de plus mince et de réalisation plus facile, mais sans efficacité. Ah! pensez-vous donc que les chroniques propositions d'arbitrages, les dithyrambiques éloges de la paix que la Société de M. Arnaud émet chaque printemps auraient beaucoup dérangé, dans leur classement des nations par race, les Gortschakoff et les Bismarck et qu'elle inquiète davantage nos Rothschild et nos Vanderbilt dans l'organisation de la hausse ou de la baisse des valeurs? Je ne le crois pas, pour ma part, et je serais peu surpris d'apprendre que ces fournisseurs de cautères pour jambes de bois reçoivent large subvention d'Israël.

De remède, il n'en est qu'un : la révolution, le renversement de ce gouvernement, syndic de l'aristocratie judaïco-financière, qui commande au monde; la mise hors la loi de cette nouvelle aristocratie dangereuse pour la sûreté publique, ce qui est, quoi qu'en dise Clémenceau, en conformité avec les droits de l'homme et tout à fait dans la tradition révolutionnaire. L'expropriation de tous les biens de ces agioteurs cosmopolites, commencement de restitution nationale employée intégralement aux dépenses militaires, ce qui, j'imagine, amènerait quelque dégrèvement d'impôt.

On pourrait ensuite faire appel à tous les peuples d'Europe pour demander

le désarmement et l'arbitrage, et on aurait alors des chances d'être entendu.

La révolution de 1789, celle de 1870, comme celle de 1848 eurent une répercussion profonde dans tous les gouvernements de l'Europe. Sans doute, depuis que la France a abandonné la politique idéaliste pour la réaliste, depuis qu'elle n'est plus le cerveau de l'Europe, elle n'existe presque plus. Elle n'est pas morte, elle sommeille, et si elle se réveillait soudain pour accomplir ce grand œuvre, si de sa large main elle saisissait le flambeau de la vérité et de la justice et si elle l'élevait au-dessus des fronts, elle serait bientôt suivie de nouveau et glorifiée par l'humanité renouvelée.

VICOMTE DE COLLEVILLE.

MICHEL CORDAY. — *Français. Homme de lettres. Auteur de :* Confession d'un Enfant du Siège, Intérieurs d'officiers, Femmes d'officiers, etc.,

1° Non. Car au point de vue historique, la guerre était pour les souverains ce qu'est le duel pour un bretteur : un moyen de se refaire une virginité! Donc la guerre doit disparaître avec l'état monarchique, si on la considère comme un moyen de diversion, de fortune ou de popularité. Au point de vue du droit et du progrès, la guerre est la négation de l'un et de l'autre, évidemment. C'est un morceau du passé qui bouche l'Avenir.

2° a) *Effets intellectuels.* Chez les esprits peu éduqués — immense majorité — il développe le sentiment de la hiérarchie, nécessaire tant que les guerres seront à craindre, mais qui atrophie le noble don de l'initiative, fausse l'éducation de l'Ecole et développe le sens de la servilité.

b) *Effets moraux.* Il faut reconnaître qu'il développe certains sentiments d'honneur et d'abnégation. Par contre, il dégoûte le rural des travaux des champs et l'initie, comme la prison, à l'ensemble des vices de ses compagnons.

c) *Effets physiques.* Il est juste de reconnaître encore, en se plaçant toujours au point de vue des grandes masses rurales — le citadin est l'exception — que l'homme trouve au régiment une hygiène meilleure qu'au village. Il mange de la viande tous les jours! Mais d'excessives fatigues, subitement imposées par quelque crainte hiérarchique, la méfiance professionnelle du médecin-major à l'endroit des malades, viennent compromettre souvent sa santé. Enfin, les maladies dites secrètes, sont plus nombreuses chez les soldats que sur tout autre ensemble d'adultes.

d) *Effets économiques.* L'énorme charge des budgets de la guerre et de la marine, budgets d'ailleurs fort mal utilisés.

e) *Effets politiques.* Un tremplin pour les uns, un épouvantail pour les autres.

3° et 4° Dans vingt siècles : l'internationalisme.

Demain : une armée copiée sur l'armée suisse, mais copiée par toutes les nations! Des alliances fondées sur des intérêts communs, des congrès ouvertement soutenus par tous les gouvernements, tenus par leurs plus illustres représentants.

Aujourd'hui : le *service d'un an* pour tous. L'économie réalisée employée à donner des primes fortes aux rengagés formant cadre, et à payer des employés civils : infirmiers, tailleurs, cuisiniers, ordonnances. Suppression graduelle des uniformes éclatants : de simples insignes.

MICHEL CORDAY.

COMTESSE DIANE. — *Française. Femme de lettres. Auteur de plusieurs romans.*

1° L'histoire d'un peuple n'engage pas son avenir, l'histoire est un enregistrement et non un contrat.

Le droit peut conduire une nation à se défendre par la guerre, si une autre nation tente de s'emparer d'une portion de son territoire; mais ce même droit la conduit à respecter le territoire des autres états.

Quant au progrès : l'effroyable perfection des engins doit contraindre les souverains à éviter tout combat. Quelle qu'en soit l'issue une bataille réduirait des milliers d'hommes en poussière.

2° Au point de vue intellectuel, l'état militaire n'affine pas l'intelligence autant qu'il affine le caractère et les sentiments. L'honneur est tout, pour qui porte les galons. La probité et la délicatesse se sont réfugiées dans les cœurs qui battent sous l'uniforme.

Le caractère du militaire s'assouplit par l'habitude de l'obéissance passive, tandis que l'obligation de commander sera une heureuse influence sur sa conscience, qu'elle aiguise, et sur la hauteur de ses sentiments qu'elle ennoblit.

N'être qu'une petite parcelle d'un grand tout éloigne l'égoïsme et supprime la vanité, en atténuant le sentiment de l'importance personnelle.

Les exercices du corps, la régularité de la vie, l'absence d'excès produisent toujours une amélioration sur la santé de tous les soldats.

Les dépenses que l'armée occasionne servent plus à la sauvegarde journalière des citoyens, qu'aux frais des guerres devenues si rares. L'armée répare les grands désastres causés par la nature, par les éléments ; elle défend la nation contre elle-même, c'est-à-dire contre la guerre civile.

3° L'armée doit être conservée dans l'intérêt de l'avenir de la civilisation mondiale. Non pour exciter le chef de l'état à déclarer la guerre, mais pour servir de garde d'honneur, d'ornement à la nation, et pour la défendre contre les autres, et au besoin contre elle-même.

4° Réduire les effectifs de l'armée dans de grandes proportions, afin qu'elle demeure le noyau d'une force qui pourrait s'accroître par la mobilisation, si la patrie était en danger.

COMTESSE DIANE.

EMILE DURKHEIM. — *Français. Professeur à l'Université de Bordeaux. Auteur de* : La division du travail social ; Les règles de la méthode sociologique ; Le suicide ; L'Année sociologique.

Les anciennes formes de civilisation ne disparaissent jamais complètement ; mais elles régressent peu à peu. Il y a donc tout lieu de croire que la guerre subsistera toujours, mais en tenant une place toujours moindre dans la vie des sociétés. Son antagoniste naturel est le sentiment de la fraternité humaine, la sympathie que l'homme a pour l'homme en général, quelles que soient ses origines ethniques et sa nationalité. Or, quelques grands progrès qu'ait faits ce sentiment, il n'a encore toute sa force qu'entre peuples de même civilisation et, là même, il reste sujet à bien des défaillances passagères. Les temps sont loin où la douleur d'un sauvage nous touchera aussi vivement que celle d'un civilisé, et l'amour-propre national réussira plus d'une fois à étouffer la voix de l'humaine solidarité.

Mais s'il convient de se résigner à la guerre comme à une nécessité historique, il est insensé d'en faire l'apologie, comme certains hommes d'état l'ont récemment tenté. Je veux admettre que, même aujourd'hui, elle ne soit pas sans quelque utilité ; je crois, d'ailleurs, scientifique de poser en principe qu'il n'y a rien de réel qui n'ait quelques effets utiles. Toujours est-il qu'elle est évidemment destinée à perdre de plus en plus de terrain, par conséquent, c'est aller contre l'évolution historique que de chercher à lui maintenir artificiellement et quand même, une valeur morale qu'elle n'a plus et ne doit plus avoir. Si elle servait jadis et si, dans une certaine mesure, elle sert encore, c'est parce qu'elle exerçait les hommes à la pratique de ce qu'on pourrait appeler le courage violent, c'est-à-dire au mépris de la vie, au goût du danger. Mais nous avons de plus en plus besoin de qualités d'une toute autre sorte. Le savant, l'ingénieur, le médecin, l'industriel entreprenant ont besoin, eux aussi, d'endurance et d'énergie, mais d'une endurance plus silencieuse, d'une énergie moins bruyante, plus calme et aussi plus continue. Il nous faut donc nous former à une autre école. Aussi ne peut-on considérer comme normale la manière dont la guerre est encore célébrée, non plus que la recrudescence de militarisme dont nous sommes actuellement les témoins.

Cette recrudescence, au moins en ce qui concerne notre pays, me paraît tenir à des circonstances passagères. Les souvenirs de 1870, le désir de venger la défaite font que la France a voué à son armée, instrument nécessaire de la revanche, un culte vraiment superstitieux. Nous avons été élevés dans cette idée qu'elle était la suprême pensée et nous nous sommes laissés absorber par cette idée. Il en est résulté que l'armée a cessé d'être une profession comme les autres ; elle est devenue quelque chose d'intangible et de sacré. Le seul fait de la soumettre à la critique de la raison fait l'effet d'une impiété. N'a-t-on pas été jusqu'à la déclarer infaillible ? Sans doute il y a beaucoup de verbalisme dans ce fétichisme, je le sais ; je dirai même que je le crains, car les manifestations tumultueuses de ce soi-disant nationalisme nous empêchent de cultiver, comme il faudrait, un patriotisme plus sérieux. Il reste néanmoins que l'armée a ainsi acquis un prestige exorbitant, dont on commence enfin à apercevoir le danger.

Les conséquences de cette situation sont en train de se dérouler sous nos yeux. Un groupe social, ainsi mis à part et au-dessus des autres, devait nécessairement en venir à s'isoler en lui-même et à considérer de haut, sans beaucoup de sympathie, les idées, les besoins, les aspirations de la société ambiante. D'un autre côté, il y a une contradiction interne à ce qu'un peuple comme le nôtre dont le rôle historique et la raison d'être ont été de proclamer les droits du libre examen et la suprématie du pouvoir civil, accorde une telle prépondérance au pouvoir militaire et à la servitude intellectuelle qu'il incarne. Deux principes aussi contraires ne pouvaient coexister sans en venir un jour ou l'autre à se heurter violemment ; et c'est à ce conflit que nous assistons aujourd'hui. Le seul remède que j'aperçoive au mal est d'orienter autrement l'éducation publique afin de soustraire l'esprit national à ce déplorable monoidéisme. Sans doute, il nous faut être, pour être respectés; mais une grande nation a autre chose à faire que de fourbir perpétuellement ses armes. Elle doit avoir d'autres préoccupations : Il y a d'autres idées, outre celle-là, dans lesquelles tous les Français peuvent communier, d'autres fins à poursuivre en commun. Le culte du droit, le respect de la loi, l'amour de la liberté, le juste souci des devoirs et des responsabilités, qu'elles émanent des individus ou de la collectivité, le besoin d'une justice distributive plus équitable sont des sentiments qui n'ont rien de militaire et dont les consciences ne sauraient être trop pénétrées. Or l'expérience a montré qu'ils n'y avaient que de bien faibles racines. Qu'un tel idéal soit voulu plus activement, qu'on ne se contente pas de le célébrer verbalement, que les instructeurs de la jeunesse le fassent davantage passer dans la chair et dans le sang du peuple, et l'armée perdra la situation transcendante qu'elle détient.

Toutefois, pour que l'armée acceptât sans résistance d'être ainsi ramenée au niveau commun, il faudrait qu'elle s'ouvrît davantage à ce même esprit. Pour cela, il serait nécessaire de multiplier les points de contact entre le corps des officiers et la société civile. Il faut en finir avec la légende du soldat qui ignore tout ce qui se passe autour de lui, qui est étranger aux passions et aux croyances de ses contemporains. C'est la seule manière de faire cesser le divorce moral dont nous souffrons.

EMILE DURKHEIM.

ALFRED FOUILLÉE. — *Français. Membre de l'Institut de France. Ancien maître des conférences de philosophie à l'Ecole normale supérieure. Auteur de :* La Liberté et le Déterminisme ; Critique des systèmes de morale contemporains ; l'Evolutionnisme des idées-forces ; Psychologie des idées-forces ; Philosophie de Platon, de Socrate ; L'idée moderne du droit ; Psychologie du peuple français, etc.

Le temps me manque pour examiner sous leurs divers aspects les graves questions que vous me posez. Je ne vous répondrai que *grosso modo* et d'une façon nécessairement incomplète.

1° « La guerre, parmi les nations civilisées, est-elle encore nécessitée par les conditions historiques ? » — J'en doute, et je me représente mal ce que vous entendez par conditions historiques. — « Est-elle nécessitée par le droit ? » — Cela peut arriver dans certains cas, très rares, de légitime défense et de justice à faire respecter. — « Est-elle nécessitée par le progrès ? » — La guerre ne peut plus aujourd'hui que rendre parfois visibles certains progrès accomplis sans elle et, le plus souvent, malgré elle, dont ensuite, par un sophisme traditionnel, on lui fait honneur.

La prétendue nécessité des guerres pour empêcher les peuples de *s'amollir* me semble un préjugé. Les Anglais se sont-ils amollis pour n'avoir plus eu de guerres depuis si longtemps et pour n'entretenir qu'une petite armée de volontaires ? Les Suisses sont-ils amollis par la paix et croit-on, que, en cas de besoin, ils ne sauraient pas se défendre avec un indomptable courage ? La guerre de 1870 a-t-elle *retrempé* les Français au point de les rendre méconnaissables ? Nous sommes moins confiants en nous-mêmes depuis nos défaites car l'idée qu'un peuple a de sa force est une « idée-force », et les Allemands

sont plus orgueilleux, donc plus entreprenants ; voilà le principal résultat. Qu'avons-nous gagné aux guerres des deux Empires, sinon la perte de nos frontières et de nos provinces.

La guerre a pu jadis servir à produire l'*unité* par la coopération volontaire des uns, involontaire des autres, à un même but. Aujourd'hui, l'unité est avant tout le résultat des idées communes et des intérêts communs : elle est un phénomène intellectuel et un phénomène économique, dont l'unité politique n'est plus que l'expression finale et le résultat. Exemple : l'unité allemande. La guerre était-elle vraiment nécessaire pour réaliser cette unité, qui existait déjà dans l'ordre intellectuel et économique, qui allait s'accentuant de plus en plus, et qui, peut-être, aurait pu se faire sous forme d'une confédération mieux unie. La confédération allemande, par un progrès tout politique, n'aurait-elle pu acquérir les principaux avantages que possède aujourd'hui l'empire allemand,en échappant à la nécessité d'une paix armée qui deviendra un jour écrasante? Le régime fédératif des Etats-Unis ou de la Suisse est-il au-dessous du système unitaire? Ce sont là des questions très controversées. Ce qui est certain, c'est que, de plus en plus, les raisons d'ordre intellectuel et d'ordre économique vont l'emportant sur toutes les autres et que, par conséquent, l'unification par la force se subordonne progressivement à l'unification par la vie idéale des consciences et par la vie réelle des intérêts extérieurs.

2° Quels sont « les effets moraux du militarisme? » — Ils sont très mélangés? Les vertus dites militaires, courage, patience, ordre, endurance, discipline, patriotisme, sont au fond des vertus civiques, qui trouvent à s'exercer dans une foule de professions, depuis le médecin qui s'expose dans une épidémie jusqu'au magistrat intègre qui sacrifie tout à sa conscience.

Pendant la guerre, on assiste au déchaînement de tous les instincts de la brute, avec des occasions d'héroïsme pour ceux-là seulement qui ont déjà naturellement l'âme courageuse et héroïque. Les caractères nobles se conduisent noblement à la guerre comme partout, et encore est-il presque inévitable qu'ils s'y abaissent à la longue et s'y avilissent. Les autres, déjà mauvais ou médiocres, deviennent encore pires, par ce retour fatal à la barbarie que la guerre entraîne. *Quid bella*, dit Saint-Augustin, *nisi magna latrocinia*?

Pendant la paix armée, le militarisme chronique peut développer quelques qualités de discipline, surtout passive, et d'obéissance à la règle, surtout extérieure. Il les développe notamment chez les peuples qui avaient déjà antérieurement ces qualités,grâce à leurs mœurs et à leur éducation.Mais que de maux compensent les biens! En Allemagne comme en France une foule de jeunes gens reviennent aujourd'hui du régiment plus débauchés et plus ivrognes, avec le goût de la vie urbaine et le mépris de la vie rurale. Ils ont acquis plus d'esprit d'indépendance et d'indiscipline, avec une incrédulité universelle. Au point de vue physique, ils rapportent des maladies de toutes sortes qui finissent par peser sur des générations entières. Ils ont passé les meilleures années de leur jeunesse dans une sorte d'oisiveté relative ou de labeur sans fruits, souvent machinal et sans initiative. Il ne suffit donc pas d'organiser le service militaire universel pour transformer moralement un peuple.

Si la guerre éclate, c'est la partie la plus précieuse et la plus robuste de la nation qui, par une sélection à rebours, se trouve éliminée ou mise dans l'impossibilité de faire souche. C'est comme si on faisait s'entretuer les meilleurs et les plus forts de nos animaux domestiques : la race serait bientôt abâtardie. La supériorité tant vantée de la race anglo-saxonne, au point de vue de la taille et de la force, vient précisément de ce qu'elle n'a pas subi la sélection péjorative des guerres.

Au point de vue politique, le militarisme favorise naturellement le despotisme et le césarisme, qui sont les pires des fléaux, comme notre propre histoire en est l'exemple.

Au point de vue économique, guerre et paix armée sont tellement ruineuses qu'il est inutile d'insister. Il suffit de se rappeler la circulaire de M. de Mourawieff. Si certains pays, comme l'Allemagne, supportent cependant aujourd'hui le fardeau et donnent l'essor à leur industrie, c'est grâce aux réserves d'une longue et féconde paix, c'est grâce à toutes les qualités pacifiquement acquises et développées par le gros de la nation comme par son élite intellectuelle. Ce n'est pas la guerre, c'est la paix qui avait fait l'Allemagne telle que l'a trouvée M. de Bismarck quand il s'en est fait un instrument.

3° Quelles sont les « solutions? » — Le premier moyen est de combattre les préjugés guerriers, les nombreuses erreurs répandues par ce que nous appelons l'histoire et surtout par la presse quotidienne. *Magna fallacia bellorum!*

Autrefois, c'étaient principalement les rivalités des souverains, leurs animosités mutuelles, leurs intérêts de dynastie, leur ambition juste ou injuste qui déchaînaient les guerres (1). Aujourd'hui que le pouvoir passe aux mains des nations elles-mêmes, que celles-ci ont une conscience croissante de leurs intérêts et de leurs droits, que cette conscience forme l'opinion publique, que l'opinion publique, enfin, est entretenue et dirigée par la presse, les litiges deviennent, dans toute la force du terme, des conflits internationaux. Les souverains sont obligés de persuader préalablement à la nation que telle ou telle guerre est nécessitée par le patriotisme, par l'intérêt vital de la nation entière, bien plus, par la justice même. Ceux qui veulent la guerre commencent toujours par préparer ainsi l'opinion à la croire inévitable. Pour cela, tous les moyens leur sont bons, depuis la falsification des dépêches jusqu'à la corruption des journaux. Faut-il rappeler que Cavour laissa entendre, en plein parlement italien, qu'il avait employé quatre-vingts millions de fonds secrets à échauffer l'opinion de la presse française en faveur de la guerre d'Italie; que Bismarck, en plein parlement allemand, déclara avoir acheté le silence d'un certain nombre de journaux français sur les armements de la Prusse, et que, le jour où il voulut faire éclater la guerre, il

(1) M. Paul Leroy-Beaulieu a calculé le nombre des guerres qui ont eu lieu en Europe seulement depuis le XIe siècle : 44 guerres pour obtenir un accroissement de territoire; 22 pour lever des tributs; 24 guerres de représailles; 8 guerres pour question d'honneur ou de prérogatives; 6 provenant de contestations relatives à la possession d'un territoire; 41 provenant de prétentions à une couronne; 30 sous prétexte d'assister un allié; 23 pour rivalité d'influences; 5 pour querelles commerciales; 55 guerres civiles; 28 guerres de religion; total : *deux cent quatre-vingt-six* guerres!

se borna à supprimer les mensualités : « Cela rendit à ces journaux leur patriotisme » et ils crièrent tous : « A Berlin ! »

Il importe, avant tout, si l'on veut diminuer les chances de guerre, de diminuer les sentiments d'animosité, de haine, d'hostilité chronique entre les diverses nations.

Longtemps reste en nos cœurs, aux guerres survivant,
La haine : l'injustice appelle l'injustice (1).

Le journalisme, par malheur, est devenu une grande école de haine mutuelle, non seulement entre les peuples, mais entre les classes, entre les partis politiques, entre les prétendues races, entre les confessions religieuses, etc. Le ministre d'Autriche a déclaré qu'il passait une grande partie de son temps à détruire les germes de guerre semés par les fausses nouvelles et par les fausses interprétations dues à la presse. Le président anglais de l'*International Arbitration and Peace association*, M. Hodgson Pratt, a suivi et patiemment contrôlé, pendant dix-sept années, les articles de journaux des divers pays qui avaient rapport aux affaires internationales, et il a dirigé des enquêtes minutieuses, comme on peut les attendre d'un bon Anglais, pour vérifier ce qu'il y avait de vrai ou de faux dans les assertions des journalistes. « Eh bien, dit-il, si j'avais dressé une liste de tous les faux rapports et de tous les malentendus que j'ai pu constater, je crois qu'il n'y en aurait pas moins de cinq cents, et cela durant l'espace d'une quinzaine d'années. » Une certaine presse entasse mensonge sur mensonge. Elle attise ainsi les haines et prépare les guerres. C'est donc sur l'opinion publique qu'il faut avant tout porter son action : il faut la rendre pacifique, de militante et odieusement haineuse qu'elle est aujourd'hui. La tâche est grande, mais toutes les « associations en vue de la paix », par les idées et les sentiments qu'elles répandent, servent précisément à modifier l'opinion publique et à contrebalancer l'action néfaste d'une partie de la presse, qui est sans foi et sans frein.

La seconde solution du problème est dans l'extension de l'arbitrage.

Au cours de ce siècle, le progrès de l'idée pacifique est visible malgré les guerres qui le voilent.

De l'arbitrage *accidentel*, intervenu sans engagement préalable des Etats en litige, on s'est élevé à la *clause compromissoire*, convenue pour telle ou telle espèce de conflits à prévoir, puis à la convention d'*arbitrage permanent* entre deux nations. Enfin on réclame l'institution d'un *tribunal international perpétuel*. Alors même qu'on n'aurait pas dans tous les cas recours à sa médiation, ce tribunal, serait toujours préférable à l'état actuel d'anarchie. Aujourd'hui, si deux nations veulent faire trancher un conflit juridiquement, il faut qu'elles cherchent elles-mêmes, et souvent avec peine, les arbitres à constituer : tout est à faire. Deux peuples sur le point d'en venir aux mains consentiraient plus volontiers à remettre leur différend à une juridiction déjà existante et reconnue impartiale, qu'à des tiers qu'il leur faudra d'abord découvrir, dont l'acceptation sera douteuse, dont l'impartialité même pourra être soupçonnée, parce qu'ils auront été choisis pour la circonstance.

(1) Guyau, *Vers d'un philosophe, la guerre.*

A défaut de loi écrite, le tribunal d'arbitrage pourrait, entre Etats comme entre individus, statuer d'après l'équité ou d'après la coutume.

La force exécutoire des décisions trouverait déjà un point d'appui considérable dans la suspension des relations politiques ou judiciaires avec la nation récalcitrante.

En attendant que cette *Cour de justice internationale* soit devenue possible, les peuples ont le devoir de recourir le plus possible aux traités : traités d'arbitrage conclus à l'avance en prévision des difficultés futures et en dehors des passions du moment.

Ces traités d'arbitrage ne sont sans doute pratiques, aujourd'hui, qu'entre des nations plus ou moins distantes l'une de l'autre et qui ont de médiocres chances de guerre. Entre les nations voisines, qui se menacent mutuellement et vivent en perpétuelle défiance, les traités d'arbitrage rencontrent leur principal obstacle dans les nécessités d'une mobilisation rapide. La nation la plus rapidement mobilisée et prête à prendre l'offensive stratégique a, par ce fait même, de notables avantages : comment donc lui persuader d'attendre, pendant des essais d'arbitrage peut-être infructueux et peut-être hypocrites, que son adversaire ait eu tout le temps de se bien préparer ?

Le plan de l'Allemagne pour l'avenir ressort clairement des discours de M. de Bismarck et de M. de Caprivi : « C'est une obligation, quand on juge la guerre inévitable, d'en assurer le succès et la courte durée pour son pays en prenant l'offensive » et une offensive « foudroyante » : envahir soudainement le territoire sans déclaration de guerre préalable (il n'y en eut pas en 1866), ou avec la vaine formalité d'une déclaration de guerre télégraphique ; profiter des trois voies de chemin de fer de l'Allemagne et des nombreux quais de débarquement tout préparés pour apparaître un beau matin dans les villes de l'Est ; tandis que les Italiens feront de même dans le Sud et que nos députés passeront leur temps à s'injurier dans nos chambres ; ne pas attendre les Russes, qui ont besoin de trois semaines pour être prêts à nous secourir ; écraser la France (s'il est possible) et mettre ensuite la Russie devant le fait accompli. Persuadez donc à l'Allemagne de recourir à un arbitrage pendant lequel France et Russie l'auraient regagnée en vitesse !

Il n'en est pas moins vrai que les traités d'arbitrage, par la contagion de l'exemple, peuvent s'étendre de plus en plus, empêcher beaucoup de guerres, ne laisser subsister que les grandes causes de conflit entre les voisins immédiats. Il faut donc multiplier ces traités, qui iront des petites questions aux grandes et feront la tache d'huile à mesure que l'opinion en verra les avantages.

Considérez seulement l'année 1897, et vous verrez combien de conflits nationaux ont provoqué le recours à l'arbitrage : arbitrage du Manicaland entre Anglais et Portugais ; arbitrage de la baie de Delagoa entre les mêmes puissances ; pêcheries de Behring ; décision de la Chambre des députés autrichienne que la clause d'arbitrage serait insérée dans les traités de commerce à conclure par l'Autriche ; arbitrage entre le Vénézuéla et l'Angleterre, entre la France et le Brésil, entre Haïti et Saint-Domingue, entre Costa-Rica et la Colombie ; projet de traité d'arbitrage permanent entre la Norvège et les autres Etats ; arbitrage des îles Hawaï, etc. Le traité d'arbitrage permanent entre l'Angleterre et les Etats-Unis n'a échoué au Sénat américain que faute de quatre voix : les sénateurs les plus attachés à ce traité se sont joints à leurs adversaires, afin qu'il ne fût pas mis à exécution avec les amendements regrettables qui s'y étaient glissés. En revanche, le gouvernement des Etats-Unis est entré en pourparlers avec le Conseil fédéral suisse pour la conclusion d'un traité d'arbitrage permanent entre les deux pays. Il est donc incontestable que l'idée d'arbitrage fait son chemin et qu'elle est destinée à intervenir de plus en plus entre les peuples.

Le dernier moyen de solution, c'est l'entente actuelle et effective entre tous les gouvernements sur le plus grand nombre de points possible, par des congrès et conférences en vue de la paix, du désarmement partiel, etc. C'est précisément ce que demande aujourd'hui le Tzar. Si certaines questions demeurent réservées, comme trop brûlantes, on peut du moins se mettre d'accord et accepter des règles communes sur beaucoup d'autres sujets ; on peut ainsi diminuer et les chances de guerre et les charges de la paix armée.

L'*Institut de Droit international* n'a pu faire, en 1875, qu'un projet de règlement, sur la procédure arbitrale ; la conférence provoquée par le Tsar pourrait aller plus loin et, comme le lui conseille la Ligue de la paix, déterminer dans quelles sortes de litiges le recours à l'arbitrage deviendrait obligatoire ; peut-être même pourra-t-elle poser déjà les bases d'une convention universelle d'arbitrage permanent, limitée à certains conflits. Ce serait comme on l'a dit, la préface d'un code du désarmement.

En tous cas, il y a là un devoir à remplir. Si l'on n'entreprenait jamais que ce qui est assuré d'un succès complet, on n'entreprendrait rien. Que certains souverains soient aujourd'hui les premiers à proclamer la nécessité d'une entente au point de vue de la paix, c'est là un résultat moral d'importance majeure qui, tôt ou tard, sera suivi de résultats positifs.

De tout cela il ne suit nullement que nous devions, nous Français, désarmer devant ceux qui sont plus forts et plus nombreux que nous, et à qui nous fournirions ainsi la tentation de nous écraser s'ils s'en voyaient le pouvoir. C'est à ceux qui sont les plus puissants et les plus armés de se faire les plus pacifiques. Sous ce rapport, l'empereur de Russie a donné un grand exemple, que l'empereur d'Allemagne, s'il consulte sa conscience, devrait bien suivre.

Concluons que le militarisme est aujourd'hui pour nous, Français, un mal nécessaire ; mais renonçons à vouloir ériger ce mal en bien, quoique nous devions, par tous les moyens à notre disposition, en tirer le plus de bien possible.

ALFRED FOUILLÉE.

G. GERVILLE-RÉACHE. — *Français. Avocat, député.*

Bien que les problèmes de la guerre et du militarisme soient fort complexes et votre questionnaire très étendu, on peut cependant, sans entrer dans de longues discussions, dégager quelques aperçus sur la manière de les résoudre. Je vous les livre au courant de la plume.

La guerre ne saurait être nécessitée que par une agression : elle est la conséquence soit d'une méconnaissance du droit international, soit de l'injustice de l'esprit conquérant, soit de l'erreur et de l'aveuglement de deux peuples.

La civilisation tendant à faire prédominer le droit sur la force ne saurait qu'être l'ennemie de la guerre : elle tend à opposer à la force brutale et matérielle, la force morale et intellectuelle du droit.

Il en résulte que pour des peuples qui se targuent de faire œuvre de civilisation, le problème de la guerre ne doit avoir d'autre solution que la suppression du plus détestable moyen de résoudre les conflits.

Déjà le développement de l'instruction générale, l'expansion des idées libérales et démocratiques, le rapprochement que déterminent les relations commerciales, la plus nette compréhension de l'humanité préparent les peuples à éviter les conflits armés, destructifs et sanguinaires.

On peut tendre encore vers la solution du problème de la guerre, en étudiant de plus en plus la question d'un code de droit international, en constituant un tribunal arbitral international dont l'autorité morale serait considérable, de par l'accord même des puissances qui l'auraient constitué et qui disposerait, en outre, d'une force capable de faire exécuter ses sentences.

Une fois l'entente faite sur ce point : la suprématie nécessaire du droit, et sur cette création : un tribunal suprême faisant triompher le droit dans les relations internationales, on pourrait compléter l'œuvre d'apaisement par un désarmement progressif.

Pour ce qui est du militarisme, il faut se mettre d'accord sur une définition.

Voit-on, derrière ce mot, la constitution au sein d'un Etat d'un parti ayant un esprit spécial et tendant à faire prédominer les solutions arbitraires sur les solutions légales ? En ce cas, le militarisme est détestable, puisqu'il s'oppose au progrès qui se fait dans le sens du droit.

Est-ce le fait d'avoir une puissante armée assurant, dans un monde encore organisé contre les coups de force, la sécurité d'un peuple, prête à repousser toute agression extérieure ? La constitution d'une forte armée nous paraît indispensable tant que l'on n'aura pu faire de l'arbitrage le seul procédé de résolution des conflits internationaux.

Tout en reconnaissant que les dépenses des armées et des flottes grèvent lourdement les budgets des Etats, tout en envisageant la possibilité d'une bien meilleure utilisation des énormes sommes consacrées à la paix armée, on ne peut cependant leur dénier un caractère de nécessité absolue quant à présent.

A notre avis, le mot « militarisme » a un sens défavorable et qualifie l'excès de l'esprit militaire.

L'esprit militaire, c'est d'un côté la soumission à la discipline et l'obéissance, de l'autre, c'est l'autorité très étendue. L'esprit militaire se corrompt et devient militarisme quand l'autorité va à l'arbitraire et tourne au despotisme, quand ceux qui détiennent l'autorité n'y voient que le moyen de satisfaire leurs vues et leurs volontés personnelles.

Ainsi compris, il n'y a point de problème du militarisme en France, car en France l'armée est au service du pays et de la loi. Il n'y a à s'y méprendre que ceux qui ne comprennent pas ce que veut dire le mot discipline, qui s'affichent individualistes sans même se douter qu'individualisme ne veut pas dire anarchie et que la liberté se concilie très bien avec la discipline.

La France doit garder une puissante armée tant que sa défense et sa sécurité l'exigeront : mais elle doit contribuer avec ardeur à la suppression de la guerre, à la suprématie du droit.

Elle n'a pas à craindre le militarisme, elle a résolu en fait le problème de la coexistence d'une grande démocratie et d'une grande armée. Elle doit faire de plus en plus de l'armée, tant qu'elle devra subsister, une grande école nationale d'abnégation, de dévouement, de solidarité et de courage. Il faut que les Français se pénètrent de cette idée qu'ils accomplissent un devoir raisonnable en se soumettant à la discipline que nécessite une armée ; il faut que les officiers continuent à perfectionner leur rôle d'éducateurs, à bien définir leur fonction sociale qui les place momentanément au-dessus de leurs égaux d'hier et de demain, pour ne pas oublier que leur autorité ne peut s'imposer que s'ils lui donnent toujours l'appui de la raison et de la justice, et qu'ils la mettent exclusivement au service de la loi.

G. Gerville-Réache.

Jean Grave. — *Français. Directeur du journal* Les Temps Nouveaux. *Auteur de*: La Société mourante et l'Anarchie; La Société future; La grande famille ; L'Individu et la Société.

1° La guerre n'a jamais été voulue que par les intérêts de ceux qui ont pris à charge d'exploiter les peuples, et n'a jamais eu d'autres raisons d'être ;

2° Le militarisme a pour effet d'abaisser le niveau moral et intellectuel de ceux qui y passent, d'en faire des fainéants, des ivrognes, des mouchards.

3° et 4° Il n'y a qu'une solution, c'est que les peuples commencent par se débarrasser, chacun chez eux, de tous les parasites qui les gouvernent, les exploitent ; qu'ils travaillent à amener un état social où l'intérêt particulier ne sera plus en conflit avec l'intérêt général. Quand ils auront compris cela, le militarisme et les frontières auront disparu.

Jean Grave.

G. Gressent. — *Français. Homme de Lettres.*

I. — Il est évident que les conditions historiques agissent sur nous puissamment, car nous avons de profondes racines dans le Passé, c'est-à-dire que notre époque est liée aux époques précédentes par des liens extrêmement puissants. Il s'agit de savoir si les conditions historiques nécessitent la guerre. Il me semble qu'il serait téméraire d'affirmer le contraire. Les époques historiques passées nous ont légué un état psychologique qui fait que nous sommes, la plupart du temps, disposés à répondre par l'acte violent à une excitation désagréable. Cet état psychologique est surtout particulier aux masses que le professeur Louis Gumplowicz appelle « les masses profondes et subversives du peuple » qui se laisseront facilement gagner par l'idée de la guerre, en raison même de leur état psychologique tout d'impulsion, inapte à discerner les effets médiats d'un phénomène quelque peu complexe.

Je ne pense pas que la guerre soit nécessitée par le progrès, c'est-à-dire qu'il soit nécessaire d'employer les moyens violents pour faire passer un peuple quelconque d'un état estimé inférieur à un état estimé supérieur. Il me semble, au contraire, que cela est parfaitement possible par les moyens pacifiques tels que la conquête intellectuelle et morale, la conquête industrielle et commerciale; cette dernière conquête lèse certainement beaucoup de gens, mais elle blesse moins la conscience moderne que le militarisme.

II. — *a*) Les effets du militarisme sont déplorables à tous les points de vue. Les seuls avantages qu'il donne sont : qu'une infime partie du corps des officiers est poussée à l'étude par le désir de surpasser, dans la perfection des engins de guerre, les nations étrangères, et quoique ces recherches soient surtout faites par des ingénieurs civils, elles ont toujours pour cause le militarisme. Il est bon de remarquer, d'ailleurs, que la plupart des officiers ne consacrent pas à l'étude le temps qui leur est laissé, temps qu'ils préfèrent employer à faire la fête et à se créer des situations enviables par des mariages avantageux.

Le résultat le plus clair du passage à la caserne est un aveulissement caractérisé par l'affaiblissement de l'esprit d'initiative chez certains, par la perte de cet esprit chez d'autres, et enfin, chez ceux qui ne possédaient pas l'esprit d'initiative auparavant, par une passivité absolue et l'acquisition de cette croyance : qu'il faut, dans toute organisation, une hiérarchie semblable à la hiérarchie militaire. C'est cette conception qu'ils tiendront à réaliser dans leur vie familiale et sociale. En outre, la vie de caserne a sur eux une influence d'une puissance extraordinaire. L'empreinte qu'ils en reçoivent est ineffaçable : elle subsiste dans leur mentalité jusqu'à la mort. C'est le sujet habituel de leurs conversations : l'évocation des exercices faits au régiment, des chants de route, les contes de chambrée, les exploits vaillants ou galants de tel ou tel, sont les éléments de culture intellectuelle que ces esprits transportent dans leur famille.

b) Les effets moraux ? Est-il besoin de rappeler les habitudes crapuleuses que le soldat contracte à la caserne et dont les moindres sont : la paresse et l'ivrognerie ? Est-il besoin de rappeler que la pédérastie est un phénomène constaté plus souvent dans les milieux militaires que dans les milieux civils où il ne se manifeste que chez des individus dont le cas appartient à la pathologie, tandis qu'à la caserne il se manifeste chez des normaux ? Le militarisme contribue puissamment aussi au développement de la prostitution, conséquence d'une trop grande agglomération d'hommes dans des localités où par suite, le sexe féminin n'est pas représenté d'une façon suffisante. Il développe surtout la basse prostitution, car le soldat, ayant en général peu d'argent à sa disposition, est obligé de satisfaire à peu de frais un impérieux besoin physiologique. C'est aussi à cause des deux états précités que le soldat cherche quelquefois à pénétrer dans les ménages pour en troubler la paix, pour séduire les femmes et les filles. Voilà une conséquence morale qui n'est pas à négliger, je pense, car elle peut devenir la source de multiples conflits dont les générations actuelles et futures auront à souffrir.

c) C'est devenu un lieu commun que de mettre à la charge du militarisme la propagation des maladies vénériennes. Mais pourtant il est bon de parler en toute occasion de cet effet particulièrement terrible du militarisme. Ah ! combien nombreuses sont ceux et celles qui ont eu à en souffrir ! Qui saura jamais combien de souffrances physiologiques et psychologiques il a engendrées ? Qui saura jamais le nombre des drames familiaux dont il fut la cause ? C'est surtout dans les campagnes où tous les actes du voisin sont connus que l'on peut étudier son influence profondément nocive. J'ai pu m'en rendre compte naguère dans un bourg de 2.000 habitants où l'on comptait 10 cas de maladies vénériennes dus à des « vingt-huit jours d'instruction militaire ». La proportion est effrayante. Et cela a une action sur les mœurs, car l'apport de ces maladies divise les familles, suscite entre elles des haines que le temps n'apaisera que difficilement. Ajoutons encore que la sélection militaire est de toutes la plus mauvaise, ainsi que l'a démontré M. Vacher de Lapouge dans « Les sélections sociales ».

d) Les effets économiques sont assez connus pour que l'on n'y insiste pas. Rappelons néanmoins que non seulement le militarisme prive les nations d'environ un centième de leurs forces productrices, mais qu'il leur prend une partie considérable de leurs richesses. Double perte, par conséquent. Mais conséquence de notre mauvaise organisation économique, le bien-être général ne serait pas sensiblement augmenté si l'on licenciait les armées, car le trop grand nombre de bras amènerait un abaissement des salaires que ne compenserait pas le bon marché des produits.

e) En peu de mots : C'est le militarisme qui a constitué de nombreuses nations, et c'est le militarisme qui les a tuées.

III. — Je crois qu'il serait excellent de tendre à constituer un code d'arbitrage qui règlerait, autrement qu'à main armée, les conflits qui peuvent naître entre nations, et que, d'autre part, il est bon de développer la tendance qu'ont les associations ouvrières à se solidariser les unes avec les autres sans tenir aucun compte des différences de nationalité. Il y aurait lieu de reconstituer l'internationale des travailleurs sur des bases économiques extrêmement solides. Elle disposerait, par exemple, de forces pécuniaires considérables et donnerait, par ainsi, des intérêts communs aux associations ouvrières, il en résulterait qu'en cas de guerre les gouvernements se trouveraient en face d'une opposition qui pourrait les forcer à trouver une autre solution que la guerre aux conflits internationaux.

IV. — On peut arriver au premier de ces résultats en secondant l'œuvre des sociétés de paix, en fondant des associations fraternelles dont les ramifications s'étendraient sur tous les continents. Ces sociétés doivent se livrer à la plus active propagande en faveur de la paix par des meetings, des conférences, surtout dans les moments où des bruits de guerre circulent.

La ligne que paraît suivre l'évolution du monde ouvrier amènera naturellement au second. Cela sera l'œuvre des militants des associations ouvrières et des ouvriers eux-mêmes.

Reste la masse des gens qui acceptent volontiers la guerre, ceux qui ont été pervertis par l'instruction laïque, obligatoire et patriotique. A ceux-ci s'adresseront le livre et la brochure en lesquels on leur démontrera que la patrie n'implique pas nécessairement le militarisme, que la patrie est seulement le pays où l'on est né et que l'on peut l'aimer de différentes façons, que l'on peut l'aimer sans vénérer le drapeau, cette loque glorieuse que l'on a traînée dans toutes les fanges. La création d'écoles libres aidera beaucoup, je crois, à la diffusion de ces sentiments qui, s'ils atteignent les enfants, auront une influence énorme sur les événements. Il est plus difficile de changer les conceptions des adultes : mieux vaut s'adresser à l'enfance.

Pour ce qui est des gens qui veulent la guerre à tout prix, il est un moyen qui serait excellent s'il était réalisable. Ce serait qu'en cas de conflit on consultât la nation par referendum : l'électeur exprimerait sa volonté par oui ou non sur un bulletin de vote et signerait. Et ceux-là seuls qui voudraient la guerre seraient envoyés au combat. Je présume que le nombre n'en serait pas considérable.

Enfin, la tâche des écrivains et des orateurs me paraît toute indiquée. C'est de montrer en toute occasion la hideur de la guerre, les monstruosités dont elle est cause, la nuisance du militarisme et de dévoiler toutes les infamies qui se commettent dans l'armée, de révéler tous les abus de pouvoir et les actes illégaux commis par les officiers.

Par le roman, l'écrivain atteindra ceux qui lisent, par le théâtre, que Strindberg considère avec raison comme une *Biblia pauperum*, les auteurs dramatiques atteindront ceux qui ne savent pas ou qui ne peuvent pas lire.

Ainsi pourrons-nous peut-être arriver à rendre les guerres impossibles et à supprimer leur hideuse conséquence — le militarisme —, qui n'est, comme le disait un membre de la « Patrie Française », M. Giard, qu'une « monstrueuse survivance » des temps barbares.

GEORGES GRESSENT.

LOUIS GUÉTANT. — *Français. Ouvrier relieur. Auteur de :* L'Italie devant l'Europe ; Orient et Madagascar ; Dites-nous vos raisons ! (Affaire Dreyfus), etc.

I. — Toute guerre est un attentat contre le droit et contre le progrès qu'aucunes conditions historiques ne nécessitent, ni même ne justifient entre nations civilisées.

En se propageant, la civilisation aura du reste pour effet d'effacer toutes les frontières, du moins tout ce qui les marque brutalement : fortifications, douanes, etc. Il ne subsistera que des différences de types physiques, de langages, d'usages, de mœurs, comme de nos jours, il en subsiste, par exemple, entre Picards et Provençaux, entre Bretons et Comtois ; mais la pensée d'une guerre entre eux apparaît comme une telle absurdité qu'aucun homme de sens ne saurait même en avoir l'idée. On peut même observer que leurs différences d'usages, de coutumes, de langage qui constituent leur personnalité les rendent réciproquement plus précieux les uns aux autres : le Bourguignon s'ennuierait à voir le monde être une immense Bourgogne et son plaisir comme être intelligent est, lorsqu'il visite les rues de Quimper et de Saint-Brieuc ou les champs de Carnac, de voir la Bretagne restée bretonne dans sa terre et dans ses habitants.

Ainsi, les nations civilisées non seulement n'ont aucun intérêt à s'entre-détruire mais elles ont un intérêt vivant et de premier ordre à protéger réciproquement leur personnalité. La France germanisée n'aurait aucun attrait ni aucun intérêt pour les Allemands, comme l'Italie francisée n'en aurait aucun pour les Français.

Toute guerre procède d'une agression, laquelle a toujours pour but la conquête. Or, la conquête est non seulement une violation criminelle du droit des gens, elle est en même temps une diminution de valeur du pays conquis. Même pour le conquérant, la nation conquise a moins d'intérêt après qu'avant la conquête.

La guerre n'est donc justifiée ni dans son fait, ni dans sa préparation entre nations civilisées, car, en bonne morale, celui qui rumine du mal contre l'étranger est aussi criminel que celui qui rumine du mal contre son propre pays, attendu que le droit d'autrui vaut le nôtre.

Mais une question se pose : Y a-t-il des nations civilisées? Dans le sens vrai du mot, la civilisation ayant pour but de faire régner la justice, la probité sociale, la vie intellectuelle et morale chez tous les individus, la réponse ne peut être que négative.

Il est plus qu'évident que si nous jetons un coup d'œil sur la diplomatie d'hommes comme le prince Lobanoff et M. Hanotaux qui mirent les forces de deux grandes nations au service d'Abdul-Hamid et qui se coalisèrent pour lui permettre l'extermination du peuple arménien avec des raffinements de cruautés lascives, nous sommes non seulement des barbares, mais à peine avons-nous droit au titre d'hommes.

Sans prendre des exemples aussi affligeants, il est évident que dans les manifestations de la vie publique les signes de barbarie profonde apparaissent presque toujours. Revues, grandes manœuvres, chasses, qu'est-ce ? sinon des massacres ou simulacres de massacres? et ne sont-ce pas là encore l'occupation principale de tous les chefs d'état et le principal attrait des fêtes qu'ils président?

D'autre part, voyez autour de vous, l'ineptie est dans les intelligences et la férocité dans les esprits. Telle conversation entendue au club à la mode ou dans un salon bourgeois révèle plus d'inconscience et de barbarie raffinée que ne l'eut certainement fait la conversation ouïe sous le toit du primitif; du primitif chez lequel les mots qui se rapportent à la vie paisible, à la vie heureuse et familiale sont incontestablement antérieurs aux locutions de brutalité et de guerre. Il n'est pas certain qu'avec le développement des sociétés, l'égoïsme n'ait pas grandi plus que l'altruisme. De ce résultat les fausses religions, fondées sur l'intérêt, et le patriotisme, qui n'est que l'hypertrophie de l'égoïsme, sont les principaux agents. Ils sont l'un et l'autre responsables des plus abominables crimes commis contre l'humanité, contre la justice, contre la morale, et des pires institutions de tyrannie qui affligent les peuples et opposent à leur développement rationnel la barrière du mensonge et de l'asservissement.

Mais ceci nous conduit à l'étude de la deuxième question :

II. — Les effets intellectuels et moraux du militarisme peuvent se résumer : un affolement de l'intelligence; une dépression du caractère, un effacement de la conscience.

L'homme qui a passé plusieurs années à la caserne n'a pas, en vain, vu journellement le bon sens et la raison outragés, et il n'a pas, en vain, vu la dignité humaine systématiquement brisée; il n'a pas, en vain, vu dans une institution que l'on représente comme hautement respectable, le courage vrai et la valeur individuelle être une cause d'infériorité et de suspicion.

Quand il rentrera dans ses foyers il restera toujours en lui du soldat et l'homme en sera d'autant diminué. A l'armée, pour assurer le facile fonctionnement de la discipline et le règne de l'obéissance passive, tout ce qui fait la dignité de l'homme, tout ce qui le rend réellement respectable, tout ce qui l'élève au-dessus de la brute, doit être systématiquement brisé. Quiconque eut l'occasion d'assister à l'arrivée des conscrits à la caserne, à l'incorporation des *bleus* s'est aperçu de cette œuvre qui est entreprise immédiatement et brutalement ; et le code militaire avec ses menaces de mort, à chaque ligne, n'a pas d'autre but que de donner à cette entreprise anti-humaine la sanction de la terreur. En effet, pour que la discipline soit bien incrustée en un homme, pour que l'obéissance passive y soit souveraine, il faut que cet homme ait perdu le sentiment du juste et de l'injuste ; qu'il fasse abstraction de son intelligence, de son jugement, de son initiative, qu'il n'ait ni volonté, ni conscience ; qu'il ait abdiqué ce qu'il ne peut abdiquer sans déchoir *au-dessous de la bête* : le sentiment de sa responsabilité. Nous avons dit : au-dessous de la bête ; l'expression est exacte, car, suivant la célèbre allocution de Guillaume II aux soldats de sa garde : « Maintenant vous êtes miens, et si je vous commande de fusiller vos frères, vos pères, vos mères, vous devrez m'obéir. » Le parfait soldat doit être prêt au crime, non seulement contre l'étranger, mais aussi contre les siens. C'est ce qui ne saurait être demandé à la brute : l'on peut, certes, dresser un chien à la chasse, mais c'est que la chasse est dans sa nature, et l'on ne pourrait dresser un animal au massacre des siens.

La religion du drapeau est la plus déprimante des idolâtries. Ceux qui la prônent s'opposent aux progrès de l'humanité et de la civilisation, car toute civilisation digne de ce nom est fondée sur la dignité humaine, sur la justice, et le militarisme tue l'idée de justice.

Voyez les historiques des régiments. Pas une fois lorsqu'ils racontent leurs prouesses vraies ou fantaisistes ils ne se demandent si la cause servie est humaine, libérale, juste. Il n'y a qu'une chose à mentionner : le succès brutal ; plus il y a de sang, de cadavres, de douleurs accumulées, plus l'œuvre est glorieuse ! Même lorsque, comme à Saint-Domingue, elle aura pour but le rétablissement de l'esclavage, ou, comme dans la campagne de Madagascar, elle aura pour but le meurtre d'une nation naissante, la spoliation honteuse de richesses convoitées sur les ruines du droit et de l'indépendance d'un peuple enfant assassiné lâchement.....

Il est inutile d'insister ; les conséquences morales et intellectuelles apparaissent d'elles-mêmes.

Quant aux effets physiques, l'on ne saurait nier que quelquefois ils soient salutaires, arrachant à une vie trop sédentaire de jeunes hommes que leurs penchants ou leurs professions y confinaient. J'ai pour ma part vu des santés chancelantes sorties fortifiées de cette épreuve. Mais ce sont des exceptions, et le seul fait que l'autorité militaire choisit les plus sains, les plus robustes et laisse à la vie civile tous les individus qui lui paraissent atteints d'infirmités ou de névroses et que néanmoins l'état pathologique est plus mauvais dans le monde militaire que dans le civil, que la mortalité est d'une moyenne supérieure, ce fait suffit pour attester que l'amélioration est exceptionnelle, mais que la généralité se traduit par une dépression des forces de résistance.

Et encore laissons-nous de côté (car on ne peut tout dire) le plus grave de la question ; la propagation par l'armée des maladies contagieuses.

Les effets économiques du militarisme se résument en deux mots : il épuise le présent et ruine l'avenir.

Ce n'est pas en vain, en effet, que les peuples gaspillent leurs forces et leurs richesses pour créer des instruments de destruction.

Le charbon, par exemple, n'est pas une richesse inépuisable et il est gaspillé par millions de tonnes pour créer ces canons monstres, ces blindages, ces cuirassés qui ne représentent en réalité rien que la honte, l'esclavage et la brutalité humaines.

Il n'est cependant pas douteux que le licenciement brusque des armées amènerait une perturbation économique désastreuse pour beaucoup d'industries. Maintenant que le mal s'est développé, il est nécessaire de le réduire méthodiquement, avec une grande prudence, car le virus qui se reporterait sur les organes sains empoisonnerait tout le corps social.

Il est évident que ces militaires, ces *guerriers professionnels*, sont devenus inaptes à faire un travail utile et à vivre d'une vie laborieuse et honnête. Or, la responsabilité de cet état de choses ne leur incombe pas exclusivement. Il serait injuste de les jeter dans les luttes du travail et de la vie civile avec leurs habitudes d'oisiveté. La société se doit de les traiter comme des malades et de leur rendre par une sorte de rééducation la santé morale qui en pourra faire de dignes citoyens.

Elle se doit surtout à elle-même l'adoption de mesures lui permettant d'enrôler les nouvelles phalanges de travailleurs en supprimant la surproduction, cause essentielle du chômage, lequel engendre le paupérisme et ses pires conséquences.

Nous arrivons ainsi à voir les solutions qu'il convient de donner dans l'intérêt de la civilisation aux graves problèmes de la guerre et du militarisme.

Guerre et militarisme étant des forces de brutalité et d'asservissement, il appert de soi que les remèdes à y apporter doivent consister essentiellement dans le développement des forces morales de l'humanité, j'entends dans la culture des sentiments de dignité individuelle, de droit, de liberté, et surtout d'inaliénable responsabilité de chacun envers soi-même.

Matériellement, pour que le licenciement des armées n'amène aucune perturbation économique en augmentant le nombre des forces productives, et, par suite, la surproduction, il est nécessaire que, dans la mesure du possible, une plus juste répartition du travail et des charges sociales soit accomplie.

Par exemple, nous devons travailler à faire universellement adopter la journée de huit heures avec libération d'une journée et demie par semaine. Car, malgré les fausses affirmations de quelques socialistes que l'absurde ne rebute pas, il est sûr que l'ouvrier ne travaillant que 40 ou 44 heures par semaine produira moins que le même homme attelé à la tâche 60 ou 72 heures. L'évidence en est que jamais en temps de presse l'idée n'est venue à per sonne de raccourcir la journée pour faire plus de besogne ; mais, au contraire, on impose des heures supplémentaires. Le temps de travail diminué, diminue d'autant la production. Et cela est bien, car la diminution de production donnera place aux champs et à l'atelier pour tous. Et, parallèlement, l'augmentation du temps de repos permettra à chaque individu la culture pleine de ses facultés intellectuelles et la jouissance à son foyer de ses forces affectives, ce qui est l'idéal même de la civilisation.

Quant aux *moyens conduisant à ces solutions*, n'en déplaise aux amateurs de paradoxes, ils ne peuvent pas être d'ordre brutal, ce qui serait contradictoire. Jamais le canon, si perfectionné soit-il, ne tuera la guerre; jamais l'aggravation de misère ne ruinera le militarisme.

Les remèdes vrais sont tous d'ordre moral. Ce qui tuera la guerre c'est la volonté dirigée vers la justice; c'est la conscience. Et il faut qu'il en soit ainsi, car un progrès obtenu fatalement sans le concours de la volonté ne serait pas un vrai progrès.

Autant vaudrait rester militarisé si le militarisme ne devait être supprimé que par l'impossibilité matérielle d'en continuer les exactions et les folies.

Il est de toute évidence du reste que le mal supprimé ainsi renaîtrait aussitôt que la reconstitution de la richesse sociale se serait accomplie, car l'idée engendre le fait. De même le canon perfectionné qui doit tuer la guerre ne le pourrait assurément qu'à la condition qu'il y ait toujours des militaires prêts à s'en servir. C'est-à-dire que la guerre ne serait ainsi éloignée que par le développement et l'exagération toujours croissants de la paix armée !

Gardons-nous des sophistes pour si haut que la sottise ait juché leurs noms. Le vrai remède contre la guerre et contre le militarisme qui changent les hommes en bêtes, c'est de *faire des hommes*, des hommes dont l'intelligence et la conscience soient irréductibles. LOUIS GUÉTANT.

YVES GUYOT. — *Français. Ancien ministre. Economiste. Directeur du journal* Le Siècle. *Auteur de* : La Science économique, etc.

I.— La première question se décompose en trois :

a. L'histoire. — Malheureusement, elle s'impose à nous. Elle a des legs. Pour la France, elle a légué 1870 et le traité de Francfort.

b. Le droit. — Une nation peut-elle abandonner une partie de ses nationaux à la tyrannie d'un conquérant ? Une famille peut-elle abandonner un de ses frères enlevé ou séquestré par violence ? Et s'il n'y a d'autres moyens de le délivrer que la violence, lui interdirez-vous d'y avoir recours ?

c. Le progrès. — Le progrès consiste à substituer les solutions pacifiques aux solutions violentes. Nos aïeux se cognaient les uns les autres; les peuples civilisés s'expliquent, discutent et chacun essaye de rejeter la responsabilité des coups sur le voisin. Le progrès pacifique s'affirmera dans les mœurs, avant de s'affirmer dans les faits.

II. — *a. Intellectuels.* — Le militarisme défend aux gens de penser eux-mêmes, et d'avoir de l'initiative jusqu'à ce qu'il deviennent généraux : alors on leur dit : agissez et pensez. A quel âge ?

b. Moraux. — La morale professionnelle du militaire est spéciale : c'est l'obéissance et la résignation aux chefs; l'orgueil et l'insolence à l'égard des pékins. Le militaire considère que la vie est une mécanique. Chaque rouage doit obéir à une impulsion plus ou moins mystérieuse.

c. Physiques. — L'influence n'est pas mauvaise au point de vue musculaire, quoique l'alimentation du soldat ne soit pas suffisante. Le militarisme donne à certains soldats des habitudes de propreté relative.

d. Economiques. — **Ruineux, au point de vue des hommes dont les forces sont perdues, au point de vue du gaspillage des capitaux.**

e. Politiques. — **Déplorables. Le gros problème qui s'impose à la France est d'avoir à la fois une forte armée et une république libérale. Le militaire n'admet pas la liberté. Il n'admet pas la critique. Il trouve que les contribuables ne lui donnent jamais assez et qu'ils n'ont pas le droit de savoir** comment il emploie les ressources qu'ils lui fournissent et sans lesquelles il ne serait pas. Il ne se trouve jamais assez décoré ni galonné. S'il n'a pas le prestige de la victoire, il entend avoir le prestige de l'uniforme.

Le jeune officier de réserve ou de territoriale se croit obligé d'être plus militaire que le vieux militaire professionnel ; et ainsi le service obligatoire donne à la nation l'idéal de l'organisation militaire, incompatible, comme l'a montré Herbert Spencer, avec l'idéal scientifique et industriel.

Beaucoup jouent d'autant plus au militaire qu'ils ont moins l'esprit guerrier.

III. — *Les solutions*? Je n'en vois qu'une pratique : le libre échange.

Le protectionnisme est l'expression de l'esprit mendiant et persécuteur. Le protectionniste veut ruiner le voisin. Par ses tarifs il se met en état de guerre ; son esprit est toujours agressif. L'étendue des possessions territoriales perdra de son importance quand chacun reconnaîtra cette vérité établie par Quesnay : « Les commerçants des autres peuples sont nos propres commercants. »

Jusqu'à présent on n'a pu avoir des arbitrages que pour des questions secondaires : on n'a pas pu en avoir pour les grandes questions.

Je ne crois guère à l'établissement d'un conseil amphictyonnique.

IV. — Pour arriver à supprimer la guerre dans les faits, il faut d'abord la supprimer dans les mœurs.

Telle est l'utilité de l'œuvre des sociétés de la paix. Elles montrent que le canon ne doit pas toujours être l'*ultima ratio* des peuples.

Yves Guyot.

A. H. — *Réponse publiée dans* la Fronde *du* 3 *avril* 1898.

La guerre ne peut être voulue ni par le droit dont elle est la négation, ni par le progrès dont elle est le recul. Elle ne pourrait l'être que par l'histoire, au point de vue d'un peuple désireux de reprendre le bien dont il fut dépossédé.

La guerre n'est plus une lutte, un combat où le courage et la bravoure aient à briller. Ce n'est plus qu'une combinaison de pièges fratricides, au moyen d'engins meurtriers. La guerre est une destruction totale au profit du néant. *Aussi, la guerre tuera la guerre* semblable à un monstre crachant en l'air des flammes qui retomberaient sur lui pour l'incendier. Comme le dit avec son autorité géniale, Mme Clémence Royer, dans sa tribune de la *Fronde* : *Le parti de la guerre* :

« Il n'est qu'une chose qui soit sage, un seul parti qui soit possible, c'est d'abolir le droit de guerre. Est-ce donc si difficile ? Non. Il suffit de proclamer ce principe du droit international que nul citoyen d'un Etat européen ne doit, sous peine de mort, franchir sa frontière en armes ; de décréter coupable de trahison envers l'humanité celui qui oserait le lui commander et de reconnaître à tous le droit, même le devoir, de s'en faire l'exécuteur. Pour arriver à un pareil résultat, il n'est pas une nation, parmi celles qui ont eu le plus récemment à se plaindre du droit de conquête, qui ne renoncerait généreusement à ses griefs et qui n'accepterait le *statu quo*, se confiant dans l'avenir pour établir ce principe que les peuples se donnent, mais ne se prennent pas. »

Combien vite alors se changeraient en forces productives, ces armées permanentes dont l'effectif pour le monde entier est de 4.610.000 hommes.

H. Hauser. — *Français. Agrégé de l'Université. Docteur ès lettres. Professeur à l'Université de Clermont. — Auteur de* : François de la Noue (1531-1591) ; Le voyage du Levant de Ph. de Fresne ; Ouvriers du temps passé.

1° La guerre, même entre nations civilisées, me paraît encore, à l'heure actuelle et peut-être pour longtemps, nécessitée par les conditions historiques, par le droit, par le progrès. Je voudrais développer rapidement ce point :

Les nations actuellement existantes ne sont pas — sauf quelques exceptions, — des créations arbitraires de la politique internationale. Elles ont leur origine dans la nature, elles doivent leurs caractères spécifiques d'abord à la constitution physique du sol qui les porte, peut-être à la combinaison de races diverses dont elles sont le produit, et surtout à leur histoire. Ce n'est pas absolument une pure et vide métaphore que de dire de certaines d'entre elles qu'elles sont des personnes, puisqu'elles ont des souvenirs communs, des sentiments communs, des aspirations communes. Il ne faut assurément rien exagérer et ne pas oublier que la France, par exemple, n'a aucune existence concrète en dehors des 38 millions d'individus isolés qui la composent. Mais le fait que les Français ont, historiquement, été soumis ensemble à des influences de plus en plus identiques, le fait qu'ils se considèrent actuellement comme membres d'une même collectivité, ce fait ne saurait être négligé. Or, une fois constituées, les nations, comme les personnes, ne peuvent prendre conscience de leur moi qu'en s'opposant au non-moi, qu'en se différenciant de l'étranger. De l'unité inorganique du Moyen Age, les nations sont peu à peu sorties, par une série d'efforts plus ou moins heureux. Cette différenciation des hommes en nations a été, en dernière analyse, heureuse pour l'humanité, puisqu'elle a amené une division du travail humain, une émulation dont l'humanité entière a recueilli les bénéfices.

Il est vain de rechercher si, dans le passé, cette division du travail humain aurait pu s'effectuer sans recours à la force. Dans l'humanité actuelle, les conflits entre nations peuvent être de deux sortes : conflits d'intérêts, conflits de principes. Une question de droit de douane, une question de territoire peuvent évidemment se résoudre autrement que par la guerre ; les deux nations qui se disputent la possession d'une île, d'un fleuve, d'une route, d'une forteresse sont assimilables à deux plaideurs, qui peuvent s'en remettre à la sentence d'un juge ; il s'agit uniquement de trouver un arbitre suffisamment désintéressé pour que les deux parties acceptent d'avance sa décision.

Mais les nations ne sont pas seulement séparées les unes des autres par des intérêts matériels, elles le sont par des façons de penser. Supposons une nation qui professe que les peuples ont le droit absolu de choisir leur gouvernement, et une autre nation qui affirme que le sort des populations est déterminé par le droit international écrit, tel qu'il résulte des traités. Entre ces deux nations, une conciliation est-elle possible? Où est l'arbitre qui pourra amener la première à reconnaître la valeur absolue du droit écrit, même lorsqu'il est en opposition avec le droit naturel, ou la seconde à se soumettre sans condition au droit naturel, même contraire au droit écrit? Un tel arbitre n'est pas encore né, parce que, pour arriver à une entente sur ce point, il faudrait préalablement refondre le cerveau d'une des deux nations ou des deux à la fois. A un conflit de cette nature, je ne vois que trois issues possibles : ou la population arrachée à la première de ces deux nations finira par faire adhésion à la seconde, ce qui ôterait à la première tout prétexte légitime de récrimination; ou la seconde brisera complètement la première et lui enlèvera ainsi toute velléité et toute possibilité de faire triompher ses principes; ou la première délivrera, par la force, les populations qui lui ont été ravies.

Tant que toutes les puissances européennes ne seront pas tombées d'accord — et c'est un fait qu'elles ne sont pas actuellement d'accord, — pour reconnaître qu'on ne saurait disposer d'une collectivité humaine comme d'un troupeau, un conflit de cette nature ne pourra se résoudre que par la force. Et si la nation qui a le droit pour elle s'arrange pour avoir aussi la force, elle aura travaillé efficacement au progrès de l'humanité. Si même elle devait au contraire succomber dans cette lutte, il vaut mieux — je ne dis pas dans son intérêt à elle, je dis dans l'intérêt de l'humanité, — qu'elle tombe en combattant pour la justice que de laisser l'oubli se faire sur une iniquité. Si elle est vaincue, son exemple agira plus tard pour orienter l'humanité dans les voies nouvelles; si elle renonce à ce qu'elle considère comme le droit, elle contribue, pour sa part, à faire reculer l'esprit humain.

Je crois donc que, dans certains cas, la guerre est, encore aujourd'hui, une nécessité, qu'elle reste encore l'un des rares moyens d'assurer le triomphe du droit, et par conséquent le progrès.

2° Avant de répondre à la seconde question, il importe de définir le mot militarisme. Si l'on entend par là simplement la nécessité pour chaque nation de résister à une agression ou de se préparer à défendre le droit, il est chimérique de se lamenter sur tous les mauvais effets de cette institution, puisqu'elle est un mal nécessaire. Entend-on au contraire par là une tendance, générale parmi les chefs des armées modernes, à se considérer comme une classe spéciale, pourvue de privilèges spéciaux, à subordonner la vie de la nation aux intérêts de cette classe? Alors les mauvais effets du militarisme éclatent aux yeux. Au point de vue intellectuel et moral, c'est le principe d'autorité, ou plus exactement le droit du plus fort, substitué au libre examen et à l'autonomie de la conscience; c'est la notion toute matérielle de l'*obéissance* substituée à la notion morale du *devoir*. Au point de vue physique et économique, c'est l'inutilisation et l'usure d'une partie des forces vives de la nation; dans la mesure où nous avons vu que cette inutilisation est nécessaire à la conservation de l'existence et de la conscience nationales, elle n'est qu'un moindre mal, destiné à en éviter un pire. Mais il est bien entendu que le militarisme ne doit être considéré que comme un *moyen* de conserver la nation, et jamais comme *une fin en soi*. C'est surtout en politique qu'il serait dangereux de considérer le militarisme comme une fin en soi : il ne doit exister que dans la mesure où il est nécessaire, comme existent les services de l'enseignement public, des postes et télégraphes, des chemins de fer... Il n'a aucun droit — pas plus que les autres services publics, — à diriger la vie nationale. Il serait particulièrement dangereux qu'il eût ce droit, précisément parce qu'il dispose de la force. La seule garantie efficace de la liberté des décisions nationales, c'est que jamais les hommes chargés d'exécuter matériellement ces décisions ne puissent influer sur ces décisions mêmes; il est indispensable que le pouvoir qui délibère et qui commande n'ait pas d'armes, et que ceux qui ont les armes n'aient qu'à obéir.

3° De ce qui précède il s'ensuit qu'il ne saurait être question : 1° de supprimer la guerre, mais seulement de la limiter aux seuls cas où elle est indispensable; 2° de supprimer les armées, mais seulement de les rappeler à leur véritable rôle, qui est d'exécuter les volontés nationales.

4° Les moyens les plus pratiques me paraissent être les suivants :

a) Pousser à la multiplication des traités d'arbitrage, c'est-à-dire augmenter le nombre des cas dans lesquels les conflits internationaux pourront se résoudre sans recours à la force. Il me paraît vain de songer à la création d'un tribunal arbitral permanent, car ce tribunal n'aurait pas à sa disposition la force nécessaire pour faire respecter ses sentences; ou bien il faudrait mettre à sa disposition une force au moins égale à celle du plus puissant des Etats ses justiciables, ce qui serait organiser un militarisme international, instrument plus dangereux qu'utile;

b) Réduire l'armée, en temps de paix, à ce qui est nécessaire et suffisant pour assurer à la nation son indépendance et sa liberté d'action; ne retenir les hommes sous les drapeaux que le temps requis pour leur instruction militaire réelle, sans les employer à des besognes qui n'ont rien de militaire ; ne conserver de l'obéissance passive, de la discipline inintelligente que le minimum au-dessous duquel une armée n'est plus une armée : en un mot faire rendre à l'institution militaire son maximum d'effet utile en imposant à la nation le minimum d'effort. En second lieu, ne jamais laisser l'armée sortir de la seule place qu'elle doive tenir dans un Etat libre; rapprocher, dans la mesure la plus large possible, la constitution de l'armée de celle de l'Etat, les institutions militaires des institutions civiles, afin qu'aucun conflit ne soit possible entre la société civile, qui est la nation, et la société militaire, qui est une part ou, plus exactement, un simple organe de la nation.

Je me prononce donc très énergiquement : 1° pour la conservation de la guerre, réduite aux cas où elle est le seul moyen de faire triompher le droit; 2° pour le maintien de l'armée, se renfermant dans son véritable rôle et vivant en harmonie avec la vie même de la nation.

H. Hauser.

Octave Houdaille. — *Français. Homme de lettres. Auteur de :* Une Femme libre; *Théâtre, en collaboration avec M. Charles Richet :* Possession; Sœur Marthe; Judith, etc.

Pas plus que contre la tuberculose qu'on soigne en détail et qu'on tente de circonscrire, sans pouvoir s'attaquer directement aux sources du mal, on ne

peut — contre la guerre — cette tuberculose de l'organisme social — essayer, en l'état, autre chose que des palliatifs. Pour extirper la racine, il faudrait le levier idéal d'Archimède qui, soulevant le monde, en élaguerait les parasites, c'est-à-dire les passions humaines. J'ai grand peur que l'inventeur — qui sera un précurseur — ne soit pas près d'être né.

Restent les palliatifs. Je suis convaincu, pour ma part, que la guerre est au bout de tout régime de compression. La misère ou le mécontentement dépose de redoutables ferments dans les âmes et, à un moment donné, la guerre devient « l'ultima ratio » d'une machine gouvernementale pour s'évader de l'Inextricable — intérieur ou extérieur. Avec la soupape Liberté, les ferments s'évaporent et je crois notamment que la liberté de la presse — avec tous ses inconvénients — a du moins ce grand avantage de limiter les coups sur la cible humaine. Le cœur est ainsi fait qu'il a besoin d'un exutoire : si cet exutoire se trouve être soit le journal, soit la revue où il a pu déverser ses rancœurs, il n'a plus la tentation de passer des paroles aux actes.

Voilà pour le palliatif. Quant au remède radical préconisé par quelques excellents esprits — j'entends le tribunal international — je crains que ce ne soit là moins une méthode scientifique qu'une solution empirique inspirée par une chimère — généreuse soit — mais par une chimère.

A tout tribunal il faut une sanction. Or quelle sera la sanction de celui-ci? Sanction morale ou matérielle? Deux nations sont gravement divisées : le tribunal arbitral a rendu sa sentence en faveur de l'une d'elles. L'autre, renversant ce fragile obstacle de procédure, se déclare décidée à passer outre et à vider le différend par les armes. Que fera le tribunal? Une double solution est seule possible : ou bien une protestation platonique — sanction illusoire, on en conviendra — ou une protestation effective, c'est-à-dire la force mise au service du droit : mais alors le remède retombe dans le mal ou plutôt se confond avec lui. Ce sera quelque chose d'hybride, une sorte d'état de guerre endémique en faveur de la paix. On se heurte à un résultat inattendu, à une impasse insoluble d'autant que la question de principe s'aggrave de la question de fait, je veux dire la course folle de l'Europe aux armements géminés, la course à l'abîme... de la banqueroute. Alors à ce moment, qui sait? Peut-être... « Les contraires, dit Platon, naissent des contraires. »

Octave Houdaille.

Clovis Hugues. — *Français. Poète. Homme de lettres. Député de Paris. Auteur des* Evocations ; *de* Le Sommeil de Danton; Monsieur le Gendarme; Le Mauvais Larron, etc.

Je croirai à la possibilité, sinon à la légitimité de la guerre, tant qu'il y aura des castes et des maîtres.

Travailler à leur disparition, c'est préparer celle du militarisme qui a pour effets intellectuels, moraux, physiques, économiques et politiques, l'agonie de la pensée dans les cerveaux sous la pression automatique de la discipline, la bestialité des amours de rencontre, substituée à la sainteté naturelle du baiser, la dégradation de la force mise au service de l'oppression contre l'opprimé, la ruine matérielle dans tous les pays et la menace de la dictature sous tous les régimes.

Le remède me semble être dans la solidarité universelle de ceux qui sont volés contre ceux qui les volent. La rapidité de la guérison dépendra des progrès du socialisme dans le monde.

CLOVIS HUGUES.

ALBERT LANTOINE.— *Français. Poète. Homme de lettres. Auteur de* : Elisçuah; les Mascouillat; la Caserne.

La guerre parmi les nations *civilisées* n'est plus voulue ni par l'histoire, ni par le progrès.

Les hommes finiront par comprendre que le droit à l'existence prime tous les autres, et que l'honneur et l'amour aveugle de la Patrie furent des vertus inventées par les possédants et glorifiées par les poètes pour la sauvegarde de leurs souteneurs.

Déjà la déchéance du métier militaire est telle que ceux qui en vivent revêtent le moins possible leur livrée. La honte a remplacé la morgue de jadis. Le militarisme, en effet, annihile la personnalité de l'individu, cadenasse son intelligence, salit son âme, lui pourrit le corps souvent; il nuit en outre au développement de toutes idées de beauté, de grandeur et mène tout pays à l'inévitable banqueroute.

De plus en plus le mépris du militarisme et la haine de la guerre grandiront dans le cœur des hommes. On prête une âme vile à tous ceux qui dès aujourd'hui éprouvent ces sentiments, mais un temps viendra où tous auront le courage d'avoir cette lâcheté; on peut accepter avec stoïcisme l'inévitable fin, mais l'amour de la mort n'existe que chez les faibles ou chez les détraqués.

Quelle solution préconiser pour amener cette ère lumineuse de paix et de fraternité? La question est complexe et, à notre sens, impossible à résoudre actuellement.

Il faudrait auparavant que soient supprimés les motifs de haine entre peuples encore ennemis, que, par exemple, l'Allemagne fasse l'aumône à notre chauvinisme braillard des deux provinces loyalement gagnées par elle dans la sanglante partie de 1870.

Or, les gouvernements hésiteront longtemps à faciliter le désarmement parce que les soldats ne sont plus que des policiers leur servant surtout contre les adversaires du dedans et qu'une fois supprimés les sujets de haine sur lesquels ils lâchaient les foules aboyeuses, ils se verraient forcés de céder à la révolte publique.

Quant à ceux qui — bœufs ayant trop longtemps porté le joug — ne pourront malheureusement relever la tête pour aspirer l'air trop pur et jouir de la pleine lumière, on en fera des hécatombes pour engraisser la terre — la Terre éternellement vivante qui donnera le froment et les roses pour la joie des êtres libres.

ALBERT LANTOINE.

PAUL LECLERCQ. — *Français. Homme de lettres.*

Excusez-moi, Monsieur, de ne répondre que par un mot très court aux quatre questions que vous me posez, mais ces quelques lignes résument mon opinion.

La guerre est horrible, le militarisme odieux, mais je ne sais aucun remède. Le progrès n'ayant pas encore étouffé la brute qui sommeille au fond de chaque homme, il y aura toujours des têtes qui se mettront sous des képis.

PAUL LECLERCQ.

J. MARNI. — *Française. Femme de lettres. Auteur de* : Fiacres ; Les enfants qu'elles ont ; Comment elles se donnent ; etc.

Vous me faites l'honneur de me demander mon avis sur les graves questions de la guerre et du militarisme.

Permettez-moi de me récuser. Ce que je répondrais serait d'intérêt médiocre pour vos lecteurs ; et les raisons que je pourrais donner pour expliquer mon horreur de la guerre, raisons sentimentales, m'exposeraient aux sourires des gens sérieux.

J. MARNI.

A. MEILLET. — *Français. Directeur d'études adjoint à l'Ecole des Hautes-Etudes.*

Je n'ai ni sur la guerre ni sur le militarisme d'idées originales qui méritent d'être communiquées au public.

Si le monde entier était également civilisé, si les citoyens étaient libres partout, si les hommes avaient renoncé à s'exploiter les uns les autres, peut-être pourrait-on entrevoir la disparition de la guerre. En l'état actuel des choses, les conflits sont inévitables. Un tribunal arbitral même n'y remédierait point : un tribunal ne peut qu'appliquer les lois existantes, en l'espèce les traités internationaux. Dans leurs traits essentiels, les traités ne sont que la consécration de la force respective des nations, telle qu'une guerre a permis de la constater : les proportions de forces du passé n'ont aucun titre à régir l'avenir. Au fur et à mesure que la force respective des nations changera, il faudrait que l'on pût modifier la législation internationale. Une guerre a été nécessaire pour établir que les Antilles devaient graviter dans l'orbite économique des Etats-Unis : rien n'était plus évident. Que dire des cas où des questions moins claires viendront à se poser ?

Quant au militarisme, il est impossible de traiter une question aussi complexe dans les limites restreintes d'une lettre. Il est clair pour tout le monde que nos institutions militaires ne sont nullement d'accord avec nos institutions politiques. Une pareille situation ne saurait durer à la longue. L'avenir dira en quel sens elle sera modifiée.

A. MEILLET.

LOUISE MICHEL. — *Française. Ancienne institutrice, célèbre agitatrice révolutionnaire, anarchiste communiste.*

En donnant au mot *civilisation* le sens qu'il devrait avoir au lieu de celui que lui donnent ceux qui vont à coups de canon, avec le fer et le feu porter la civilisation chez les peuplades primitives, la guerre ayant pour but, comme le conflit hispano-américain, de mettre la force au service du droit, est légitime et le sera tant que le droit sera opprimé.

Toute guerre de conquête est un crime, toute insurrection du faible contre le fort est un droit et un devoir.

Les effets généraux, intellectuels, moraux, physiques, économiques du militarisme, sont l'étouffement de toute initiative, sous le poids de la discipline, l'anéantissement de toute initiative individuelle, le rêve de l'idéal réduit aux fleuves de sang où boivent les épées. Tant qu'elle a pour mobiles les changements d'individus chargés de l'oppression, ou la démarcation des frontières, la guerre est monstrueuse. Elle devient légitime quand il s'agit d'aider les peuples à conquérir leur liberté ou leur existence.

A la fin du vieux monde, les luttes de ce genre sont les épisodes homériques que chantent les bardes des temps qui vont venir.

Les questions d'Orient et autres, entretenues si soigneusement pour saigner les troupeaux humains dans ces éternels abattoirs, cèderont sous la pression de l'humanité resserrant les liens entre les peuples et faisant de l'intérêt de chacun l'intérêt général, rejetant au creuset toutes les fractions de troupeaux humains pour en faire un seul peuple, l'humanité.

Les problèmes de la guerre et du militarisme se résolvent en quelques préceptes : faire la terreur si grande qu'on n'entende plus sur toute la terre que le galop des chevaux clapotant dans le sang dont ils ont jusqu'au ventre.

Le militarisme se tue lui-même par ses excès et ses crimes; l'hécatombe de Milan, les horreurs d'Espagne et d'ailleurs ne lui feront guère une longue existence en Italie où l'ordre vient d'être rétabli par les moyens ordinaires.

Plus il aura de meurtres à son actif moins il durera.

Les cadavres semés comme le grain feront la paix du monde.

Quand l'horreur montera assez haut, les clameurs populaires aussi monteront.

Peu s'en est fallu que les affaires d'Italie prissent le chemin du Quirinal; le sommeil de la terreur ne sera pas éternel. L. MICHEL.

GASTON MOCH. — *Français. Ancien capitaine d'artillerie. Délégué du bureau français de la Paix. Publiciste. Auteur de* : Sedan; Les derniers coups de feu ; Des canons à fil d'acier; Vue générale de l'artillerie actuelle; La poudre sans fumée et la tactique; La défense des côtes et la marine ; l'Alsace-Lorraine devant l'Europe (1).

La première des quatre questions de votre enquête contient un mot, d'apparence bien insignifiante, mais au sujet duquel je ne puis m'empêcher de vous chercher une petite querelle préliminaire : singulière façon, dira-t-on, de montrer que nous sommes en parfait accord sur ces graves questions ! Et pourtant, telle est bien la vérité : nous sommes du même avis, et il faut que je commence par vous quereller.

*
* *

Le petit mot qui cause tout ce mal, c'est le mot « encore ».

Vous demandez : « *La guerre parmi les nations civilisées est-elle encore voulue par les conditions historiques, par le droit, par le progrès ?* »

Et moi, je réponds : « Non seulement elle ne l'est plus, mais jamais elle

(1) En corrigeant les épreuves de cette réponse, je tiens à noter que la rédaction en est antérieure, de plusieurs mois, au manifeste du tsar sur la rédaction des armements; je n'ai d'ailleurs trouvé aucune modification à y apporter. G. M.

ne l'a été, jamais, au grand jamais ! Toujours, elle a faussé le développement historique de l'humanité, violé le droit, enrayé le progrès. »

Sans doute, certaines guerres ont été suivies de résultats avantageux à la civilisation générale ; mais les conséquences nuisibles de ces mêmes guerres l'ont toujours emporté de beaucoup sur ces résultats bienfaisants. Ce qui fait qu'on s'y est trompé, et qu'on s'y trompe encore, c'est qu'une partie seulement de ces conséquences nuisibles est immédiatement apparente : les autres, qui sont souvent de beaucoup les plus graves, sont indirectes, et ont donc échappé pendant longtemps à l'intelligence humaine. On commence actuellement à les apercevoir, et alors on dit, comme le faisait récemment encore M. de Molinari, dans un livre d'ailleurs fort remarquable, que la guerre « n'est plus » utile au progrès de la civilisation, alors qu'elle ne l'a jamais été.

Il y a là, croyez-le bien, autre chose qu'un accès de byzantinisme, une lubie de sectaire trop pointilleux : ce point est vraiment de grande importance. Si nous concédons aux défenseurs de la guerre ce simple petit mot « encore », nous leur donnons barre sur nous. Nous les autorisons à dire que la discussion entre eux et nous est une simple affaire d'opportunité, d'appréciation personnelle ; car cette discussion se réduit alors à ceci, que nous croyons la guerre « devenue inutile », alors qu'ils la jugent « encore utile ». Dans ces conditions, ils nous accorderont volontiers qu'elle pourra devenir inutile, ou même nuisible... demain, le temps d'infliger encore aux peuples quelque formidable saignée pour satisfaire leurs ambitions personnelles !

Car telle a été de tout temps, et telle est encore l'unique fonction de la guerre : procurer à un petit nombre d'hommes le pouvoir, les honneurs, les richesses, aux dépens de la masse, dont ces hommes exploitent la crédulité naturelle, et les préjugés créés et entretenus par eux-mêmes.

*
* *

Je passe maintenant à votre seconde question. Mais il y a tant à dire sur ces matières, que ma réponse sera forcément bien incomplète.

Effets intellectuels du militarisme. — Il a pu s'en produire de bienfaisants, dans le domaine de certaines sciences et de l'industrie. La grande métallurgie doit beaucoup à la lutte du canon contre la cuirasse ; de même, les explosifs ont quantité d'applications utiles. On peut répondre, il est vrai, que, sans le militarisme, le développement de l'industrie et du commerce fût devenu prodigieux en comparaison de ce qu'il a été, et nous eût valu au moins autant de belles inventions ; sans compter celles dont nous aurions pu être dotés par tous les hommes de génie que la guerre a fauchés ou empêchés de naître ! Mais c'est là une hypothèse gratuite. Ce qui est certain, c'est que l'art de la destruction est une branche comme une autre du savoir humain, et qu'il a donc à son actif des découvertes dont les autres branches — toutes étant solidaires — ont profité.

Effets moraux du militarisme. — Ceux-là sont peut-être plus pernicieux encore que les effets matériels. On peut les résumer ainsi, ou, du moins, relever entre mille autres ceux qui suivent.

Effets collectifs. — Le règne de la force, avec l'astuce comme seul contrepoids possible ; la croyance que la fin justifie les moyens ; la théorie de la raison d'Etat ; bref, l'esprit de servitude, en même temps que la négation de cette religion de demain, la solidarité humaine.

Effets individuels.— Le dégoût du travail producteur,la chasse aux emplois publics, le goût du fonctionnarisme, l'esprit de servilité ; la contagion dépravatrice de la caserne, la diminution du sens moral, que traduit ce dicton de troupier: « pas vu, pas pris » ; le déchaînement des appétits violents, démontré par l'accroissement de la criminalité, consécutif de chaque guerre ; bref, l'affaiblissement de la moralité, de la dignité et de l'énergie individuelles.

Les militaristes nous objectent certains bons effets moraux de la guerre, dévouement, héroïsme, honneur, etc., et prétendent les accaparer en les décorant du nom de « vertus militaires ». Or, il n'est aucun de ces effets qui ne puisse être produit par les situations normales du temps de paix. Personne n'oserait avancer que ces qualités n'existent pas, et précisément au plus haut degré, chez des nations non militarisées, comme la Suisse, la Belgique, la Hollande, les Etats Scandinaves ou la Grande-Bretagne. Bien malheureux, et bien peu digne du nom de civilisé serait le peuple à qui la famille et l'école ne suffiraient pas pour développer ces vertus dans le cœur de ses enfants.

C'est là, en effet, une culture morale incombant naturellement aux éducateurs de l'enfance; et qui ne comprend combien cette tâche sera facilitée,le jour où le meurtre collectif, le pillage et la destruction en grand, seront devenus choses du passé ? Qui n'a été embarrassé d'expliquer à un enfant à quoi sert un canon ?

Effets physiques. — Je me bornerai à mentionner la sélection à rebours, par le massacre systématique et périodique des mieux constitués et des plus hardis, et, entre deux massacres, par le célibat d'un grand nombre d'entre eux.

L'entraînement que les recrues reçoivent au régiment peut et doit s'acquérir à l'école et dans les sociétés de gymnastique : je ne puis que souhaiter à nos concitoyens d'égaler sous ce rapport les écoliers anglais ou les simples paysans suisses !

Effets économiques. — Perte, en « capital humain », des hommes tués ou estropiés et de leurs descendants possibles ; destructions de toute nature ; perte du travail des hommes retenus sous les drapeaux ; dépenses improductives (matériel de guerre, constructions militaires, etc.), alors que tant de dépenses productives (outillage économique, assurances de toute nature, etc.), ne peuvent se faire ; puis, quantité d'effets indirects, dérivés des effets moraux énumérés plus haut, tels que le fonctionnarisme, la désertion des campagnes, etc. ; en un mot, ruine.

Effets politiques. — Se confondent avec les effets moraux (voir plus haut). Car la politique d'une nation démoralisée ne peut être qu'une mauvaise politique. L'état d'antagonisme des sociétés humaines a fait croire qu'il y a deux morales *opposées* — la morale politique et la morale privée, — alors qu'il n'y en a qu'une, *la morale*, tout simplement. Il a créé *ce qu'on appelle actuellement* la politique, c'est-à-dire une immoralité collective, tandis que le développement normal de la Cité exige l'observation d'une moralité collective, qui ne saurait être que la somme des moralités de tous les individus.

*
* *

Solution du problème. — M. de la Palisse répondrait que, pour ne pas se battre, et ne pas s'y préparer, il faut être d'accord. Pour que les peuples vivent en paix, il faut donc qu'ils soient unifiés, ou fédérés. La première solution, poursuivie par tant de conquérants, est amplement démontrée absurde; fondée sur l'oppression, elle n'est qu'un ferment de révoltes et de guerres. L'avènement de la seconde solution — de la fédération — est prochain (prochain, au sens historique du mot : mettons, par exemple, un demi-siècle).

Voies et moyens. — Favoriser autant que possible l'internationalisation des intérêts. Ici, d'ailleurs, inutile de se donner du mal : il suffit qu'on veuille bien ne pas entraver une évolution irrésistible, qui date à peine d'un demi-siècle, et n'a cessé de progresser à pas de géant. Donc, faciliter autant que possible la circulation de la pensée, des personnes et des marchandises. Ce développement, d'ailleurs, se fait de lui-même, à mesure des besoins; mais encore ne faut-il pas tomber dans la contradiction stupide, qui consiste à ouvrir à grand frais des communications, pour en interdire ensuite l'usage à coups de tarifs douaniers!

Se pénétrant davantage, les nations entremêleront de plus en plus leurs intérêts et, en outre, se connaîtront mieux. Il faut favoriser cette interdépendance et cette connaissance réciproque, en développant notamment l'étude des langues étrangères, et en particulier celle d'une langue internationale vraiment pratique (1). A ce point de vue de la connaissance de l'étranger, la presse doit être réformée de fond en comble : alors qu'elle devrait être une éducatrice, une conciliatrice, elle ne fait que flatter et enfler — souvent même créer de toutes pièces — les plus sots préjugés et les pires passions.

Faire connaître l'étranger, tel doit être un des objectifs principaux de la propagande pacifique. La plupart des chauvins sont simplement des gens qui ne sont jamais sortis de chez eux, ne savent aucune langue étrangère, n'ont pas fréquenté d'étrangers : d'où cette énorme sottise, la vanité nationale, la tendance à considérer un peuple comme moins civilisé parce qu'il est autrement civilisé. Un homme vain de sa personne passe partout pour un sot : bien comprendre qu'une nation de quarante millions d'hommes, quand elle est vaine, c'est-à-dire chauvine, se montre quarante millions de fois plus sotte.

Or, qui connaît des étrangers, sait qu'ils sont des hommes semblables à lui-même, ne demandant qu'à vivre et à travailler en paix pour eux et leurs familles, et non à en découdre; à moins d'être privé de jugement, il est perdu pour le chauvinisme.

C'est ici qu'est proprement le nœud de la question. Tous les peuples sont pacifiques, et tous se ruinent en armements, non certes par plaisir, mais parce que des gens sont intéressés à leur faire croire que les autres peuples sont belliqueux. Quand ils sauront le contraire — et il ne saurait être si difficile de faire luire la vérité — les armes tomberont d'elles-mêmes, et les chauvins porteront moins beau.

(1) Je me permets de renvoyer à ce propos à ma brochure : *La question de la langue internationale, et sa solution par l'Esperanto*. Paris, Giard et Brière, 1897.

Autre moyen important. Répandre cette vérité reconnue depuis peu, et à laquelle je faisais allusion plus haut, que toute guerre, même la plus avantageuse en apparence, coûte infiniment plus, à tous égards, qu'elle ne rapporte. Montrer à qui elle est avantageuse, et qui en pâtit.

Ce dernier, c'est quelqu'un de fort puissant : Monsieur Tout-le-monde. Quand il aura fini par comprendre, il saura dire et imposer sa volonté.

Cet argument de l'intérêt matériel est le plus efficace qu'on puisse employer. Il s'adresse à l'intelligence, au bon sens, et non au sentiment; il exige de la documentation primitive, et non de la rhétorique. La moindre expérience de la discussion ou de la propagande montre qu'il est immédiament accessible à tous.

En résumé, la pacification de l'Europe est une question morale.

La paix armée, c'est-à-dire la paix imposée, n'est pas la paix ; elle n'est qu'une trève, à laquelle il s'agit de substituer la paix librement consentie. Or, cette dernière exige le respect du voisin et la confiance en lui ; et ce respect et cette confiance, à leur tour, exigent que l'on connaisse et fréquente ce voisin. Alors, on se sent solidaire de lui, et l'on comprend que dans une guerre quelconque il n'y a pas des vainqueurs et des vaincus : il n'y a que des vaincus.

*
* *

La fédération, but final vers lequel nous tendons, peut être définie *l'état juridique international*. Elle est le terme de l'évolution qui a consisté à étendre de plus en plus les *aires de sécurité*, c'est-à-dire les aires au dedans desquelles les hommes sont convenus de résoudre juridiquement leurs inévitables différends. Ces aires, actuellement limitées aux Etats, embrasseront successivement des groupes d'Etats, des continents entiers, enfin toute la planète.

On vient de voir que ce progrès aura pour instruments principaux la pénétration réciproque (morale et matérielle) des peuples, ainsi que la notion, chaque jour plus répandue, de leurs intérêts véritables. Quant à son mécanisme, à ses stades successifs, voici comment on peut les concevoir :

1° Pratique de plus en plus suivie des *arbitrages internationaux spéciaux* (c'est-à-dire de la solution de différends internationaux par des arbitres, désignés dans chaque cas au moyen d'une convention spéciale, ou compromis). Peu de gens savent combien remarquable a été la progression de l'arbitrage en ce siècle : en vingt ans, de 1815 à 1834, on relève 14 arbitrages; il s'en conclut 10 de 1835 à 1854 ; 39 de 1855 à 1874 ; 54, de 1875 à 1894 ; et on en compte déjà une vingtaine depuis 1895. Et il importe de noter que tous les jugements rendus ont été exécutés par la partie perdante, ce qui répond à l'objection de la nécessité d'une sanction violente ;

2° Introduction de plus en plus fréquente de la *clause arbitrale, ou compromissoire* dans les traités (c'est-à-dire engagement pris de recourir à un arbitrage en cas de désaccord sur l'exécution du traité) ;

3° Conclusion, entre certaines nations, de *traités permanents d'arbitrage* (engagement de soumettre à l'arbitrage toute difficulté pouvant s'élever entre elles) ;

4° Institution d'une *Cour arbitrale permanente* entre deux ou plusieurs

Etats, qui seront vraisemblablement, pour commencer, de petits Etats neutres (c'est-à-dire constitution d'une première confédération) ;

5° *Accession successive* d'Etats restés d'abord en dehors de ce groupement ;

6° A la suite de tous ces progrès, formation d'une *jurisprudence internationale*, base du futur *Code international* ; ce dernier fondé sur la justice, et non, comme le prétendu « droit international » actuel, sur une coutume qui résulte elle-même de la force et de la ruse ;

7° Enfin, adhésion générale à la Cour arbitrale et à son Code, c'est-à-dire, *Fédération générale des nations civilisées*.

Il va de soi que l'ordre que j'indique pour ces diverses étapes n'a rien d'absolu. Certaines d'entre elles pourront être interverties, ou même franchies sans arrêt. Mais, dans son ensemble, cette marche est celle que les événements tendent à suivre, et celle aussi qui semble devoir conduire le plus sûrement au but.

Ce que je viens de montrer, c'est le procédé suivant lequel se réaliseront officiellement nos vœux, la série des consécrations que recevront nos efforts.

Mais l'important, je le répète encore, c'est la *préparation morale*, c'est l'éducation par l'école, par les voyages, par la parole et la presse, par la notion de l'intérêt supérieur de l'humanité solidaire. Or, ma conviction — et c'est ici surtout qu'on me traitera d'utopiste — est que, comme toute question d'éducation, ce progrès peut être rapidement réalisé : *c'est l'affaire d'une génération*, à partir du moment où les éducateurs (je veux dire, non seulement les parents, les professeurs et les prêtres, mais aussi les écrivains et les orateurs, toute l'élite) s'y seront mis sérieusement. Il n'a pas fallu plus de temps pour que la liberté de conscience, l'égalité devant la loi, l'abolition de l'esclavage, et tant d'autres principes primitivement honnis, fussent admis, sinon de tous, du moins par des majorités telles, qu'un retour en arrière fût rendu impossible.

Or, à mesure que nous allons, les grands mouvements d'opinion s'accomplissent de plus en plus vite, grâce au développement toujours accéléré des intérêts qui les commandent, et de l'instruction et des moyens de communication qui les favorisent (1).

Ne nous laissons donc pas troubler par les aveugles qui proclament que demain sera forcément semblable à hier. Semons tranquillement, chacun sur le terrain dont il dispose. Nos fils récolteront. GASTON MOCH.

(1) Voici un exemple frappant de cette accélération des évolutions intellectuelles. A la fin du siècle dernier, quand on adopta en France le système métrique, on laissa aux habitants une quarantaine d'années pour s'y habituer (le résultat de cette trop longue tolérance fut d'ailleurs que quantité de dénominations anciennes ont persisté). En 1867, quand l'Allemagne l'adopta en principe, il suffit, pour le rendre obligatoire, d'un laps de cinq ans, au bout duquel il était familier à tout Allemand.

On objectera qu'il s'agit ici d'un progrès uniquement intellectuel, alors que l'abolition de la guerre et du militarisme suppose l'accomplissement d'un progrès moral. Mais précisément, c'est à l'entendement des gens que nous devons nous adresser, bien plutôt qu'à leur cœur. Amenons les à *comprendre* que leurs voisins ne sont pas plus féroces qu'eux-mêmes, — c'est-à-dire que les armements sont *inutiles* ; que, d'autre part, le militarisme enfante la guerre, et que la guerre, même victorieuse, est toujours un désastre, — c'est-à-dire que les armements sont *nuisibles* et la civilisation aura partie gagnée.

Gustave Nercy. — *Français. Ex-Capitaine-commandant de cavalerie. Auteur de* : La future Débâcle ; Nos grands chefs et la situation actuelle ; Vive l'armée !

Dans un très intéressant article que M. J. Grave a consacré dans les *Temps Nouveaux* à mon nouveau livre : *Vive l'armée*! il terminait en appelant la guerre : *une institution, survivance d'âges disparus.*

M. Grave s'est trompé, car, et pour répondre au questionnaire que vous m'avez fait l'honneur de m'adresser :

1° Il y aura toujours la guerre, en raison de ce principe que la guerre est innée au cœur de l'homme, au même titre que l'amour, la charité, la haine, la colère et toutes autres passions bonnes ou mauvaises.

Principe que ne pourra faire disparaître aucune éducation, car il n'appartient pas à l'homme de changer le cœur de l'homme ;

2° La guerre n'est profitable à personne, pas plus au vainqueur qu'au vaincu.

Aujourd'hui, plus que jamais, en raison des augmentations d'effectifs et de l'effet destructif des nouvelles armes à feu, de leur portée, de la rapidité de leur chargement, la guerre doit être considérée comme un grand mal, mais, en raison du principe ci-dessus, comme un *mal inévitable*, d'aucuns ont dit comme un mal nécessaire... ;

3° Les effets économiques et politiques de la guerre ? Je ne les vois pas très bien.

Du reste, il faudrait des volumes entiers pour résoudre la question ou tout au moins pour y répondre à peu près. Le cadre d'une lettre est donc par trop restreint.

Mais, quant aux effets intellectuels, moraux et physiques, il est permis d'en toucher quelques mots.

J'ai servi, Monsieur, pendant près de vingt-cinq ans. J'ai conservé pour ceux de mes supérieurs qui ont été bons et affables avec moi, une reconnaissance très grande. Je puis vous assurer, par exemple, que pour sauver mon colonel du 2e dragons, M. le colonel Rosier de Linage, je n'aurais pas hésité à me jeter dans le feu.

Par contre, j'ai conservé un sentiment de dégoût pour ceux de mes supérieurs qui ne se servaient de leur autorité que pour brimer, insulter ou persécuter leurs inférieurs.

Moralement donc, les sentiments humains sont exaltés dans un sens ou dans un autre.

Intellectuellement, on ne peut en parler pour un soldat de 2e classe. Pour mon compte, je ne vois pas bien comment un garde d'écurie, occupé à enlever du crottin, aura son intelligence développée, pas plus que l'infime employé dans un magasin quelconque.

Mais si vous parlez des chefs, de ceux qui doivent s'occuper de la conduite des opérations de guerre, qui, pour cela faire, étudieront les grands capitaines et seront appelés, à un moment donné, à pourvoir à l'entretien, à la nourriture, à la direction de centaines de mille hommes, dans ce cas, l'intelligence ne devra pas être ordinaire et ne pourra que se développer grande ment dans la solution des problèmes que donne toute campagne.

Physiquement, la guerre développe les forces. Je parle d'une guerre nor-

Maximilien Luce. — *Français. Peintre.*

male. Je laisse de côté les cas exceptionnels (hivers de 1812, de 1870, etc.).

Ce que l'on doit bien constater surtout, c'est que *l'état de paix prolongée* amollit les tempéraments et donne des mœurs efféminées.

Pour jouir en paix des biens de ce monde, on se livre à toutes les bassesses, on accomplit toutes les compromissions de conscience.

A ce point de vue, vous n'avez qu'à constater le degré de lâcheté que nous avons atteint, Kiel, Faschoda, etc...

Nous obéissons aux moindres sommations,aux moindres exigences de l'Allemagne ou de l'Angleterre, tout cela pour la paix ! On n'agissait pas ainsi sous Napoléon ou sous Louis XIV. Il y a eu excès, j'en conviens, mais, tout de de même, entre les deux excès, ce n'est pas celui d'aujourd'hui que je préfère.

3° et 4°. Il y aura donc toujours la guerre ; il faudra donc toujours des armées. Il n'y a pas d'autres solutions que le maintien du *statu quo*.

Quant aux moyens à employer, j'en connais un qui... est impraticable. La douceur et la fermeté, l'impartialité, la politesse chez les supérieurs qui ne devraient considérer leurs inférieurs que comme des hommes moins haut placés seulement dans la hiérarchie militaire.

Et chez les inférieurs, la confiance et la soumission que réclame toute abnégation de soi-même.

En un mot, il faudrait des *saints* de part et d'autre.

Ce qui, je le reconnais, est fort difficile à obtenir.

Dans mes deux livres : la *Future Débâcle* et *Vivé l'armée* ! j'ai développé tout cela plus longuement. Mais je le répète, on ne peut pas assez en dire dans une lettre.

G. Nercy.

Paul Passy. — *Français. Docteur ès lettres. Directeur-adjoint à l'Ecole des Hautes-Etudes d'histoire et de filologie. Rédacteur du* Maître fonétique *et de* l'Echo de la Vérité. *Auteur de* : Etude sur les changements phonétiques ; Les sons du Français ; Le Français parlé ; Versions populaires du Nouveau Testament, etc.

Puisque vous me faites l'honeur de m'adresser votre questionaire sur la guerre et le militarisme, je vous transmets les observations qu'il me suggère, en vous fesant observer seulement que je ne suis pas home politique et n'ai aucune compétence spéciale dans la matière.

1° Je ne vois absolument rien dans les conditions historiques, le droit, le progrès, qui puisse justifier la guerre en elle-même et la faire considérer come une nécessité. Sans doute, certaines guerres peuvent être une nécessité pour l'un des peuples ou des partis en lute ; la guerre est un moindre mal que la paix, si celle-ci implique l'esclavage ou le déshoneur ; une guerre est justifiée quand elle a pour but la défense du sol envahi ou du droit méconu, l'indépendance, l'afranchissement des oprimés. Mais une telle guerre n'est pas, en tout cas, une nécessité pour l'envahisseur ou l'opresseur ; elle est une nécessité dans le sens où un coup de révolver en est une pour le voyageur ataqué par des brigands.

2° Si la guerre peut du moins se justifier dans certains cas, le militarisme, lui, est un mal sans mélange. L'entretien d'armées permanentes est une cause de ruine pour les nations, privées du travail de leurs fils au moment de leur plus grande vigueur fisique et intellectuelle. Le maintien d'un grand nombre de jeunes gens dans des conditions de vie anormale est une excitation perpétuelle au vice, en particulier à l'alcoolisme et à la débauche ; par suite aussi, un puissant facteur de dégradation fisique. Et l'existence d'une caste militaire, séparée du reste des citoyens, revêtue d'un prestige particulier, d'une sorte de renom de sainteté en même tems qu'investie de la force matérielle, est le plus redoutable instrument d'asservissement politique et social qui puisse exister : c'est au point de vue matériel ce que l'existence d'une caste sacerdotale est au point de vue moral.

3° et 4°. La solution du problème est complexe, comme l'est l'origine même du mal. Elle est en partie internationale, en partie sociale et en partie individuelle.

Au point de vue international, la guerre pourait être, le plus souvent, évitée par un apel à l'arbitrage, come les disputes à main armée entre particuliers sont évitées par un recour aus tribunaus.

Au point de vue social, il conviendrait avant tout de reprendre l'article du vieus programe républicain, relatif à l'abolition des armées permanentes et à leur remplacement en vue de la défense nationale par la nation armée et exercée — article généralement oublié come celui qui a trait à la séparation des Eglises et de l'Etat. Tout progrès dans la voie de l'afranchissement politique et social faciliterait singulièrement l'aplication de ce principe ; mais dans un état vraiment démocratique, rien ne s'oposerait à ce qu'on l'aplique imédiatement, même sans entente avec d'autres pays.

La question individuelle, au fond, prime les autres, car il ne peut pas être question de progrès dans cette voie tant que la masse du peuple lui-même n'aura pas renoncé aux idées de conquête et de gloire militaire d'après le système traditionel. Ce qu'il faut donc avant tout, c'est répandre dans le peuple, c'est faire pénétrer dans la tête et le cœur de chaque individu, les idées de justice, de liberté, de respet du droit, qui sont la condition essentielle de tout progrès. Et pour ça, je ne conais qu'un moyen : répandre l'Evangile, source unique, quoique généralement méconue de tout bien sur cette terre, tant pour les sociétés que pour les individus. Je parle, bien entendu, de l'Evangile de Jésus-Christ, pas de celui des Jésuites, qui n'y ressemble guère.

PAUL PASSY.

CHÉRI PICHOT. — *Français. Prêtre catholique. Professeur de mathématiques. Auteur de* : La Conscience chrétienne et la Question juive; La Conscience chrétienne et l'affaire Dreyfus ; La Paix ; le Désarmement et l'arbitrage international.

LE MILITARISME ET LA GUERRE

Le présent est le fruit du passé et le germe de l'avenir, disait Leibnitz.

La société actuelle est fille d'une société passée. Comme les êtres vivants, elle subit les lois de l'hérédité et de l'atavisme. Un progrès, quelque léger qu'il soit, n'est possible que s'il a été préparé par un progrès antérieur. Absolument parlant, tous les progrès sont possibles et il n'y a pas d'utopie à vouloir les réaliser. Mais ils sont fonctions du temps et dépendent de la « *catégorie de l'histoire* ». En sociologie, comme en mécanique, le temps T est la variable indépendante... L'utopie est de vouloir se passer du temps, de vouloir le progrès sans ses conditions, de vouloir révolutionner brusquement au lieu d'évoluer lentement, de rêver des discontinuités dans la courbe qui représente la marche de l'humanité...

Le devoir des amis du progrès est donc de le vouloir énergiquement, mais de le vouloir comme il est possible, étant donné la valeur actuelle de la variable T. Leur devoir est encore « *d'abréger les temps* » autant que possible, c'est-à-dire de préparer les conditions du progrès. Leur devise doit être : « *Du réel à l'idéal* », ou : « le réel pour point de départ l'idéal pour but », ou encore : « idéaliser le réel et réaliser l'idéal ». Ainsi, ils seront progressistes sans être ni révolutionnaires, ni utopistes.

La question qui se pose est celle-ci : La guerre et le militarisme sont-ils encore voulus par les conditions historiques actuelles ?

En d'autres termes : Pour la valeur actuelle de la variable, la guerre et le militarisme doivent-ils être conservés ?

La réponse n'est pas douteuse : Ni le droit actuel, ni le progrès actuel, ni les aspirations actuelles des peuples ne tolèrent ces institutions.

C'est à peine si des préjugés enfantins, une éducation païenne, joints à des intérêts privés, maintiennent encore entre les nations, dans l'Europe du XIXe siècle, les haines artificielles, les préjugés nationaux, prétextes du militarisme et de la guerre.

Le XXe siècle supprimera et les causes et les effets et cela sans révolution.

La petite note de Nicolas II aux puissances sera peut-être comme la petite secousse qui fait tomber de l'arbre le fruit mûr, j'allais dire le fruit déjà gâté... A sa place apparaîtra bientôt le fruit nouveau de l'humanité nouvelle...

Et il en est temps, le monde actuel épuise sa sève intellectuelle, morale, physique dans la préparation de la guerre qui n'est plus dans les goûts de personne, sauf peut-être dans les goûts de quelques inutiles pour lesquels la vie militaire est une situation, un sport ou un jeu ou de quelques fournisseurs pour lesquels la guerre est une occasion de commandes.

Quant aux moyens de réaliser demain l'idéal de la paix, ils sont à la fois généraux et particuliers. Instituer le tribunal international d'arbitrage qui sera chargé de juger les difficultés des peuples ; faire pénétrer dans les consciences la douceur et la justice chrétiennes. Le premier sera l'œuvre des gouvernements. Le second sera l'œuvre de ceux qui se donnent à eux-mêmes la mission de diriger les peuples, des élus du suffrage universel et de ceux qui dirigent le suffrage universel lui-même par la presse.

Le devoir du peuple, le devoir de tous est de demander, en toutes occasions, qu'il soit tenu compte de ses intérêts et des aspirations intimes et implicites de l'humanité. Le devoir du peuple est peut-être avant tout de se soustraire à la suggestion des mots, à la contagion du faux patriotisme, des emportements irréfléchis, des haines sans fondements.

L'ABBÉ PICHOT.

EDMOND PILON. — *Français. Homme de lettres. Auteur de :* Poèmes de mes soirs ; La Maison d'Exil.

I. — La guerre, parmi les nations civilisées, n'est plus nécessitée par les conditions historiques, par le droit, par le progrès. Il importe peu, aux générations nouvelles, que les affaires Hohenzollern-Lebœuf-Montijo aient valu, à nos aïeux, les désastres de Sedan et de Frœschwiller. Avec le vieillard de Friedrichsruhe a disparu l'acteur de ce drame immense où il ne nous plaît pas de demander un rôle et que nous ne trouvons plus supportable que pour le théâtre où se donne le bas tragique. A l'aurore du xxe siècle, l'idée même de guerre apparaît d'une barbarie incroyable.

Les Européens l'ont bien compris, et, malgré leur grand amour du panache, ils évitent, depuis longtemps, les guerres continentales. Le fait de porter au loin, vers les terres exotiques, leurs appétits ignobles de pillage, de vol, de viol et d'assassinat, indique, de la part des gouvernements, un certain instinct de propreté personnelle qui n'est pas sans montrer l'indice d'une évolution.

Ainsi la guerre n'est plus supportable, dans l'ancien monde, sous prétexte historique. Elle n'est pas, davantage, acceptable, pour des raisons de droit. La patrie pouvant être définie : *l'ensemble des propriétés foncières appartenant à la minorité de la nation*, il en résulte que la majorité prolétarienne a le devoir de se désintéresser de la défense des biens du patronat national. Pourquoi voulez-vous que le cultivateur, l'ouvrier, l'artisan, le manœuvre donnent leur sang pour la protection du champ, de l'usine ou du magasin où, déjà, il leur a fallu donner leur énergie, leur santé, leur intelligence, où déjà ils ont dépensé toute leur initiative, toute leur jeunesse, toute leur puissante force adolescente et active. La Patrie serait donc l'idole sanglante pétrie du sang des fils et des sanglots des mères, la louve avaricieuse et dure qui n'existait pas encore au temps de la préhistoire et que les puissants ont inventée pour le malheur des pauvres et l'extermination des races.

Le progrès se refuse à considérer l'idée de guerre comme inhérente à la marche de l'humanité. Le fait même des guerres coloniales est inconcevable.

II. — Les effets intellectuels, moraux, physiques, économiques et politiques du militarisme sont déplorables. Chaque année, 230.000 jeunes gens, en France du moins, répondent à la loi de recrutement et viennent, pour un, deux ou trois ans, goûter à cette existence des casernes, laide, triste et rude d'où ils sortiront inévitablement avec les habitudes les plus basses et les plus vicieuses, avec une âme sans volonté et sans énergie dans un corps débilité par la nourriture mauvaise et les exercices forcés. Chaque année, tout ce que la France compte en jeunes talents, en jeunes gloires, en jeunes forces, en jeunes activités est appelé à passer dans le formidable laminoir militaire. Il résulte, de cet état de choses, une dépression considérable dans le développement moyen du peuple. Les hommes qu'un tel régime a courbés d'une façon aussi cruelle, au moment même où ils n'eussent demandé qu'à s'épanouir, sont incapables des grandes actions et des grands travaux.

L'armée est une école de médiocrité. L'inutilité des enseignements qu'on y reçoit, le respect qu'on y professe pour des individus quelquefois peu respectables, la sorte de fétichisme dont on entoure la légende du drapeau, le mépris qu'on y professe pour la liberté humaine, tout cela prépare des générations veules, désorganisées, souffrantes, sans enthousiasme, sans beauté, sans bonté, sans courage. Le militarisme est devenu comme le ferment le plus violent de la décomposition des races.

A mesure que le militarisme se propage chez un peuple, son niveau intellectuel, moral, diminue, son expansion économique s'atrophie, son développement politique, accru du côté de l'armement, diminue du côté de la culture, du commerce, des sciences, de l'industrie et des arts libéraux.

III. — L'unique solution qu'il convienne de donner, dans l'intérêt de l'avenir de la civilisation mondiale, aux graves problèmes de la guerre et du milirisme, est celle du désarmement. Les derniers désastres militaires ont éveillé, sans doute, dans l'esprit du tzar, cette pensée de justice, d'harmonie et de bonheur qu'il faut accueillir respectueusement comme une prophétie probable du meilleur avenir. Quel cœur, même de souverain, ne se serait pas serré, au récit des massacres arméniens, des combats de la guerre hispano-américaine, des désolantes et mortelles étapes de Madagascar? Quel cœur, même d'autocrate, ne se serait pas senti ému à l'authentique récit des atrocités chaque jour commises dans les bagnes militaires, les prisons et les biribis internationaux. Et puis le tzar avait, sous les yeux, l'exemple des Dhoukobors, de ce petit peuple héroïque qui opposa les forces de l'inertie à toutes les tentatives d'enrôlement cosaque et qui, fermement, refusa de prendre du service dans les armées impériales. Déjà, M. Victor Hugo demanda dans un congrès resté célèbre, il y a quelque demi-siècle, que cette belle fête de paix et de pacifique travail soit célébrée enfin, que les nations posent les armes.

Sans doute la voix de Nicolas II sera-t-elle mieux entendue, plus écoutée des autres souverains. Des symptômes internationaux se manifestent, de toutes parts, en faveur de l'idée généreuse; mais c'est au congrès de Stuttgart, surtout, qu'il faut aller et c'est avec l'orateur Bebel qu'il faut dire : « *Nous considérons la proposition du tzar comme un symptôme. Même un souverain autocrate reconnaît l'influence désastreuse de ces armements. Peu importe s'il nourrit une arrière-pensée politique. Les socialistes doivent donc travailler avec une nouvelle énergie, dans les Parlements, afin d'augmenter l'aversion croissante de la population contre les armements exagérés* ».

IV. — Cinq moyens principaux se présentent capables d'aider le plus possible à la réalisation du programme d'affranchissement :

1° Réduction du service militaire à un an pour tout le monde et dans tous les pays.

2° Suppression des crédits pour ce qui concerne de nouveaux armements. Les arsenaux existants sont suffisamment pourvus de moyens de défense.

3° Suppression, en France du moins où cela est en vigueur, des périodes de 28 et 13 jours. Une fois sorti de la caserne, le citoyen devrait reprendre son indépendance intégrale et ne plus dépendre du pouvoir militaire.

4° La revision d'un code de justice militaire absolument barbare, arbitraire et illégal, d'une juridiction erronée à tous les points de vue et capable d'avoir les effets les plus sanglants comme d'amener les plus flagrantes injustices.

5° Le rétablissement des commissaires civils aux armées et près des conseils de guerre, munis de pleins pouvoirs et dont la mission serait d'avoir à surveiller de très près les agissements frauduleux des généraux et des états-majors.

EDMOND PILON.

Georges Pioch. — *Français. Correcteur de journaux. Homme de lettres. Auteur de* : La légende blasphémée ; Toi ; Le jour qu'on aime ; Instants de ville.

1° Il serait aussi nuisiblement idiot d'affirmer que la guerre (j'entends parler de la guerre entre nations) est encore nécessitée par les conditions historiques et, surtout, par le droit et le progrès, que de soutenir que Napoléon fut un héros admirable et qu'il sied aux Français actuels de s'enorgueillir d'être les descendants des esclaves fanatiques et pilleurs qui sévirent sous ses ordres. Ceux qui se font les hérauts de cette affirmation traînent, généralement, une végétation méprisable dans les journaux et les revues. L'approbation des bourgeois, qui distinguent raisonnablement que la suppression des armées permanentes ne précèdera que de peu l'abolition du capital, leur confère une notoriété. Ils en sont dignes. Elle les nourrit, d'ailleurs. Laissons les chiens ronger leur os. Leurs aboiements ivres n'étoufferont pas le cri de lucide prophétie des Elisée Reclus, des Kropotkine, des Paul Adam, des Jean Grave.

Que les physiologues qui, convaincus de la vertu purgative des guerres, se lamentent en entendant proclamer leur fin, se rassurent. Certes, l'Europe ne peut plus espérer l'inoculation en sa vieillesse d'un sang plus généreux, inoculation que lui infligerait l'invasion continentale de races jeunes ou prétendues moins civilisées. La duplicité des diplomaties a effacé le péril jaune. Les Célestes ne sortent de leur séculaire sommeil que pour se réveiller tributaires de nations européennes. Les bienfaits cruels de la colonisation obvient précocement au péril noir. Les Anglais, en persévérant dans leurs mœurs de vieille catin avaricieuse, et les Américains, en continuant d'avilir comme ils l'ont fait après leur victoire, justement acclamée, sur les Espagnols, l'idéal de liberté dont s'étaya leur féerie industrielle, pourraient, seuls, restaurer dans l'avenir de la vie universelle un danger latent de conflagrations nationales.

Mais le droit et le progrès nécessitent impérieusement (l'effort de l'Idée s'étant toujours brisé aux habitudes infâmes, aux optimismes pétrifiés) une guerre, unanime et sainte celle-là, qui poussera le travail à l'assaut du capital, la misère à la conquête de la liberté : la guerre des castes. Les gestes qui tonnèrent aux environs de 1894 lèvent sans cesse des prosélytes libertaires. Ce sera la gloire éternelle des penseurs et des poètes, de hâter le jour de leur universalisation.

Il n'apparaît pas (soit dit en passant) que beaucoup parmi eux brûlent aujourd'hui de l'assumer, cette gloire. Les poètes élisent un prince, et par cette seule opération grotesque, ils se manifestent civiquement. C'est maigre, en vérité. Ils siérait pourtant qu'ils se souvinssent du Prophète primitif dont ils sont les avatars anémiés ; qu'ils se persuadassent que la poésie ne se limite pas à la restitution de chansons populaires, à la notation de sensations intimes et à la mise en vers de manuels de culture maraîchère ; mais que, magnifiant toute la vie, elle englobe dans son rayonnement les mathématiques, les sciences, la politique, la sociologie, les philosophies et toutes les actions de vaillance altruiste et que ses expressions suprêmes sont le geste du justicier et l'hymne de l'apôtre. Il importe moins désormais de célébrer la Nature que d'exalter, par un lyrisme lucide, l'humanité nouvelle, qui, pour se réaliser heureusement, s'éloignera chaque jour davantage de la Mère commune. L'heure est propice aux subversives proclamations. De la révolte frémit chez tous les peuples, qu'il faut œuvrer pour le mieux de la vie. Les bourgeoisies tremblent. Les autocraties s'inquiètent. On organise un congrès pour discuter les moyens de réprimer le mouvement anarchique.

Une circulaire récente interdit les attaques contre l'armée. L'instant est donc revenu de revêtir — lavée du snobisme, avortant bientôt en lassitude et en défection, dont ils donnèrent des preuves flagrantes et pénibles — l'attitude qui glorifia plusieurs poètes aux environs de 1893. A la rue, les pinceurs de lyre ou de harpe! Vous pouvez assommer (je ne fais pas de jeu de mots) la vie fangeuse d'aujourd'hui, en usant virilement de vos instruments comme d'une matraque. Des déclamations virulentes sont nécessaires. Et, aussi, les gestes anormaux qu'elles impliquent.

2° S'il arrive à un particulier qui n'a pas été soldat de prononcer ces mots : la vie de caserne, son esprit volontiers simpliste imagine une collectivité active et bruyante d'hommes disciplinés — enchevêtrement rouge vif et bleu terne —, un asile où l'on enseigne au « petit soldat »,avec la haine de l'étranger, l'amour de la patrie et les devoirs que cet amour implique. « Là, pense-t-il, des paysans vont s'affranchir un peu de la terre, abjurer leurs mœurs d'égoïsme stupide et de cupidité cruelle, acquérir des notions d'altruisme. L'arbitraire qui les arrache, pour 1, 2 ou 3 ans, à leur labeur glorieux mais déprimant, va, à leur insu, leur constituer une noblesse. La nature avait modelé le développement de leur esprit sur son travail inclément et sournois. Ils ne s'assimilaient de la vie des villes que ses ruses, ses duplicités et ses servitudes. Ils sauront désormais qu'il est un idéal d'amour et de vaste mutualité qui domine le vil conflit des appétits et des intérêts particuliers. Ils étaient la Bête primitive, rampante et lâche. Ils seront l'Homme. »

Il se pourrait qu'il en fût ainsi, et ce serait déjà suffisamment infâme... Car la faillite des patries s'élabore. L'anarchisme de penseurs méconnus a fructifié. L'originalité ethnique vacille en les esprits et, avec elle, semblent devoir s'éteindre les arts et les littératures qui en étaient l'expression. Mais un sentiment d'universalité aimante et fraternelle germe dans les cœurs et va bientôt y éclore. Un meilleur verbe de beauté où — les génies les plus dissemblables s'étant mutuellement pénétrés — s'amalgameront tous les verbes du monde, en sera la floraison éternelle; — à moins pourtant que la vie, ayant réalisé le maximum de bonheur possible, n'éprouve plus le besoin consolateur de s'exprimer en art et en littérature. De récentes énergies dépouillent déjà avec enthousiasme la vanité de se dire allemandes ou françaises et chérissent d'autant plus l'étranger que les aïeux de la race l'ont beaucoup détesté.

Afin de susciter l'amour chez une agglomération d'hommes on y entretient des douleurs envieuses; des espoirs de vengeance, des rêves de revanche et de conquête, on la parque entre des frontières de haine. Aussi, des défiances réciproques, des peurs guerrières enveniment-elles la vie continentale. Effets politiques.

Effets économiques : la paresse terrible des armées extorque aux peuples leur prospérité. Des nations entières, soucieuses d'armer sans cesse, inclinent à la banqueroute, telles ces vieilles catins que leur passion des joyaux et des atours trop voyants précipite dans la misère. Et tout ce paupérisme, pourquoi? Pour conserver intactes les infamies, les hontes, les imbécillités que les peuples ont héritées de leurs ancêtres.

Lorsque, voilà quatre ans, je pénétrai pour la première fois en la caserne, je célais la crainte de souventes et longues leçons de haine clinquante et de vertu sénile : de patriotisme, en un mot; mon esprit, à l'avance, se roidissait contre elles, méditait des révoltes inopinées et éclatantes, qui eussent, peut-être, en cette ombre tyrannique, éveillé librement une âme. J'appréhendais en vain. On ne parle pas même patriotisme au régiment. On n'y tâche pas à illusionner les esprits sur leur captivité et leur ravalement, par le miroitement d'une noblesse factice quelconque. Une brutalité grossière vous y accueille. Maintes rapines vous initient ensuite aux mœurs courantes du lieu. Les complications de la hiérarchie achèvent votre hébètement. Une répugnance soulève dès l'abord les pauvres diables que l'on pousse là. De mâles colères crispent parfois leur face. Ils ont des nostalgies poignantes et tragiques. Les bombances dominicales, la sottise caracolante des officiers ne parviennent pas à les distraire... Mais bientôt une malice point en eux... Après tout, si l'on est rudoyé, on est, au moins, régulièrement nourri, « même qu'on n'en a pas toujours autant chez soi, de la nourriture »... « Et puis çà ne vaut rien de faire la forte tête. »... « D'ailleurs, ce sera la classe dans 1040 jours, etc... » Les paysans, surtout, découvrant des moyens d'user, pour l'amélioration de leur sort, de leur servilité native, se satisfont vite de leur internement. Le valet du fermier se fait le valet du sergent. Sa rapacité s'affine ; elle sévit avec des ruses quasi-géniales sur la candeur ou le découragement des « bleus ». Sa haine, un peu floue autrefois, du citadin se précise, devient une force envieuse et rageuse, l'incite à des coquetteries de toilette incompatibles avec sa rusticité physique. Il quitte à regret l'étable nationale. Trois années de discipline et de parade n'ont pu que parfaire sa bassesse première, son esprit cruel et rusé. Son originalité demeure intacte. Mais il emporte vers les champs la peur de son dur travail. L'armée avait pris un laborieux ; elle rend un fainéant. Les plus lâches rengagent.

Plus rebelles au joug, l'ouvrier des villes et l'employé reçoivent profondément quand même l'empreinte militaire. La vie de caserne, par les privations mêmes qu'elle inflige, développe chez le premier une inclination réelle à la facétie ordurière, à l'ivrognerie. Il buvait autrefois pour se désaltérer et ses soûleries, non préméditées, étaient plutôt saines. Il boit maintenant pour le plaisir de boire, et ses « jours de grande cuite » sont des réjouissances qu'il médite doctement à l'avance. Elle mue son exubérance un peu fade en brutalité. Elle étiole en lui la noble insubordination qui l'érigeait parfois, menaçant, sûr de sa force et de son droit, criant son égalité, devant le patron d'usine ou de chantier. Les longues somnolences de la chambrée l'imprègnent lentement, lui suggèrent que la vie est affable à ceux qui n'ont pas « la sottise de se la fouler » et qu'une habile domesticité procure plus de bonheur à l'homme social qu'un loyal labeur. Il s'habitue à la longue à voir dans l'officier un supérieur. La noblesse de sa condition civique lui permettait de mépriser comme il sied ces lugubres fantoches, ces tyranniques imbéciles de qui ce fut tout le rêve d'être ceux qui commandent et obéissent. Il pouvait prendre en légitime dégoût leur morgue vis-à-vis du soldat, leur platitude devant un plus galonné qu'eux, leurs jalousies, leurs manigances intestines, leur végétation reluisante, l'ennui qu'ils cuvent et promènent, de façon plus ou moins équivoque, dans les villes de garnison, en attendant de faire le « sigisbée de service » et le conducteur de cotillons dans les salons hantés d'héritières niaises et riches. Il plaît désormais à l'ouvrier d'admirer un dignitaire intelligent et indispensable dans le majordome galonné, un héros futur dans le meurtrier officiel.

Les amourettes lucratives des sous-officiers lui attestent les douceurs d'une prostitution à poigne. Aussi, peut-on affirmer qu'on est redevable à l'éducation régimentaire, des plus séduisantes « rouflaquettes » qui ondulent dans les faubourgs et ailleurs.

La vie de caserne affermit l'employé dans la résignation et la soumission qu'impliquent ses fonctions civiles et dans son respect d'une hiérarchie. Elle lui apprend tout — fors la paresse, qu'il pratiquait déjà — ce qu'elle enseigne à l'ouvrier des villes. Un cri les console de tous les sévices quotidiens : « la classe, nom de Dieu ! » Aussi, leur joie d'être libéré est-elle vive et sincère. Mais le régiment n'en a pas moins fait entièrement son œuvre. Des cadavres froidissent en eux : leur énergie, la conscience de leur force et de leur droit, leur faculté de révolte.

Ils sont définitivement sociables. La vie militaire se répercute partout, dans les mœurs : ils ne s'étonneront plus. L'Etat peut les voler, l'usinier les pressurer, le chef de bureau les abrutir : ils ne regimberont plus. Quant aux jeunes bourgeois enclins à se prouver librement des hommes, la vie de régiment leur met « le plomb dans l'aile » rêvé par leur parents épouvantés. Les autres, les gens sérieux, *ils continuent*. Ils illustrent le turf ou la littérature.

Les années estompant pour eux la réalité, tous — le paysan, l'ouvrier des villes, l'employé, le bourgeois, l'artiste même — héroïseront plus tard leur stagnation régimentaire. Ils s'enorgueilliront « d'y avoir passé ». La famille d'esclaves qu'ils auront constituée s'alimentera imaginativement de leurs récits et de leurs convenables enseignements. Ils engageront leurs mioches « à marcher au pas avec les petits soldats », à les acclamer... (alors que le passage d'un régiment devrait déchaîner contre lui la réprobation des clameurs et l'envoi des pierres).

« Petit soldat », sent-on tout le dédain et le mépris qui s'attendrissent dans cette appellation affectueuse? Distingue-t-on avec quelle inconscience implacable elle affirme que l'homme enrégimenté est virtuellement retranché du nombre des vrais vivants, qu'il devient celui que l'on corrige et que l'on plaint, l'écolier pauvre, privé de friandises, à qui l'on offre un verre de vin comme on ferait l'aumône?...

Cloîtrés dans cette étable, des hommes persistent pourtant, jusqu'au jour de la libération, dans leur écœurement premier de l'ambiance et le roidissement de leur noblesse native. Quel psychologue lucide et loyal dira jamais les souffrances de ceux-là? Leur lutte continuelle, non seulement contre le milieu infect — on s'y habituerait à la longue — mais contre eux-mêmes? Et la frayeur qui les étreint chaque jour d'avoir effeuillé là, peut-être un peu de leur part d'éternité? Leur terreur de penser qu'ils peuvent émerger du bourbier différents des hommes qu'ils rêvent d'être?... Oh! si le mépris dont ils s'arment allait les trahir, s'ils concédaient à la grossièreté, à la bassesse, à la lâcheté qui pullulent là!... Ils ont des révoltes brusques. Parfois elles détonnent furieusement dans la passivité unanime. Ils expient alors à Biribi — ce chancre de la prétendue générosité française — la gloire anormale d'être demeurés des hommes dans l'armée. Mais le plus souvent une prostration complète les annihile. Ils sont des choses molles et malheureuses. Ils se meuvent automatiquement. La notion s'infirme en eux de la durée et de l'espace... Sans doute, la claustration est définitive! A quoi bon se souvenir, espérer, rêver, vouloir, à quoi bon vivre? Et cependant les fanges montent toujours. Ah! si seulement, un ami prêtait à l'exilé, afin qu'il s'y repose, la lueur de son sourire. Qu'importent quelques divergences de goûts et d'opinions, les incompatibilités d'humeur!... qu'il aime et veuille être aimé, qu'il ait des peines que le malheureux puisse plaindre et des espoirs qui l'éclairent un peu!... Mais qu'il soit secourable et rassurant!... Ainsi trébuche vers sa libération le pauvre diable qui porte dans la caserne le faix d'une pensée et d'un rêve. N'ayant participé volontairement à aucune des hontes dont s'illustre le cloaque, n'ayant donné à l'armée que de la douleur, il en sort insouillé... Mais il a appris à se défier de l'homme et à mépriser la vie. Celui-là n'oubliera pas. Si quelque bonté impérieuse l'exalte, il se contraindra à l'altruisme et souffrira profondément de son volontaire héroïsme. Sinon, il se murera dans un exil brillant, toute sa vie hypnotisée sur des mirages de formes, de rythmes et de mots.

Les effets physiques de la vie militaire sont généralement excellents.

3° La suppression totale des armées permanentes.

4° La Révolution continentale. (Mes réponses à la première et à la deuxième question ont préalablement motivé cette affirmation intransigeante. Je ne crois pas à l'efficacité des conciliations diplomatiques.)

GEORGES PIOCH.

UN PROFESSEUR. — *Français; Ancien Elève de l'Ecole Polytechnique.*

I. — La guerre n'est jamais nécessitée parmi les nations civilisées. MAIS IL N'EXISTE PAS DE NATIONS CIVILISÉES.

II. — Les effets du militarisme sont :

1° Une dépression intellectuelle, morale et physique;

2° Une perte de force au point de vue économique;

3° Une consolidation de la servitude dans laquelle se complait la grosse majorité de l'humanité à l'état de barbarie.

III. — Il faudrait des volumes pour énumérer les solutions :

Elles peuvent se résumer en ceci, étant donné que nous sommes des barbares cherchant à nous orienter vers la civilisation, hors d'état de supprimer la guerre, et obligés, pendant une longue période de transition, de conserver l'idée de patrie, sous peine de recul :

1° Destruction du militarisme, organe de défaite et de décomposition nationales;

2° Organisation de la force défensive par la nation entière, formant une armée nationale en réalité et non pas seulement en apparence;

3° Education de l'armée nationale par des *professionnels* réduits à l'état de *professeurs*, et soigneusement dépossédés de tout privilège spécial.

IV. Refaire une mentalité aux nations qui, pour la plupart n'en ont plus.

Leur démontrer que le maximum de civilisation correspond au minimum de gouvernement.

En attendant, empêcher les guerres autant qu'on le pourra par des arbitrages, des médiations et tous les palliatifs possibles.

Travailler le plus possible à la constitution des Etats-Unis d'Europe, qui ne doivent être cependant qu'une étape intermédiaire et ne résolvent pas définitivement le problème. **UN PROFESSEUR.**

HENRI RAINALDY. — *Français. Homme de lettres. Directeur de la Société Libre d'Edition des gens de Lettres. Auteur de* : La voix de la mer (1 acte) ; La Pâture ; Delcros, roman social ; Escarmouche.

Votre question : « *La guerre parmi les nations civilisées est-elle encore nécessitée par les conditions historiques , par le droit, par le progrès?* » appelle forcément, quand elle est adressée à un penseur, à un homme qui a su se détacher de tous les préjugés, et vaincre les ataviques désirs de glorioles militaires, une réponse catégorique, en un seul mot : NON.

Il serait superflu, je pense, de démontrer, même à des généraux ou à des sous-off's rengagés, que les axiomes sont des vérités impeccables...

Maintenant, quant aux effets du militarisme, je les ai ainsi définis dans mon dernier roman, anti-militariste et libertaire : *Delcros* (Le mal d'aujourd'hui). — C'est le soldat libéré qui parle:

« Arrivé à la caserne avec l'amour du Drapeau, de la Patrie, j'en sors avec un dégoût profond pour ces choses sous lesquelles on cache tant de bassesses et qui n'ont plus qu'une raison de tyrannie, ou tout au moins de gouvernement à mes yeux. Je suis devenu, malgré tout, plus pervers; j'ai perdu tout ce qui peut donner la paix du cœur. Je n'ai acquis qu'un peu d'expérience vicieuse pour prix de mes trois plus belles années de jeunesse.

» La caserne m'a pris vivant, homme, tel que je me suis donné : trop confiant. Elle s'est amusée de moi méchamment, m'a fait souffrir pour se distraire, presque sans s'en apercevoir, et aussi pour le précieux intérêt de l'exécrable Autorité. Maintenant qu'elle m'a usé, elle sait que je ne l'aime plus et rejette dans la Vie l'épave de moi-même, pendant que les philosophes qui *pensent bien* écrivent, les pieds au chaud, le cul dans un fauteuil, la main sur un papier bien blanc et satiné, cette phrase :

« *En sortant de la caserne, l'homme est mûr pour la Vie!* »

« Oui! tellement mûr qu'il risque de pourrir ! »

Je ne crois pas qu'il puisse y avoir de remède à cet état de choses, autre que la Révolution, — pacifique ou violente, peu importe. — C'est à quoi travaillent, dans le silence, les écrivains et les philosophes, comme Tolstoï, Reclus, Descaves, Mirbeau, Kropotkine, Zola, Hauptmann, Grave, Paul Adam et vous-même, Monsieur Hamon ! HENRI RAINALDY.

FÉLIX RÉGAMEY. — *Français. Artiste peintre. Littérateur. Auteur de :* Promenades japonaises ; Okoma ; Conte de printemps ; Ozaki et Kaïka ; etc.

Je reçois votre communication relative à l'enquête sur le militarisme. Bien que fort attaché à l'étude des questions générales, je ne me trouve pas assez préparé pour répondre utilement à votre questionnaire,d'autres plus autorisés que moi ne manqueront pas de le faire, et tous seront d'avis que la guerre est une monstruosité, mais il ne faudrait pas se contenter d'une affirmation et à tout ce qui a été dit déjà dans ce sens il faudrait pouvoir ajouter quelques aperçus nouveaux, c'est ce que je ne me sens pas en mesure de faire aujourd'hui. FÉLIX RÉGAMEY.

JEAN REIBRACH. — *Français. Homme de lettres. Auteur de :* La Gamelle ; La Force de l'amour.

1° Non seulement la guerre n'est plus nécessitée par les conditions historiques, par le droit ni par le progrès, mais elle est désormais condamnée, au nom de ces mêmes principes.

La guerre a été la suite nécessaire de la conquête de l'Europe par des races venues d'ailleurs, et qui, après s'être, de province à province ou de pays à pays, disputé les meilleures places, tendent enfin à s'accorder pour un partage définitif, à clore l'ère de la conquête pour entrer dans l'ère de la colonisation. Pendant que chaque pays travaillait ainsi à l'extérieur, dans les intervalles des guerres il s'efforçait, à l'intérieur, vers son organisation sociale. Les deux œuvres ont marché de front, se contrariant et se combattant; de telle sorte que tandis que la barbarie se maintenait dans les relations du dehors, la cause du progrès et de la civilisation progressait quand même à l'intérieur des Etats, dans les périodes de paix. Cette dernière a tellement gagné dans certains pays qu'elle tend à dominer aussi les relations internationales; si bien qu'en même temps qu'au point de vue matériel, le tassement européen est accompli, au point de vue moral, les divers peuples sentent le besoin, la nécessité d'un accord pour le développement complet des civilisations partielles et de la civilisation générale.

Il n'y a, en la question,d'autres droits que la volonté des peuples. Les droits d'hérédité ou de conquête sont relatifs et s'aboliront d'eux-mêmes le jour où s'ouvrira la période de paix : ils relevèrent de la force et se trouvent avec elle relégués à l'ère ancienne, à l'ère barbare qui sera close.

Si l'on considère le progrès, il faut reconnaître.que les groupements humains subissent une évolution naturelle et fatale comme celle des individus. Du noyau de la famille, l'association s'est élevée d'abord, à la patrie locale, puis à la patrie provinciale, à la grande patrie enfin, française ou autre ; il est évident qu'elle doit s'élever jusqu'à la patrie européenne, jusqu'à la patrie humaine. Là est le progrès du siècle.

2° Les effets intellectuels du militarisme ?

Ils sont de maintenir sur le monde, le règne de la Force et de retarder l'avènement du règne de l'intelligence.

Les effets moraux ? Il démoralise une partie de la nation par le séjour dans les casernes et dans les camps. Les guerres entretiennent les instincts féroces des peuples par le meurtre, le viol, le pillage et l'incendie.

Les effets physiques ? Le militarisme semble un moment fortifier la race. Mais cet avantage momentané est longuement compensé par le lot d'infirmes que laisse une guerre et par ce fait que si la guerre se prolonge, il ne reste plus dans le pays, pour la production, que les infirmes, les malingres, les vieillards.

Les effets économiques ? La ruine dans un temps donné.

Les effets politiques ? Il tient le pays à la merci d'un coup d'Etat.

3° La solution ne saurait se rencontrer que dans un accord des puissances pour un désarmement partiel. Partiel seulement; car il faut assurer à l'intérieur le recrutement des troupes de police ; puis, à l'extérieur, l'Europe doit pouvoir disposer de contingents capables de résister un jour, soit aux grandes levées d'hommes de l'Amérique, soit à l'inquiétant pullulement de la race jaune.

4° Le moyen d'y arriver?

C'est d'éclairer les esprits. J'ai indiqué plus haut vers quel avenir devait évoluer l'Europe. Je crois le moment venu de cette évolution définitive. Rien n'est immobile. Il faut avancer ou reculer. Si elle recule, c'est l'avortement de sa civilisation; elle sera le fruit qui se détache de l'arbre avant la maturité. Elle succombera sous ses charges militaires, sous la mauvaise administration de ses sociétés, sous l'organisation du capital. Cette question de la nécessaire évolution se matérialise ainsi par des faits précis, même pour les esprits incultes ; les économistes l'ont démontré : la France, par exemple, ne pourra vivre cinquante ans dans les mêmes conditions.

Déjà de nombreux prodròmes de cette prochaine décadence peuvent se constater de toutes parts. La barbarie plus grande des mœurs, le goût des spectacles sanglants, la fréquence multipliée des martyres d'enfants, les foules ruées au massacre des accusés, l'alcoolisme, les vols industriels et commerciaux, l'intolérance religieuse, l'oblitération du sens de justice sous les poussées de l'intérêt, etc., sont les premiers signes palpables d'une décomposition qui commence pour la France, comme elle a commencé depuis longtemps pour l'Espagne et l'Italie. Et le retour en arrière ne se manifeste-t-il pas déjà politiquement avec les idées nouvelles de décentralisation ? L'arrêt de cette évolution la replie sur elle-même ; chaque élément tend à se séparer, à agir en sens contraire de l'œuvre de vie, à se décentraliser, c'est-à-dire à mourir.

L'heure, à ce point de vue, me paraît décisive.

Aussi bien, l'on peut affirmer que nul n'ose prétendre que la guerre soit bonne. Toute la question se réduit à savoir à quel moment de l'histoire on doit en fixer la fin, à quel point du partage des territoires d'Europe on doit s'arrêter.

Je crois que l'on doit prendre le moment actuel, quel qu'il soit, le partage tel qu'il existe, à tort ou à raison. Je crois qu'il faut combattre courageusement la tendance de beaucoup d'esprits à s'immobiliser dans une éternelle revendication de l'Alsace-Lorraine.

Espérer qu'on nous rende ces provinces est absurde. Je ne conçois même pas qu'on l'ose. Sommes-nous des enfants à qui, la partie finie, on rend l'enjeu perdu ? Ce serait plutôt humiliant. Quoi, voici près de trente ans qu'on nous impose, dans un but de revanche, des sacrifices dont le pays souffre et meurt, que l'on construit des forts, que l'on crée des armements et des outillages formidables ; et tout cela aurait été pour en venir à demander l'Alsace comme une aumône !

Seule une revanche serait digne de nous. Mais cette revanche, qui donc l'espère, la désire, la veut? On peut le dire hardiment, personne! Et cette affirmation après les événements dont nous sommes témoins depuis deux ans, nul ne peut la contredire. Nous avons vu le gouvernement hésiter à poursuivre une œuvre de justice, pour cette raison que nous nous exposerions à la guerre. Nous avons entendu les généraux eux-mêmes s'écrier : « Prenez garde, c'est la guerre! » Sous la seule menace de la guerre, le pays a cessé de croire à l'invincibilité de ses généraux, à la valeur de ses troupes ou à lui-même. Et les patriotes, les premiers, se sont tus ou ont répété, plus effarés encore que les autres : « Taisez-vous, c'est la guerre! » Comment! voilà des gaillards qui ne rêvent que revanche et Alsace-Lorraine, qui ont une armée invincible et inattaquable, qui ont, de plus, l'alliance russe; et quand on leur fait entrevoir une occasion de risquer enfin cette fameuse guerre, de prendre cette revanche, ils se dérobent et même se retournent contre les imprudents qui ont pu faire passer un moment devant leurs regards tremblants l'ombre problématique du danger!

J'avais jusqu'à ce jour conservé une certaine dose de naïveté. Mais je suis bien forcé de reconnaître aujourd'hui que toutes ces rodomontades ne sont que des boniments de saltimbanques, que ce chauvinisme sur place n'est qu'une bravoure de maître d'armes n'allant jamais sur le terrain; qu'il n'est pour les uns qu'un gagne-pain, pour les autres, une plate-forme électorale.

Donc, le désir de paix, par suite de désarmement, est général. Mais nous sommes à ce point de timidité que la plupart n'osent laisser voir le fond de leur pensée. L'Alsace-Lorraine, on nous l'a prise? C'est bien. Reprenons-la! Mais puisque nous ne voulons pas la reprendre — et au fond nous avons raison : le sang qui coulerait pour un résultat incertain est plus précieux que la gloire qui nous en reviendrait et enfin l'Alsace n'est pas en esclavage et il n'y a pas ce noble but d'avoir à délivrer des captifs et de faire cesser des misères — puisque nous ne voulons pas la reprendre, avouons-le et que cela finisse! Si respectable que soit le sentiment qui pousse quelques-uns, la question de la paix universelle, est d'un intérêt plus haut encore et d'une préoccupation plus noble. L'Alsace, c'est la chose jugée par le sort des armes. C'est l'histoire, c'est le passé. C'est l'ère de barbarie qu'il faut fermer. Que la France entrave le progrès par cette revendication stérile, elle y perdra plus que de l'amputation des deux provinces, elle renoncera à son rôle historique, à ses traditions; après avoir été la tête de la civilisation, elle sera l'obstacle. Si, au contraire, elle cède devant un intérêt général plus noble que tous les intérêts particuliers, plus le sacrifice qu'elle fera à la cause de l'humanité sera cruel, douloureux, plus elle en sortira grandie, plus son rôle sera beau, dans cette Europe nouvelle qu'aura créé sinon, comme je l'aurais voulu, son initiative, du moins son abnégation.

Je crains bien qu'aussi longtemps que le pays sera au pouvoir des politiciens il lui sera difficile de s'élever à ces sentiments. Mais qui sait? Attendons le jour où elle se détournera d'eux pour regarder du côté de ses savants, de ses penseurs, de ses écrivains et de ses artistes, de ses intellectuels enfin, qui ont toujours fait et qui feront, pour sa gloire et ses destinées, plus que la force des armes et les victoires des armées.

D'ici là, le meilleur moyen est d'écrire, de faire des conférences, d'éclairer les gens trompés par les mensonges de la politique, de leur faire comprendre qu'à ce point de notre évolution, la question devient une question de vie ou de mort, et que la France, plus encore que toute autre nation trouvera dans le seul désarmement la solution de toutes les questions économiques et sociales qui la tourmentent; que l'ère de barbarie doit être close pour que puisse enfin se lever une civilisation digne du clair génie de la race aryenne, de ses religions de paix et d'amour. Son agriculture, son industrie, ses arts et ses lettres lui assureront la véritable prospérité, la véritable gloire. Et tournant ses regards vers elle-même, elle pourra reprendre l'œuvre de la révolution, reprendre, pour l'exemple de l'Europe, sa marche vers la liberté, la justice et la bonté. JEAN REIBRACH.

RÉMY DE GOURMONT. — *Français. Homme de lettres. Auteur de* : Sixtine ; Le latin mystique, etc.

Votre questionnaire est un peu effrayant pour un homme qui se sent tout à fait pauvre en affirmations. Je n'y puis donc répondre comme il le faudrait, mais :

1° Je crois que dans l'état actuel de la civilisation la guerre est toujours possible; elle plane, elle guette; elle est la puissance qui, même occulte, régit la vie ;

2° Déplorables, les effets du militarisme. Il engendre la grossièreté, la paresse, le fanatisme de l'obéissance ; il est corrupteur ;

3° L'utopie du recrutement volontaire (qui fut une réalité) me séduirait assez. Provisoirement, et même pour très longtemps, cela serait un progrès énorme ;

4° Faire connaître par tous les moyens, aux hommes de tous les pays civilisés, *à la fois*, que nul ne *doit* le service militaire.

A la fois, n'est-ce pas, car le pays qui désarmerait le premier serait immédiatement mangé par ses voisins.

Voilà. Mais sous toutes réserves, car il est bien entendu que mon opinion profonde déclare la question insoluble, — comme d'ailleurs à peu près toutes les questions humaines ; c'est ce qui permet de les discuter avec tant de passion. RÉMY DE GOURMONT.

GEORGES RENARD. — *Français. Professeur à l'Université de Lausanne. Auteur de :* Etudes sur la France contemporaine ; La conversion d'André Savenay ; Critique de combat ; Le Régime socialiste ; etc.

J'ai développé dans une brochure (*Lettre aux militaires*) et dans un livre récent (*Le régime socialiste*, p. 66-78) mes opinions sur le problème si grave qui fait le sujet de votre enquête. Vous me pardonnerez donc de réduire au strict nécessaire mes réponses aux nombreuses questions que vous posez.

1° La guerre a-t-elle encore sa raison d'être ? Hélas ! qui peut garantir au peuple le plus pacifique qu'il ne sera pas attaqué par un voisin ambitieux ? Et comment refuser à ce peuple le droit de se défendre ? Tel pays, rattaché de force à un autre, peut aussi songer à se soulever, à s'émanciper (par exemple, la Crète, Cuba, etc.). Comment le condamner à un asservissement perpétuel ?

La guerre, dans l'état à demi barbare de notre civilisation, a donc des chances de durée et elle peut être l'occasion d'un progrès partiel, quand elle réussit à empêcher ou à défaire un méfait de la violence. Seulement elle se ramène alors à un cas de légitime défense.

La guerre offensive, elle aussi, menace toujours le monde. Tant qu'il y aura des monarchies liées par leur passé et par leurs conditions d'existence au régime militaire et à la politique d'agrandissement, tant qu'il y aura des financiers intéressés à exploiter une contrée lointaine, des commerçants et des industriels ayant besoin d'ouvrir des débouchés à une production mal réglée, on ne peut espérer le silence éternel des canons. Seulement si la guerre de conquête risque d'ensanglanter longtemps encore les pages de l'histoire, elle est condamnée par le droit et elle est contraire, en tant qu'instrument d'injustice et créatrice de souffrances stériles, au progrès général de l'humanité. Qu'on ne parle pas de peuples sauvages ainsi amenés dans le grand courant de la civilisation; on ne civilise pas à coups de fusil. On extermine les meilleurs qui résistent : on abâtardit ceux qui survivent et se soumettent.

2o Le militarisme, c'est-à-dire l'entretien d'une armée permanente ou d'une nation sur pied de guerre, me paraît, presque à tous égards, funeste.

Prolongé, il abêtit ceux qui y sont soumis en les réduisant à l'état de rouages d'une machine. S'il peut avoir pour les chefs l'intérêt d'un jeu d'échecs, il restreint, et de plus en plus, l'activité des soldats à faire des mouvements dont ils ne peuvent comprendre ni le sens ni la portée. Il leur fait perdre, par une interruption prolongée, le goût du travail et l'habileté qu'ils pouvaient avoir déjà acquise dans leurs différents métiers.

Mauvais pour l'intelligence du plus grand nombre, il l'est également pour leur moralité. Si la discipline peut être une barrière utile pour des caractères à la fois violents et faibles, elle est aux autres une gêne perpétuelle et même elle devient pour ceux à qui elle épargne des écarts de conduite une aide périlleuse, puisqu'elle les dispense de tout effort sur eux-mêmes; elle mène peu à peu à l'atrophie de l'initiative, à la mort de la volonté. Elle remplace la responsabilité personnelle par la consigne, le sentiment du devoir librement accepté par la résignation à une nécessité subie. Elle est une école de servilisme pour ceux qui sont condamnés à toujours obéir et d'insolence pour ceux qui ont le privilège de commander.

Le dressage en vue de la guerre aboutit en outre au mépris de la vie humaine, à l'étouffement de la pitié. Ces effets sont sensibles surtout parmi les professionnels de la carrière. La générosité vraie, l'amour de l'humanité s'effacent souvent en eux devant le point d'honneur et l'esprit de corps.

On sait enfin à quel point la vie de garnison fait fleurir l'ennui et le vice; combien d'honnêtes garçons, officiers ou soldats, ont été corrompus par la fainéantise et la débauche qui en sont les ordinaires compagnes.

Dira-t-on que les corps s'y endurcissent; que les générations amollies y reprennent quelque vigueur? Ce n'est vrai qu'en partie; comme une médication trop énergique, la vie militaire peut renforcer les forts, mais elle affaiblit fréquemment les faibles. Sans parler de ceux qui en meurent, comptez ceux qui en rapportent des rhumatismes, des fièvres ou quelque ignoble maladie contractée un soir de sortie. On peut consulter les statistiques d'hôpital ; elles sont éloquentes.

A considérer après cela le côté économique de la question, il faut conclure à un double gaspillage ; gaspillage énorme d'argent, puisque des milliards sont dépensés chaque année rien que pour changer, perfectionner, renouveler les engins que nécessite l'art de s'entretuer; gaspillage plus onéreux encore, peut-être, de forces productives, puisque des millions d'hommes sont pour plusieurs années arrachés à la terre, aux ateliers, à la science, aux arts, à toutes les variétés du travail fécond.

Si pour compenser tant de torts, le militarisme avait du moins quelque avantage politique! En cherchant bien, on peut trouver que l'armée produit une fusion, je ne dis pas entre les classes sociales (car les officiers, sortis des écoles spéciales et appartenant à la classe aisée, restent profondément séparés des soldats qui, en immense majorité, viennent du peuple et y rentrent), mais entre la ville et la campagne, entre Paris et la province, entre les populations habitant les diverses parties du territoire national.

Mais le militarisme est en revanche l'opposé même de la liberté. Il signifie toujours concentration de pouvoir, restriction à l'indépendance individuelle! Il est surtout le grand moyen d'oppression dont la classe dominante se sert pour étouffer les plus justes revendications de ceux qu'elle exploite. Bien des gens pensent, il est vrai, sans oser le dire, que c'est là le grand mérite des armées permanentes. Elles sont le rempart des riches contre les pauvres; la peur du péril intérieur est sans aucun doute ce qui les maintient, partout où elles existent, plus encore que la peur du péril extérieur.

3° Pour toutes ces raisons, et pour d'autres encore que je n'ai pas le temps d'indiquer, il faut résolument vouloir la mort de la guerre; il faut marcher vers une fédération de nations qui puisse sans cesse grandir et rende de plus en plus difficiles les conflits internationaux; il faut établir une solidarité souple qui s'étende peu à peu des peuples de même race et de même culture à ceux du globe entier; il faut garder devant les yeux comme idéal l'unité du genre humain, s'organisant dans un vaste système qui concilie la variété des mœurs et des lois avec l'harmonie des intérêts et s'exprimant par la création d'une langue universellement comprise et parlée.

4° Comment s'approcher de cet idéal? Il faut changer d'abord les cœurs pour changer ensuite les mœurs. Par le livre, la brochure, le journal, par la conférence et par l'école, ce double enseignement vivant, il faut travailler à déraciner les haines de race à race et de peuple à peuple; il faut découronner les grands tueurs d'hommes de leur auréole sanglante, réduire dans l'histoire la part des batailles en augmentant la place que mérite et que n'a pas encore le développement de tous les arts de la paix. Il faut encore, soit par des voyages, soit par la correspondance, créer des rapports personnels entre gens de différents pays : se connaître est la première condition pour s'estimer et s'aimer.

Qu'on multiplie en outre les associations pacifiques de tout genre et qu'on y fasse entrer en grand nombre les femmes, ennemies naturelles de la guerre qui leur prend leurs fils et leurs maris. Qu'on fasse converger tous les efforts de ces sociétés vers la formation d'un code international, dont les principes s'imposeront peu à peu au monde civilisé, et aussi vers une pression sur les divers parlements et gouvernements, en vûe de les amener à conclure des traités permanents d'arbitrage destinés à éviter les solutions brutales de la force.

Il est à souhaiter qu'on aboutisse un jour à une convention stipulant un désarmement simultané des nations qui s'épuisent à vivre sur le pied de paix armée. D'ici là, pour intéresser chacun à la suppression du mal, il n'est pas mauvais d'universaliser le mal, j'entends de le faire porter également sur toutes les épaules. Plus d'exemptions du service militaire, sinon pour infirmité dûment constatée! Le moyen est sûr pour humaniser, en attendant mieux, le militarisme. Cela mène à transformer l'armée en milices nationales; à abréger le temps passé par chacun sous les drapeaux; à adoucir la sauvage dureté des codes militaires; à annexer aux régiments des cours d'adultes et des ateliers; à supprimer les écoles spéciales, qui font des officiers des privilégiés n'ayant point passé par la caserne; à ne plus recruter les gradés supérieurs dans la seule classe à qui la fortune permettra les longues études, etc. Rapprocher le plus possible le militaire du civil, lui ôter l'apparence et l'illusion d'être un personnage d'exception est un acheminement à le rendre inutile. J'ai idée qu'en simplifiant les uniformes, en diminuant l'éclat des panaches et des pompons, on diminuerait d'autant le prestige qui fait de la vie militaire une carrière élégante.

Mais il me reste à dire la réforme qui me paraît la plus efficace pour tuer le militarisme et la guerre. C'est de créer par une organisation sociale rationnelle la quasi-égalité économique, complément nécessaire de l'égalité politique; c'est de rendre impossible l'odieuse division d'une nation en classe riche et classe pauvre; c'est de supprimer, par voie de conséquence, la nécessité d'entretenir une force armée pour défendre les privilégiés contre les déshérités; c'est enfin de pratiquer entre citoyens de chaque Etat la justice et la solidarité, conditions essentielles de la justice et de la solidarité entre les divers Etats.

GEORGES RENARD.

ELISABETH RENAUD. — *Française. Institutrice. Auteur de* : La Femme au xxe siècle ; Pourquoi les Américains sont allés à Cuba.

Non, la guerre entre les nations civilisées n'est plus nécessitée par le droit historique. L'idée bienfaisante d'internationalisme (qui n'est pas, il faut le dire, comme d'aucuns le croient par ignorance ou par hypocrisie, une conspiration contre le pays qui nous a vus naître, mais un sentiment de solidarité qui nous permet de voir les autres nations autrement que comme des ennemies) est venue battre en brèche ce droit fameux, mettre un terme à cette fureur de reprendre et de reprendre encore quelque lambeau de terre ayant appartenu à nos pères par la rapine, au prix de milliers de vies et de millions, millions toujours pris sur le pain des prolétaires pour le seul bénéfice de ceux qui les exploitent.

Un exemple : En 1870, l'annexion de l'Alsace et de la Lorraine a été une violation du droit des gens ; tout en comprenant que les Allemands en général et les Prussiens en particulier avaient sur le cœur les traitements sans nom que leur avait infligés Napoléon, il n'est pas moins vrai que Bismark n'a pas fait œuvre de génie en nous arrachant ces provinces, depuis deux siècles imprégnées du génie français, et en se faisant ainsi l'artisan par excellence de la hideuse forme militaire qu'a prise l'Europe moderne. Cependant il serait insensé et criminel de la part de la France, serait-elle sûre du succès, d'allumer une guerre pour reprendre ces provinces qui nous faisaient une frontière dite naturelle, alors que nos conceptions sociales nous font envisager les peuples comme pouvant très bien vivre dans une fraternité qui exclut la guerre, et inutilement parqués dans ces frontières irritantes.

Oui, la guerre peut être nécessitée par ce que nous appelons « le Droit » : de même que nous avons « le droit » de garantir notre personne contre les agissements de voisins dangereux par des moyens extraordinaires, de les tuer même en état de légitime défense, après avoir en vain usé de tous les moyens persuasifs à notre portée, de même un peuple a « le droit » de se garantir par la guerre contre un autre peuple qui porte atteinte à ses intérêts matériels et moraux après avoir au préalable essayé de tous les moyens pacifiques possibles. La guerre de l'Amérique contre l'Espagne à Cuba nous offre un vivant exemple de ce cas : Les Espagnols qui, grâce à leur inepte système colonial, n'ont jamais cessé de voir dans leur colonie une « vache à lait » avaient fait de Cuba depuis des siècles, un foyer de désordres et de guerres civiles. Les Américains, enfin indignés par les horreurs perpétrées dans cette île pendant trois longues années qu'a duré la dernière insurrection, par les frais énormes nécessités pour la garde de leurs immenses côtes, et comme surveillance pour les expéditions armées, et comme quarantaine (les maladies pestilentielles étant en permanence à Cuba) après avoir inutilement fait de sages remontrances, ont mis les Espagnols à l'ordre, à coups de canon.

Il est pénible de dire qu'au XIXe siècle, il faille mettre la guerre au service du « Droit »; mais les autres moyens de trancher ces questions sont encore à l'état spéculatif et, dans le cas qui nous occupe, quiconque ne se laisse pas entraîner par la sentimentalité où l'intérêt est obligé d'avouer que les Américains étaient avec le « droit » et défendaient le « droit humain » en soustrayant les Cubains au joug odieux de l'Espagne, dont les moyens de gouvernement étaient, à Cuba, la question, le fouet, la fusillade, la confiscation, l'incendie, etc., etc.

Ce serait un crime de lèse-humanité d'oser dire que la guerre est nécessitée par le progrès. Ce que l'on peut dire, c'est qu'il est résulté quelques progrès des guerres passées et qu'il en résultera des guerres futures (nous ne sommes pas au bout), comme il résulte des découvertes utiles pour la science et pour la santé publique d'une effroyable épidémie de choléra ou de peste noire. La guerre que font présentement les Anglais en Egypte aura pour résultat définitif d'établir une voie de communication entre le Caire et le Cap, œuvre gigantesque qui sera utile au monde entier et que peut seule accomplir une nation forte et puissamment riche. Lorsque les péripéties sanglantes qui s'accomplissent aujourd'hui, seront classées dans le domaine historique, ce fait sera regardé comme œuvre de progrès et cependant, le progrès, le vrai progrès ne peut être que lorsque la paix règnera entre les peuples.

Pour tous les êtres qui pensent, sentent et ont la franchise de dire leur pensée, le militarisme amoindrit l'individu intellectuellement, fausse ses idées de justice et de vérité, paralyse son initiative privée, parce que c'est l'obéissance passive à un code sauvage, dernier rempart de la barbarie des siècles écoulés, code en contradiction flagrante avec le niveau scientifique contemporain, avec le plus vulgaire bon sens, avec la pédagogie rationnelle la plus élémentaire qui *veut* que l'enfant pense, soit responsable, se fasse une conscience et surtout n'agisse que par cette boussole suprême, *seul moyen* d'être un homme logique, honnête dans toute l'acception du mot.

Le militarisme, c'est l'effacement, dans la plus large mesure, de ce qui nous sépare de la brute : de la faculté de penser; c'est un attentat à la liberté, car la pensée, c'est la liberté même.

L'obéissance militaire est négative; être forcé d'obéir, ce n'est pas obéir.

Le courage militaire est négatif, le soldat est forcé de marcher, et combien de lâches et de poltrons sont morts sur les champs de bataille! « Le soldat qui recule en guerre est sûr d'être tué; s'il avance, *peut-être* est un lambeau d'espérance. »

L'influence de la caserne est sans contredit pernicieuse pour le moral du jeune homme; car ce n'est pas la grande famille où l'on trouve la fraternité et l'exemple qui élève la pensée et développe le cœur et l'intelligence (cette grrrande famille n'existe que sous le crâne de quelques poètes prodigieusement fantaisistes). La caserne c'est, après avoir abdiqué au seuil le droit de *vouloir*, la chambrée infecte, la cohabitation avec des hommes de tout acabit, avec des anciens qui attendent les « Bleus » pour se récréer grossièrement, cruellement de leur ignorance, de leur naïveté; pour leur tâter le gousset et les entraîner au cabaret et ailleurs (il paraît que cela forme les jeunes gens), demandez plutôt à ceux qui sont assez francs pour dire la vérité (nous demandons, nous autres femmes, l'abolition de la réglementation de la prostitution,mais il paraît que l'Etat et la Société jugent que c'est une mesure très saine, absolument nécessaire dans notre brillante civilisation... *cette réglementation extraordinaire*).

A l'appui de ces quelques appréciations personnelles, je me permettrai d'en citer qui émanent d'hommes autrement autorisés que moi pour juger de ces graves questions :

M. DE FREYCINET. — Aujourd'hui, la vie du soldat est de nature plutôt à *amoindrir sa valeur morale* qu'à l'augmenter.

Retenu plusieurs semaines au régiment, employant à des *manœuvres fastidieuses* quatre ou cinq fois le temps qu'il faudrait, occupé uniquement à des soins matériels, il passe une grande partie de ses journées dans l'oisiveté, l'esprit ouvert à *toutes les occasions de débauche* qu'offre le séjour des grandes villes. Il fréquente le cabaret, il fait de mauvaises connaissances.

Il perd, dans *ces habitudes malsaines*, le respect de l'autorité, le sentiment du devoir, l'esprit de sacrifice.

Entré au régiment ignorant et honnête, il en sort trop souvent ignorant mais *corrompu*.

Heureux encore quand il n'emporte pas avec lui *des goûts de paresse* qui le mettront pendant longtemps dans l'*impossibilité de gagner honorablement sa vie*.

M. GOHIER. — La caserne les a reçus propres, elle les rend souillés.

La caserne est un instrument de domination, surtout parce qu'elle est un instrument de corruption. La bourgeoisie gouvernante préserve soigneusement ses fils de ce cloaque; ceux qu'elle n'arrive pas à faire exempter ou à bombarder officiers au sortir d'une école, elle ne les livre au régiment qu'une année, coupée de beaucoup de permissions. Les enfants des pauvres y restent trois ans : un an pour apprendre le métier de soldat, deux ans pour appren-

dre la fainéantise, le mensonge, l'hypocrisie, la bassesse devant les supérieurs, la brutalité, toutes les lâchetés morales.

M. Barrès. — Le service militaire *devrait être* une école de morale sociale... Les jeunes Lorrains n'en rapportent que des notions de débauche et d'ivrognerie.

M. Edouard Drumont. — Savez-vous quelque chose de plus navrant que l'existence de ce malheureux qu'on enlève à son champ, à son village, et qu'on jette pour trois ans dans une caserne, loin des siens, loin de tout ce qu'il aime, condamné à vivre avec d'autres hommes aussi à plaindre que lui ?

« Que voulez-vous qu'il reste à un pays, de vigueur en réserve, lorsque, dans vingt ans, tous les gens auront passé par cette terrible filière ?

« Tous ces fils de la terre, qui seraient mariés avec une brave fille, qui auraient fait souche de gars solides, reviennent chez eux plus ou moins syphilisés, pervertis par les sales amours des fortifications, ayant perdu la notion de Dieu et le respect de la femme, déshabitués de tout travail par une mécanique à la fois éreintante et vide. Ce sont des générations finies. »

Comment pourrait-on douter aujourd'hui de l'influence morbide du militarisme sur les individus alors que nous voyons les crimes les plus odieux devenir le monopole des chefs suprêmes de l'armée ! On frémit des conséquences que peuvent avoir sur les destinées du pays, de l'influence que doivent exercer sur les soldats, des chefs que le militarisme même, par son exclusivisme, a rendu incapables de comprendre les intérêts généraux de ce pays, a fait perdre tout respect de l'individu ; auxquels le militarisme, par son omnipotence brutale, permet de s'exalter jusqu'au délire de la persécution contre les hommes soumis à leurs ordres !

Que d'exemples ne pourrait-on pas citer !

Viennent les occupations. Une partie du temps on les occupe à cet apprentissage démoralisant de tuer adroitement leurs semblables, le reste du temps la fainéantise les enlace et les livre à tous les vices qu'elle enfante ; le cabaret, l'ivrognerie, la débauche. De là, se répandent dans la société, les flots impurs de l'alcoolisme et des maladies honteuses.

Pour ce qui est des effets physiques, les aliments sont de mauvaise qualité, l'air des chambrées est malsain, les soins préventifs nuls ou à peu près, selon l'intelligence ou la brutalité des chefs ; les forts résistent, les faibles succombent ou reviennent malades souvent pour la vie. Quant à la gymnastique salutaire du régiment il ne faut que regarder l'air exténué, le teint livide de la plupart des soldats pour perdre toute illusion à ce sujet.

Comme effets économiques, c'est une charge écrasante pour les contribuables que de nourrir cette armée formidable qui ne produit rien et consomme. Quant au travail que pourraient fournir aux ouvriers l'habillement, l'outillage, les aliments consommés par les soldats, il en est comme de toutes les autres productions, il devient la proie du capitalisme. Le prolétariat ne fournit une armée que pour augmenter sa misère et se faire mitrailler s'il réclame avec trop de véhémence une amélioration à sa souffrance.

Effets politiques. Le militarisme est l'Etat dans l'Etat, c'est l'usurpation par la force brutale de la Justice civile ; nous voyons dans maints cas jusqu'à quelles infamies peuvent se laisser entraîner des hommes qui ont perdu, sous les coups répétés et abrutissants de la discipline militaire, la conscience de la justice et de l'honneur de leur pays. Ne sont-ce pas là les effets les plus mortels à la vitalité d'une nation ?

L'arbitrage par les hommes d'élite du monde civilisé qui aurait le respect de tous.

La transformation des armées permanentes en garde nationale comme transition à un désarmement plus ou moins complet.

Comme moyens, le plus efficace est, il semble, la propagande active dans le peuple pour l'arracher à tout ce qui le tient dans un esprit de résignation ; pour lui démontrer que le militarisme est une institution d'un autre âge par lequel on le maintient dans la soumission de ceux qui l'exploitent; que les guerres faites par les Etats n'ont jamais été et ne seront jamais que pour sauvegarder les intérêts de ceux qui font profession de vivre du travail des autres; lorsque les masses seront éclairées, ce sera fait de notre ordre politique et social.

L'abolition du Code militaire. Une seule justice pour tous les citoyens militaires ou civils. Il n'y a pas deux justices.

L'abolition de toutes espèces de distinctions honorifiques, telles que croix et rubans, *même de la Légion d'honneur*. L'homme conscient doit rejeter ces bibelots de sauvages qui ne servent chez les peuples dits civilisés, qu'à corrompre et à entretenir les passions mauvaises d'envie et autres. Oter des écoles du peuple ces croix qui excitent la vanité de l'enfant et tuent en lui l'amour du travail pour lui-même.

L'abolition de la conscription. Au lieu des armées permanentes, des armées de volontaires comme en Angleterre et en Amérique. On verra alors clairement ce qu'il y a de vrai dans ces vocations militaires dont on parle avec d'autant plus d'emphase que c'est plus vide de sens.

L'Amérique vient de jeter un éloquent défi aux peuples qui se ruinent à entretenir des armées permanentes. Des régiments de jeunes Américains sans barbe encore ont surgi tout à coup, et, en un instant, ont mis en déroute les armées espagnoles, battu leurs vieux généraux, détruit leur flotte, toutes voiles gonflées d'orgueil et d'honneur castillans.

L'Angleterre n'a point non plus d'armées permanentes, ce qui n'empêche pas que nous avons dû nous effacer devant elle en Egypte par la simple raison que nous ne sommes pas en état de lui tenir tête. Ces deux exemples sont assez éloquents pour faire penser à l'intérêt qu'il y aurait à supprimer les armées permanentes.

Abolir l'injustice du service d'un an accordé aux fils des bourgeois, ou réclamer pour tous le service d'un an, c'est largement le temps d'apprendre à tuer des hommes. — Ce sont les bourgeois qui vantent, chantent en prose et en vers les beautés du militarisme, qui nous racontent que cela forme le caractère. Pourquoi mettent-ils tant de soins à l'épargner à leur progéniture ? — Si les fils de la bourgeoisie étaient forcés de faire trois ans, ils réclameraient certainement eux-mêmes un an pour tous, car, quand ces gens-là comprennent, ils ne manquent pas de générosité.

Il reste le désarmement... du Tsar ! Et dire qu'il y a des gens assez naïfs pour prendre au sérieux, la proposition de ce banal desposte et croire qu'il est poussé par la philanthropie !

Ils pensent peut-être, ces simples d'esprit, que ce sont seulement des Carraras que notre ami Nicolas II y envoie en villégiature. Eh bien ! non, il y a là, dans ce Tartare, des centaines de jeunes filles et de jeunes gens *qui ont commis le crime épouvantable* d'avoir voulu faire de la propagande socialiste, d'avoir essayé d'éclairer les malheureux paysans qui meurent de misère et de faim ! !

Il n'y a que quelques mois, il donnait 90.000.000 de roubles pour sa flotte; il veut prendre l'Inde aux Anglais, la Chine aux Chinois et il nous lance sans crier : gare ! le désarmement !... dans la circulation. Il faut avoir le front d'airain d'un empereur pour se permettre de tels exploits? Qu'adviendrait-il de la Pologne qu'il tient en état de siège ? la Pologne qui l'exècre secouerait le joug odieux qui la meurtrit, elle reprendrait sa liberté ; et la Lithuanie ? et la Finlande? et tant d'autres pays? Désarmement! tu n'es qu'un mot, même dans la bouche d'un Tsar!

Le désarmement serait à n'en pas douter; la fin des guerres et du militarisme, plus de soldat, plus de guerre, mais il s'agit d'attacher le grelot...

La question économique se dresse monumentale avec ces milliers de soldats rendus à la vie civile, avec ces milliers d'ouvriers occupés à la facture des armes, de l'équipement, de l'alimentation tout à coup privés de leur gagne-pain. Ce serait peut-être la plus prompte des solutions, car ce serait la révolution sociale à brève échéance. Mais cela ne sera pas, puisque ce serait l'effondrement de l'ordre politique et social bourgeois, qui ne vit que grâce à cette force. C'est pourquoi il est impossible de croire à la sincérité des empereurs ou des rois qui voudraient nous entretenir de cette très délicate question, à moins que leurs finances soient dans un état désespéré, ce qu'ils essayeraient de cacher sous des apparences de philantropie. Les peuples ne doivent pas croire aux propositions de désarmement venues d'en haut, mais y travailler eux-mêmes par tous les moyens à leur portée.

Elisabeth Renaud.

Adolphe Retté. — *Français. Homme de lettres. Auteur de :* Similitudes, drame ; La Forêt bruissante ; Aspects, critique littéraire et sociale; Treize Idylles diaboliques, dialogues philosophiques ; etc.

Les questions que vous me posez sont complexes et demanderaient des réponses assez étendues. Faute de loisir, je ne puis que vous donner brièvement mon avis, sans développements.

1° Bien loin d'être nécessitée par les conditions historiques, le droit et le progrès, je crois que la guerre nuit à la civilisation.

2° Le militarisme a pour résultats principaux : La destruction de l'esprit d'initiative, le culte du meurtre, du vol et de la violence sous toutes ses formes, l'ivrognerie et la paresse. Il permet au capital de se faire protéger par ceux-là mêmes qu'il exploite.

3° Que chacun, dans la mesure de ses forces, s'attache à mettre en pratique le conseil donné par Victor Hugo : « Il faut déshonorer la guerre. » L'éducation altruiste du grand nombre doit précéder tout essai de désarmement.

4° Reconstituer l'Internationale des Travailleurs, en dehors de la politique.

Adolphe Retté.

Charles Richet. — *Français. Professeur à la Faculté de médecine de Paris; Membre de l'Académie de médecine. Directeur de la* Revue Scientifique.

1° La guerre a existé de tout temps entre les hommes et les nations, mais le droit la condamne, car elle est le contraire du droit; et le premier progrès de l'humanité, le plus urgent, consiste précisément à abolir la guerre.

2° Le militarisme quelque absurde qu'il soit, n'est pas constamment nuisible au progrès intellectuel; car l'intelligence des hommes, s'appliquant à la destruction, a trouvé, en approfondissant l'art de détruire, des inventions parfois merveilleuses, utiles à toutes les sciences. Mais les effets économiques sont funestes et encore plus les effets moraux. Au point de vue économique des sommes énormes sont dépensées en pure perte, et des millions d'hommes sont immobilisés et improductifs. Avec l'argent dépensé dans le budget de la guerre, en dix ans, les pays les plus obérés auraient payé leur dette, et au bout de dix ans encore, il n'y aurait plus ni impôt, ni douane. Au point de vue moral, l'esprit militaire est absolument contraire à l'esprit de famille. Quant au point de vue politique, les démocraties libérales sont incompatibles avec un grand développement du militarisme.

3° Il semble que l'abolition des armées ne puisse être réalisée immédiatement. Ce n'est que dans un avenir lointain, cent ans, deux cents ans peut-être, que nous pouvons espérer voir la suppression du régime militaire. Mais il est un mal que nous pouvons tout de suite supprimer : c'est la guerre. Longtemps encore nous serons en paix armée; mais nous pouvons supprimer la guerre en établissant le principe de l'arbitrage international, dont la réalisation serait facile et pourrait être immédiate, et en incitant chaque gouvernement à conclure avec les gouvernements, voisins ou lointains, des traités d'arbitrage.

4° Le meilleur moyen d'arriver à ce grand progrès, qui paraît être le plus facile à réaliser tout de suite, c'est, pour tous ceux qui considèrent la guerre comme le plus cruel des maux, de redoubler de zèle dans leur propagande pacifique. Surtout il faut dans les écoles primaires, par les livres, les instituteurs, inspirer aux enfants et aux jeunes gens le respect des droits d'autrui, et l'horreur du sang versé pour des guerres de conquête. Il est absolument nécessaire aussi de changer l'état d'esprit de la presse quotidienne, qui, entre les mains d'hommes souvent ignorants et vicieux, et cupides, excite perfidement les nations les unes contre les autres. Le journal, tel qu'il est compris malheureusement par la plupart des journalistes, excite les haines internationales et l'esprit militaire le plus étroit. On ne peut combattre ces sentiments funestes qu'en opposant à la politique belliqueuse des journaux actuels une politique franchement et énergiquement pacifique.

Charles Richet.

Léon Riotor. — *Français. Homme de lettres. Auteur de :* Les Raisons de Pascalin; Le Parabolain; Le Sceptique loyal; Le Sage Empereur; etc.

LA GUERRE ET LE MILITARISME

I

L'homme est semé de pensées que rien ne pourra détruire. Les unes scintillent comme la lumière même. Ce sont des étoiles au ciel de sa triste vie,

l'amour, l'enthousiasme, la bonté. Les autres sont des ronces qui déchirent impitoyablement tous ses beaux rêves. Et c'est la haine de son frère, l'envie, l'ardeur à le détruire. L'homme obéit aux unes comme aux autres, il y obéira toujours, ainsi le veut la toute-puissante matière qui le compose et le dirige.

C'est conclure qu'il n'est pas de nation civilisée, ou dite telle, qui ne garde un fond d'orgueil barbare et n'y revienne sans cesse. D'où des cris de haine, des rages solitaires, des guerres que rien ne saurait justifier, ni les conditions historiques, ni l'évolution des races, où le droit n'a que faire, où le Progrès est foulé aux pieds, où l'Humanité se déchire cruellement elle-même, sans conserver un sophisme pour expliquer sa criminelle folie.

II

Que d'aucuns fassent profession de se battre, puisque la liberté individuelle doit être aussi absolue que possible, qu'ils soient les mercenaires des armes, de par une volonté propre que nul n'influença, à peine peut-on l'admettre ! la société devant à elle-même de supprimer les métiers nuisibles. On les a supportés jusqu'ici, et on a donné le nom de « militarisme » à l'esprit de ces classes spéciales. Ce qui est intolérable, c'est que, par une suite d'idées inhérentes à leurs fonctions, ces classes spéciales se croient appelées à un rôle de domination que rien ne saurait justifier. En acceptant — pour nous en tenir à la seule appréciation de l'état existant — la nécessité de la nation armée pour sa défense, le militaire professionnel devrait se cantonner dans son métier exclusif d'instructeur, entièrement subordonné aux lois civiles. Est-il besoin d'ajouter que c'est la première des études à supprimer que celle des armes dans le programme social, et qu'il ne saurait y avoir de liberté complète à côté d'une telle nécessité ?

Le militarisme obligatoire est donc une entrave permanente à la richesse économique d'un pays. Il en restreint le développement, accapare les forces vives et la majeure partie des finances. Les individus soumis à son joug n'osent guère tant ils se sentent peu leurs maîtres.Comme influence politique, le militarisme, au sens particulier du mot, est l'appui instinctif de toutes les réactions, parce qu'il est la « résistance » et la « force. »

III

Quelles sont les solutions qu'il convient de donner,dans l'intérêt de l'avenir de la civilisation,aux graves problèmes de la guerre et du militarisme? dites-vous. Combien d'années, combien de siècles faut-il pour ces solutions? En supprimant le militarisme. supprimera-t-on la guerre? Autant de questions qui se greffent sur la vôtre. Nul ne saurait y répondre sans trembler. Deux hommes ne peuvent vivre côte à côte sans se battre,des millions d'hommes le pourront-ils?

Nous avons cherché depuis longtemps dans la *Ligue de la paix par le Droit*, le moyen de prévenir de telles catastrophes mondiales, mais, hélas ! de nos belles idées, nulle sanction n'est sortie. Nous sommes retombés sans cesse dans les barrières du vieil axiome latin : si tu veux la paix, prépare la guerre, — c'est-à-dire : « Aie la force d'imposer la paix », et nous ne l'avions pas, la Force ! puisque nous prétendions y substituer le Droit !

IV

C'est une solution, peut-être la meilleure : substituer le Droit à la Force.

Comment? Par la force? Que deviendrait-il, alors, le droit? Remplacons-le par une autorité morale, permanente, générale, adéquate à la forme même des peuples et des nations. Qu'uue Commission, issue de tous les peuples, — je voudrais pouvoir dire de tous les hommes — armée de raisons que nul ne peut nier, siège en des assises solennelles, autant de fois et en autant de lieux qu'il le faudra. Emanant à la fois des nations et de l'énergie constituée de ces nations, qu'elle ait la puissance nécessaire aux arrêts, et qu'un attribut de force lui soit alors dévolu, pour la juste application du Droit. — Plus de nations, l'Humanité, renvoyez les armées aux champs.

Cette conception, que j'émis il a nombre d'années déjà, que j'ai célébrée dans un glorieux poème (le *Sage Empereur*) est devenue celle de nous tous. Elle se présente naturellement comme la plus simple dans son établissement et dans son maintien. Il suffit d'une autorité actuelle pour en provoquer la création. Un jeune monarque y a pensé. D'autres le suivront, si les peuples le veulent. Mais pour que la paix florisse, il faut que les cerveaux soient pacifiques. Enseignons donc aux enfants les horreurs de la guerre, et qu'ils croissent en nombre et en raison avec l'obstination de la détruire en chacun de ses germes. Le fleuve salutaire rompra ses digues et balaiera les armes sur son passage, comme l'onde incessamment accumulée finit par rompre les pierres qui l'enserrent.

Léon Riotor.

Eugène Rochetin. — *Français. Rédacteur au* Journal des Economistes, *au* Monde Economique, *à la* Revue Politique et Parlementaire. *Auteur de :* Les Caisses de capitalisation; les Assurances ouvrières; l'Assurance contre le chômage industriel; les Associations fraternelles aux Etats-Unis; etc.

Si nous voulons nous rendre compte des mobiles qui ont armé les nations les unes contre les autres jusqu'au seuil du XIXe siècle, nous n'avons qu'à jeter un simple coup d'œil sur l'histoire. Nous y verrons que les rivalités surtout existant entre maisons souveraines ont ensanglanté toutes les contrées de l'Europe. Les mobiles sont donc faciles à découvrir : l'intérêt dynastique, l'esprit de domination.

En est-il de même aujourd'hui? On peut répondre négativement. Etant donné le progrès qui s'est fait dans les esprits et le régime que plusieurs gouvernements ont dû forcément accepter, à la suite de révolutions successives, les peuples, par l'organe de leurs mandataires, ont désormais voix au chapitre. Les questions d'ordre patriotique ou éveillant des idées de progrès, c'est-à-dire répondant à un idéal de civilisation, ont seules le don de les émouvoir. Ils se battraient pour conserver l'intégrité du sol, pour la défense du foyer, le triomphe d'une cause juste, non pour servir les intérêts d'un monarque ou d'un chef d'Etat ambitieux et sans scrupule.

Et ce qui le prouve, c'est que les nations ne sont parties en guerre, dans cette seconde moitié du siècle, que guidées la plupart par un intérêt supérieur, d'accord avec les vues particulières des gouvernants. Le respect des droits du Sultan, c'est-à-dire l'intégrité des possessions ottomanes, nous a valu la guerre de Crimée. Ensuite, c'est la politique des nationalités qui a libéré l'Italie en 1859, grâce à nos armes. Plus tard, la Prusse a groupé autour

d'elle tous les peuples d'origine germanique, et la guerre de 1870 lui a permis d'en faire la grande confédération allemande. Récemment, c'est le respect des droits des peuples qui a armé les Etats-Unis et les a obligés d'imposer leurs conditions à la malheureuse Espagne. On le voit, c'est toujours en faveur du droit des populations que les nations prennent les armes.

Est-ce à dire que les peuples ne peuvent pas être trompés, que, sous couleur de patriotisme ou d'intérêt de civilisation, on ne cherche pas à les pousser aux luttes fratricides? Sans doute. C'est ce qu'a fait Bismarck en 1870. Il a rendu la guerre inévitable, et c'est là son crime devant l'histoire, dont on parviendra difficilement à laver sa mémoire.

En conséquence, c'est aux organes de l'opinion à éclairer les populations, à les convaincre de l'injustice des attaques préméditées, causes de tant de ruines. Livrés aux seules luttes économiques, les peuples ne demandent qu'à vivre en paix avec leurs voisins, à faire du commerce, à s'abandonner aux travaux de l'industrie, à cultiver les sciences et les arts, et il faut bien que la guerre leur inspire aujourd'hui de l'horreur, pour que, dès qu'un conflit menace d'éclater, la Bourse s'émeuve, les intérêts s'alarment et que tout semble revêtir une teinte de tristesse et de deuil.

Donc, la guerre, de nos jours, ne me paraît pas plus nécessitée par des conditions historiques que par une question de droit du premier occupant ou de soi-disant progrès. S'il existe encore un droit, c'est celui de se défendre contre une injuste agression; s'il y a un progrès à réaliser, c'est celui de résister aux impulsions de l'atavisme, aux poussées malsaines de la convoitise, aux excitations stupides de la passion ou de la haine.

Les chefs d'Etat, méditant quelque attaque, ont bien soin, d'ailleurs, de cacher le mobile qui les dirige; ils dissimulent l'esprit de domination sous des apparences d'intérêt national. C'est aux peuples, nous le répétons, à se faire juges des moyens employés pour les asservir et les mener aux sanglantes hécatombes. Ces luttes, au surplus, ne résolvent rien; car un peuple battu a toujours peine à digérer sa défaite; il ne songe à acquérir de nouvelles forces que pour courir sus de nouveau sur celui qui l'a vaincu. Ainsi se perpétuent les conflits, ainsi s'accumulent les haines, ainsi se pervertit le sens du droit, s'effacent les notions de la saine justice.

Quant aux effets intellectuels, moraux, physiques, économiques et politiques du militarisme, ils sont faciles à exposer.

Intellectuels? Qui ne sait que le séjour à la caserne, l'habitude des camps, une discipline rigoureuse, compriment l'esprit, paralysent l'initiative, pour ne laisser voir que des qualités neutres et sans relief? L'obéissance passive enlève au soldat tout ressort individuel. Au surplus, combien de consignes données subissent la critique des plus fortes têtes de l'escadron ou du régiment et laissent l'inférieur sans recours devant un ordre parfois peu réfléchi! Pas d'armée sans cela, dira-t-on. D'accord; mais pas de mentalité supérieure non plus, car c'est de la discussion engagée, des idées produites, des thèses soutenues, des principes exposés, que jaillit la lumière. Reconnaissons-le, s'il y a des héros parmi nos chefs militaires également, combien de nullités aussi arrivées par le prestige du nom et la mise en jeu de nombreuses influences. On vante l'énergie de quelques personnalités; et cependant, que vaut l'énergie si la conception est mauvaise, si le but poursuivi n'est pas atteint, par manque d'une faculté de pénétration essentielle? Aussi cette vie active, où la réflexion cède le plus souvent le pas à l'impulsion subite, née de l'énergie vitale, s'accommode-t-elle difficilement des décisions éclairées, apanage presque exclusif des êtres évolués. Au demeurant, presque tous les soldats ont un certain fonds de naïveté. Pas d'homme plus effaré, plus surpris devant les exigences de la vie civile, c'est-à-dire pratique, que le militaire une fois qu'il a dépouillé le harnais. Et comment s'en étonner ? Il a mené une existence tout à fait en dehors de celle des autres citoyens. Il a fait partie d'une caste à part, ayant ses traditions, ses façons de juger et de sentir, agissant toujours sous l'œil d'un supérieur en grade qui, lui-même, subit l'ascendant d'autorités plus hautes. Comment son intelligence, si ouverte fût-elle, aborderait-elle sans effort les grandes spéculations de l'esprit, l'examen des importants problèmes qui, partout ailleurs, surexcitent les cerveaux, émeuvent les cœurs et préoccupent les âmes?

Les effets *moraux*? Est-il besoin de rappeler que la discipline inflexible annihile également les dons les plus précieux de l'homme : la faculté d'analyse, de coordination, le sens du jugement, l'esprit de recherche et de synthèse, bref ce qui met le cerveau en valeur et le rend apte aux conceptions les plus puissantes? Le soldat n'a pas l'étoffe d'un éducateur; des préoccupations secondaires l'assiègent ; son genre de vie, le *métier*, s'opposent à ce rôle. Certes, disons-le à la louange de nos officiers, il existe beaucoup, parmi eux, de natures bien trempées, pleines d'abnégation, animées de l'esprit de sacrifice; mais c'est moins la vie militaire qui leur donne ces qualités que les leçons reçues au sein du foyer, que les exemples fournis dans le milieu familial. En pleine vie civile, l'homme eût été un parfait gentleman ; dans l'armée il est ce qu'on appelle un loyal et brave soldat; il n'en demeure pas moins une force perdue pour la collectivité sociale.

Les effets *physiques*? Est-il bien sûr que les services forcés auxquels se livrent la plupart du temps nos militaires, améliorent la race, atténuent les tares héréditaires et fassent de nos soldats des êtres robustes et résistants? Les longues périodes d'action sont sans doute nécessaires ; mais combien de constitutions solides se ressentent, à la longue, de ce dur surmenage ! Ce n'est pas aux colonies, non plus, que nos officiers se maintiennent en bon état de santé : ils payent le plus large tribut à la mortalité. D'ailleurs, en dehors des manœuvres, cette inaction des soldats à la caserne, l'hiver, cette théorie sans cesse répétée, les préparent-elles aux besognes profitables ? Une fois libérés, ils ont oublié le fortifiant labeur des champs, le travail de l'usine; ils ont perdu le goût des occupations utiles, et ils sont tout désorientés lorsqu'il leur faut reprendre le soc de la charrue ou manier l'outil à l'atelier ; ils doivent recommencer l'apprentissage, s'habituer à marcher d'un pied ferme dans le sillon ; et c'est Mars qui rend ainsi à Flore où à Vulcain un être déprimé et sans ressort physique.

Les effets *économiques*? En vérité, ce n'est pas nous, habitué à discourir sur ces questions de valeur contingente et humaine, qui serions embarrassé pour exposer les multiples raisons qui, au point de vue économique, font des troupes armées de véritables collections d'improductifs. L'agriculture privée de bras, l'industrie manquant de ses auxiliaires les plus utiles, le commerce attendant, anxieux, la rentrée de ses employés fidèles et laborieux. Faut-il faire le calcul,

d'autre part, des sommes énormes que la production nationale a perdues, à la suite de ces levées successives de jeunes recrues, depuis tant d'années? Faut-il énumérer les dépenses considérables occasionnées par le perfectionnement de notre matériel de guerre, l'entretien des troupes, la solde de nos officiers et de nos soldats? Supposez, par la pensée, ce que le chiffre de ces pertes, joint à celui de ces dépenses, peut donner comme total, et vous reculerez effrayé. On arrive à une quarantaine de milliards, pour le moins. Avec cette somme colossale, que de travaux auraient pu être entrepris, que d'améliorations auraient pu être introduites dans nos services publics, que de bienfaits auraient été répandus parmi les travailleurs, que de bien-être et de soulagement! Quarante milliards! Et c'est le Minotaure de la guerre qui dévore tout cet or, c'est lui qui nous prive de ces éléments de production, qui boit notre sang, qui altère véritablement les sources de la vie nationale! Comme nous comprenons que le souverain autocrate de toutes les Russies, songeant avant tout, dans sa magnanime sagesse, au bonheur de ses peuples, ait cherché à les affranchir d'un pareil tribut!

Les effets *politiques*? Faut-il les énumérer aussi? Quoi qu'on en dise, une nation, à l'heure actuelle, doit se tenir sur ses gardes, devant les formidables préparatifs de guerre de ses voisins. Il lui importe de veiller sur ses frontières, sur le patrimoine commun des citoyens. Une armée est donc en ce moment nécessaire; je dirai plus, elle est impérieusement exigée. Désarmer, alors que tout le monde est aux aguets, serait la plus insigne des folies; car la nation qui se priverait de ses moyens de défense serait immédiatement la proie des autres Etats. C'est pour cela que l'examen de la question d'arbitrage ou, si l'on veut, le désarmement s'impose d'une façon absolue. Si jamais cet important problème est résolu un jour, les peuples pourront chanter l'hosanna de délivrance. Non point seulement parce qu'on sera à même d'appliquer aux diverses branches de l'activité nationale toutes les ressources dont elle avait été jusque-là privée, mais surtout parce que ce serait la fin des armées et la destruction de l'esprit militaire, qui crée une caste dans l'Etat et quelquefois un instrument d'asservissement. Nous n'avons pas encore rencontré, Dieu merci! de personnalités complotant dans l'ombre la chute du pouvoir qu'elles servent; mais cela est dû à la sagesse de nos gouvernants et, il faut le dire aussi, à l'honnêteté de nos généraux, qui ont compris que leur premier devoir est de respecter le régime que la France s'est donné. Il n'en est pas moins vrai que l'institution dont ils sont les soutiens est une institution condamnée, sinon à disparaître, du moins à se transformer en milice nationale chargée simplement de maintenir le bon ordre et d'assurer l'application des lois. Ainsi les effets politiques engendrés par le militarisme s'atténueront peu à peu; des mœurs nouvelles succéderont à des mœurs surannées; un esprit rétrograde fera place à un esprit plus conforme aux destinées de la nation et à ses besoins de justice et d'émancipation progressive.

Il me faut conclure :

En ce qui concerne les solutions qu'il convient de donner, dans l'intérêt de l'avenir et de la civilisation, aux graves problèmes de la guerre et du militarisme, il ne peut y en avoir d'autres, selon moi, en dehors de la constitution d'un tribunal arbitral ou, tout au moins, d'une commission de désarmement général. Le seul moyen d'atteindre ce but, c'est d'agir sur l'esprit des gouvernants, pour que cette solution intervienne à bref délai. Déjà, le tsar de toutes les Russies a soumis aux délibérations des autres souverains une proposition dans ce sens. C'est donc aux hommes de bon vouloir et d'initiative de répondre à ses vues généreuses et de seconder son action par la plume et par la parole. Les premières séances révéleront sans doute la *pensée* secrète de chaque gouvernement, représenté par des délégués. Les bases du programme une fois arrêtées, il s'agira de les discuter et de les imposer. Comment ? En constituant ce qu'on appelle la ligue des pacifiques ; et je ne doute pas qu'en présence des économies réalisées sur les budgets de chaque Etat et des résultats futurs découlant de la situation créée par le nouvel ordre de choses, une majorité ne finisse par s'établir. Les dissidents ne seront pas nombreux ; cependant, admettons qu'il se produise des résistances. Que se passera-t-il ? On devra signifier à la nation opposante l'obligation de se soumettre aux décisions de la majorité. Il y aura conflit probable. Ce sera la guerre, dira-t-on. Oui, mais contre combien de puissances ? Une seule peut-être, qui sera mise ainsi au banc de l'opinion.

Supposons que cette puissance se résolve à employer les moyens extrêmes et engage délibérément les hostilités. Peut-on s'imaginer que les autres nations n'en viendront pas à bout ? Fût-elle maîtresse des mers, il lui serait absolument impossible d'étendre sa domination sur terre. Déclarée en état de blocus, rebelle aux volontés de l'Europe, isolée du reste du monde, ne pouvant plus compter sur les transactions de ses marchés, le trafic de sa flotte commerciale, pense-t-on qu'elle aurait chance de résister longtemps ? Admettons même que l'Europe unie — les Etats-Unis d'Europe, que Victor Hugo avait prévus avec l'intuition du génie — laisse la nation révoltée libre de consolider son empire sur les océans et sur ses possessions d'outre-mer ? Qu'arrivera-t-il encore ? Est-ce que les nations liguées ne seront pas en mesure, dans un délai donné, grâce aux économies réalisées sur leurs armements terrestres, d'augmenter leurs flottes, de les pourvoir d'engins nouveaux, plus perfectionnés, et d'imposer à la fin leurs décisions ? Comment la nation ainsi traquée, ainsi poursuivie, ne se rendrait-elle pas ?

Je le répète, la constitution d'un tribunal arbitral international est le seul moyen de mettre un terme aux armements de l'Europe courant à sa ruine. Du jour où ce tribunal sera formé, aucune nation, si forte soit-elle, ne pourra se soustraire aux prescriptions qu'elle édictera.

Souhaitons que ce jour luise bientôt sur le monde, jour à jamais béni et à jamais glorifié, ère nouvelle ouverte pour le développement du progrès humain !

EUGÈNE ROCHETIN.

LÉON DE ROSNY. — *Français. Directeur-Adjoint de l'Ecole des Hautes-Etudes. Auteur de :* La Méthode conscientielle, etc.

Je considère comme un véritable devoir pour moi de répondre aux graves questions sur lesquelles vous me faites l'honneur de me consulter ; mais je ne le fais pas sans une certaine crainte, quand je songe aux conséquences que peut avoir en pareil cas une idée émise un peu à la hâte et peut-être insuffisamment bien formulée, faute d'avoir eu le temps nécessaire pour s'exprimer avec précision et avec clarté.

Les progrès sérieux et durables de l'humanité, — ce qu'on désigne aujourd'hui par un excellent mot « l'évolution », — s'accomplissent presque toujours avec une extrême lenteur. Ils sont soumis à la loi énoncée d'une façon si simple et si lumineuse par Linné au sujet de l'histoire naturelle (*Natura non fecit saltus*). On compte cependant des heures dans la vie des nations où les progrès se manifestent d'une manière brusque à la suite de crises terribles qui ont été préparées, il est vrai, longtemps à l'avance; mais alors il est bien rare que les réformes qui en résultent dans les mœurs et dans les coutumes ne se traduisent pas par de regrettables exagérations.

Le plus souvent la prévision de l'avenir n'appartient qu'aux esprits supérieurs qui ont beaucoup travaillé et beaucoup réfléchi; parfois néanmoins, comme en ce moment en Europe et en Amérique, — je dirais presque sur la terre entière, — il semble que tous les hommes ont conscience de transformations immenses qui vont s'opérer dans la condition sociale de l'espèce humaine. Depuis dix ans surtout, on ne cesse de parler du nouveau siècle qui se prépare dans des conditions exceptionnelles. Il en résulte que l'an 1900 semble devoir être quelque chose de bien autre qu'une année suivant celle de 1899.

Parmi les problèmes qui s'imposent à l'approche de cette date solennelle, il n'en est peut-être aucun, comme vous l'avez fort bien compris, qui ait l'importance de celui qui doit régler l'emploi de la force brutale et la condition des armées. On ne peut voir néanmoins sans quelque crainte la tendance chaque jour plus générale à couvrir de mépris ce qu'on appelle le militarisme ou la carrière des armes. Dans les pays où le service militaire est obligatoire, ce n'est cependant pas du mépris qu'il faut témoigner à ceux qui, aux dépens de leur avenir, sont contraints d'apprendre à tuer leurs semblables. Loin de là : c'est de la pitié, de l'affection qu'on leur doit, comme à toutes les malheureuses victimes de la sottise humaine. Il faut donc se garder avec le plus grand soin de formuler, au sujet des armées, des récriminations qui ont au moins le défaut d'être trop hâtives. L'aurore du XXe siècle ne doit plus tarder à luire sur le monde : jusque-là, comme disait un des héros de Shakespeare : « Que nos âmes restent calmes ! »

Il est évident qu'il peut y avoir encore quelques guerres indispensables. j'allais même dire légitimes. Il n'est pas impossible, par exemple, qu'il faille une guerre, une grande guerre, pour détruire les engins de destruction qui se multiplient chez tous les peuples et qui aboutissent à décimer des quantités d'hommes et à rendre les autres de plus en plus malheureux. Cette guerre-là, je me ferais au besoin un devoir, un honneur, de la demander à grands cris et de la prêcher comme la plus sainte des croisades qu'ait jamais pu rêver l'esprit humain.

Vous me demandez quels sont les effets intellectuels, moraux, physiques, économiques et politiques du militarisme. Il me semble presque inutile de m'appesantir sur cette question, tant il s'élève de voix énergiques du haut en bas de l'échelle sociale pour y répondre depuis quelques semaines. On n'a qu'un tort, suivant moi, c'est de ne pas réfléchir assez que les sociétés doivent du pain aux malheureux que les gouvernements ont entraînés dans une odieuse carrière et auxquels on n'a pas enseigné d'autre façon pour gagner la vie que d'apprendre, par le flanc droit, par le flanc gauche ou à violer le premier commandement de Dieu : « Tu ne tueras pas. »

Au contraire, il me semble que j'aurais beaucoup à dire au sujet de votre troisième question; et je n'ai qu'un regret, c'est de n'être à même d'exprimer à ce sujet ma manière de voir que d'une façon incomplète et à tous égards insuffisante dans le peu de lignes qu'il m'est donné de vous écrire aujourd'hui.

La solution du triste problème de la guerre et du militarisme n'est possible qu'autant qu'on aura préalablement transformé l'enseignement public, et surtout l'enseignement primaire donné dans nos écoles. Il faut, avant tout, qu'on répète sans cesse à nos enfants ce que valent les prétendus lauriers recueillis sur les champs de carnage, ce qu'étaient les affreux bandits qu'on a qualifiés du nom de grands rois et de conquérants; il faut qu'on leur apprenne enfin à savoir juger les choses à leur juste valeur et à faire appel aux sentiments intimes de leur cœur et de leur conscience naissante. La génération imbue de ces idées et de ces principes n'aura pas besoin de sermons pour détruire les plus honteuses idoles qu'aient imaginées les siècles d'esclavage et d'obscurantisme. *Il mondo fara da sè*, comme diraient les Italiens.

Jusque-là, de grâce, mesurons nos paroles de critique et de dégoût, même lorsque nous avons à parler des exécuteurs des hautes œuvres, quels qu'en soient, d'ailleurs, les noms et les étiquettes. LÉON DE ROSNY.

ROUXEL. — *Français. Publiciste. Collaborateur au* Journal des Economistes, *au* Journal d'Hygiène, etc.

La question que vous posez sur la guerre et le militarisme est très complexe, et je n'ai pas la prétention de la résoudre, mais je ne veux pas moins vous offrir une petite contribution.

Les sociétés humaines et leurs institutions dérivent des individus qui en sont les parties composantes. Les types sociaux sont donc modelés sur les types individuels, et les transformations sociales présupposent des modifications dans les manières individuelles de sentir, de penser et d'agir.

Pour que la guerre cesse d'être « nécessitée par les conditions historiques, par le droit, par le progrès », il ne s'agit donc pas, comme paraît l'impliquer votre questionnaire, de trouver une solution, une formule extra-individuelle quelconque, de la soumettre au vote d'une majorité et de la convertir en texte de loi ou de convention internationale. Les individus restant dans les dispositions où ils sont actuellement, tout cela serait pour le moins inutile.

Guerre et militarisme ont leur racine dans l'état présent de la nature humaine. C'est à celle-ci qu'il faut s'en prendre, de même que pour dériver le cours d'un fleuve, on remonte à sa source. Quand la nature humaine sera convenablement modifiée, les institutions militaires tomberont d'elles-mêmes, n'étant plus soutenues.

Est-il nécessaire de démontrer que, si le militarisme existe, c'est parce qu'il est conforme à la manière actuelle de sentir, de vouloir et d'agir des hommes?

Pour cela, ce n'est pas aux paroles, aux professions de foi religieuses, politiques, électorales, sentimentales qu'il faut s'en rapporter, c'est aux actes, à la conduite habituelle des intéressés.

Or, que voyons-nous, je ne dis pas seulement dans les rapports intérieurs et extérieurs des civilisés entre eux, mais dans leurs relations avec les sauvages ?

Herbert Spencer vient de publier un volume qui résume très bien la situation (1). Je ne puis mieux faire que de le citer. Voici d'abord pour la civilisation des sauvages.

« Partout, dit l'A., la succession habituelle des événements est la suivante : Des missionnaires envoyés aux princes indigènes, des concessions accordées par ceux-ci, des querelles entre ceux-ci et ceux-là, l'invasion de leur territoire et l'appropriation de ce dernier. D'abord on envoie des hommes pour prêcher aux payens le christianisme et ensuite on envoie des chrétiens pour les faucher avec des mitrailleuses. Des gens qu'on appelle des sauvages et qui, suivant le témoignage de nombreux voyageurs, se conduisent bien jusqu'au moment où on les maltraite, reçoivent des leçons de bonne conduite de gens soi-disant civilisés, qui bientôt les subjuguent — qui leur inculquent la droiture et en font la démonstration en leur prenant leurs terres. Cette politique est simple, et toujours la même, — des bibles d'abord et des obus ensuite. De tels faits se passent à l'étranger, quels sont les sentiments dans le pays ? Des honneurs, des titres, des émoluments pleuvent sur les agresseurs. Un voyageur qui compte pour peu de chose la vie des hommes, est considéré comme un héros et fêté par les classes supérieures, alors que les classes inférieures font une ovation à un chef de flibustiers. « La puissance britannique », le « courage britannique », les « intérêts britanniques » sont des mots qu'on trouve dans toutes les bouches. Mais de la justice pas un mot, on ne lui donne pas une pensée. Merveilleuse contradiction ! Avec des hommes qui font ces choses, et d'autres qui y applaudissent, on veut former une société animée de sentiments de fraternité ! »

Personne n'ignore que la « puissance britannique » n'est pas la seule à se conduire de cette façon et que toutes les puissances européennes font leurs efforts pour l'égaler ou la surpasser dans ce brigandage d'un nouveau genre.

Les relations des peuples civilisés entre eux ne sont pas plus pacifiques, pas plus bienveillantes que celles qu'ils entretiennent avec les sauvages. Il est inutile de s'arrêter sur ce point.

Les relations intérieures des membres de chaque état entre eux, sont calquées sur le même modèle.

« Les Etats-Unis, dit encore H. Spencer, ont des guerres civiles locales, faites par des artisans, des mineurs, etc., qui ne veulent pas en laisser travailler d'autres à un salaire inférieur à celui qu'ils exigent pour eux-mêmes ; ils détruisent et brûlent les propriétés, arrêtent et tuent leurs adversaires, essayent d'empoisonner en gros ceux qui ne font pas cause commune avec eux. Il y a, d'après le juge Parker, 3 lynchages par jour ; il y a dans l'Ouest le « tir à première vue », et la moyenne journalière des homicides dans les états s'est élevée dans l'espace de 5 années de 12 à 30 par jour ; et dans le sud il y a des combats au pistolet, avec une issue fatale en plein tribunal ! Nous avons encore la corruption de la police de New-York, — la corruption universelle pour acheter l'immunité et racheter la punition. Ajoutez à ceci l'ad-

(1) *Les Institutions professionnelles et industrielles*, in-8°. Paris, Guillaumin et Cie, 1898.

miration générale pour l'homme d'affaires sans scrupule qu'on acclame comme « habile ».

« Et après cela, on compte qu'une nation où l'égoïsme mène à des résultats aussi stupéfiants, puisse être en un tour de main changée en une nation où les égards pour d'autres seront la loi suprême ! »

Trouverons-nous plus de moralité chez les nations européennes, parmi les classes dirigeantes surtout ? N'y a-t-il pas des pots de vin, des ventes de décorations, des Panamas en tous genres, des chantages de la part des journaux, — les prédicateurs modernes, etc. ?

« Néanmoins, poursuit H. Spencer, tandis que parmi les hommes choisis par la nation pour la diriger, il y a tant de délits, et tandis que les hommes d'une culture spéciale qui dirigent les feuilles publiques agissent de cette façon répréhensible, on compte que la nation, prise dans son ensemble, pourra être, par suite d'une organisation, immédiatement changée dans son caractère, et qu'un égoïsme malfaisant se transformera en un bienfaisant désintéressement. »

Tant que les peuples dits civilisés seront dans de telles dispositions d'esprit et de cœur, il est évident qu'on ne pourra espérer la fin des guerres et du militarisme.

Est-ce à dire qu'il faut laisser toute espérance ?

Loin de là ; c'est-à-dire qu'il faut procéder méthodiquement, du dedans au dehors ; c'est sur les individus qu'il faut agir, c'est leur mentalité qu'il faut modifier, et la transformation sociale en résultera par surcroît.

Pour mettre fin à la guerre, il faut apprendre aux hommes que les guerres sont doublement ruineuses, non seulement pour les vaincus, mais aussi pour les vainqueurs.

Les peuples vainqueurs payent toujours leurs victoires plus qu'elles ne rapportent et, par contre-coup, ils voient s'appesantir plus lourdement sur eux, le joug de la caste militante et gouvernante.

Il faut aussi que les hommes sachent que les guerres n'ont aucune bonne raison d'être, parce que, en toutes choses, le profit de l'un est le profit de l'autre, et non le contraire, comme l'enseignent les pêcheurs en eau trouble.

Quand les hommes sauront que tous les actes sociaux se réduisent, en dernière analyse, à des échanges et que, dans cette opération, les deux parties gagnent, puisqu'elles donnent une chose moins utile pour une plus utile, ils comprendront que le libre échange absolu est la loi fondamentale de la société, que toute institution qui entrave cette liberté tourne au détriment des deux échangistes.

Alors la guerre tombera d'elle-même, car elle n'aura plus aucune apparence de justification.

Or, ce sont là les principes que proclame et enseigne l'économie politique depuis deux siècles, avec peu de succès, il faut en convenir, mais ce n'est pas sa faute.

L'ambition et la combativité sont des instincts naturels à l'homme et nécessaires dans une certaine mesure ; on ne peut les anéantir, mais on peut et l'on doit s'efforcer de changer leur orientation.

Jusqu'à ce jour, ils n'ont été dirigés qu'à la domination *des autres*. Quand chacun les appliquera à la domination de *soi-même*, il n'y aura plus de guerre, faute de combattants.

Il me resterait maintenant à parler du militarisme, de la paix armée, qui est tout autre chose que la guerre, en apparence.

Si j'avais le temps et la place, je montrerais que les armes à feu et tout ce qui s'en suit, sont pour le moins inutiles à la défense d'un peuple, et que la nation la plus sage serait celle qui, sans attendre les autres, renoncerait aux fusils, canons, mitrailleuses et aux armées permanentes.

Elle pourrait ainsi augmenter sa richesse et sa population — en quantité et en qualité, — et si les autres venaient s'y frotter, ils trouveraient à qui parler, comme l'Europe coalisée a trouvé les sans-culottes, et comme les sans-culottes eux-mêmes ont trouvé les Vendéens et les Bretons.

Mais ceci paraîtrait trop paradoxal, et il faudrait un livre pour le démontrer. Or, je n'ai déjà été que trop long.

Du moins, je crois avoir dit l'essentiel; cela me suffit et je passe la plume à d'autres.

ROUXEL.

CLÉMENCE ROYER.— *Française* ; *Philosophe* ; *Economiste* ; *Anthropologiste*. *Auteur de :* Traduction de l'Origine des espèces de Darwin ; Théorie de l'Impôt ; etc.

Dans les questions sociales, il ne suffit pas d'exprimer des opinions de sentiment, il faut des conclusions déduites de faits, et c'est pourquoi toutes ces enquêtes, si fort à la mode, ne peuvent aboutir.

Pour répondre à votre questionnaire, il faudrait un traité de 500 pages, et encore il resterait beaucoup à dire.

A vol d'oiseau, la conclusion d'un pareil livre serait sans doute celle-ci: le militarisme est une maladie de la sénilité des nations qui précède et souvent cause, ou du moins précipite, leur disparition. C'est l'analogue de la frénésie du suicide chez les individus atteints du délire de la persécution. C'est, en somme, la sagesse de Gribouille.

La Grèce a péri après Alexandre ; l'empire romain est tombé en décomposition après César ; l'empire de Charlemagne s'est affalé sous son fils ; la féodalité a péri aux croisades ; l'Europe, foulée aux pieds par Bonaparte, n'a pas su s'en guérir ; Napoléon III et Bismark l'ont jetée dans des convulsions nouvelles dont elle semble incapable de se relever ; et voilà l'Espagne qui follement, par un point d'honneur absurde, qui est une insulte au bon sens et à la justice, commence la lutte avec le nouveau monde. C'est le commencement de la grande lutte, rendue inévitable, par la bêtise humaine, non seulement entre deux mondes géographiques, mais entre la race anglo-germanique et le vieux monde néo-latin. L'issue de la lutte n'est pas douteuse.

Nos chauvins, anti-juifs, anti-protestants, surtout ennemis de toutes les libertés, rappellent ces gens du Royaume d'Israël en décadence, qui jetaient Jérémie dans un cul de basse-fosse, parce qu'il leur avait prédit que l'alliance de l'Egypte ne ferait que précipiter la destruction de Jérusalem par Nabuchodonozor. Eux aussi étaient saisis de la frénésie du suicide national.

L'histoire se recommencera-t-elle ainsi perpétuellement ? Chaque génération est-elle condamnée à refaire les fautes de celles qui l'ont précédée. Le progrès est-il un vain mot? Aucun n'est possible, si l'humanité ne se guérit pas de l'instinct de la guerre, cette preuve si éloquente de l'incapacité politique de l'homme. CLÉMENCE ROYER.

SAVIOZ. — *Française. Romancière et journaliste. Rédactrice à* l'Evénement. *Auteur de nombreuses nouvelles.*

Les questions que vous m'avez fait l'honneur de m'adresser exigeraient, si l'on voulait y répondre sérieusement, une étude pour laquelle vous n'avez sans doute, pas plus de place dans votre Revue, que moi le temps nécessaire pour l'écrire.

Voici donc succinctement ce que je crois être la vérité :

1° La guerre, parmi les nations civilisées, n'est nécessitée aujourd'hui ni par le progrès qu'elle entrave, ni par le droit qu'elle ne satisfait que rarement; mais elle est utile au maintien des gouvernements qui y trouvent toujours un dérivatif salutaire contre les revendications du prolétariat.

2° Pour ce qui est des effets,intellectuels, moraux, physiques, économiques, politiques, de la guerre, je les crois déplorables. La pensée, d'abord, n'a que faire de semblables hécatombes — si ce n'est les répudier. La moralité prise dans sa conception la plus noble y est constamment violée : la guerre élevant le vol, le pillage et le meurtre à la hauteur d'une institution. Ses effets physiques sont tout aussi déplorables. Ne sont-ce pas, au soir des batailles, les corps de beaux et jeunes hommes, l'élite physique de la race, qui jonchent le sol, font de la terre féconde un vaste charnier humain; et la guerre opérant une sélection à rebours, ne laisse-t-elle pas pour la reproduction de l'espèce le rebut de la nation? Au point de vue économique, la guerre est toujours un désastre. Elle ruine avant,elle ruine pendant, elle ruine après;que ce soit pour maintenir la conquête ou préparer la revanche. De même, au point de vue politique, elle n'a jamais servi que les ambitieux que n'arrête pas l'épouvantable responsabilité qu'ils assument en sacrifiant à leur gloire des milliers d'existence. Napoléon en fut la preuve la plus irréfutable.

3° Il faut, *dans tous les pays*, toutes les fois que l'occasion s'en présente, démasquer, devant le peuple qui y croit encore, les mobiles qui poussent certains individus à exalter le sentiment de chauvinisme, qui seul rend les guerres possibles, et demander qu'un usage meilleur, plus humanitaire, soit fait des sommes énormes englouties chaque année pour l'entretien de l'armée et de la flotte.

4° Les moyens qui nous conduiront le plus rapidement à la pacification des peuples seront, dans l'ordre social actuel : l'arbitrage et, au cas de vote au Parlement, le refus de crédit, par les députés pacifiques et socialistes, des sommes destinées à l'agrandissement de l'effectif de l'armée, ce qui aura pour résultat un désarmement graduel.

Du reste, pleine de confiance en l'avenir, je crois que cette question se résoudra d'elle-même, le jour où la démocratie, consciente, enfin, de sa force et de son droit, réglera elle seule ses destinées et ne se laissera plus gouverner par ceux qui l'exploitent. SAVIOZ.

GEORGES SOREL. — *Français, Ancien ingénieur en chef des Ponts et Chaussées. Collaborateur de* la Revue Scientifique, *de* la Revue Philosophique ; *des* Sozialistische Monatshefte, etc.

La réponse au questionnaire ne me semble pas très facile à moins qu'on n'accepte une modification aux formules : je ne saurais dire si la guerre est nécessitée par le droit et le progrès, mais je suis certain qu'elle est considérée comme nécessaire par les classes qui exercent une influence et que cette idée est propagée par les hommes qui dirigent l'opinion.

Depuis 1871,on a fait des efforts considérables pour répandre dans le peuple ce qu'on a appelé l'*instruction* : le résultat n'est pas brillant, et il ne pouvait être que mauvais, étant donné qu'on voulait imposer d'en haut une direction aux masses populaires. On leur a sermonné les sottises des manuels civiques, le culte du drapeau, la sainteté des *grands principes* ; on les a rendus esclaves des marchands de papier imprimé.

On a persuadé aux lecteurs des journaux stupides que le droit a été violé par le traité de Francfort et que la justice immanente des choses (?) se chargerait de réparer le *crime* commis par l'Allemagne. Dans les écoles on apprenait que, de tout temps, les guerres entreprises par la France ont été des croisades pour le Droit et pour le Progrès : c'est toujours le *Gesta Dei per Francos* ! Quatre-vingt-dix pour cent de nos compatriotes croient, très sincèrement, qu'une paix durable n'est possible qu'après une guerre de revanche.

Dans les pays où le corps d'officiers se recrute dans une classe spéciale, les idées sur le militarisme pouvent être beaucoup plus saines qu'en France. Chez nous, l'armée est nécessaire pour caser les jeunes gens qui sortent des lycées : d'autre part les places d'officiers sont très accessibles aux fils de la petite bourgeoisie, qui a toujours eu des goûts et des aspirations d'antichambre, qui a mis son idéal dans le valet vêtu des habits de gentilhomme, qui adore l'autorité et a horreur du socialisme. Il ne faut pas se dissimuler que l'extension de la fameuse instruction populaire n'a pas été très favorable, jusqu'ici, au socialisme : les classes supérieures du monde du travail renferment beaucoup plus d'adversaires du prolétariat qu'on ne le croit ; il n'est pas rare de rencontrer des ouvriers qui parlent avec mépris des journaux socialistes et qui croient faire preuve d'intelligence en ne lisant que des journaux rédigés par des demi-intellectuels. Ces braves nigauds veulent montrer qu'ils *sont à la hauteur*, et dissertent volontiers sur la politique étrangère ; ils veulent que la France ait une belle armée *pour se faire respecter*.

Les socialistes ne sont pas, malheureusement, les derniers à flatter les sottises des lecteurs du *Petit Journal* : ils sont obligés de chercher des suffrages et, au lieu d'éclairer le peuple, ils l'égarent. Dans une brochure publiée par le comité de M. Guesde,à Roubaix, on lit que celui-ci a protesté contre les mauvais Français qui ont envoyé l'escadre aux fêtes de Kiel ; qu'il est contre l'alliance russe parce que cette politique a « pour base l'abandon définitif et volontaire de l'Alsace-Lorraine ». Quelques pages plus haut on apprend que « *nos soldats* ont été la préoccupation constante de J. Guesde, parce que, *convaincu du grand rôle réservé à notre pays dans la prochaine révolution*, il veut une France toute puissante, invincible ». Nous sommes encore ramenés au *Gesta Dei per Francos* !

Quoi qu'on fasse, le patriotisme est identique au militarisme ; l'expédition de Tombouctou a fourni à M. Brunetière l'occasion d'une conférence connue sur l'idée de patrie et peu de gens osent dénoncer les *exploits* du général Galliéni à Madagascar... par patriotisme !

M. Rouanet écrit dans la *Revue socialiste* : « L'héroïsme militaire, la *patrie*, l'honneur du drapeau, M. de Molinari fait bon marché de tout cela. Cela existe cependant ». Mais si cela existe, expliquez-nous donc ce que c'est ! Dans un discours prononcé en 1896 sur la tombe de soldats morts en 1870, M. J. Guesde s'écriait : « Je viens saluer ceux qui sont morts pour une *patrie qui est encore à conquérir.* » Dans le journal officiel du *Parti ouvrier français*, on a publié cette étrange déclaration qu'on croirait tirée de l'Apocalypse : « Libre à la bourgeoisie de se diviser, de s'entredéchirer au nom de la *patrie*, du droit, de la justice et autres mots vides de sens tant que durera la société capitaliste ». Ainsi on nous promet une *vraie patrie* après la révolution sociale ; mais que sera cette patrie ? On se garde de nous l'expliquer. Je suppose que ce sera quelque chose d'assez analogue à ce qu'est la patrie d'aujourd'hui. D'ailleurs toute conception du socialisme autoritaire aboutit, nécessairement, au nationalisme et au militarisme : l'évolution qui éloigne, de plus en plus, nos socialistes parlementaires des idées de l'Internationale, est toute naturelle et elle ne peut que s'accentuer dans l'avenir.

Je crois qu'il ne serait pas inutile de mettre sous les yeux des lecteurs les considérations par lesquelles Marx terminait l'adresse inaugurale de l'Internationale en 1864 (1) : « Si l'affranchissement des travailleurs demande, pour être assuré, leur concours fraternel, comment peuvent-ils remplir cette grande mission si une politique étrangère, mue par de criminels desseins et mettant en jeu les préjugés nationaux, répand, dans des guerres de pirates, le sang et l'argent du peuple ? L'approbation sans pudeur, la sympathie dérisoire ou l'indifférence idiote, avec lesquelles les classes supérieures d'Europe ont vu la Russie saisir comme une proie les montagnes forteresses du Caucase et assassiner l'héroïque Pologne, les empiétements immenses et sans obstacle de cette puissance barbare, dont la tête est à Pétersbourg et dont on retrouve la main dans tous les cabinets d'Europe, ont appris aux travailleurs qu'il fallait se mettre au courant des mystères de la politique internationale, surveiller la conduite diplomatique de leurs gouvernements respectifs, la combattre au besoin par tous les moyens en leur pouvoir et enfin, lorsqu'ils seraient impuissants à rien empêcher, s'entendre pour une protestation commune et *revendiquer les lois de la morale et de la justice*, qui doivent gouverner les relations des individus, comme la règle supérieure des rapports entre nations.

« Combattre pour une politique étrangère de cette nature, c'est prendre part à la lutte générale pour l'affranchissement des travailleurs. »

Ces conseils étaient excellents en 1864 ; ils sont encore excellents aujourd'hui : les guerres de pirates n'ont pas disparu, le danger russe est plus grand que jamais ; malheureusement les socialistes ont bien changé depuis trente-

(1) L'adresse inaugurale de l'Internationale a été rarement réimprimée ; elle ne figure pas dans les collections de brochures de propagande du parti ouvrier français.

cinq ans. Autrefois on ne déclarait pas que la justice est un mot vide de sens ! Beaucoup de marxistes français traiteraient d'utopiste le philosophe qui écrirait aujourd'hui l'adresse inaugurale de l'Internationale et revendiquerait les lois de la morale et de la justice comme une règle supérieure des rapports entre nations. *Les socialistes sont devenus patriotes* ; ils sont entraînés par le courant général : tout semble donc, aujourd'hui, conspirer en faveur du militarisme !

Les seuls adversaires sérieux et irréductibles que le militarisme ait rencontrés, ont été les anarchistes ; mais la masse a peur des anarchistes.

Des événements récents ont montré qu'il n'est pas prudent d'attaquer les institutions militaires en bloc, qu'il faut manœuvrer avec beaucoup d'adresse et abandonner toute tactique capable d'éveiller les défiances des gens qui font profession d'être raisonnables. On n'obtiendra rien en bataillant contre des abstractions, la guerre, le militarisme, la discipline ; il faut faire l'éducation populaire par des leçons de choses, isoler des cas capables de frapper les imaginations et ne pas se piquer d'une logique intransigeante. Pour employer une expression heureuse de M. Y. Guyot, il faut faire pénétrer les idées anti-militaristes par endosmose. G. Sorel.

Gabriel Trarieux. — *Français. Homme de lettres, Directeur de* la Revue d'Art Dramatique. *Auteur de :* La Chanson du Prodigue ; Joseph d'Arimathée.

Une réponse à votre questionnaire exigerait deux forts volumes. Encore serait-elle incomplète. J'avoue d'ailleurs être loin d'être au clair, pour mon compte, sur la plupart des questions posées. Cela dit, je vous livre pour ce qu'elles valent les quelques indications suivantes.

1° Il est clair, et c'est le seul point indiscutable, car il est de théorie, que toute guerre, de nos jours, est formellement contredite par le droit et par le progrès. C'est une monstruosité sans nom imposée par une fatalité très antique. Le miracle de la paix armée, qu'on lui préfère depuis trente ans, en est une preuve suffisante. Que la guerre doive disparaître ne peut faire de doute que pour ceux qui ignorent l'histoire de l'homme et sa lente évolution morale depuis l'âge des cavernes jusqu'à nos jours. Il n'est pas moins vrai que, monstrueuse ou non, elle nous tient pour longtemps encore. Il peut être question de désarmements partiels. Le désarmement total est une chimère tant qu'il restera sur le globe un coin de terre libre à occuper. C'est ainsi que les guerres coloniales s'annoncent pour le vingtième siècle, et qu'au delà des luttes nationales s'ébauchent pour les jours futurs les luttes de continent contre continent. L'entrée en scène de l'Amérique est significative à ce point de vue.

2° Les effets du militarisme me paraissent tenir en un mot : ils organisent parmi les peuples une relative barbarie. Barbarie intellectuelle, qui dépense un effort gigantesque à organiser la destruction, barbarie morale qui abolit l'initiative privée et maintient dans les codes des cruautés sinistres, barbarie économique qui écrase d'impôts les budgets et engendre le protectionnisme, barbarie politique enfin qui favorise le césarisme et cette maladie aiguë dont nous sommes atteints présentement, contrefaçon du patriotisme qu'on pourrait appeler la *Nationalîte*. Il faut opposer à ce tableau celui des vertus militaires : je suis loin d'en médire, elles sont très réelles et méritent leur Alfred de Vigny. Elles s'appellent la santé physique, la force, le courage, l'obéissance, l'abnégation, la pauvreté. Cela est vrai surtout du corps d'officiers qui est en général recommandable. L'ivrognerie et la débauche altèrent trop souvent chez le soldat les bienfaits de cette vie rude. Il suffit de dire d'ailleurs que ces vertus, aujourd'hui spéciales, pourraient trouver dans la vie civile un emploi tout aussi actif et bien autrement fécond.

3° Les solutions théoriques sont assez faciles à entrevoir. Partout où le droit primera la force, partout où la personne humaine arrivera à une pleine conscience de sa dignité et de ses devoirs, le désarmement s'ensuivra, partiel ou total. Le jour semble assez proche en Europe où le fait d'imposer à des hommes une nationalité arbitraire sera tenu pour un crime aussi flagrant que celui de leur imposer une religion. La circulaire impériale qui vient de saisir l'opinion de ces revendications possibles, quel que soit le sort qui l'attende, marque une date capitale. Une Europe plus ou moins unie, avec des armées de terre réduites, et des forces navales décuplées, voilà une des combinaisons que paraît réserver l'Avenir. Ce serait déjà un grand progrès sur le présent, — en attendant ce « règne de Dieu » prédit par la religion chrétienne, où doivent être unis tous les hommes...

4° Je suis très incompétent sur ce point. L'arbitrage international, les ententes diplomatiques sont des étapes nécessaires sans doute, qui m'inspirent une défiance incurable. Les gouvernements sont orfèvres, ils vivent du militarisme, et je crois que les nuits du 4 août sont des dates très clairsemées. La poussée de l'opinion publique, de la grande puissance inconnue qui devient peu à peu invincible, me paraît le moyen véritable, et j'appelle, quoique patriote ou plutôt *parce que patriote*, j'appelle, avec tous les libres esprits de toutes les nations différentes, l'éclosion de cette conscience internationale, âme complexe de l'humanité, où le génie de chaque race se développera dans l'harmonie : là est la seule sauvegarde d'une paix vraiment universelle.

GABRIEL TRARIEUX.

EDOUARD VAILLANT. — *Français. Ingénieur. Ancien membre de la Commune. Député de Paris.*

1 Les conditions historiques, qui, encore au commencement de ce siècle, rendaient la guerre inévitable, la rendent aujourd'hui évitable. Il n'est pas une guerre qui, depuis les guerres de la sécession en Amérique et de l'indépendance italienne, n'eût pu être évitée.

L'unité allemande eût pu se faire et non à l'avantage de la Prusse, mais à celui de l'Allemagne, sans guerre internationale, comme se fit l'unité de l'Italie après la guerre de 1859, par la volonté de la nation allemande ; et la guerre de 1870 reste le crime inexpiable de Bismarck et de Napoléon III, déroulant toujours ses conséquences funestes, motif et prétexte de développement du militarisme et des menaces de guerre. La guerre turco-russe de 1877, la guerre turco-grecque, la guerre entre l'Espagne et les Etats-Unis pouvaient être évitées et leur objet atteint, s'il avait été seul visé, si l'ambition et la cupidité des gouvernants n'avaient provoqué la guerre. Et actuellement, si une guerre la plus fratricide, la plus funeste à la civilisation, et la plus évitable de toutes, menace d'éclater entre la France et l'Angleterre (1), n'est-ce pas : d'une part la cupidité et l'avarice du capitalisme colonial des gouvernants anglais et, d'autre part, l'imbécillité servile des gouvernants opportunistes, des Hanotaux et consorts, aux ordres du tzarisme et de la réaction internationale et partout à leur service, sans se soucier des intérêts de la France et de la civilisation, ne craignant pas de nous aliéner les sympathies des peuples et du plus grand et du plus libre de tous, du peuple anglais, et de risquer la guerre pour faire œuvre de domesticité tzarienne et de réaction internationale.

Le rapide développement des nations, en ce siècle, les a mises partout, sur tous les points du globe, en contact, en concurrence, en rivalité, en conflit. Mais, ces rapports,ces conflits sont d'ordre économique et pourraient toujours être réglés sans guerre si, par le fait du capitalisme, avide de conquêtes et de rapines coloniales, et du militarisme, le danger de guerre n'était toujours imminent.

2° Cet état de choses ne cessera qu'avec le règne du capitalisme et de la réaction. Il est évident que tant qu'il durera, et à mesure qu'ils seront plus menacés par les progrès de la démocratie et du socialisme, les maîtres du pouvoir et de la fortune publique chercheront à augmenter leur force de résistance et d'oppression qui est la force armée du policier et du soldat, la puissance militariste, en même temps qu'ils s'allieront à toutes les survivances du passé et chercheront de tous leurs efforts à accroître l'influence de la religion et du cléricalisme. Et comme les revendications de la classe ouvrière grandissent avec la conscience de ses droits, c'est par une coercition policière et militaire croissante, par le militarisme, par la guerre civile et étrangère, que la classe capitaliste et la réaction défendent leur pouvoir et leur privilège, maintiennent l'oppression et la misère populaire, la servitude des citoyens, et perpétuent leur domination.

3° L'unique solution est donc la victoire du socialisme c'est-à-dire la fin du régime de vol et d'antagonisme capitaliste qui, dans chaque pays et dans le monde entier, met les hommes, les classes, les nations, aux prises, pour un peu plus de pouvoir, de fortune et de privilège qui n'appartient aux uns qu'à la condition d'être enlevé aux autres, par ruse ou par violence, par vol ou par meurtre et par guerre. Et ce n'est que par la fédération des républiques socialistes conquises en chaque pays, par le peuple, que nous pourrons, avec sécurité, commencer, sans heurt, l'évolution qui mènera à ce but, en substituant à la production marchande et capitaliste, la production organisée pour une répartition en rapport avec le travail nécessaire et les besoins de chacun et au gouvernementalisme oppresseur la liberté.

4° La transition est incertaine et peut être de longue durée. Le socialisme et la classe ouvrière auront de longues épreuves à subir, de fortes luttes à engager, avant de sortir, par la victoire, de la période révolutionnaire et d'entrer

(1) La question de Fashoda n'était pas encore réglée au moment où j'ai écrit cette réponse. E. V.

dans celle d'évolution normale et de développement continu, de la société nouvelle de liberté, de solidarité et d'égalité.

En attendant, il leur faut lutter sans cesse et proposer les solutions immédiates et préparatoires concordantes avec le progrès de la civilisation et de la démocratie.

Les exagérations du militarisme, ses vilenies, ses crimes et ses dangers, et aussi les charges écrasantes qu'il cause, ont fait que de toutes parts des projets de réformes sont nés. Et l'on a vu même le tzar en proposer la limitation apparente.

Les souverains et capitalistes pourraient, en effet, se contenter de limiter leurs forces offensives et leur police armée contre le peuple, avec la faculté de les mieux ordonner et perfectionner dans l'intérêt de leur domination. Ils y gagneraient.

Avec le service de trois et surtout de deux ou mieux d'un an étendu à tous les citoyens, l'armée permanente n'est plus un instrument militariste aussi sûr qu'autrefois, aux mains des gouvernants.

Avec une réduction du nombre des soldats et la durée du service augmentée à cinq et sept ans, le militarisme retrouve pour la guerre étrangère et la guerre civile, contre la classe ouvrière et la Révolution, l'instrument docile et fort et le plus puissant de son règne.

La méthode et les réformes démocratiques et socialistes sont donc contraires; elles ont pour objet d'armer le peuple et de désarmer ses maîtres; comme le but de ceux-ci est de disposer militairement et policièrement des forces armées du peuple pour le maintenir sous le joug.

Dans la situation actuelle, il est évident que si nous désirons, nous ne pouvons effectuer, et dans tous les pays, la suppression de l'armée permanentes, le désarmement, et le règlement par arbitrage des conflits internationaux.

Il est utile et nécessaire de poser la question de désarmement et d'arbitrage pour la paix et il est heureux que l'exagération des dépenses et des charges militaires aient obligé le tzar à la poser partiellement; il est regrettable que la République française n'ait pas su prendre cette initiative. Mais si par ces propositions la solution est préparée, elle n'est pas obtenue.

Il n'y a qu'un moyen de solution certaine, c'est celui qui, au refus d'une entente commune pour une réalisation générale, peut être employé par le pays démocratiquement assez avancé pour donner l'exemple : ce moyen c'est la renonciation à toute politique offensive, l'adoption d'une politique uniquement défensive ayant pour conséquence immédiate la transformation progressive de l'armée permanente en milices nationales sédentaires. C'est l'objet d'une proposition de loi qu'avec mes amis socialistes j'ai déposée à la Chambre.

Il ne s'agit pas, dans la situation militariste actuelle, de laisser le pays, un seul instant, désarmé, exposé aux coups d'ambitions et de monarchies coalisées; il s'agit, au contraire, considérant la force militaire actuellement constituée comme la force défensive minima, de l'augmenter sans cesse, en lui donnant de plus en plus le caractère exclusivement défensif, en partie réalisé par l'armée suisse, où cependant il reste encore trop de traces de militarisme.

Quelles seraient les étapes de cette transformation ? Cela dépendrait évidemment de la plus ou moins grande influence de l'idée démocratique. Ce qui est certain, c'est que plus cette transformation serait rapide, plus rapidement aurait disparu, avec tout danger de guerre et de césarisme, le militarisme et la force d'oppression réactionnaire et capitaliste.

Cet armement général du peuple élevé, organisé pour la défense de son territoire et de ses libertés, y employant l'intégralité de ses forces et se mettant aussi bien à l'abri de l'invasion et de l'intervention de l'étranger que du coup d'Etat et de la domination militariste, se réaliserait peu à peu, avec la transformation de l'armée permanente en milices, d'abord par la réduction de la durée du service à un an et six mois, en même temps que par la mise en œuvre de l'organisation nouvelle qui ferait bientôt du peuple entier un peuple d'hommes libres où aurait cessé la distinction entre citoyen et soldat et où il n'y aurait plus que des citoyens armés et organisés et ainsi libérés des dangers militariste ou réactionnaire.

Le pays qui aurait pris une telle décision serait à même de la généraliser, de l'étendre aux autres pays et par son exemple, et par l'appui de l'opinion et de la sympathie populaire universelle, et en appelant les représentants de ces pays à des conférences : pour la transformation de leurs institutions de politique offensive en institutions de politique défensive et pacifique, pour la transformation de l'armée permanente en milices nationales.

Dans l'état actuel des choses, il n'est pas possible à un organisme national, à une nation de ne pas vouloir, de ne pas organiser, les conditions élémentaires et de conservation de son existence. Elle doit autant se mettre à l'abri de l'intervention arbitraire de l'étranger que des coups de la réaction et du militarisme. Mais une fois ce but atteint par les peuples, ne déléguant plus leur puissance à des maîtres, mais la gardant, l'exerçant pour eux-mêmes, pour leur défense, leur sécurité, leur liberté ; alors il n'y aura plus lieu d'exagérer les charges de cette défensive, il sera possible par un désarmement réciproque équivalent, répondant aux circonstances, et par l'organisation de l'arbitrage international, de réduire à son minimum utile d'exercice, cet armement populaire général, condition nécessaire et première de la suppression du militarisme et du césarisme, de leurs infamies et de leur danger.

EDOUARD VAILLANT.

FILIPPO ABIGNENTE. — *Italien. Capitaine dans le régiment* Nice-Cavalerie. *Collaborateur de :* La vita Internazionale, *de* Armi e Progresso, *de* la Rivista di studi psichici, *etc. Auteur de :* Fede e Ragione ; Il colonello di San-Bruno ; Il Duello ; Il Romanzo d'un coscritto ; Lo spiritismo nella litteratura amena e nella vita sociale.

Il ne m'est pas facile de répondre dans les limites d'une courte lettre aux quatre questions que la *Vita internazionale* et l'*Humanité Nouvelle* me font l'honneur de m'adresser.

Mes réponses seront donc plutôt comme le résumé de ce que j'exposerais dans un livre.

1° L'usage de la force pour résoudre les différends internationaux est *à présent* une nécessité, et même un droit ; mais le fait même de devoir y recourir exclut l'idée que les nations actuelles soient vraiment civilisées, bien qu'elles se proclament telles. La nécessité de la force révèle l'impuissance du droit et celle-ci, à son tour, l'imperfection de la conscience civile.

Je crois donc que la guerre entre nations *civilisées* est exclue par le droit et incompatible avec le progrès considéré, c'est-à-dire dans le sens général et synthétique, comme la résultante des différents progrès dans les diverses branches de la vie intellectuelle et physique.

La guerre est voulue par l'histoire; si on doit juger de l'avenir d'après le passé, il n'y a pas de doute qu'elle paraisse inéluctable. Mais s'il est vrai que l'histoire a constamment eu des guerres à enregistrer, il est vrai aussi qu'elle n'enregistra jamais — comme elle devra le faire dorénavant — d'aussi puissantes aspirations pacifiques que celles qu'on entend depuis peu déborder des esprits des philanthropes, du cœur des artistes, de la plume des écrivains, de la conscience du peuple. Ces grandes aspirations de paix n'étaient pas voulues non plus par l'histoire, et cependant elles existent et elles grandissent. L'histoire devra donc, en servante fidèle, noter les actions des peuples où pénétra le rayon de la paix, et non ceux-ci modeler leurs actions sur les fausses données du passé. Je dirai donc que l'histoire voudrait la guerre, mais que nos efforts doivent l'obliger à écrire de nouvelles pages inspirées par les hautes pensées désormais évidentes de l'humanité.

2° Il faut faire une distinction entre le militarisme et les institutions militaires. Le premier est la dégénérescence des secondes, comme le réalisme dans l'art est la dégénérescence du juste désir du vrai, et l'opportunisme dans la vie politico-sociale est la dégénérescence du sens de l'opportunité. Le militarisme ne peut produire que des effets nuisibles, tandis que les institutions militaires, nécessaires pour la garantie de l'indépendance des nations et le maintien de l'ordre en produisent d'excellents, et les impôts financiers qui en dérivent doivent être considérés comme les autres impôts qui ne sont jamais commodes ni agréables, mais qui sont exigés par le besoin commun. L'horreur du militarisme est donc légitime, tandis que le dédain, dont beaucoup font parade, pour tout ce qui est militaire est blâmable, antipatriotique et, par dessus tout, injuste. On s'imagine généralement que les institutions militaires sont nécessaires et continueront à subsister même lorsque le moment viendra de réaliser l'idéal des arbitrages, dont les jugements — jusqu'à la perfection invisible de l'homme, la plus reculée — devront être imposés au rebelle; sans compter qu'il y a encore des peuples barbares ou semi-civilisés hors de l'Europe, et qu'il y a encore possibilité d'invasions.

3° Le problème de l'abolition de la guerre est d'une solution lointaine et difficile. Le monde ne sera pas mûr pour cela aussi longtemps que les ambitions, les haines de races, les divisions religieuses n'aient entièrement disparu et que la conception de la patrie, pour s'exprimer ainsi, ne se soit étendue à la terre entière. Mais qui peut dire que l'aube d'un tel jour soit proche? Peut-on s'en faire illusion, tandis que la terre fume du sang humain versé dans ce qu'on appelle le monde civilisé; tandis que les journaux ne sont que longs comptes-rendus de vols, de rapines, de duels, de massacres, de méfaits de tous genres; tandis que les arts, la littérature, le théâtre ne s'alimentent que des passions humaines, tandis que le monde entier se ressent encore de la plus basse animalité ? La solution définitive du problème doit donc être considérée comme une vision idéale, comme un phare apparaissant sur l'horizon lointain des siècles à venir, un phare sur lequel doivent s'orienter les efforts de ceux qui sont parvenus à l'entrevoir et dont le devoir est de guider graduellement vers lui la jeunesse et les générations futures. Le programme de la « Société de la paix » se propose précisément ce but, et un premier pas vers la solution du problème est certainement, à mon avis, l'institution des tribunaux internationaux. Puisqu'il est déjà arrivé que certains peuples en ont appelé parfois au jugement d'arbitres choisis parmi les principales nations neutres, on pourrait, il me semble, en venir à instituer les arbitrages permanents.

Etant donné que les partisans de l'idéal de la paix ne sont pas des anges transportés sur cette terre on ne peut déclarer leur idéal absolument utopique, et l'on ne peut dénier à l'immédiate réalisation de l'arbitrage une suffisante probabilité. Il suffira de répandre le sentiment de la justice et de la *vraie liberté*. Amplifiant dans le même sens la proposition de D'Azeglio, qu'il n'y a pas de vraie liberté là où l'obéissance à la loi politique et civile fait défaut, je dirai qu'il n'y a aucune liberté réelle pour les nations, là où le respect des futures lois internationales manque. La solution graduelle du problème de la guerre, implique *a fortiori* l'idée de s'en rapporter au militarisme.

4° La guerre a son origine, — comme je l'ai dit plus haut — dans l'imperfection morale et civile de l'homme. Tous les moyens qu'on pourrait suggérer pour la solution du problème ne seront que des palliatifs s'ils n'attaquent pas directement le mal à la racine. Instruire, perfectionner, moraliser, en un mot civiliser le peuple, voilà, à mon avis, le seul remède. L'instruction, l'éducation, la morale, resteront inefficaces si elles n'ont pas pour base la charité. Le sentiment religieux (ne pas confondre avec les données des différentes sectes religieuses) doit être le soutien et l'âme de la civilisation.

Le vrai secret de la paix entre citoyens et nations est dans une religion régénératrice, qui ne soit pas obscurcie par le dogme, mais illuminée par la science et le libre examen ; dans une religion qui, ainsi que l'indique le sens étymologique du mot, unisse, au lieu de la diviser, l'humanité ; dans une religion qui prêche l'amour et la charité, sans distinction de race ni de croyance ; dans la religion absolue, sans date et sans patrie, comme dit Renan (sans autel et sans boutique, ajouterai-je) ; dans le spiritisme, simple culte du vrai et du bien, religion selon Garibaldi, de la raison et de la science.

Capitaine Filippo Abignente.

Moritz Adler.—*Autrichien. Publiciste. Collaborateur de* : Die Waffen Nieder, Die Gesellschaft, etc. *Auteur de :* Der Krieg, die Congress-idee und die Allgemein Wehrpflicht (1868); Offenes Sendschreiben an Prof. Theodor Billroth.

Les vraies raisons de la guerre comme institution et la guerre de nos jours. Comment y porter remède ?

Les guerres de nos jours ont une infinité de raisons apparentes, véritables prétextes, mais en réalité une seule cause véritable : la guerre comme institution. Bismarck s'est servi du mot « courant sous-marin ». Le courant sous-marin, courant qui entraîne les couches profondes de toute la politique inutile, des guerres insensées, des armements absurdes, est maintenant la guerre comme institution.

Cela paraît être une vérité extraordinairement banale, et cependant, non seulement elle ne l'est pas, mais son importance ne pourrait être mise assez en lumière.

Ce courant sous-marin est partout également le point décisif pour la navigabilité du courant politique. Une guerre éclate à cause de Schnäbele, Dreyfus, la Chine, les Philippines, Cuba, la Crète. Cela signifie uniquement que les vaisseaux d'un, de deux, trois Etats se sont heurtés aux écueils de l'espionnage militaire, de la famine des colonies, des atrocités turques. Et il y a, d'autre part, différents capitaines sur les vaisseaux atteints. Les uns n'ont pas pu ou su éviter le tourbillon, ce sont alors les guerres relativement justes. Les autres ont eu de bonnes cartes, des machines puissantes, ils auraient pu éviter le tourbillon. Mais ils avaient de bonnes raisons pour tenter l'aventure. La gloire, les tributs, les conquêtes les appelaient, eux et leurs Etats, tandis que le navire le plus faible, et non le leur, se brisait sur les écueils ou tout au moins supportait les plus fortes avaries. Ce sont là les guerres injustes, les guerres cherchées par un des adversaires, les guerres de prétextes. La vraie raison de toutes ces guerres, qu'elles soient étiquetées dans l'histoire comme allemande, française, espagnole, guerre de succession, guerre préventive, défensive, guerre de religion ou de commerce, qu'elles soient relativement justes ou absolument injustes et inexcusables, est toujours le récif sous le miroir de l'eau, la guerre comme institution, avec ses innombrables écueils spécifiés sur la carte du politicien, comme espionnage militaire, famines, atrocités, etc. Mais si la technique de nos jours a accompli son chef-d'œuvre dans l'écartement des écueils situés sous l'eau du Danube près de la Porte-de-Fer, de même la science meilleure et l'humanité de notre temps ne peuvent trouver d'occupation plus pressante que de faire sauter le grand banc d'écueils moraux de la guerre comme institution, de rendre simplement impossibles les guerres justes ou injustes de toutes sortes et de toutes dénominations.

Aussi longtemps que cela ne se sera pas produit, aussi longtemps que *la paix comme institution* n'aura pas remplacé *la guerre comme institution*, il sera puéril et inutile de pérorer contre les guerres. Non pas « *sint* » comme dans le mot sur les Jésuites, mais « *sunt ut sunt* » peut-on dire, ou en allant plus loin « *sed non sint* ». Il doit y avoir des guerres aussi longtemps qu'il n'y a pas de juges, qu'il n'y pas de vraie paix. Il doit y avoir des guerres injustes, parce que les hommes ne sont pas des anges et n'en seront jamais, et parce qu'il doit y avoir des mécontentements dans le monde, si l'on n'en détourne pas la source. Il doit y avoir des guerres justes parce que même un ange, indignement attaqué, défendra sa peau, et parce que la morale ascétique de l'Evangile, qui veut qu'on tende l'autre joue après un premier soufflet reçu, exclurait toute culture, tout gouvernement, et aurait pour conséquence le développement défendu des actes de violence. Pour le bannissement des guerres, l'arbitrage, la sauvegarde de la paix, sont les conditions préalables absolues. Si celles-ci manquent, la guerre est la soupape absolument nécessaire. Le monde ne peut et ne pourrait subsister sans elle, au moins le monde imparfait dans lequel nous vivons. L'ossification, l'engourdissement seraient la raison d'être, en même temps que la conséquence du manque de guerres dans un monde où l'on n'aurait pas pourvu à la paix selon la justice.

Les raisons ou prétextes des guerres actuelles sont donc légion, depuis les intrigues de camarilla, de boudoir, de cabinet les plus insensées jusqu'au cri de guerre des peuples inhumainement traités et exploités, depuis les calculs spéculatifs des barons du sucre et de la bourse tout puissants dans les bureaux de rédaction des diverses presses jaunes, jusqu'à l'appel révolté de vengeance et de punition d'un Gladstone contre les atrocités arméniennes. Mais elles n'ont pas d'importance fondamentale, elles sortent toutes de l'Institution de la guerre comme de leur sol nourricier commun, et je me hâte donc de m'occuper présentement des causes effectives de l'institution.

Avant tout, j'observe parmi les causes, auxquelles l'institution de la guerre doit sa tenacité extraordinaire, un cercle vicieux tout à fait remarquable. Toute institution doit fournir ses preuves, et en particulier l'institution si puissante et si influente de la guerre. Et précisément les forces et les organisateurs les meilleurs de l'institution ressentent, conformément à la nature, ce besoin de se tenir en haleine, déjà parce qu'à défaut d'une occasion sérieuse qui leur soit offerte, ils craignent de se rouiller. Les soldats les plus courageux et les généraux les plus géniaux, malgré les phrases pacifiques de circonstances, soupirent le plus après la guerre. Un Napoléon Ier était à la guerre dans son élément propre, et nous savons que, lors de la guerre franco-allemande, Moltke était contre Bismarck, l'élément impulsif impatient ; longtemps même avant la guerre, il voulait gagner Bismarck à l'idée d'une guerre préventive contre la France. A l'occasion de la discussion sur le traité secret de neutralité russo-allemand, dévoilé par Bismarck offensé, traité que, considérant la fidélité de la Prusse à l'Autriche et à l'Italie, j'ai appelé le traité d'assurance russo-allemand conclu derrière le dos, on lut avec étonnement dans l'article de fond de *Neue freie Presse*, l'aveu suivant d'une belle âme, venu de Friedrichsruh. Un haut diplomate russe s'exprima comme suit au milieu de l'année 1870 dans un entretien avec un grand homme d'Etat allemand : « La Russie est troublée, elle a eu vingt ans de paix, son « armée réclame de l'occupation, le besoin d'ordres et d'avancement exige « n'importe quelle entreprise militaire ». Cela est aussi clair que cynique.

Ceci, comme exemple du *besoin de se tenir en haleine de l'armée*, en lui-même, n'amènerait pas le monde à une période pacifique si, par impossible, le phénomène d'un siècle s'écoulant sans occasion de querelles entre Etats pouvait se produire. C'est donc de cette raison seule que résultent de temps à autre des guerres que j'appelle des « guerres d'exercice », depuis que j'ai lu cette phrase dans la correspondance de Guillaume Ier avec le général Oldwig v. Natzner (1825) : « Nous avons eu une paix de dix ans, c'est bien long, cela ne vaut rien pour une armée prussienne qui ne peut se maintenir que par la force et les nerfs » (ce qui était l'avant-coureur du sang et du fer.) Et une seule guerre de ce genre suffit pour faire paraître aux profanes l'intervention de la guerre comme inévitable et voulue par la nature, et ensuite pour amener jusqu'à la guerre suivante non seulement les états qui ont pâti la dernière fois, mais pour mener aussi tous les Etats à de longues années pleines d'armements insupportables, d'inventions abominables, d'espionnage réciproque. Cette situation qu'on n'a pas honte d'appeler « paix » devient de son côté insoutenable, excite les peuples au désespoir et à des actes désespérés, au meurtre et au suicide. On gémit alors sur l'anarchie et les doctrines subversives, et le résultat est généralement une nouvelle guerre contre un ennemi extérieur toujours facile à découvrir. Cette guerre est alors en vérité une guerre d'*embarras*, une *guerre de diversion*, *par laquelle au fond chaque peuple combat pour et contre lui-même*. C'est le typique et classique cercle vicieux.

Un *idéalisme* mal compris, mais jaillissant d'une source noble et pure, contribue aussi puissamment à entretenir l'institution de la guerre ; et ce côté de la question sera aussi largement exploité par les instigateurs de la culture de la guerre s'appuyant sur la médiocrité incapable de discernement. Le peuple, dans ses couches multiples, encore naïvement crédule, accessible avant tout aux impressions extérieures et incapable d'apprécier jusqu'au fond les conceptions sociales et politiques, se figure de préférence le souverain comme un héros. Et c'est un héros pour lui que le cavalier galopant sur son fier coursier, le panache ondoyant, l'uniforme de couleurs superbes, étincelant d'or ; même si le cœur qui bat sous le dolman est tout, excepté le cœur d'un héros. La jeune fille qui donne son cœur au jeune officier, le regarde enthousiasmée, comme son héros, tout en tremblant à la pensée d'un danger pour lui, et le considère, d'autre part, à cause de la rareté et du peu de durée des guerres actuelles, justement au point de vue de sa situation assurée et tranquille, comme un bon parti.

Et précisément la forme sous laquelle se manifestent dans les combats les vertus de l'abnégation, du courage, du sacrifice, de l'obéissance est celle qui impressionne beaucoup plus fortement les masses, que lorsque ces mêmes vertus agissent dans la simple bourgeoisie, au chevet d'un malade, en lutte avec les éléments ennemis dans la mine, sur le haut toit vacillant de la tour, au service de la civilisation, de la science, de l'utilité, au lieu de s'employer, comme dans la guerre, au service d'une institution fausse, pernicieuse et surannée.

Glorifiée par cette fausse apparence d'idéalisme, l'institution jette surtout de profondes racines dans les cercles dynastiques et ploutocratiques, comme souvent il ne s'agit là que d'extérieur et de représentation.

Le jeune homme princier ou le favori de Mammon accomplit une tâche nécessaire d'exercices et de réglements, et a bientôt une profession considérée comme honorable entre toutes et qui, en règle générale, de nombreuses années s'écoulant sans guerre, ne l'oblige à aucun travail vraiment pratique. Il se pavane dans le vêtement d'honneur particulièrement enchanteur dans le monde féminin, et qui éveille de vagues idées de danger et d'héroïsme dans les imaginations naïves, quand celui qui le porte s'y trouve et peut s'y trouver aussi sûr et aussi tranquille que dans le sein d'Abraham ou dans sa robe de chambre. Avec quelle fierté la trinité millionnaire du père, de la mère et de la fiancée ne contemple-t-elle pas le jeune héros par la faveur de son tailleur, qui croit souvent avoir comme seul devoir de dissiper par les sports ou le jeu

ce que ses aïeux ont acquis par un honnête travail, ou bien extorqué par une exploitation infâme des circonstances et de leurs semblables.

Un grand monarque a six fils qui grandissent, et supposons-lui également autant de filles à pourvoir. Que deviendront ces fils? Marchands, fabricants, pasteurs, banquiers, ouvriers, agriculteurs? Comme passe-temps, le travail manuel et l'agriculture ont été aimés de tout temps par les princes, mais comme carrières? Non, à commencer par le Kronprinz, ils deviendront avant tout des militaires. Et à qui seront mariées les six princesses? Naturellement de nouveau, à des militaires. Et pour caser cette armée de princes et de princesses dans cette seule carrière conforme à leur rang, pour cela seul déjà doit subsister l'Institution de la guerre, que nous devrions, comme le Bon Dieu, inventer, si nous n'avions le bonheur de la posséder.

Maintenant on a et on conserve donc l'Institution dont les emplois sont indispensables avec leur auréole de distinction pour la chère jeunesse pleine d'avenir, et on ne pourrait s'en passer, même si pendant cent ans aucun point noir à l'horizon politique ne faisait surgir de loyal *casus belli.* Si l'on a l'Institution, il faut aussi de temps en temps qu'on lui donne l'occasion de montrer son savoir-faire et de prouver qu'on n'a pas gaspillé son argent et ses efforts pendant les longues années de paix. Et ainsi de suite *cum gratia in infinitum.*

J'ai parlé du faux éclat d'idéalisme de l'Institution de la guerre pour les yeux trop facilement fascinés des masses. Je vais rapporter maintenant deux faits qui devraient également ouvrir les yeux les plus aveuglés.

Il y a quelques années, je reçus d'une librairie un bulletin de souscription à un ouvrage encyclopédique publié par un professeur d'école populaire autrichien sur les branches de l'instruction populaire, avec des échantillons de style des différentes matières. L'épreuve de l'enseignement historique portait comme titre : « L'année 1866 ». Dans le Nord, racontait-on aux enfants, le malheur des armes impériales se poursuivait près de Königgratz, etc. *Dans le Sud cependant,* LA HONTE (!) DE L'ITALIE (membre de la triple alliance!) se confirmait près de Custozza et de Lissa... Je renonce à tout commentaire.

Un pendant! Napoléon Ier dicta au comte de Las Cases, dans ses mémoires, qu'il avait reçu un jour pendant l'expédition militaire de Savoie, sur le col de Tende, la visite d'une dame, amie de jeunesse, qui lui avait rendu de grands services à Toulon et à Paris, lorsqu'il était jeune officier. Il la reçut avec distinction et lui servit lui-même de cicerone à travers les fortifications, Pour lui offrir une image vraiment complète de la guerre, il fit tirer, d'un des retranchements, quelques coups de canon auxquels l'ennemi répondit aussitôt, et quelques soldats français tombèrent instantanément, victimes de sa courtoisie envers son amie de jeunesse. Il se le reproche encore aujourd'hui, n'ayant d'ailleurs visé de ses coups aucun but pratique, et ayant donc sacrifié des gens *inutilement.* Il joint à cela la remarque que cet incident pourrait servir d'exemple significatif pour l'absence de conscience que la routine, l'habitude entraînent avec elles dans certaines institutions. Pauvre Napoléon qui, même à Sainte-Hélène, après avoir laissé la France rapetissée et humiliée à la suite de toutes ses victoires et de ses défaites, ne pouvait pas convenir que non seulement les 3 ou 4 victimes du col de Tende, mais encore les

4 millions de Français et d'étrangers avaient été sacrifiés inutilement, c'est à-dire sacrifiés à la chimère de la fausse gloire.

De même que les médecins et les naturalistes ont observé qu'il existe une espèce de suppléance des sens grâce à laquelle l'organisme est dédommagé du fonctionnement défectueux ou incomplet d'un organe, par une plus grande activité de la part d'un autre, qui fait que l'aveugle entend généralement mieux, que le sourd voit mieux que l'homme aux sens complets, de même, il existe une *suppléance des institutions*, grâce à laquelle, par suite de l'absence d'une institution importante ou de son organisation défectueuse, ou encore par suite d'une division défectueuse du travail, une autre institution entreprend d'accomplir bien ou mal des travaux qui n'auraient jamais dû lui être livrés par une division logique, plus juste, des rituels fondés sur les principes de la société et de l'Etat. De cet état de choses, il résulte que les profanes ont bonne opinion de l'institution de la guerre qui en retire ainsi un profit immense!

Le profane, — l'aveugle voyant et l'étourdi — croit avec une paix parfaite aux villages de Potemkin que l'effet de cette institution fait surgir devant ses yeux. Il voit ou croit voir les couches les plus étendues des peuples, en passant par cette école, s'élever, grâce à une instruction supplémentaire, à la libération du travail servile rivant à la glèbe, à la gymnastique, au mouvement en plein air, à un régime et à un costume plus humains, de l'animalité obscure vers l'humanisation. Il voit toute une foule d'intérêts scientifiques et civilisateurs les plus hauts, depuis le laboratoire chimique et les travaux de triangulation et de cartographie jusqu'à l'étude du magnétisme polaire, terrestre, et météorologique entreprise et protégée par les instituts de l'armée, de la marine et l'aéronautique. Il voit tout cela, et ce ne sont pourtant que des villages de Potemkin qu'il voit. Car il ne voit précisément pas, et ne peut pas voir, parce que son œil intellectuel est privé du rayon Röntgen perçant de l'intelligence profondément pénétrante, ce qui est la chose essentielle et décisive pour le penseur et l'homme de science.

Il est triplement aveugle. Il ne voit premièrement pas que tous ces actes de l'institution militaire, certainement impartialement enregistrés par moi, devraient être confiés, dans l'idée d'une division plus juste du travail, à d'autres institutions, à cause de leurs tendances d'institutions directement opposées à la guerre, pour hâter définitivement des résultats plus précieux. Tous les devoirs accomplis par la guerre dans un cercle d'action donné absolument défectueux parce qu'ils ne sont que des *moyens servant une cause mauvaise*, constituent des soucis importants de l'humanité, qui devraient être traités bien plutôt comme des *buts personnels* des institutions correspondantes des écoles, de l'hygiène, de la production des biens sociaux et de la consommation politique, et de la science dans toutes ses applications pratiques.

Pour sa participation accidentelle au développement de la civilisation des peuples, l'institution de la guerre exige ensuite un prix vraiment exorbitant pour le plus grand préjudice des populations. A quoi sert par exemple au paysan, ou au fermier, ou à l'ouvrier de fabrique, prolétaire, grâce aux contributions et à l'empêchement général de production et de consommation découlant de la guerre et de l'armement permanent, que son fils, dans le cas favorable, lui revienne après les deux, trois ou cinq années sacrifiées, avec quelque savoir vivre et quelque culture qu'il s'est appropriés. Il n'est que prolétaire et son fils doit hériter de toutes les vues de la même classe et non aspirer à un mouvement ascendant de classe pour tous deux, mouvement qui ne serait pas plus tôt commencé que la guerre et l'armement engloutiraient les neuf dixièmes de ce qui, grâce à Dieu et au droit, devrait échoir à la civilisation matérielle et intellectuelle et servir au soutien plus noble de la vie du peuple.

Et enfin la chose principale ! La Bible a consacré une comparaison immense lorsqu'elle parle de l'anneau d'or passé dans le groin d'un porc, démontrant ainsi que tout ce qui est bon, fort et noble, est dépouillé de sa valeur et de sa noblesse lorsque c'est appelé, non à servir ce qui est bon et noble, mais ce qui est mauvais, nuisible et pervers.

L'intégrité, la vigilance, le zèle professionnel et la capacité sont certainement considérés, au point de vue abstrait, comme des vertus magnifiques, mais l'effet bienfaisant ou pernicieux qu'elles auraient dépend toutefois de la profession et des institutions qu'elles ont à leur disposition. La vigilance et le zèle de l'inquisiteur, au temps de l'inquisition espagnole, n'a pu que causer du tort, tandis que sa tiédeur n'a pu qu'être utile. Cela est clairement reconnu aujourd'hui, et on prévoit bien ainsi, dans le sens historique philosophique, un équilibre pratique entre les tendances progressives et les tendances régressives, parce que, si le bien est soutenu et favorisé dans son action par l'excellence et le dévouement de sa force auxiliaire nécessaire, de même aussi le talent, le génie, le zèle, la capacité aident souvent le mal à vaincre brillamment dans toute marche rétrograde. Ceci se remarque fort clairement en ce qui concerne l'institution de la guerre. Quelle somme de talent, de sciences, de vertus nobles, de virilité, de discipline, de capacité, de sacrifice, s'offre à son service partiellement par une impulsion intérieure, souvent par la pression des circonstances et de la contrainte politique. Et c'est pourquoi l'ami méthodique de la paix se découvre devant tant d'alliés de l'Institution qu'il reconnaît et combat cependant comme nuisible. Mais l'homme ordinaire ne peut pas s'élever à une telle distinction. De la valeur et de la grandeur de son ensemble de forces auxiliaires, il conclut la valeur et le droit de l'Institution, au lieu d'examiner la valeur de l'institution elle-même, et de décider ensuite si toute cette magnificence et cet éclat ne servent pas à dorer une misère universelle.

Grâce à l'initiative de l'empereur Nicolas II, les espérances évanouies des hommes de bonne volonté, des *homines bonæ volontatis* du monde entier ont été ressuscitées. Il en était plus que temps. Car peut-être jamais encore, dans le courant de l'histoire, on n'a péché si outrageusement et si indignement contre la meilleure science et conscience d'une époque, que de nos jours, par les orgies d'une politique de conquête sans déguisement, de découvertes déshonorantes et d'armements insensés, inutiles et destructeurs. L'ami de la paix le plus convaincu, le plus obstiné, était en danger de douter et de désespérer. Peut-être les adversaires, les réalistes, les contempteurs de l'humanité qui doivent leur grasse vie à leur capacité d'accommodation de la vie dans la fange, ont-ils raison ? Peut-être sommes-nous vraiment des utopistes, des Don Quichotte modernes luttant contre des moulins à vent ? Peut-être ces hommes, ces peuples, cette humanité n'ont-ils vraiment que les despotismes, les gouvernements, les politiques, les guerres, les armements, en un mot, la misère qu'ils méritent ?

C'est en ce moment qu'apparut soudain ce rayon du soleil levant réveillant la vie, le manifeste, cette noble *ex Oriente lux*. Un souverain jeune et puissant appela soudainement les choses par leur vrai nom, déplora le rabaissement général de l'humanité dû au règne incontesté de l'absurde, et annonça en paroles claires et simples, des vérités libératrices qui furent comme autant de coups de massue visant des douzaines de discours du trône et de messages faussés d'après le modèle de la paix simulée du *si vis pacem para bellum*, au lieu de *para pacem*.

Que de tels axiomes lumineux et libérateurs portés par un patronage aussi puissant aient pu résonner dans le monde entier avec la marque indubitable de l'honnêteté et de la pureté du ton et de la pensée, est déjà en soi un événement historique si exceptionnel, un bonheur aussi inoui qu'inattendu pour le salut et la dignité de l'humanité, qu'on ne peut rien désirer plus ardemment que de voir le grand exemple frapper partout les cœurs, et surtout les esprits de ceux qui sont dignes et capables d'en tirer profit.

Tous, tous les partis ayant des vues honorables et des aspirations honnêtes, ont le devoir de se considérer comme appelés à coopérer à l'œuvre de paix. Deux alliances universelles doivent se considérer cependant avant tout comme choisies entre toutes, la Sociale démocratie et le parti de la paix, de tous pays et de toutes langues.

Je considère comme un malheur universel que jusqu'à présent la pleine entente fraternelle et la coopération pacifique n'aient pas encore eu lieu entre ces deux partis, et la faute en est aux deux partis, à mon avis. Si en présence de la conférence du désarmement, de l'Exposition Universelle de Paris et de l'avènement du nouveau siècle, une entente réciproque pouvait avoir lieu à présent, le progrès obtenu équivaudrait à une enjambée de 7 lieues.

Les chefs des deux partis représentant les buts principaux du progrès humain ne peuvent pas avoir la folie de croire qu'ils puissent marcher séparés et frapper ensemble, d'après l'ancien principe stratégique. Ils doivent, bien au contraire, marcher ensemble. Et c'est au parti de la paix à combattre cette fois en première ligne.

Tout ami méthodique de la paix est *eo ipso* socialiste et reconnaît que le socialisme est appelé à conduire l'organisation infiniment plus importante, plus grande et plus étendue de la vie. Il sait cependant aussi que sa tâche est la plus pressante et peut et doit réclamer la préséance. Il existe une succession inexorablement logique de problèmes sociaux. Le socialiste méthodique doit se faire à l'idée qu'il ne peut obtenir absolument qu'un succès apparent aussi longtemps que la moyenne partie de l'économie ne servira pas, à cause de la guerre et de l'armement du monde entier, à de nouvelles productions et par conséquent à la consommation, mais sera, au contraire, résorbée et improductive, et même plus justement destructive et démoralisante. Et il doit aussi se dire qu'aussi longtemps que la guerre entre Etats ne sera pas absolument exclue par un tribunal des Etats possédant le droit d'exécution et de disposition sur les contingents des États isolés ou qu'elle ne sera pas restreinte à *la seule forme de la guerre juste, la guerre d'exécution*, jusqu'à ce moment là, donc, il y aura encore des guerres, des intrigues militaires et des armements permanents. Et il sera parfaitement inutile, et même aggravant, de chercher à réaliser des rêves ardents et à acquérir le système de milice. C'est ainsi qu'on s'était fabriqué la férule du devoir militaire général et qu'on avait inauguré avec bonheur l'ère des armements les plus monstrueux et des menaces de guerres permanentes. S'il y a cependant des armées et si elles s'appellent même armées miliciennes, la guerre, la menace de guerre, l'armement de guerre et l'alarme de guerre éternelle continuent néanmoins à exister *dans la haute politique qui n'a pas perdu sa raison d'être, tant qu'elle n'est pas remplacée par un tribunal d'Etats.*

Le gaspillage de la force et de la substance même du peuple et de l'économie sociale, et par suite le mécontentement dangereux, fermentant dans les larges couches du peuple rendu misérable, continuent, et pour remplacer l'ouvrage et le pain qui manquent pour le soutenir, le peuple doit continuer à se faire nourrir par les baïonnettes de ses fils hérissées contre lui. Ce tableau n'est nullement exagéré. Et c'est pourquoi les démocrates et les social-démocrates doivent avant tout aider à combattre pour *l'abolition de la guerre et de l'armement*, c'est-à-dire pour la création d'un tribunal des Etats ou du monde.

Les amis de la paix devraient toutefois exercer une discipline plus rigoureuse sur eux-mêmes et devenir plus *pratiques*. Un parti combattant est avant tout pratique par l'exposition d'un programme et de revendications clairs pour chacun, accessibles et persuasifs. La superficialité et la confusion règnent cependant dans le sein du parti de la paix, en omettant toutefois d'honorables exceptions telles que l'incomparable écrivain Bertha v. Suttner. Cette tendance qui prêche par exemple le refus du service militaire est si manifestement engagée dans les illusions dangereuses et ascétiques qui nient et ignorent l'Etat actuel que tout l'éclat des noms qui le distinguent ne peut donner d'illusion sur le grand tort de ce conseil utopique pour le mouvement de la paix. Je ne puis que déplorer, dans l'intérêt de la réputation du parti, les tentatives toujours renouvelées, quoique bien intentionnées qu'elles soient pour influencer, par des prières et des protestations sans valeur parce qu'elles sont sans espoir, le cours de la politique pratique lorsque celle-ci est tendue jusqu'à ce qu'il y ait menace de guerre, et j'avoue que je ne participe jamais à ces pétitions qui reçoivent régulièrement le même renvoi machinal, poliment négatif. Les nombreux écrits de paix, catéchismes de paix qui surgissent, les résolutions des congrès témoignent fréquemment du manque complet de compréhension plus profonde des problèmes qui, en face d'un traitement superficiel, doivent rester fermés et inextricables.

Les tables de citation des unions de la montrent à paix chaque page que le parti prend pour de l'argent comptant de la paix presque de la même manière que les gouvernements, la manœuvre évasive la plus longue possible de la guerre, jointe au respect servile du *statu quo* souvent extrêmement insoutenable, et à l'accroissement continu de la guerre d'armement.

Moi aussi, je me suis toujours exprimé avec la plus profonde conviction contre l'écartement d'un *statu quo*, tout absurde qu'il fût, qui traite des peuples entiers comme accessoires de la glèbe, malgré le désir ardent de leur cœur vers d'autres liens, au prix d'une fraîche et joyeuse bataille rangée. Je ne dis ceci que parce que je suis pénétré de la conviction qu'un écartement fondamental de l'état de misère actuelle peut être obtenu non par des batailles mais seulement par l'acquisition et l'action d'un tribunal des Etats. L'unité italienne et l'unité allemande, acquises au prix d'une mer de sang, ne forment point une contradiction à cette opinion. On n'a pas besoin de prouver que de telles créations politiques posséderaient une caution et une sanction beaucoup plus élevées si elles étaient des créations du droit, c'est-à-dire du tribunal des peuples au lieu d'être des résultats de la force et du manque de scrupule, constamment menacées par des opprimés écumant sous le joug, par des voisins à l'affût, les peuples désespérés par une politique de fer et de sang, — et ceci n'est pas encore le pire de tous. Ce qu'il y a de plus dangereux et de plus préjudiciable, c'est au contraire que l'Etat bâti sur la pensée de l'éternité du *statu quo* doit nécessairement devenir un lien paralysant pour les évolutions du ou des peuples y vivant, lorsqu'on n'a pas pourvu à l'élasticité et au besoin de changement du contenu et de la forme. Qu'on se rappelle par exemple le point de vue politique si important concernant les migrations et les fluctuations des masses ouvrières de différentes nationalités et particulièrement des masses agricoles d'un Etat dans l'autre! C'est récemment encore qu'on a interpellé à deux reprises, au Reichsrath de l'Autriche, à propos du renvoi non motivé d'ouvriers slaves des frontières prussiennes. Les déplacements de caractère national causés par l'avancement et l'établissement d'ouvriers tchèques dans la Bohême septentrionale allemande, en raison des exigences de vie et de salaire inférieurs des Tchèques, jouent un rôle important dans la politique de nationalité intérieure de l'Autriche.

Bref, la tendance à garantir l'éternité aux combinaisons et aux groupements politiques, au lieu d'accorder droit et protection à leur développement, c'est vouloir retenir dans les mains une eau courante, c'est poursuivre une utopie impuissante, contraire à la nature. Et la prospérité la plus haute du tribunal des Etats, serait précisément la disparition nécessaire de cette utopie universellement souveraine. Car si la logique et la sentence juridique avaient à décider dans la querelle politique, au lieu de la force, de la ruse et du hasard, alors le désir fatal d'agrandissement, l'ivresse de la souveraineté, l'exagération du moment de puissance politique dans l'étendue du territoire et le nombre de la population, au cas supposé de coups d'Etat internationaux, auraient bientôt perdu leur raison d'être. On s'apercevrait alors : *qu'il n'existe aucune nécessité de l'Etat ou de cet Etat-là ayant autant de kilomètres carrés, autant d'âmes*, etc.

Les sociétés de paix ne diffèrent enfin aucunement dans leur conception sociale des aspirations et des devoirs de la Croix-Rouge aux tendances pacifiques des Philistins. Leur faux dieu est Henri Dunant, à propos duquel j'écrivis un jour à la baronne v. Suttner : *A mes yeux, Dunant n'est toujours que l'endormeur privilégié des consciences de cour et l'habilleur du monstre de la guerre pour le rendre moins repoussant et moins grimaçant dans sa nudité.*

Bene facesti il male
E male il bene,
O superbo animale!

Insanguini la terra
Col lutti della guerra
Ma sù pel Campi seminati d'ossa
Passa la Croce rossa.
Ferro e piombo ci squarcian le budella,
Ma viene la pietà con la barella,
O Atroci ed imbecilli!
Mezzo leoni et mezzo coccodrilli!
(Epigramme de Luigi Lolli).

Quel est l'esprit logique qui ne verrait, le cœur de mère ou de père qui ne sentirait pas que toute contribution soi disant pour les victimes à venir d'une Guerre meurtrière future, inutile (car pourquoi n'avons-nous pas enfin le tribunal des Etats ou seulement ses degrés préparatoires, les clauses arbitrales obligatoires?) sera *d'avance* une responsabilité partagée, un sanctionnement, un aveu de l'inévitabilité de la guerre future ou la ratification d'une politique inconnue, là où l'expansion d'une déclaration et d'une entente populaires contre la guerre devrait constituer précisément le devoir principal des unions de la paix dans toutes les souverainetés.

Ma *Lettre ouverte au prof. Billroth* (1892, Berlin, A. H. Fried, éditeur, avec préface de Bertha von Suttner) s'occupe de l'exposition fondamentale des idées s'y rapportant.

Dans ce qui suit, je développe d'une manière aussi concise que possible mes idées sur ce qui, à mon avis, peut seul, par la logique de la situation, aider à se rapprocher du grand but. Et quand je pense aux divisions actuelles des démocrates socialistes et aux innombrables résolutions des congrès de la paix, je pense involontairement aux mots du Faust de Gœthe : « Der Worte sind genug gewechselt — Nun lasst uns endlich Thaten sehen — Indess ihr Complimente drechselt — Kann etwas Nützliches geschehen. »

Mes opinions

a) La sociale démocratie et le parti de la paix devraient s'unir dans des rapports de sentiments les plus intimes et d'appui réciproque. Ceci concerne tout spécialement les politiques, publicistes et députés des deux partis.

b) La plus entière légalité devrait être pratiquée par les gouverneurs dans les procédés des deux partis. Badiner avec la révolution est déjà un mal, particulièrement parce qu'il pousse la bourgeoisie et le philistinisme dans les bras des gouvernements réactionnaires, facilitant son métier et son action, rendant le progrès difficile et discréditant les partis de la liberté, à cause de la menace éternelle et vaine du peuple et du gouvernement.

c) La force exécutive, la disposition de l'armée et du trésor de l'Etat, la direction de la politique extérieure, sont parmi les précautions légales de la responsabilité du ministère dans les Etats gouvernés constitutionnellement, des attributs du souverain et du gouvernement, auxquels on ne peut porter atteinte. Les deux droits les plus décisifs reposent ou devraient reposer dans les mains des représentants du peuple, à savoir le budget et le droit de recrutement. Ce sont des droits d'une nature si décisive que leur non observance ou leur frustration n'est pas même imaginable dans un Etat vraiment constitutionnel comme l'est par exemple l'Angleterre. Dans les pays où vis-à-vis de la représentation nationale,la bourgeoisie est soupçonnée, flétrie, le constitutionnalisme apparent est chez lui, comme en Prusse, où Bismark, pendant de longues années, put gouverner avec la représentation nationale, malgré le refus du Budget, malgré des conflits, jusqu'à ce qu'il plût au Dieu de la guerre et à lui-même de prier, dans une pose de triomphateur, pieuse et humble, les représentants nationaux, doublement flattés, de lui accorder l'indemnité sans laquelle on s'était si bien tiré d'affaire et on avait si audacieusement vaincu jusqu'ici.

La vraie voie pour les politiciens progressifs des deux partis est donc d'éviter rigoureusement toute médiation illégale dans la conduite de la politique extérieure,mais d'exercer par contre avec une inexorable sévérité l'influence indirecte leur appartenant légalement, sur le budget et le vote de recrutement, conformément à leurs principes.

d) Le représentant du peuple qui entrerait au Parlement animé de la pensée d'un désarmement partiel, aurait certainement tort et le gouvernement aurait le jeu facile avec cet illuminé. Il n'aurait qu'à lui montrer comme d'habitude « l'autre méchant » (dans l'Europe occidentale on se servait généralement, jusqu'à présent, de la Russie comme de « Wauwau ») qui, malgré ses protestations de paix, s'arme si formidablement, pour obtenir de bon gré tout ce qui peut réjouir le cœur d'un ministre de la Guerre. Ce serait donc faire manifestement fausse route.

Le chemin, apparemment et incontestablement le bon, est à présent celui qui n'accorde les concessions de budget et de contingent à fournir annuellement au gouvernement,qu'avec la clause d'un contrôle des plus sévères de la part de la représentation nationale se rattachant à des preuves convaincantes, *que le gouvernement s'est institué, grâce à son corps diplomatique, près de tous les autres gouvernements, avec toute l'énergie possible pour la création d'un tribunal des Etats, et aussi longtemps que ceci ne pourra être obtenu, pour l'arbitrage obligatoire, comme succédané provisoire.* Aucun gouvernement ne devrait éluder cette demande. Et que, jusqu'à présent, elle ne soit pas entrée dans tous les parlements et dans tous les organes libre-penseurs de la presse du monde, avec une unanimité sans exception de la part des démocrates et des amis de la paix, est une preuve des plus tristes du peu de vrai zèle et de réflexion plus profonde accordée jusqu'à présent à l'intérêt le plus important et le plus pressant du vrai progrès.

e) Comme cependant les deux partis alliés, amis de la paix, n'ont malheureusement aucune raison, ni aucun droit de se reposer solidement sur la bonne volonté, le zèle et la capacité de gouvernements et de tous les facteurs intéressés, en ce qui concerne la conduite ressortant de l'action pour la propagande politique diplomatique de la paix, ils doivent donc *pour avancer sûrement dans leur revendication, posséder au sein du gouvernement lui-même un organe ad hoc, agissant, contrôlant et soutenant l'exécution de l'action de la paix*, — UN MINISTÈRE DE LA PAIX ET DU PROGRÈS.

Combien les chefs de la plèbe romaine pensaient juste, et je pourrais ajouter absolument dans l'esprit des développements actuels, lorsqu'ils créèrent en 494 avant J.-C., grâce à l'acquisition de l'Institution du Tribunat, une protection contre les oppressions abusives des patriciens, des sénateurs et des consuls. Le ministère de la paix demandé par moi serait un tribunat moderne garantissant la protection de la liberté individuelle contre le servage militaire moderne.

De hautes proclamations des journaux de Saint-Pétersbourg ont annoncé que le Czar a installé au ministère des Affaires étrangères une commission particulière, et lui a donné l'exécution et le rapport à lui adresser dans les affaires concernant le projet de désarmement russe. Cela ressemble déjà au noyau d'un futur ministère de la Paix et du Progrès.

Et, en effet, n'est-il pas honteusement illogique que chaque grande puissance possède deux ministères installés à l'aide de millions, pour la guerre sur terre et sur mer, pour la guerre qu'on prétend détester dans les discours du trône et les messages, et que pas un seul million ne soit consacré à la paix qu'on aime, qu'on apprécie à l'envi et qu'on pourrait avoir ouvertement, par une voie *directe*, grâce à un sacrifice minime, voie beaucoup plus sûre, plus durable et plus noble que la voie *indirecte* de la guerre, de l'armement permanent, de l'espionnage et de la diplomatie. Car l'histoire contemporaine et l'histoire au jour le jour nous enseignent précisément, dans chacune de leurs feuilles, que les ministères des Affaires étrangères et des Finances peuvent être regardés en somme comme des affiliés des ministères de la Guerre et de la Marine, chargés avant tout de la mission d'assurer et de défendre contre des intercessions difficiles leurs besoins insatiables de points noirs à l'horizon politique, de *casus belli*, etc. Un ministère de la Paix et du Progrès nous délivrerait peu à peu du ministère de la Guerre et du ministère des Affaires étrangères et aiderait tous les autres ministères et particulièrement ceux de l'Instruction publique et des Cultes à acquérir une toute autre portée bien plus noble. Les mots guerre, église et école jurent en vérité l'un avec l'autre.

Moritz Adler.

Fredrik Bajer. — *Danois. Publiciste. Ancien officier de cavalerie. Ancien député. Président de la Société danoise de la paix. Président du Bureau international permanent de la paix, à Berne.*

Cher monsieur, vous êtes infatigable en m'invitant à prendre part à l'enquête (1). Vous me considérez comme bien utile parce que je suis « ancien officier ».

Oui, à vrai dire, les amis de la paix qui ont *vu* la guerre sont, en général, plus sûrs que ceux qui n'en ont que *lu*. A la guerre, on n'a pas seulement beaucoup occasion de *voir*, mais aussi de *penser* et de *méditer* sur ce qu'on voit. Voilà pourquoi je crois que la conversion est plus sûre.

Et comme vous le savez peut-être, j'ai été officier de dragons de 1856 à 1865 et, en cette qualité, j'ai pris part à la guerre de 1864 entre le Danemark, d'un côté, et les deux grandes puissances allemandes, de l'autre.

Si vous croyez utile de publier cela vous en êtes libre. Mais je ne me sens pas assez « styliste français » pour écrire des thèmes sur les autres questions de l'enquête.

Dans les Parlements — et j'ai siégé pendant 22 ans dans le nôtre — il est

(1) Lettre écrite à M. G. Moch.

permis de se borner à répondre *oui* ou *non* aux questions. Et on *doit* le faire toujours, lorsqu'un orateur précédent a exprimé ce qu'on voulait dire, mieux qu'on ne pouvait le faire soi-même.

Vous aussi, cher Monsieur, vous êtes ancien officier. Comme moi, vous pensez que « la guerre parmi les nations civilisées n'est plus voulue par les conditions historiques, par le droit, par le progrès. » Comme moi, vous trouvez *affreux* les effets intellectuels, moraux, physiques, économiques et politiques du militarisme. Comme moi, vous trouvez les solutions *difficiles*, mais pas du tout impossibles. Comme moi, enfin, vous voulez qu'on applique toujours les moyens les plus *pratiques* à ces solutions.

Permettez-moi donc de voter sur vos motifs ! D'avance, je suis sûr qu'ils seront aussi les miens. FREDRIK BAJER.

E. S. BEESLY. — *Anglais. Philosophe. Directeur de* The positivist Review. *Auteur de nombreux ouvrages.*

Parmi les citoyens d'un même Etat, il y a entente sur certaines règles de droit. Ces règles sont établies en accordance avec ce que l'on croit être les intérêts communs de tous, — intérêts auxquels les intérêts individuels doivent être subordonnés. Aucun accord stable ne pourrait être obtenu sur un autre principe. Il est reconnu que les individus ou les classes, mécontents des règles établies et désirant les changer, doivent essayer de convaincre leurs concitoyens de cette vérité qu'un changement serait dans l'intérêt de l'Etat comme tel.

Parmi les Etats, un semblable principe fondamental n'est pas reconnu jusqu'à présent. Il n'est pas encore admis que des Etats séparés devraient subordonner leurs propres intérêts nationaux aux intérêts communs de l'Humanité comme telle. Il est ouvertement admis et reconnu que chaque Etat a le droit de ne consulter que ses propres intérêts. Sur ce principe, il est évident qu'aucun accord stable ne peut être obtenu parmi les nations. Le plus fort fera prévaloir sa volonté, le plus faible aura à se soumettre. Les Etats devront par conséquent en appeler souvent à la guerre pour savoir s'ils sont les plus forts ou les plus faibles.

Par conséquent, il est pour le moment inutile et vain de déclamer contre la guerre ou de préparer des tribunaux d'arbitrage. La première chose à faire, c'est de changer l'opinion courante que le devoir le plus élevé d'une nation consiste à ne consulter que son propre intérêt.

Ici, comme dans toute réorganisation sociale, l'Ecole positive maintient qu'un changement doit d'abord être opéré dans l'*opinion*, ensuite dans *les habitudes* et en dernier lieu dans *les institutions*. L'erreur de la plupart des réformateurs est qu'ils essaient d'intervertir cet ordre.

E. S. BEESLY.

GÉRÉMIA BONOMELLI. — *Italien. Archevêque. Auteur de nombreux ouvrages religieux et littéraires.*

..... Je serai heureux de coopérer à la sublime entreprise qui consiste sinon à abolir, du moins à diminuer l'horrible fléau de la guerre, cette atrocité de la nature humaine, cette insulte incompréhensible à la raison ! S'il est une œuvre à laquelle les ministres de la religion doivent prêter leur concours, c'est certainement à celle-là...

Les quatre questions que vous posez dans votre revue exigeraient un volume pour les résoudre : Comment le peut-on dans une lettre ? Je devrai donc me contenter d'un mot en réponse à chacune de ces questions, et si ce mot vous paraît bon, j'en serai heureux...

La guerre entre nations civilisées est-elle encore voulue par l'histoire ?

L'histoire démontre que la civilisation a diminué non-seulement les horreurs de la guerre, mais aussi le nombre des guerres, et que cette diminution est progressive.

L'histoire démontre en outre que les guerres dynastiques ont disparu et que la constitution des nations a fait disparaître une des causes principales de guerres ; pourquoi donc la guerre ne disparaîtrait-elle pas aussi entièrement puisqu'elle protège la civilisation chrétienne (et les nations civilisées ne sont autres que les nations chrétiennes).

Est-elle voulue par le droit ?

Entre nations civilisées, la guerre ne peut être autorisée par le droit, quand on a observé le droit. Si cependant une nation est lésée dans les droits, par une autre nation civilisée, la guerre peut être un droit et un devoir, si tous les moyens de civilisation sont épuisés. Ceci est d'autant plus admissible, si cette nation est assaillie par des barbares, si elle a à subir des attentats à son existence, ou si des divisions internes menacent la base de son entente sociale.

Par le progrès ? En étudiant l'histoire, on constate que les guerres inaugurèrent généralement les grandes phases de progrès. Maintenant cependant on ne voit plus que les guerres soient voulues par ce progrès, ce fils du sang. Le progrès à présent se développe par les voies de la paix, des rapports amicaux, et il constitue un des moyens les plus efficaces pour nous mener toujours plus près de l'abolition de la guerre.

Plus les moyens de communication augmenteront, plus les peuples fraterniseront et plus l'orgueil, les jalousies, les haines nationales, ces causes principales de guerre, après les intérêts dynastiques, diminueront.

La guerre a sans doute des avantages intellectuels, mais elle a encore de plus grands désavantages.

Le soldat ne pense pas ; c'est celui qui le conduit qui pense pour lui ; les forces matérielles des masses se développent, mais leurs capacités intellectuelles s'arrêtent ; la raison et le droit se taisent devant la force brutale, sauf à réagir plus tard si elles ne sont pas entièrement étouffées. Cette question constitue un sujet d'argumentation immense.

Effets moraux. Le militarisme peut certainement donner lieu à de bons effets moraux, l'habitude de l'ordre, de la discipline, la force de caractère, l'habitude du sacrifice, l'héroïsme, etc., etc. Mais que de mauvais effets à côté de cela ! On confond souvent l'action avec le droit, la ligne de conduite forcée, l'oppression, le refus de la liberté, la cruauté, etc., etc.

Effets physiques. Oui, les guerres peuvent retremper les forces d'un peuple, mais elles peuvent aussi les déprimer, et tout bien considéré, il semblerait que la perte fût plus grande que le gain, au point de vue physique. Cet argument est toutefois trop vaste pour le discuter ici, et il est tout aussi impossible de ne faire que l'effleurer.

Effets économiques. La guerre consomme et ne produit pas, et, consommant, active la production, dans quelque siècle que ce soit. Mais c'est une production illusoire qui n'enrichit que la minorité, pour appauvrir la majorité, la masse du peuple. Le militarisme est le ver rongeur des finances parce qu'il condamne à l'oisiveté des millions de bras et les plus robustes qui, s'ils travaillaient, produiraient, et les impose à la charge du pays.

Effets politiques. Le militarisme conduit à la dictature, aux coups d'Etat, à l'absolutisme.

Je ne réponds pas à la troisième question. Je me bornerai à dire que la guerre et le militarisme sont si intimement unis entre eux qu'il est bien difficile de les séparer, et que dans l'état de choses actuel, le militarisme est une nécessité cruelle, et pour conserver l'ordre intérieur, et pour assurer l'indépendance nationale ; que seul le progrès moral peut amener peu à peu l'abolition du militarisme, puis l'abolition de la guerre. Celle-ci ne cessera toutefois jamais entièrement, parce que les passions existeront toujours, qu'elle soient intellectuelles, collectives ou nationales, et ce sont là les vraies causes des guerres.

Moyens d'arriver aux solutions, etc...

Instruire les peuples à la fois moralement et religieusement : supprimer les causes des luttes nationales par la création d'un tribunal suprême qui domine et prononce les arrêts sur les questions surgissant entre gouvernements.

Les arbitrages qui vont, prenant de l'extension depuis quelques années, sont déjà un gage d'un avenir meilleur. Quand la presse européenne tout entière sera d'accord sur la nécessité de constituer ce tribunal suprême pour juger tous les différends qui surgiraient entre nations civilisées, et que chaque peuple y aura ses représentants, un pas énorme sera fait. Combien les guerres seraient diminuées ! Et pourquoi ne nommerait-on pas le Pape lui-même président de ce tribunal suprême, pour résoudre peut-être aussi une des questions les plus inquiétantes pour nous autres Italiens ? C'est là mon avis, mais il est temps que je m'arrête, parce que je m'aperçois que je me suis fort avancé, sans le vouloir. GÉRÉMIA BONOMELLI.

N. B. — Cette lettre est une réponse confidentielle à une lettre d'ami. Nous la publions parce que les estimations qu'elle contient accordent de l'importance à notre enquête et se recommandent en outre à l'attention des dissidents, comme étant celles d'un prélat de l'Eglise, universellement estimé. (Note de la *Vita Internazionale*).

Prince SCIPIONE BORGHESE. — *Italien. Romain.*

J'ai préféré, plutôt que de vous envoyer des considérations faites à la hâte, des réflexions peu mûries et superficielles, venant de moi-même, vous transmettre un résumé, tout insuffisant qu'il soit, des opinions d'un homme d'Etat dont l'autorité, mise en lumière par un passé d'activité internationale, est considérée comme fort précieuse par tous ici en France.

J'ai cru, de plus, qu'il serait bon pour l'efficacité de l'enquête, si, parmi les voix nombreuses des « intellectuels », tous positivistes de nom, mais oubliant cependant souvent les circonstances réelles, résonnait la voix de quelqu'un qui eût l'opportunité de soumettre la valeur pratique des tendances et des courants d'idées à la dure épreuve des événements. Voilà pourquoi je me suis adressé au comte de Chaudordy qui m'a permis de résumer ici le sens de quelques conversations relativement aux différents points de l'enquête ouverte par la *Vita internazionale* et l'*Humanité Nouvelle*. Avant cependant de donner ce résumé, je ferai une courte biographie du personnage interviewé.

Le comte de Chaudordy entra très jeune dans la diplomatie et en parcourut tous les grades. Sous-chef de cabinet de M. Drouyn de Lhuys, il accompagna ce dernier aux conférences de Vienne, pendant la guerre de Crimée (1855). Plus tard, il devint son chef de cabinet et occupa ce poste de 1862 à 1866.

En 1870, il était directeur de cabinet et du secrétariat chez le prince de la Tour d'Auvergne, et il prit la direction des affaires étrangères, comme délégué du gouvernement de la défense nationale à Tours et à Bordeaux. Le souvenir de ses circulaires remarquables et des grandes qualités de diplomate patriote qu'il déploya pendant cette époque, si difficile et si douloureuse, est encore vivant. Il fut ensuite membre de l'Assemblée nationale, puis ambassadeur à Berne et à Madrid.

En 1877 il fut envoyé à Constantinople comme ambassadeur extraordinaire, pour y représenter la France aux conférences qui précédèrent la guerre russo-turque.

Ce fut en cette occasion qu'il inaugura, avec le marquis de Salisbury et avec le général Ignatieff, ces relations excellentes qui subsistent encore et dont la France a déjà souvent profité, et qui, si ces trois hommes d'État avaient encore été au pouvoir, auraient pu donner aux questions arménienne, crétoise et grecque, une direction différente de celle qu'elles prirent, plus honorable pour l'Europe civilisée.

En 1881, Gambetta le nomma ambassadeur à Saint-Pétersbourg, ayant eu le loisir d'apprécier sa valeur exceptionnelle en 1871.

Il publia successivement plusieurs livres, opuscules et articles de journaux et de revues. Citons entre autres : *La France à la suite de la guerre de* 1870 ; *La France en* 1889 ; *La politique étrangère de la France et ses colonies* ; *La France et la question d'Orient*, etc. L'ouvrage : *La France en* 1889 est remarquable entre tous ; il est consulté continuellement et constitue une sorte de résumé des idées du comte de Chaudordy sur les hommes et les choses du moment et de ses estimations concernant le passé et l'avenir de la France. Certaines des vérités que cet ouvrage contient paraissent âpres aux gouvernants actuels auxquels il ne cesse d'adresser des critiques et donner des conseils.

Nous en arrivons ainsi à notre résumé :

Il faut tout d'abord faire une profonde distinction entre *guerre défensive et guerre offensive*, c'est-à-dire entre une guerre à laquelle une nation est contrainte pour défendre sa propre existence, et une guerre qu'une nation engage à une autre nation, afin de lui enlever, si possible, cette existence propre.

La guerre défensive est incontestablement voulue par le droit. Elle est un devoir exprès et nécessaire pour un pays qui n'a pas, à la suite d'une vraie décadence intellectuelle, morale et économique, perdu la conscience de soi-même, consumé ses propres forces, et renoncé, en raison de cela, à sa propre existence et abdiqué la volonté de l'affirmer. Il n'y a que les nations qui ont perdu leur raison d'être au point de vue historique et politique ou leur influence, qui ne recourent pas à la guerre défensive.

Quant à la *guerre offensive*, elle est beaucoup plus rarement admise par le droit. Il existe cependant un cas particulier où elle s'impose forcément, et c'est lorsqu'une nation voit dans le développement d'une autre nation un danger qui, allant toujours en grandissant, pourrait menacer sa propre existence. Un homme d'Etat est alors obligé, — au point de vue national représentant pour le moment le point de vue du droit, — de prévenir les événements et d'arrêter le développement de cet adversaire.

Dans ces deux cas, la *guerre* n'est nullement contraire au *progrès*. Il peut se faire qu'elle le favorise plutôt, en arrêtant l'expansion et la conquête de races qui ont atteint ou retrouvé, pendant leur développement, un degré inférieur de civilisation. Au point de vue de l'historien et du penseur, la guerre se range alors parmi ces événements historiques qui ont une raison d'être et une influence bienfaisante dans l'évolution humaine.

Cette question d'une haute gravité comporterait un développement embrassant presque tout le savoir humain et toutes les manifestations de la vie non seulement d'une nation, mais du monde entier. On peut cependant dire, pour répondre brièvement aux divers points de la question, que le *militarisme* dont on parle, c'est en vue du but final qu'il est destiné à atteindre, qu'on le considère, c'est-à-dire relativement à l'état de *guerre* et comme préparation à la *guerre*.

Le militarisme considéré comme fin suprême, comme instrument de politique interne, comme ornement et non comme arme, ne saurait être discuté. Ce ne serait alors autre chose qu'un élément infectieux de plus dans la vie d'une nation et il est probable que toutes les faiblesses du système, rendues plus considérables, en étoufferaient les avantages.

On doit se souvenir aussi que le sujet est rendu excessivement compliqué par la relation intime qui existe nécessairement entre le développement du système et la puissance économique d'une nation (rapport intime qui nécessite un équilibre parfait sans lequel le système lui-même peut devenir nuisible. Ceci avancé, il est cependant incontestable que les effets *moraux* du *militarisme*, tel que nous le considérons, ne soient bons en général. Le militarisme enseigne à obéir et à commander, à savoir sacrifier son intérêt personnel et sa propre vie pour le bien général de la nation, développant ainsi en nous le sentiment d'un intérêt collectif plus important que notre intérêt individuel. Il élève l'âme, en dirigeant notre action vers l'accomplissement d'un devoir qui est souvent contraire à notre droit personnel et qu'il n'est pas possible d'accomplir sans courir des dangers et sans devoir faire preuve d'une abnégation virile.

Au point de vue intellectuel, il tend à développer, surtout chez ceux qui occupent les grades les plus élevés, des qualités nombreuses et très importantes dans la vie des nations : de la vivacité dans le jugement et l'observation, de la rapidité et de l'opportunité dans les décisions; une connaissance approfondie des hommes et surtout des hommes considérés collectivement, en masse; l'initiative; de sérieuses qualités d'administration — dans le sens le plus large et le plus élevé du mot, — la capacité d'exprimer clairement et brièvement une pensée précise et d'application immédiate et pratique, etc.

Au point de vue *politique*, l'influence du militarisme se manifeste par un développement immense de puissance matérielle. Il permet qu'à ce développement si grand de forces, s'allie une unité d'action sans laquelle la force elle-même serait inefficace.

Le point faible du système réside évidemment dans le côté économique, lorsqu'on considère le militarisme dans sa complexité? En effet, il rend nécessairement inutile pour la richesse sociale, une multitude de ressources qui, si elles n'étaient pas absorbées par le militarisme, pourraient coopérer à un plus grand développement économique des nations. Il convient cependant de ne pas oublier que, d'autre part, ce système peut également aider à la puissance économique d'un pays. Sans une forte *marine militaire*, le commerce serait privé de sa protection la plus solide. Un exemple historique, peut-être unique dans l'histoire, pourra montrer mieux qu'aucun raisonnement que le militarisme peut avoir du bon au point de vue national et qu'il a puissamment contribué à sauver des Etats de la destruction et de la ruine.

En 1848, l'empereur d'Autriche fut obligé de fuir, abandonnant sa capitale à l'insurrection, et il ne put trouver nulle part un appui ou une aide.

Trois commandants d'armée, séparés l'un de l'autre par les soulèvements des provinces, réussirent à sauver l'empire d'Autriche, en agissant indépendamment et de leur propre initiative.

Radetzki obligé d'évacuer Milan et Venise, se retire dans le quadrilatère; il réorganise les troupes, reprend toutes ses anciennes positions de la Lombardo-Vénétie et cela malgré l'intervention de l'Armée sarde.

Windischgraetz commandant en Bohême, doit évacuer Prague qui reste aux mains des insurgés. Il reforme ses troupes, assiège Prague, il la bombarde pendant que sa propre femme accouche à l'intérieur de la ville; Prague tombe dans ses mains, la Bohême se soumet. Le général *Jellachich*, ban de Croatie, opère de la même manière dans les provinces qui étaient sous sa juridiction; et lorsque ces trois généraux se furent rendus maîtres de leurs positions et eurent assuré l'ordre dans leurs provinces respectives, sans recevoir d'ordre de personne, ils marchèrent sur Vienne, s'en rendirent maîtres et c'est seulement alors qu'ils reçurent de l'empereur des ordres et des dispositions que personne n'avait pu leur transmettre, et qui, du reste, étaient devenus parfaitement inutiles. Cette coopération de forces dans une puissante unité d'action semble impossible en dehors du militarisme.

Si l'on veut se rendre compte des services que le militarisme peut rendre au développement des nations, il suffit de considérer l'histoire de la Prusse après Napoléon. Ce fut alors que l'esprit militaire bien compris, bien dirigé et efficacement appliqué, permit à la Prusse de se reconstituer, de progresser, de se préparer et d'arriver à la puissance qu'elle a atteinte aujourd'hui; et qui a si puissamment favorisé son développement économique et commercial.

3° et 4°. Ces considérations sur la guerre et le militarisme étant avancées, il serait hautement désirable qu'une guerre entre nations civilisées ne puisse jamais avoir lieu qu'après que les questions, qui en sont la cause, aient été soumises à un arbitrage qui étudierait et proposerait une solution pacifique d'accord avec la justice et le droit. Cette idée de l'arbitrage, qui remonte à la plus haute antiquité, qui plus récemment fut proposée à l'Europe par Henri IV et qui depuis lors fut l'objet de tant de livres et de travaux importants, est la seule solution actuellement concevable à ces graves problèmes, et les recherches des plus grands hommes d'Etat de l'Europe devraient être dirigées vers la possibilité de la rendre pratique.

J'espère avoir résumé le plus fidèlement possible quelques-unes des pensées du comte de Chaudordy sur les graves problèmes soulevés par l'enquête de la *Vita Internazionale* et de l'*Humanité Nouvelle* et je profite de l'occasion pour le remercier publiquement d'avoir voulu coopérer avec son autorité à la discussion de questions d'importance aussi vitale. SCIPIONE BORGHESE.

G. N. BRESCA. — *Italien. Journaliste et homme de lettres.*

Pour laisser un plus grand espace à des esprits plus élevés, je me borne à ne donner que la quintessence de ma pensée générale, me réservant de la développer plus amplement une autre fois. Je ne discute pas ici l'opportunité de l'enquête; je crains que beaucoup n'aiment pas à y répondre, et si je n'ai pu m'en empêcher moi-même, c'est que j'y ai été poussé par le désir tout puissant du bien et non par la volonté de chanter plus haut que les autres.

1° « Voulue », non! la guerre ne l'est pas, ni par l'histoire, ni par le droit, ni par le progrès — comme autrefois, lorsqu'elle était désirée ardemment par des Etats ennemis, pour de bonnes ou de mauvaises raisons; mais Histoire, Droit et Progrès ne peuvent se subordonner à la paix, tout comme l'estomac ne peut subir la faim sans en souffrir. La guerre est souvent *inévitable* pour deux ordres de causes :

I. — Causes positives : Questions de droit, intérêts économiques, politique internationale.

II. — Causes idéales ; Intérêts moraux, aspirations humanitaires, fanatisme populaire.

Que les causes de la guerre soient positives ou qu'elles soient idéales, la guerre n'est jamais absolument *nécessaire* ; elle est seulement *inévitable* lorsque les partis hostiles n'ont pas confiance dans un tribunal d'arbitrage.

2° Les effets multiples du militarisme varient absolument, d'après le principe duquel il émane et le caractère qu'assume son esprit dans un Etat. Une distinction fondamentale existe, imposée par l'Histoire, par le Droit, par le Progrès :

I. — Le militarisme barbare ou *belliqueux*, qui est un anachronisme, une immoralité, une gangrène.

II. — Le militarisme moderne ou *pacifique*, qui est l'institution libérale la plus logique, la plus sainte, la plus féconde d'un Etat.

Si le militarisme pacifique ne donne pas de bons fruits, la faute en est au peuple qui ne sait pas mettre d'accord, dans le système militaire, l'autorité de l'Etat et la liberté de la nation. L'Etat formidable n'implique pas la nation esclave et misérable!

3° « Les solutions »?...Elles sont infinies! Si on me le permet, j'en proposerai une moi-même : Les propositions individuelles sont le levain de l'évolution. Le problème est triple et ne peut être divisé :

I. —Le militarisme pacifique doit se proclamer principe éducatif dans chaque Etat, mais l'armement des Etats ne doit être toléré que dans des proportions déterminées.

II. — L'*Internationalisme*, tant des facteurs de l'incivilité que de la diplomatie des Etats, constitue une voie pratique et un moyen efficace d'éviter à jamais la guerre.

III. — Pour éviter la guerre, il suffit — pour eux — d'un arbitrage permanent, constitué par les grandes puissances, sous la présidence du Pape, comme autorité neutre et universelle à Rome, et à qui il appartient d'ailleurs d'attester son amour pour la justice et pour la paix.

Cette solution embrasse toutes les questions et toutes les difficultés du grand problème, mais il est certain que si elle n'est élaborée par une Commission internationale de jurisconsultes, si elle n'est préparée par les Gouverments, elle reste un beau songe pacifique.

4° Pour arriver plus vite à la solution désirée, il faut :

I. — Que dans chaque Etat se constitue une association d'hommes intelligents, partisans de l'internationalisme.

II. — Que les associations dûment agissantes se groupent par homogénéité de civilisations (latines, germaniques, slaves, etc.).

III. — Que les fédérations internationales forment à la fin une fédération universelle.

Ceci est l'unique force morale qui puisse hâter la solution, c'est la « république universelle » qui ne supprime pas les Patries, mais qui les rend sacrées pour tous.

J'ai terminé. Personne ne pourra m'accuser d'avoir fait de la rhétorique, de la sentimentalité, de l'utopisme; ma pensée est précise et peut-être complète.

G. N. BRESCA.

B. DI CARNERI. — *Autrichien. Philosophe. Député. Auteur d'ouvrages sur la morale, etc.*

1° Le caractère fondamental de la guerre est la barbarie : il y a donc contradiction à dire que la guerre entre nations civilisées est encore voulue par l'histoire, par le droit et par le progrès.

Si la guerre est encore possible, si nous devons nous y attendre à chaque instant, c'est parce que notre civilisation renferme encore une forte dose de barbarie.

2° Le militarisme est condamnable dans tous les cas, parce qu'il représente l'armée pour l'amour de l'armée. Mais, d'autre part, une force armée constituant pour ainsi dire l'épine dorsale d'une nation, elle conservera des avantages physiques, politiques et moraux, aussi longtemps que dureront les états actuels et que notre patriotisme ne deviendra pas un amour universel de l'humanité. Si cette force armée est proportionnée aux ressources de l'Etat, elle ne sera pas aussi désastreuse, au point de vue financier, qu'il est généralement admis.

3° L'ère des guerres d'intérêt dynastique ou diplomatique (guerres de conquêtes) peut être considérée comme finie. Les guerres futures seront des guerres d'intérêt économique, et celles-ci ont comme caractère le grand avantage de pouvoir, dans la plupart des cas, être évitées grâce à un arbitrage librement choisi.

4 Le fait indéniable que chaque guerre constitue, tant pour le vainqueur que pour le vaincu, un tort considérable, est la meilleure garantie pour rendre les décisions arbitrales de plus en plus fréquentes. Pour que la guerre disparût dans un avenir prochain, il faudrait, étant donné que les hommes restent tels qu'ils sont, un véritable miracle. La tâche sublime des sociétés philanthropiques consiste à s'opposer toujours davantage à la marche de la barbarie et à s'efforcer de fortifier et de propager le vrai amour de la paix. Une tâche pareille ne sera ni moins utile ni moins belle si les courageux et dévoués pionniers de la civilisation ne voient pas la terre promise de la paix perpétuelle.

(Marburg-Autriche). B. di Carneri.

Enrico Catellani. — *Italien. Professeur de droit international à l'Université de Padoue. Auteur de* : Il diritto internazionale privato i suoi recenti progressi ; Storia del diritto internazionale privato ; Le Colonie e la Conferenza di Berlino.

1° — Que la guerre entre nations civilisées soit voulue par le droit, nul ne pourrait l'affirmer, — sinon en niant au droit sa conception correspondant le plus à la vérité. En effet, ni d'après les plus anciennes doctrines de la philosophie juridique, ni d'après les plus récentes méthodes sociologiques, la vie morale de la collectivité humaine n'est régie par des lois différentes de celles qui gouvernent la vie morale des individus.

Or, dans les rapports entre ces derniers, comme dans les rapports entre les Etats, il est, au fond de toute controverse, une règle de droit qui, condamnant les aspirations de l'une des parties, démontre, sous la conduite de la raison, la bonté des aspirations de l'autre. Deux choses sont également évidentes : cette règle de droit peut être formulée ou recherchée et équitablement appliquée par des personnes qui, non intéressées dans la controverse, sont moralement et intellectuellement compétentes dans cette recherche ; et ensuite, ni cette règle de droit, ni sa juste application ne peuvent triompher, si ce n'est par hasard, en faisant usage de la force. Les raisons perpétuelles du droit sont donc telles qu'elles n'acceptent pas, qu'elles condamnent au contraire d'une manière absolue, la guerre comme moyen de solution juridique des controverses internationales.

La guerre peut sembler, même pour celui qui ne perd pas de vue la conception juridique de la Société humaine, un mal inévitable, aussi longtemps que les Etats n'auront pas compris la nécessité juridique de résoudre judiciairement leurs propres controverses, et n'auront pas voulu, ni d'une manière permanente, ni de temps en temps, formuler d'un commun accord, une loi internationale positive, et instituer une magistrature apte à l'appliquer. Aussi longtemps qu'on n'y sera pas arrivé, la solution de la controverse qui aurait pour issue la guerre même paraît préférable au prolongement indéfini de la controverse elle-même, et au désordre dans les rapports internationaux qui en dérive. Mais un tel état de choses, quoique considéré dans la condition actuelle de la Société humaine, comme le moindre de deux maux, représente néanmoins une imperfection dans l'histoire de l'humanité.

Il n'y a rien dans le droit gouvernant les états qui rende celui-ci essentiellement différent du droit gouvernant les individus. La recherche rationnelle des règles juridiques et leur application rationnelle aux cas concrets n'est pas moins possible dans les controverses entre les sociétés qu'elles ne le sont dans celles entre particuliers. Et de même qu'il est défendu à ceux-ci de se faire justice eux-mêmes, quoiqu'une telle prohibition ne les empêche pas de se conformer à la justice, mais qu'au contraire le concours de la loi et du magistrat la leur rend plus sûre et plus facile, de même il n'est pas impossible de créer un empire du droit entre les nations, éliminant la guerre au moyen d'une loi et d'une magistrature internationales.

Que la guerre, dans l'imparfaite organisation actuelle de la société des Etats, soit voulue par le progrès, personne ne pourrait l'affirmer. Supposons une guerre entre l'Angleterre et la Russie, se terminant par la victoire de cette dernière. Cette victoire équivaudrait à un désastre du progrès humain pour tous les peuples et pour tous les pays qui seraient affranchis de leur obéissance envers la Grande-Bretagne pour être soumis à l'obéissance moscovite. Supposons une guerre entre l'Autriche et l'Italie, se terminant par la conquête autrichienne de la Lombardo-Vénétie. Cette guerre, au lieu d'être un progrès, représenterait par ses résultats, un recul d'un demi-siècle dans l'ordre des faits et dans celui des idées. Et puisque, tant dans l'une que dans l'autre guerre, ce ne serait pas la prépondérance du droit, mais celle de la force qui déciderait de la victoire, on ne peut donc affirmer que la guerre, dans les rapports entre nations civilisées, soit un facteur du progrès. Elle sera telle lorsque l'Italie pourra joindre au droit la force de chasser l'étranger ; elle ne fut pas telle lorsque les hordes mongoles apportèrent la barbarie aux portes de l'Europe.

Si les peuples civilisés et les peuples barbares sont en présence, la guerre peut certainement représenter un facteur du progrès, rendant vaine par la prédominance des premiers, la résistance des seconds aux règles de la civilisation. La force se trouve plus souvent alors, de la part du plus civilisé ; et même lorsque le moins civilisé a la prépondérance, le contact des deux civilisations, finit par unir chez le plus fort et le plus rude, les énergies de la civilisation la plus élevée. Que ce soient les Romains qui étendent leurs conquêtes jusqu'aux extrêmes limites du monde connu, ou que ce soient les Barbares du Nord qui conquièrent l'empire romain, la civilisation latine, mariée aux énergies virginales des peuples plus jeunes, ressort féconde en progrès pour l'histoire du monde.

Entre peuples également civilisés, cependant, la guerre ne peut exercer la même fonction. L'influence réciproque d'instruction et de progrès peut s'expliquer entre eux de la manière la plus complète, par les rapports pacifiques, la science et l'échange des idées. D'autre part, la guerre, même lorsqu'elle fait le meilleur usage du prix de la victoire, offense pourtant la fierté du vaincu. Et celui-ci, plus il est civilisé, plus il est jaloux du culte de sa propre individualité nationale, qui provoque chez lui un sentiment de réaction et de répulsion pour tout ce qui vient du vainqueur, tout ce qui lui rappelle son malheur passé et sa honte actuelle.

Mais, aussi longtemps que tous les peuples civilisés ne seront pas persuadés de cette vérité aux points de vue théorique et pratique, il n'y a pas de doute que la guerre, même entre nations civilisées, ne soit voulue par l'histoire.

Aussi longtemps que la loi internationale ne sera pas codifiée, que la magistrature internationale ne sera pas instituée, la guerre restera toujours l'« ultima ratio » à laquelle les Etats peuvent recourir lorsqu'un différend les irrite et qu'ils ne réussissent pas à l'apaiser au moyen des négociations directes ou de l'arbitrage.A toutes les nations incombe donc,dans l'état actuel de la civilisation, la nécessité de la guerre offensive et défensive. Nécessité de recourir aux armes pour faire valoir un droit que d'autres ne veulent pas respecter; nécessité de recourir aux armes pour résister à une prétention à laquelle d'autres ne veulent pas renoncer, et que nous ne pouvons reconnaître juste.

Dans l'état présent des idées et de la culture, rien ne servirait à un état d'avoir négligé la préparation aux armes. L'unique résultat serait la certitude de la prochaine défaite et la nécessité qui en résulterait de céder, à tout prétexte injuste des autres, sans pouvoir tenter la chance des armes. Ces considérations s'imposent d'autant plus que le triomphe de la paix, indubitablement nécessaire, selon les raisons suprêmes du droit, est, dans la conscience de l'humanité contemporaine, moins prochain qu'on ne le croit. Beaucoup de questions sont encore jugées par les nations civilisées comme non susceptibles de transaction ou de compromis.Il en est ainsi,par exemple,des questions de nationalité; des questions qui se rattachent à la solidarité des peuples d'un continent pour repousser les conquêtes des peuples d'un autre continent. Les questions de nationalité ont agité l'Europe depuis plus d'un demi-siècle et n'ont pas encore fini de l'agiter; la doctrine de Monroe est une menace perpétuelle pour les rapports pacifiques entre l'Europe et l'Amérique. Mais la conception de la nationalité n'est pas si simple, pour empêcher, en quelque lieu que ce soit, que deux Etats ne se contestent parfois en son nom le même territoire. La France et l'Allemagne prétendent toutes deux à la possession de l'Alsace-Lorraine, au nom du même principe de nationalité. En vertu du caractère absolu de ce principe, ni l'une ni l'autre ne consent à soumettre le jugement de son propre droit à un arbitrage. Et comme la formule spécifique de ce principe générique est différente et contraire dans les deux Etats rivaux, aucun autre moyen, sinon la guerre, ne paraît apte à trancher leur différend si celui-ci devient aigu. La doctrine de Monroë énonce comme un axiome l'autonomie des nationalités américaines : les Etats européens qui possèdent, depuis plusieurs siècles, des territoires en Amérique, ne peuvent pas tolérer entre eux et leurs propres sujets américains l'ingérence d'un autre pays. Entre ce principe de droit universel qui fut toujours jugé absolu et le respect formel de la doctrine de Monroë que les Etats-Unis veulent imposer aux autres, d'où pourra surgir une décision, dans l'état actuel du droit positif, si ce n'est de la guerre? L'Angleterre pourra-t-elle considérer comme contestable son droit de gouverner la population, en grande partie noire, de la Guyane, uniquement parce que les Etats-Unis prétendent avoir, au nom de la doctrine de Monroë, une sorte de nouveau droit divin de protection sur l'Amérique entière? Et les Etats-Unis qui, depuis près de quatre-vingts ans, considèrent cette doctrine comme une vérité absolue, comment pourront-ils permettre qu'un tribunal de magistrats l'examine et l'anéantisse éventuellement ? Et ceci est si vrai qu'un traité général d'arbitrage ayant été stipulé l'année dernière, entre les Etats-Unis et l'Angleterre, ce fut le Sénat américain qui refusa d'en autoriser la ratification. Des traités d'arbitrage généraux existent, à vrai dire, mais entre l'Italie et le Costarica et l'Argentine, entre la Suisse et les Etats-Unis ; en un mot entre des Etats ne pouvant pas être divisés par ces controverses qui, dans l'opinion des Etats contemporains ne sont pas susceptibles de compromis ou de transaction. Quand la définition spécifique de certains principes de droit public, prétendus actuellement absolus, mais trop vaguement et trop diversement formulés, aura pu être établie d'une manière uniforme; quand la conscience de tous les Etats ne se refusera plus, en présence de contestations quelles qu'elles soient, à la transaction et au compromis, quand une magistrature internationale soit permanente, soit élue de temps en temps, assurera constamment les partis en jeu de la compétence intellectuelle et morale nécessaire pour le triomphe de la justice, alors seulement on pourra dire avec vérité que l'histoire ne veut jamais la guerre, mais qu'elle la réprouve toujours.

2° — Il faut distinguer avant tout entre la forte organisation militaire et le militarisme. Celui-ci est toujours un mal et n'est jamais nécessaire ; celle-là, en supposant le pire, doit être jugée un mal nécessaire aussi longtemps que l'histoire rendra parfois la guerre nécessaire. Dans un état de choses pareil, l'ordonnance militaire exerce une tutelle sur les droits et les intérêts de l'Etat ; le militarisme au contraire ne pourvoit pas toujours à ceux-ci et asservit continuellement à l'élément soldatesque et aux intérêts de la classe militaire, tous les autres facteurs de la vie nationale. Beaucoup de républiques de l'Amérique méridionale n'ont qu'un simulacre d'armée, et pourtant elles succombent sous l'oppression du militarisme. L'Angleterre, quoiqu'elle ait une armée forte et non identifiée à la nation à l'aide du service obligatoire, et qu'elle possède la plus forte marine militaire du monde, n'a pas même à se plaindre de l'ombre du militarisme. L'Espagne a une ordonnance militaire beaucoup plus imparfaite que celle de la Prusse, mais elle ploie bien plus que la Prusse sous le joug du militarisme, que ce soit lorsque les généraux imposèrent au souverain leur propre volonté ou lorsque, par leurs efforts, ils réussirent à imposer un changement de souverain ou à changer la dynastie elle-même.

L'ordonnance militaire à base nationale ne doit donc pas être confondue avec le militarisme, soit parce que, tant que dure la possibilité de la guerre, elle est chargée de la tutelle même de la sécurité de l'Etat, soit parce que ses effets intellectuels, moraux, physiques, économiques et politiques ne sont pas tous désavantageux. Quand le service militaire est court, le soldat en sort physiquement fortifié ; intellectuellement, nullement pire qu'il était auparavant et moralement élevé à une dignité plus susceptible, et à une modération d'égoïsme plus grande. L'ordonnance militaire est par dessus tout, en temps de paix, une école de discipline qui, subsistant en partie pendant la guerre, pourra rendre celle-ci plus humaine. Toutes ces lois et ces habitudes de la guerre moderne qui sont venues en tempérer les horreurs et en alléger les souffrances, sont suffisamment respectées lorsque deux armées bien ordonnées sont en présence, mais elles sont violées à tout instant, et des exemples anciens et récents le prouvent, quand les troupes ont été levées au moment où la guerre a éclaté, sans aucune préparation antérieure. Il ne convient pas d'oublier non plus, au point de vue des effets économiques, que dans le dernier quart de siècle, la Suisse qui n'a pas d'armée permanente, eut un développement extraordinaire de richesse publique et privée, mais que l'Allemagne n'eut cependant pas un développement moindre, plutôt plus extraordinaire encore, en comparaison, quoiqu'elle n'ait épargné ni les études, ni les dépenses, pour rendre toujours plus parfaites ses propres ordonnances militaires. Et enfin, au point de vue des effets politiques, ce raisonnement fort simple s'impose : parfois la guerre ne peut être évitée, et ceci est trop évident pour avoir besoin d'être démontré ; dans la guerre moderne, l'avantage le plus décisif est du côté des armées qui ont été le mieux ordonnées *avant* l'ouverture des hostilités ; l'insuccès des armées françaises rassemblées par le Gouvernement de la défense nationale et la honteuse défaite récente de la Grèce, avec des troupes à peine rassemblées et armées, en sont deux preuves bien éloquentes.

Les événements de la guerre hispano-américaine ne démentent pas non plus une telle affirmation. Les troupes américaines eurent les mobilisations lentes et les mouvements imparfaits, et, quoique débarquées dans un pays déjà possédé en grande partie par les rebelles leurs alliés, ils n'obtinrent jamais de succès définitif. La victoire américaine a été, avant tout, une victoire maritime ; sur mer sa marine était précisément des plus fortes et des mieux armées et scientifiquement préparée au point de vue du matériel et des équipages, durant la paix, et deux victoires rapidement consommées décidèrent des événements de la guerre. Il n'y a donc pas à douter que l'effet politique le plus important d'une bonne ordonnance militaire ne soit une plus grande sécurité pour le pays ; on ne peut pas dire non plus que ceci soit un effet politique de peu de valeur, surtout si on peut éviter, grâce à l'ordonnance militaire, que le gouvernement du pays ne dégénère en une prédominance du sabre.

3° La guerre au gouvernement par le sabre et la répression prompte et inexorable de toute tentative faite pour l'imposer doivent être absolument à cœur aussi bien aux partisans de la paix qu'aux partisans d'une forte ordonnance militaire : aux premiers pour qu'ils empêchent les intérêts de la classe militaire de jamais prévaloir, dans la solution d'une controverse internationale, sur les intérêts généraux du pays ; aux seconds pour que, soustrayant une institution qui leur est chère à la possibilité de tendances mauvaises et de démérites évidents, ils puissent la sauver de l'impopularité et pourvoir à sa conservation qu'ils doivent juger essentielle à la sécurité du pays.

Combattre la prédominance de la classe militaire dans l'Etat, avoir soin des ordonnances militaires jusqu'à ce qu'on ait la certitude que la guerre pourra toujours être évitée, préparer avec une constance infatigable la conscience de la société humaine à l'idée de la solution judiciaire de toutes les controverses internationales, me semblent, dans la question qui nous occupe, trois règles inséparables du programme de toute personne raisonnable. Il faut premièrement semer et féconder cette idée pacifique dans le monde, puis supprimer les ordonnances militaires de son propre pays. Un mouvement approprié et pratique doit encourager ou le désarmement général ou l'institution d'un tribunal international, ou la fédération des Etats civi-

lisés, d'après les projets de Lorimer, de Bluntschli ou de Fiore ; ou du moins l'institution d'une autorité judiciaire internationale, selon les idées de Kamarowski, de Descamps ou de Sumner-Maine. Mais le désarmement ou l'affaiblissement militaire d'un seul pays n'aiderait point à la cause de la paix et risquerait seulement de rendre plus sûre, dans l'éventualité d'une guerre, la défaite de ce pays. Si l'homme primitif avait voulu et pu réduire les proportions et la force de ses dents et de ses ongles aux proportions et à la force des dents et des ongles de l'homme civilisé actuel, l'homme aurait cessé d'exister, parce que l'humanité primitive aurait été vaincue par les difficultés insurmontables de la lutte contre les autres espèces. Il ne faut pourtant pas diminuer la force organisée d'un Etat dans l'espérance de la disparition future de toute nécessité d'en faire usage ; il faut plutôt modifier les conditions intellectuelles et morales de la société humaine pour que la défense et l'offense armées ne soient plus indispensables dans aucun cas, à l'avenir, et cessent peu à peu d'être considérées comme telles. Si les armées étaient abolies dans une heure d'enthousiasme, sans que cette abolition ait été précédée par une réforme aussi complète dans la conscience et dans l'ordonnance de la société humaine, leur disparition serait éphémère et elles renaîtraient bien vite, représentant toujours une fonction indispensable dans les rapports des Etats entre eux. Si, au lieu de cela, le droit international devenait, grâce à l'œuvre patiente des congrés diplomatiques et des conventions entre les Etats, un droit positif, répondant dans ses préceptes à la conscience de l'humanité, et assuré dans son application par des garanties suffisantes de procédure et de compétence des magistrats, alors les ordonnances militaires disparaîtraient graduellement d'elles-mêmes, comme, dans les races, certains organes s'atrophient peu à peu avec la cessation de la fonction qui les rendait nécessaires.

4° La réponse me paraît très évidente. Les moyens pour arriver plus vite à la pacification des controverses, peuvent se réduire à un seul : l'instruction qui démontre l'excellence des solutions juridiques et prépare les peuples et les Etats à les préférer toujours, par l'empire de la conscience, à l'usage de la force. La diffusion des conceptions de droit public les plus importantes et fondamentales ; l'étude de l'histoire qui seule peut alimenter beaucoup d'espérances et sauver beaucoup d'illusions, la défense de nombreux préceptes moraux qu'un certain pharisaïsme juge à tort moins impérieux pour les Etats que pour les individus, la revendication de l'idée de l'égalité morale de tous les hommes, que le Christianisme a proclamée pour les rapports avec Dieu, que la philosophie du siècle écoulé a revendiquée aussi pour les rapports entre les hommes et que la science plus moderne n'a que trop négligée ; tout ceci est propre à préparer dans la conscience humaine, la disposition la plus favorable pour accueillir la doctrine de la paix.

Un mouvement intellectuel tel que l'*Extension universitaire* commencée en Angleterre et en Amérique et continuée à présent avec tant de succès en France et en d'autres pays, pourrait suffisamment concourir à un tel but. Le mouvement moral représenté par la *Société éthique* en Allemagne et par l'*Union morale* chez nous, en Italie, sera ensuite un facteur d'une importance sans égale pour la cause pacifique. Aucune illusion ne pourrait, à mon avis, empêcher de reconnaître la vérité suivante : si on ne peut revenir à la doctrine de l'égalité morale de tous les hommes ; si dans dans ce sens, la doctrine contemporaine des races et des nationalités ne peut être examinée à nouveau et en résulter plus exacte; on pourra quand on le voudra, formuler des règles de droit universel, on pourra édifier autant d'ordonnances universelles de procédure internationale qui sembleront rationnellement meilleures, mais il ne sera jamais possible de faire respecter les unes et les autres par tous les Etats de manière que la paix règne vraiment entre les nations. Aussi longtemps surtout qu'on ne reviendra pas à la doctrine de l'égalité morale de tous les hommes, on ne parviendra pas à détruire le germe de ces ressentiments de classes, de races et de croyances qui sont la cause de guerres bien plus cruelles et bien plus désastreuses que les guerres entre Etats, car elles déchaînent parmi les rivalités armées des classes, les horreurs de la guerre civile, et parmi les suggestions des haines théologiques, les hontes de la persécution religieuse.

Padoue, juin 1898. E. CATELLANI.

MARYA CHÉLIGA. — *Polonaise. Romancière, auteur dramatique. Directrice de :* l'Almanach féministe. *Vice-Présidente de la Ligue des Femmes pour le désarmement International. Vice-Présidente du Syndicat professionnel des Journaux de langue française paraissant à l'Etranger. Membre du Comité du Syndicat de la Presse Etrangère. Auteur de :* Iwon Podkowa; Nataniela; Bez Opieki; Na Przeboj, *etc., etc.* (*en polonais*) *et de* : l'Ornière; Sans issue; Etude sur le mouvement féministe en France ; Nouvelles; *etc., etc.* (*en français*).

Voici mon humble avis :

1° La guerre est une violation du droit naturel, une négation de tout progrès; elle est non une *nécessité* léguée par le passé, mais le dernier rempart de la barbarie.

2° L'effet moral du militarisme ? Mais c'est l'entraînement au meurtre et à la débauche. Toutes les belles phrases dont on l'habille ne sont qu'un déguisement des pires passions. L'évangile du soldat est : d'être toujours prêt à tuer son prochain; les lieux de débauche constituent son foyer familial. L'effet intellectuel? Mais il est défendu au soldat de raisonner, de critiquer, de lire ; il doit obéir passivement. C'est logique, puisqu'il n'est que la chair à canon ; or, la matière ne pense pas.

3° Les effets physiques sont bien connus : en temps de paix, insolations, membres cassés, maladies diverses. Pendant la guerre, inutile d'insister. Passons à l'ordre économique.

Eh! bien, la guerre c'est la ruine pour l'agriculture qui manque de bras, pour la famille qu'on prive de son soutien naturel. Au moment où le père devrait trouver dans ses fils un aide, on les lui arrache pour les envoyer chercher la mort. Pour comble de paradoxe, ce sont les parents eux-mêmes qui, contribuables, payent les frais de ces expéditions!

3° La solution à ces questions de la guerre et du militarisme est dans la réorganisation sociale, qui se fera certainement le jour où les masses s'apercevront que leur sort est trop misérable et comprendront que l'amélioration dépend de leurs propres efforts.

4° Les moyens pour y arriver ? La propagande lente mais sûre, par la plume, par la parole, par tout ce qui éveille la conscience des foules ; le désarmement, d'abord proportionnel; les arbitrages, et surtout l'union entre les prolétaires et les intellectuels. Leurs forces réunies sauront conquérir, pacifiquement, le droit de vivre en liberté et en harmonie pour tous les êtres humains définitivement affranchis. MARYA CHÉLIGA.

AMILCARE CIPRIANI. — *Italien. Célèbre agitateur socialiste.*

Excusez-moi si je réponds un peu tard au questionnaire sur la guerre que j'ai reçu il y a quelque temps.

Pour le faire d'une façon claire et diffuse comme vous le voudriez, un volume ne suffirait pas. Du reste, on en a publié des milliers sur l'argument en question et, ma foi ! après tant de siècles, on se demande encore si elle est nécessaire.

En me plaçant au point de vue de mes idées, de la pure doctrine socialiste et humanitaire, je n'hésite pas à répondre non, à la repousser, à la combattre.

Mais, lorsque je regarde la bande de brigands qui gouvernent, affamant et asservissant les peuples, je suis forcé de dire que ce sera la guerre qui tuera la guerre.

Par ce mot, j'entends non seulement la guerre dite étrangère par les ennemis du peuple, mais aussi la guerre civile.

Celle-là finie celle-ci subsistera encore, tant qu'il y aura un oppresseur ou un opprimé.

C'est entre le capital et le travail que sera brûlée la dernière cartouche.

Pour haïr le militarisme et la guerre, il faut avoir été soldat, avoir vu la guerre et tous ses effets iniques, infâmes, désastreux, anticivilisateurs, antihumanitaires. Tant que le militarisme existera, tant que cette caste prépotente, brutale, barbare, féroce et sanguinaire grouillera au cœur de la société, il n'y aura pas de sécurité pour le progrès, pour la civilisation, pour nous tous qui combattons pour l'idée sociale, libertaire, pour une société basée sur l'égalité économique, sur l'amour.

Le militarisme, c'est la haine, c'est la guerre, c'est l'oppression, c'est la véritable épée de Damoclès suspendue sur les travailleurs.

Cet ennemi, on ne le combat pas seulement avec des paroles, avec des doctrines, avec des polémiques. Il faut l'abattre, et c'est par la Révolution, car celle-ci n'a pas pour but uniquement des réformes plus ou moins sociales, mais, en frappant le capital, elle frappe au cœur le militarisme, son seul et véritable soutien.

Avec le capitalisme, tomberait le militarisme, avec celui-ci, mourrait à jamais la guerre. AMILCARE CIPRIANI.

CHRISTIAN CORNÉLISSEN. — *Hollandais. Collaborateur de diverses revues. Auteur de diverses brochures dont, entre autres* : Le communisme révolutionnaire.

Sur les questions que vous me posez relativement à la guerre et au militarisme j'ai à répondre ce qui suit :

La guerre parmi les nations soi-disant civilisées restera, selon mon opinion, une nécessité dans une société basée sur l'exploitation de l'homme par l'homme, c'est-à-dire tant que la dernière forme de l'esclavage humain, le salariat moderne, ne sera pas aboli.

Il me semble tout à fait inutile de discuter sur la question de savoir si « les conditions historiques », ou « le droit, » ou « le progrès » et d'autres belles choses de la même sorte nécessitent encore le massacre en masse des hommes par les hommes, c'est-à-dire la guerre.

Que nous importe de ces choses idéales dans une société, où non seulement les classes possédantes de tous nos pays modernes ont à tenir dans la sujétion, par la force des armes, toute la classe ouvrière du propre pays, — mais où en outre nos grands états industriels et commerciaux — l'Angleterre, la France, l'Allemagne, l'Italie, la Russie, les Etats-Unis, chacun pour soi, cherchent à étendre le territoire de leurs colonies par l'assujettissement brutal des races humaines plus faibles et plus arriérées? Si nos grands états modernes se disputent les uns aux autres chaque région du monde, ou le profit industriel et commercial, le profit pur et simple attire nos capitalistes qui ne peuvent pas trouver des débouchés suffisants pour leurs marchandises dans leurs propres pays que menace déjà la révolution sociale.

« De nos jours, la Bourse a pris une influence telle que, pour la défense de ses intérêts, elle peut faire entrer les armées en campagne ». Ainsi disait le maréchal allemand comte de Moltke, dans le commencement de son livre sur la guerre de 1870.

Il a raison, la Bourse a cette puissance formidable et nous savons quel usage elle en fait. Nous savons que nos guerres modernes ne sont en dernière instance que des guerres de la haute finance. Vraiment, laissons de côté sous ces conditions économiques, nos conceptions du droit et du progrès, etc.

Le droit n'est que ce qu'il est effectué et maintenu par la force économique, et la force économique de nos classes possédantes ainsi que de leurs gouververnements, se manifeste comme instrument direct dans le militarisme, le grand machinisme d'oppression internationale.

Seulement lorsque les peuples du monde, dont la civilisation domine et peut être nommée décisive pour la forme générale de la civilisation humaine, organisés d'une façon communiste, ne produiront plus pour le profit personnel de chaque membre de la société en particulier, mais qu'ils règleront la production d'après la consommation générale, c'est-à-dire lorsque la production de marchandises sera substituée en grand et en général par la production de valeurs d'usage, seulement sous ces conditions économiques nous saurions attendre une période de tranquillité et de bonheur humain internationaux dans laquelle nous pourrions espérer la guerre parmi les peuples devenue exceptionnelle — pour, à la longue, être terminée après.

Il m'est impossible de traiter ici dans quelques lignes les effets intellectuels, moraux, physiques, économiques, politiques du militarisme.

La guerre moderne parmi les peuples soi-disant civilisés est sans contredit tout autre chose que la lutte pour l'existence régnant parmi les bêtes féroces.

La pratique de l'histoire, aussi bien que celle des sciences sociologiques, nous apprend que dans les grands carnages des peuples ce ne sont pas les plus aptes physiquement et intellectuellement dans la race humaine qui survivent.

Plutôt ceux-ci se massacrent les uns les autres. D'ailleurs, parce qu'une guerre engendre l'autre, soit par une raison de revanche, soit comme un accomplissement d'une sujétion incomplète, les frais de la guerre épuisent de plus en plus les peuples affaiblis et produisent ainsi la dégénération physique, intellectuelle, morale des masses.

Parmi les moyens propres à conduire à la solution des questions de la guerre et du militarisme, je considère le développement intellectuel et moral de notre jeune génération comme celui qui sera le plus efficace à côté d'un futur bouleversement des bases de notre société capitaliste.

Combattre surtout le chauvinisme à présent stipulé artificiellement dans l'école comme dans l'église, ce chauvinisme qui, parmi les masses de la population, se manifeste dans les grandes nationalités, comme la France, l'Angleterre, l'Allemagne, plus énergiquement que dans les petits pays comme la Belgique, la Hollande, la Suisse et les Etats de l'Europe septentrionale. Voilà un des points essentiels pour le programme d'instruction et d'éducation de nos enfants.

Croire à une solution plus rapide que celle-ci, qui se fonde directement non seulement sur le bouleversement des bases économiques de la société mais en même temps sur le développement intellectuel et moral des masses, ce serait de la pure utopie.

Je veux ajouter à la fin que je n'attends pas le moindre succès direct des conférences internationales faites par les gouvernements des différents états pour préparer la paix mondiale, et que je ne puis sympathiser avec ces conférences non plus qu'avec celles des soi-disant « ligues de la paix » qu'autant que les témoignages en faveur de la paix, venant de la part de quelques autorités haut placées puissent avoir un résultat propagateur parmi nombre de gens, pour lesquels il faut qu'une théorie vienne « du plus haut côté » pour être approuvée.

Du reste je considère toutes les plaintes douloureuses sur la guerre comme on les entend dans nos ligues de paix ainsi que tous les projets pour venir à la paix mondiale par un désarmement général, comme, pour le meilleur cas, une tromperie d'autrui et de soi-même. Le message récent du Czar Nicolas nous a montré ce que nous pouvons attendre de ces plaintes et de ces projets même quand ils nous viennent des têtes couronnées.

Pourquoi nous tromper ? Ce n'est que l'incertitude de la victoire, la crainte que chacun des gouvernements actuels a pour la force armée des autres, qui les fait hésiter pour commencer une nouvelle guerre sanglante. Il ne nous reste que l'espoir exprimé par le maréchal de Moltke dans le livre susdit « que les guerres, pour être devenues plus terribles, seront de moins en moins fréquentes ».

Nous ne saurions prendre au sérieux les témoignages en faveur de la paix venant des représentants de nos gouvernements dans notre société capitaliste, qui est dominée par la haute finance. Ces témoignages révoqués par la réalité, par l'armement formidable de tous nos états militaires ne peuvent être, en général, que le produit d'une diplomatie hypocrite.

CHRISTIAN CORNÉLISSEN.

CARLO CORSI. — *Italien. Lieutenant-général en retraite. Auteur de* : Histoire militaire; Sicilia ; Della éducazione del soldato ; etc.

1° La guerre, même entre gens civilisés, est voulue par l'histoire, parce que *aujourd'hui* et *demain* font suite à *hier*, et on ne peut y interposer aucun barrage parce que ni la science, ni l'art, ni la volonté ne peuvent extirper de l'âme ce germe de cruauté native auquel la cupidité et l'orgueil fournissent un aliment ; elle sera voulue par le droit considéré dans sa forme la plus simple, aussi longtemps qu'il y aura une distinction entre le *mien* et le *tien* et que seront possibles les injustices, les arrogances et les oppressions ; elle n'est pas voulue, elle est au contraire condamnée par la civilisation et par le progrès, mais, opposée à ces deux grandes forces, il y en a une autre, intermittente, c'est vrai, mais par moments toute puissante, la *passion*, autrement dit, l'orgueil, la cupidité, la cruauté.

2° Si, par *militarisme*, on entend l'esprit de caste militaire exclusif et arrogant, aucun bon effet ne peut en dériver; si c'est ce que j'appellerais la *martialité*, c'est-à-dire un mélange de l'amour-propre, de l'amour de la patrie, de l'amour de la gloire, des armes et du drapeau, il pourra en dériver du bon ou du mauvais en mesures variables, selon le motif, le but, le moment de l'action guerrière ; si, par militarisme, on veut enfin désigner ce que nous tous, militaires, appelons *l'esprit militaire*, c'est-à-dire l'ensemble des vertus militaires, trempées et gouvernées par une discipline saine et forte, il est vraiment alors l'âme des armées, une chose nécessaire et sainte tant qu'il y aura quatre hommes et un caporal pour soutenir les intérêts de leurs compatriotes, faire respecter la loi, protéger ceux qui la représentent, opposer une digue au désordre. Une armée nationale, animée d'un bon esprit militaire, est la meilleure école du devoir, de l'honneur, de la civilité... pourvu qu'on le veuille.

3° et 4°. Quant aux deux derniers points, je me bornerai à répondre qu'il est très désirable que l'idée de l'arbitrage international soit cultivée à tout prix, avec une persévérance infatigable, soit pour des cas spéciaux de contestation entre Etats et Nations, soit comme institution permanente pour tous les cas, en général. On doit toutefois savoir se contenter de ce qu'apportera pas à pas la marche de la civilisation, par l'augmentation du bien-être individuel, par les communications toujours plus faciles, la liberté des échanges, le réseau sans cesse plus vaste et plus compliqué des intérêts des différents pays et même par les armements colossaux, quelque dangereux, ruineux et épuisants qu'ils soient. Je ne crois pas utile, au contraire, je crois dangereux — sinon puéril, — au moins pour le moment, de susciter parmi la jeunesse, l'aversion de la guerre et l'antipathie de la milice, en estropiant et en faussant l'histoire, en mettant au carcan toutes les plaies et toutes les taches de la vie militaire, en semant la sentimentalité sur le chemin de la guerre qui n'est cependant pas encore fermé et a besoin d'âmes et de membres forts. On cherche à briser ainsi les armes dans les mains de ceux qui pourraient, qui voudraient, qui devraient s'en servir. Qui peut dire à qui cela doit profiter ? Le temps des guerres de succession est déjà si loin ! et aucun Napoléon n'apparaît à l'horizon.

CARLO CORSI.

JULES COUCKE. — *Belge. Avocat. Auteur de monographies et de notes* « **sur l'évolution littéraire** ».

Des nombreux sophismes qui ont été séculairement remâchés pour justifier la guerre, aucun ne prévaut contre la raison d'humanité supérieure qui la condamne et la réprouve impitoyablement. C'est un arrêt irrévocable devant lequel doivent s'incliner tous ceux qui pensent que la solidarité et l'entr'aide sociale ne sont pas de vaines abstractions métaphysiques bonnes tout au plus à enivrer de leurs fumées les cerveaux des réformateurs en chambre. Car qui peut méconnaître qu'elles se trouvent effectivement, hélas ! quoique partiellement, transportées dans les réalités de la vie sociale, et dès lors, le devoir impérieux de tous n'est-il pas de contribuer à en généraliser la pratique ?

Autre chose est de savoir si à la minute actuelle marquée sur le cadran des Heures, la guerre est encore commandée par les inéluctables Forces de l'histoire. Et il semble bien qu'ici il faille répondre affirmativement. Les rivalités internationales et raciques, grosses de menaces pour l'avenir, les conflits brûlants d'intérêts que suscite la fièvre d'expansion coloniale et le partage de territoires qui en résulte — en supposant même que soit définitivement tracée la carte de l'Europe — ne permettent pas d'espérer que les Destins dénoueront d'une manière uniformément bénigne le nœud inextricable des compétitions politiques. Ce rêve magnifique serait illusoire et décevant, et il faut en rabattre de nos prétentions humanitaires. Il est trop d'ambitions et d'appétits égoïstes qui s'opposent à sa réalisation. Mais dire que la guerre est un mal nécessaire, c'est tenter sa justification au point de vue moral, et c'est là raisonner aussi niaisement que de tenir le même propos à l'endroit de la peste ou des maladies vénériennes. Cependant il serait puéril de méconnaître que la génération présente supporte le poids d'une douloureuse et implacable *tradition* belliqueuse. Elle en est marquée d'une tare indélébile comme ces enfants que contamine dès leur naissance le germe syphilitique. A la vérité, des forces mauvaises et des génies malfaisants dominent le monde actuel, et la guerre en est une des multiples incarnations, résultat des désordres qui bouleversent les relations économiques pourries par la gangrène capitaliste et dont le jeu normal se trouve faussé par le développement hypertrophique de certains organes, entraînant une anémie correspondante des autres fonctions ; bref, avec la violence expansive d'un virus trouvant à son éclosion un milieu favorable, la guerre parfois éclate comme une fièvre mauvaise dans un organisme corrompu, dissocié et décérébré pour parler un langage cher à Barrès, ou encore elle remplit l'office empirique de saignée bienfaisante dégorgeant le corps social congestionné et tuméfié.

La guerre ! elle a régné jusqu'ici entre les races hostiles, entre les rameaux d'une même race, entre les classes antagonistes, entre les groupes d'une même classe; elle est le fait primordial qui domine et régit les phénomènes de l'ordre économique — je passe le permanent conflit psychologique et mental — et de là gagne, de proche en proche, les sphères politiques. A la considérer dans un sens restreint et plus usuel, elle est le mode primitif et brutal par lequel s'affirme grossièrement la supériorité numérique d'un peuple sur un autre, ou d'une race sur une autre race. Et qu'il faille admirer l'exaltation suprême des énergies vitales qu'elle met en œuvre, il importe de songer, par contre, au lamentable déchet, à l'énorme gaspillage de forces tant matérielles qu'intellectuelles qu'elle entraîne. Qui dira, par exemple, les génies dont fut sevrée la France contemporaine par le terrible fauchage des épopées guerrières et révolutionnaires de ce siècle? Si puissant donc que soit le souffle d'héroïsme dont elle anime l'âme d'un pays, si émouvant le frisson de gloire dont elle secoue la sensibilité d'une nation, si vibrante enfin son énergie et son ressort intime, la guerre n'en provoque pas moins, en tout état de cause, un recul profond, une régression évidente de l'humanité vers les demeures ancestrales aux durs moellons qu'édifia la Force et que cimenta le Sang.

Quant au militarisme tel qu'on le conçoit et tel qu'on l'applique généralement, c'est l'idole intangible et funeste, le monstre à jamais inassouvi, le Moloch moderne auquel tous les ans les nations dites civilisées sacrifient des millions de jeunes âmes pour les passer au laminoir de la caserne — la caserne, école de castration morale où se poursuit l'œuvre infâme de dévirilisation et de déformation des caractères commencée au collège. Et c'est grand'pitié vraiment de devoir constater l'abominable acharnement que l'on met à dessécher les esprits, à en éteindre les flammes vives de la spontanéité, à en canaliser le cours sinueux des belles eaux originales, et à en étouffer enfin les derniers germes de liberté sous la dure étreinte du carcan disciplinaire.

Les effets économiques du militarisme? Il suffit de consulter les budgets pour se convaincre de l'appétit insatiable de l'Hydre aux dents aiguës et aux griffes acérées ; elle engloutit annuellement des milliards dans sa gueule toujours béante et, pour satisfaire sa voracité, chaque pays lui sacrifie, en manière de tribut, le plus clair de sa moelle.

De quoi il résulte que toute mesure ayant pour effet de diminuer les chances de guerre, de propager la pratique de l'arbitrage et de réduire les charges écrasantes du militarisme doit être accueillie avec joie par ceux qui rêvent une humanité meilleure décrottée de la vermine des préjugés séculaires qui la ronge.

Les moyens d'y arriver ? C'est d'opposer aux entreprises audacieuses des prétoriens de toute plume et de tout poil, le faisceau irréductible de nos croyances libertaires, de notre idéal de justice et de notre foi en un avenir de pacifique labeur. Enervons les prétentions d'un nationalisme chauvin, étroit et sectaire par une intense propagande en faveur des idées de tolérance réciproque, de respect mutuel et d'humanité consciente. L'Internationale des travailleurs, d'ores et déjà constituée sur des bases inébranlables, est un des facteurs de ce mouvement grandiose. A l'Internationale des penseurs, des artistes et des lettrés, la noble mission de préparer la transformation des âmes en prêchant la croisade de la bonne et douce et féconde Paix, glorieux apostolat qui, à n'en point douter, exercerait une influence décisive sur l'évolution intellectuelle et morale de la société.

Est-il besoin d'ajouter que l'origine et le mobile des mêlées homicides devenant strictement économiques, il importe avant tout de remédier au fâcheux état d'anarchie industrielle qui caractérise la période historique dite capitaliste que nous traversons? L'organisation corporative, la règlementation internationale du travail en même temps qu'une modification profonde du régime propriétaire sont donc à la base de toute transformation durable dans l'ordre politique dont la guerre est le phénomène révélateur des crises et des perturbations aiguës. JULES COUCKE.

WALTER CRANE. — *Anglais. Célèbre peintre et illustrateur.*

Je réponds un peu tardivement à votre enquête, n'ayant guère eu le loisir d'étudier, comme elles le demanderaient, les questions que vous me posez, et qui ont trait à des problèmes de la plus haute importance.

Je prends vos questions dans l'ordre où vous me les posez.

1° Je pense que la guerre est une manière brutale et barbare de trancher les différends entre nations, qu'elle est absolument en désaccord avec l'éthique supérieure et que le procédé est moins que jamais dans l'histoire justifiable aujourd'hui, étant données les conditions dans lesquelles on fait la guerre actuellement. Ceux qui déclarent la guerre n'assument, pour ce qui est de sa conduite et de la misère qu'elle engendre, aucune responsabilité, puisqu'ils délèguent la besogne à une classe professionnelle salariée qui est, en somme, une machine.

2° L'éducation militaire peut offrir certains avantages, au point de vue du développement du corps, pour ce qui est du port et du maintien, de l'endurance, elle donne l'habitude du cheval, etc., mais ces avantages (que l'on retirerait aussi bien d'une éducation physique ordinaire) sont largement compensés par la sujétion de l'intelligence et par l'obéissance passive que l'on exige du soldat.

Lorsqu'on maintient les hommes en grandes troupes isolées dans des casernes à l'écart de la communauté, la détérioration morale se produit, d'où naissent certains maux sociaux, sans compter qu'on gaspille ainsi, au point de vue économique, les forces du peuple en enlevant au travail productif les hommes les plus valides, et qu'il y a un danger politique à confier le commandement suprême de telles masses armées à des gouvernements qui, à un moment donné, s'en servent pour asservir le peuple et étouffer ses aspirations.

3° J'estime que l'édifice de la solidarité internationale, qui, fondé sur le socialisme et sur les intérêts véritables des nations, s'élèvera peu à peu, sera la meilleure sauvegarde, et que le plus puissant moyen de défense contre la guerre sera la formation d'un parti international du travail. Je favoriserais la constitution d'une Cour d'arbitrage qui règlerait pacifiquement les différends internationaux. J'appuierais également le référendum, auquel dans tous les cas, fût-ce comme pis-aller, on en appellerait avant que la guerre pût être déclarée. Du moins, ainsi, ceux qui ont le plus à souffrir d'une guerre porteraient la responsabilité de l'avoir déclarée.

4° J'estime que ce qui tendra plus rapidement qu'aucun autre moyen à supprimer la guerre sera le progrès des idées comprises par le terme *socialisme*, et la diffusion et la pénétration de ces idées dans les diverses nations et communautés. WALTER CRANE.

N. F. D. — *Irlandaise. Femme de lettres. Collaboratrice de* Freedom *et autres journaux.*

1° Il n'y a pas encore de nations civilisées, quoiqu'il y ait beaucoup d'individus civilisés; alors, je ne peux pas répondre à la première question.

2° Je crois que les effets intellectuels du militarisme sont douteux, les effets sont variables selon la nation et l'intention; les effets physiques sont souvent bons, les effets économiques sont toujours désastreux et les effets politiques toujours agitants.

3° Je crois que la meilleure solution, dans l'intérêt de l'avenir, aux problèmes de la guerre et du militarisme serait d'insister que ceux qui désirent avoir la guerre pour des raisons quelconques doivent servir aux premiers rangs de la bataille.

4° Je crois que les moyens conduisant le plus rapidement à cette solution sont pour les lâches le caractère mortel des armes modernes et pour les braves la propagation d'un sentiment international et la disparition des préjugés de race et de classe. N. F. D.

Jean Delville. — *Belge. Artiste peintre. Homme de lettres. Directeur de* L'Art Idéaliste. *Auteur de :* Les horizons hantés; Dialogues Entre Nous; Le Frisson du Sphinx.

Avant de rechercher si la guerre parmi les nations civilisées,est,oui ou non, nécessitée par les conditions historiques, par le droit, par le progrès, il faudrait savoir si la guerre est oui ou non du domaine de la Fatalité, c'est-à-dire si elle est ou n'est pas *inévitable*, selon le fatalisme religieux déiste ou selon le fatalisme athée matérialiste. En vérité, la guerre n'est point comme se l'imaginent certains sociologues et philosophes, un simple phénomène de physique sociale, ni l'inexorable fait de la totale et aveugle fatalité.

Il n'y a dans la guerre ni hasard, ni surnaturel.

L'histoire a ses lois. L'homme soumis à des lois individuelles, provoque des événements soumis à des lois collectives, lesquelles sont soumises, elles aussi, à des lois universelles. Ces lois sont d'ordre à la fois occulte et physique.

Il y eut des guerres, ne l'oublions point, qui furent *prédites* — littéralement! Les annales de l'Astrologie (1) — une authentique science des causes et des effets, aussi infaillible que méconnue! malgré l'incompétence sceptique du plus grand nombre — sont sur ce point, extrêmement révélatrices.

L'homme individuel comme l'homme collectif subit les lois du magnétisme planétaire. Certaines guerres sont *inscrites* dans l'Invisible, dans cette région médiane si souvent explorée par les occultistes et qui s'appelle le *plan astral...*

La fatalité n'est jamais absolue. Dieu ne veut pas absolument la guerre, ce qui serait inconcevable, mais il laisse à l'humanité la responsabilité latente, potentielle de son destin; grâce à la volonté, cette force divine et équilibrante

(1) L'Astrologie véritable, dégagée des vaticinantes rêveries des uns et des supercheries des autres, est une *science expérimentale* d'une portée mathématique.

qui meut l'âme humaine à travers son évolution. Les guerres éclatent lorsque la volonté des nations s'accorde avec la fatalité.

Il s'agit de s'entendre et de ne pas rejeter vers le ciel de la Divinité ou de la Providence le sang des conflagrations homicides. De même que la Nature n'atteint point le *plan divin*, mais atteint les *forces créatrices* qui en émanent, de même entre le fatalisme de la Nature (d'où les matérialistes tirent leur système illusoire) et Dieu, il y a les lois, les forces, la volonté.

La guerre, cette horreur nationale, est bien l'œuvre de l'Instinct des hommes. Elle est le monstre enfanté par les puissances inférieures et ténébreuses de l'être. La sacrilège et stupide conception du « Dieu des armées », est une épouvantable aberration. Il faudrait dire toujours le Démon des armées! Nemrod, le rouge archange des massacres, n'est que l'incarnation satanique des criminalités instinctives de l'homme inférieur. Les peuples antagonistes créent dans leur *atmosphère astrale*, chargée de pensées de haine, des pensées de ruse méchante et de vengeance, chargée des tragiques exaltations du meurtre, de toutes les cruelles indignités de la brute, des puissances maléfiques et occultes qui se nourrissent de cette basse mentalité nationale, véritable aliment magnétique du monde des larves, dont les peuples belliqueux deviennent la proie...

Les guerres ont lieu dans l'Invisible avant de se matérialiser dans le visible. Voilà pourquoi elles peuvent être prévues non seulement par le calcul astrologique, mais prophétisées par ceux qui *voient* dans le plan hyperphysique...

Les guerres sont aussi de véritables *règlements de comptes*. Le sang répandu n'importe où, n'importe quand, demande un autre sang! La loi des chocs en retour a lieu en hyperphysique comme en physique. La révélation que fit Papus, le savant occultiste, à propos du conflit hispano-américain, je la veux citer; elle est d'autant plus édifiante que les résultats de la guerre qui venait d'être déclarée, n'étaient pas encore connus au moment où elle parut : « La guerre hispano-américaine n'était pas inscrite dans l'astral, c'est un cliché créé par la volonté des Américains. Les clichés créés dans le plan invisible par cette volonté indiquent, sans changements de la part d'influences plus fortes, la victoire de l'Amérique pour la fin de l'année, après de cruelles surprises. Mais par le fait d'avoir évoqué cette guerre, l'Amérique prend à son compte tout le mauvais astral de l'Espagne, *y compris l'inquisition*. Elle se charge donc de chaînes, quelle que soit l'issue de la guerre dans le visible. L'Amérique qui possédait le pôle de civilisation de la Planète, court donc le risque d'arrêter son évolution et de perdre ce pôle de civilisation pour tomber dans le domaine des armements, des emprunts et des révolutions sociales terminées par la dictature. L'Espagne, vaincue sur le plan physique, se trouvera brusquement débarrassée par la banqueroute de toutes ses dettes financières, comme elle sera débarrassée de ses dettes astrales, endossées par les Etats-Unis. »

La sanguinaire et sectaire Turquie, elle aussi, aura à répondre fatalement du sang des massacres arméniens et de celui de sa brutale victoire sur la Grèce. Elle n'échappera pas aux sanglantes fatalités qu'elle s'est attirée. *Le sang appelle le sang* ! Et ceci n'est pas une image, mais un *fait*, dont la *loi* se trouve dans les mystères du plus terrible magnétisme.

Que les nations, au nom de leur vie morale, se le disent!

Il est extrèmement difficile de déterminer exactement le rôle du Droit dans les guerres, puisque la notion du Droit, en ces cas, est presque toujours faussée par l'idée égoïste et barbare de Patrie, qui se base sur la Force, le principe militaire même, c'est-à-dire la permanence légalisée du crime et de l'absurde, car l'armée c'est la guerre à l'état latent, c'est un pacte inconscient avec la fatalité.

La déification de la guerre ne saurait avoir pour prétexte même le Droit. Nul peuple, nulle nation, n'a *droit* à la guerre. La mission immédiate de chaque peuple au sein de l'humanité consiste *à ne pas vouloir* la guerre, *à ne pas vouloir d'armée*. Les nations doivent vouloir — elles le peuvent! — harmoniser leur volonté dans un idéalisme d'universelle communion. Toutes les âmes de la terre sont *unies* et forment un même Etre vivant. Cette vérité fondamentale doit devenir la base sur laquelle puisse pivoter la politique nouvelle.

Les seules volontés d'une puissance, les seuls droits d'un Etat, les seuls progrès d'un peuple doivent se manifester en des droits et en des progrès d'Amour et de Lumière, c'est-à-dire la pacification du genre humain dans sa réelle et vivante unité.

Les effets intellectuels, moraux, physiques, économiques et même juridiques du militarisme, sont désastreux. L'armée porte en elle le germe de toutes les absurdités humaines, parce qu'elle est l'incarnation sociale de l'Instinct. Elle est, en effet, l'instrument aveugle des pouvoirs violateurs et des passions brutales. Les armées sont de véritables chaînes-magiques du meurtre collectif. Elles feraient rougir de la civilisation, car elles s'emparent du meilleur de la science au profit des plus barbares raffinements de destruction. Les guerres modernes ne sont-elles pas l'art de s'entre-tuer le plus scientifiquement possible? On dirait que tout ce que touche l'armée, elle le rend néfaste. En réalité, il n'y a plus de guerres, mais des tueries scientifiques. L'armée imprime à la science un caractère diabolique. La science rouge de l'armée, elle la cache dans ces antres sinistres que l'on appelle les arsenaux et que l'on croirait construits par Sathan même, si l'on ne savait jusqu'où peut descendre le génie du mal de la bête humaine qu'incarne l'armée.

Si, comme le prétendent les *guerristes*, l'armée est la *base* de l'édifice national, il faut que l'édifice croule puisqu'il a pour base l'Erreur!

Les nationalités, quelles qu'elles soient, n'ont point besoin, pour subsister, d'entretenir une soldatesque ruineuse et de vouer aux passivités démoralisantes de l'encasernement des légions d'hommes que l'on exerce aux stupides stratégies du crime. Les casernes sont des antres d'envoûtement collectif : le *moi* individuel et le *moi* personnel de chaque être s'y trouvent dévoyés dans leur évolution idéale et s'étiolent sous l'emprise d'une funeste passivité qui s'appelle hypocritement la « discipline militaire ».

L'armée, de par la force même de son abaissement moral, doit fausser les trois grandes notions du génie humain : l'Individualité, l'Intellectualité, l'Idéalité. Elle entraîne toutes les facultés saintes et les énergies sacrées de l'homme dans la férocité des champs de bataille. Elle remplit une fonction de néant.

Au point de vue économique, l'armée constitue un véritable désastre. *Les budgets de la guerre* sont des monstres qui engloutissent la richesse des Etats, au détriment des budgets de la civilisation !

Y a-t-on assez réfléchi, y a-t-on assez insisté? Que ne réaliseraient les pouvoirs civilisateurs, si, au nom de la Science et de l'Art, au nom de l'évolution sociale, ils renonçaient à jeter dans l'avide gueule d'or de l'armée, des millions, des milliards!!! Qui nous dira l'énorme et imbécile gaspillage des armements? Qui nous dira le secret de cette alchimie à rebours qui transmue l'or en acier? Qui donc aussi arrachera à l'Europe le masque blasphématoire de la « Paix armée »?

L'heure est venue de révéler aux nations antagonistes l'épouvantable destin qu'elles se préparent dans les occultes ténèbres de l'invisible et de les initier aux divins mystères de l'Amour universel.

Il faut qu'elles sachent que les *individus*, les *peuples*, les *races*, sont les membres d'un corps unique : l'HUMANITÉ.

Il n'y a que cette vérité qui puisse illuminer le monde au point de le DÉSARMER !

JEAN DELVILLE.

AGATHON DE POTTER. — *Belge. Sociologue. Auteur de :* Science sociale. *Directeur de :* La philosophie de l'Avenir; *Collaborateur de diverses revues.*

Vous avez bien voulu me demander mes réponses à votre questionnaire relatif à la guerre et au militarisme. Les voici. Je résume, aussi succinctement que possible, les idées du socialisme rationnel sur ces graves et importants problèmes.

1°. — L'humanité est-elle actuellement régie par la souveraineté de la raison? L'a-t-elle jamais été jusqu'à présent? La raison méthodiquement reconnue et démontrée lui prescrit-elle sa règle des actions, lui indique-t-elle ce qui est bien et ce qui est mal?

Non, évidemment. Car, dans ce cas, il n'y aurait qu'une règle unique, constituant l'humanité en une seule société.

L'homme ne connaît donc, encore aujourd'hui, que la souveraineté de la force, et l'humanité est encore divisée nécessairement en sociétés distinctes, ayant chacune leur règle spéciale, leur droit; ennemies, par conséquent, puisqu'elles ont des intérêts différents.

L'exercice de la force entre les nations c'est la guerre, qui existera fatalement aussi longtemps qu'il y aura des nations, que la force ne sera pas remplacée, comme souveraine, par la raison.

Est-elle voulue par les conditions historiques? Oui, si par ces mots le questionnaire entend que les rapports internationaux sont toujours nécessairement réglés par la force brutale.

La guerre est-elle voulue par le droit? — S'il n'y avait qu'un droit unique pour l'humanité entière, toute guerre serait absurde. C'est parce qu'il y a autant de droits différents que de nations, que la guerre est inévitable entre elles.

La guerre est-elle voulue par le progrès? — Qu'est-ce que le progrès, d'abord? C'est, me dira-t-on, la marche en avant, la marche vers le bien, vers la vérité. Parfait. Mais connaît-on la vérité; sait-on ce qui est bien?

Non. Alors, comment est-on assuré que le progrès n'est pas la marche en arrière, vers le mal, vers l'erreur? Comment est-il possible de savoir pertinemment que l'on avance vers un but, quand on ignore le but à atteindre?

Dans ces conditions, le mot *progrès* est vide de sens, et la question posée ne comporte pas de réponse.

2°. — Les effets du militarisme se résument en ceux-ci :

Augmentation de la puissance, chez ceux qui possèdent déjà la force;

Exploitation grandissante des faibles;

Développement croissant de l'esprit d'examen, faisant ressentir toujours plus vivement les malheurs inhérents à la souveraineté de la force ;

Enfin, tendance à rechercher s'il ne serait pas possible d'introniser la souveraineté de la raison, à la place de celle de la force, dans le but d'anéantir les maux qui dérivent nécessairement de celle-ci.

3°. — Il n'y a pas plusieurs solutions; il n'en existe qu'une : anéantir la souveraineté de la force, en la remplaçant par celle de la raison.

4°. — Il n'y a, je le répète, qu'une solution : l'anéantissement de la souveraineté de la force; et il n'est qu'un moyen d'y arriver, c'est de raisonner, et surtout de bien raisonner.

Pour bien raisonner, il importe tout d'abord de déblayer le terrain des préjugés qui l'encombrent, et dont le premier et le plus funeste est de croire que l'on sait quelque chose.

Il faut ensuite se demander si, dans le cas où le matérialisme existe, où tout serait matière, il y aurait liberté, droits et devoirs, bien et mal, justice. Et l'on reconnaîtra bientôt que si l'homme est exclusivement constitué par une combinaison de carbone, d'oxygène, d'hydrogène, etc., il n'est pas libre, et il ne peut exister pour lui ni droits et devoirs, ni bien ni mal; que, dans ce cas, il ne saurait être question de souveraineté de la raison, car ce qui est purement physique est fatalement soumis aux lois de la nature matérielle.

Dès lors, il est facile de concevoir que le seul moyen de rendre possible la substitution du règne de la raison au règne de la force, et par conséquent d'anéantir les guerres et le militarisme, c'est de montrer que l'homme n'est pas exclusivement matériel. AGATHON DE POTTER.

M. VON EGIDY (*Décédé*). — *Allemand. Lieutenant-colonel en retraite. Fondateur de la revue* Versœhnung. *Auteur de :* Ernste Gedanken; Ernstes Wollen, etc.

1° Si la guerre trouve encore quelque justification dans l'histoire, c'est là une question à laquelle seule l'histoire, c'est-à-dire l'avenir peut répondre. — La guerre n'a jamais trouvé de justification dans le droit, conçu d'une façon idéale ; la guerre n'est autre chose que la violation du droit. Le progrès en lui-même n'a pas empêché la guerre jusqu'à ce jour, ainsi que l'histoire nous l'apprend ; nous avons « progressé » jusqu'à ce moment et pourtant nous avons eu des guerres. Mais le progrès, ou mieux l'ascension qu'opère aujourd'hui la moralité, l'échelon moral que le monde intellectuel s'apprête à monter, triomphera de la guerre. Nous sommes sur le seuil d'une époque ignorant la guerre et la violence.

2° Si par militarisme on entend les excroissances nuisibles du système des armées, lequel était (et est) nécessaire en lui-même aussi longtemps que les peuples vivaient (et vivent) dans l'attente d'une « guerre dans un avenir plus ou moins éloigné », cette espèce de militarisme exerce une influence néfaste dans tous les domaines de la vie nationale. Toutefois, en tant que le militarisme signifie simplement la conception d'une force offensive et défensive se rattachant à la « guerre en perspective » et de l'organisation de cette force, il n'est que l'accessoire nécessaire de la guerre et il convient d'apprécier à ce point de vue son influence sur les divers domaines de la vie nationale.

3° Les mêmes notions, conceptions et règles, qui, actuellement déjà, font la loi dans les rapports entre individus intellectuels et policés, doivent régir également les rapports des peuples entre eux. De la sorte, la civilisation mondiale s'élève au-dessus de ce niveau, maintenu jusqu'à ce jour, qui considère encore la guerre comme faisant partie de droit de la civilisation.

4° *a*) La méthode éducatrice doit remplacer le système coercitif qui régit notre vie actuelle. Il y a lieu d'accorder une attention toute spéciale à « l'éducation en vue de l'ère sans violence ».

b) Chaque peuple civilisé ne devra se faire représenter dans les Assemblées que par des hommes qui se seront élevés à l'idée de l'ère sans violence et qui seront capables de coopérer à son instauration.

c) Les détenteurs des pouvoirs dans les divers pays (princes et gouvernements) devront rivaliser d'efforts avec la représentation nationale dans le but d'élever la civilisation mondiale au niveau de l'ère sans violence.

M. VON EGIDY.

HAVELOCK ELLIS. — *Anglais. Docteur en médecine. Criminologue. Directeur de la* Contemporary Science Series. *Auteur de* : The Criminal; Man and Woman; Studies in the Psychology of Sex; etc.

1° Non.

2° Quelques avantages et beaucoup de désavantages.

3° La substitution de la loi à la violence, de manière que les contestations entre nations puissent être résolues comme sont résolues à présent les différends entre individus.

4° L'extension des arbitrages.

HAVELOCK ELLIS.

ARTURO DOLARA. — *Italien. Fabricant de soieries.*

La guerre entre les nations civilisées continuera d'être voulue par l'histoire, par le droit et par le progrès aussi longtemps que les peuples seront divisés *politiquement* en communes, en régions, en nations.

Les diverses communes et régions de l'Italie ne cessèrent jamais, aussi longtemps qu'elles représentèrent autant d'*unités politiques distinctes*, d'être en guerre entre elles, et *n'auraient jamais cessé* de l'être si elles n'avaient fondu en une seule toutes ces unités discordantes.

Le feu saint et sacré du patriotisme pour sa propre commune, sa propre région qui enflammait chacun alors, et au nom duquel et pour lequel se livraient des combats contre les autres communes et contre les autres régions, s'accomplissaient des actes héroïques et se consommaient de sublimes sacrifices, est aujourd'hui (la seule pensée en est sacrilège, à l'heure actuelle) publiquement qualifié du nom méprisant d'esprit de clocher,de régionalisme, et c'est ainsi que prirent fin, ce qui n'aurait jamais été possible autrement, les guerres entre les communes et entre les cantons, sans que pour cela l'affection et la prédilection que chacun nourrit *instinctivement* pour son propre pays se soient affaiblies.

De nos jours le patriotisme politique s'est élargi, et de commune s'est fait national; ceci fut un progrès notable et une grande victoire, mais ce ne peut ni ne doit être la dernière; le jour viendra, comme conséquence logique, où ce patriotisme politique lui-même sera qualifié comme les précédents de « nationalisme », et ouvrira à son tour le champ à un nouveau sentiment beaucoup plus élevé qui permettra à la société future de juger et de condamner les guerres actuelles entre nations du même point de vue dont la la société présente juge et condamne les guerres livrées autrefois entre les communes ; alors seulement les guerres entre nations auront une fin.

S'il est vrai que l'histoire est l'éducatrice des peuples, nous devons suivre la voie qu'elle nous indique clairement, comme la *seule* qui doive nous mener à la solution *radicale* du grand problème qui désole et tourmente le monde civilisé.

On doit conséquemment déduire de ceci, que la guerre, le militarisme, la paix armée, et les tristes effets qui en dérivent parmi lesquels il faut citer tout d'abord le protectionnisme et les guerres douanières, subsisteront aussi longtemps que les peuples civilisés ne vivront pas dans une entente commune, un *seul programme politique* étant formé et une *seule bannière politiquement* adoptée, tout en conservant néanmoins dans le champ administratif la décentralisation la plus grande et l'autonomie la plus complète.

L'histoire nous garantit que l'humanité s'achemine déjà vers cette voie ; et il est, en conséquence, logique et raisonnable de croire que tôt ou tard nous aurons atteint la borne désirée. ARTURO DOLARA.

GUGLIELMO FERRERO. — *Italien. Sociologue. Auteur de* : l'Europa Giovane ; Il Militarismo.

Que la guerre a perdu sa principale raison d'être, entre nations civilisées, c'est précisément ce que j'ai tâché de démontrer dans le « Militarisme ».

Je ne crois pas que la passion dominante du cœur humain soit la passion de la guerre et que d'elle soit née la civilisation. La civilisation est née, tout comme la guerre, de la cupidité, des efforts faits par des minorités intelligentes et audacieuses pour accroître les puissances physiques et morales de la vie, par l'accumulation de grandes richesses. Pendant de longs siècles, ce but ne put être atteint qu'à l'aide de la guerre, et celle-ci était alors fréquente et nécessaire. Aujourd'hui, on a trouvé d'autres procédés plus compliqués et plus subtils. Le monde civilisé se divise en peuples créanciers et en peuples débiteurs ; les premiers qui jouissent des roses de la civilisation moderne, les seconds qui n'en reçoivent principalement que les épines : les premiers qui jouissent de l'essence de la civilisation, les seconds qui n'en possèdent que les apparences. Ce n'est pourtant pas la victoire qui a placé les premiers dans la position privilégiée de créanciers et de maîtres, mais bien une richesse plus considérable, un plus grand esprit d'initiative, un sens du devoir plus profond; une perfection plus haute des institutions politiques et administratives, Qu'il suffise de dire que la Belgique se range parmi les peuples créanciers, tandis que l'Italie, avec tous ses milliards dépensés en armes se perd toujours davantage parmi la foule des débiteurs. Aujourd'hui, un péril de guerre peut encore naître d'un désiquilibre trop grand de civilisation, comme entre l'Europe et la Turquie, entre les Etats-Unis et l'Espagne; mais, entre les peuples arrivés au même degré de civilisation, le péril est réduit à son minimum.

Quant aux effets moraux du militarisme, je ne doute aucunement qu'en France et en Italie, — les deux pays sur lesquels j'ai des données obtenues par des recherches personnelles, — la caserne ne soit, surtout pour les hommes des villes et pour la classe moyenne, une école de jésuitisme et d'hypocrisie. Chacun sait que la discipline n'en est qu'apparente, en général, et que les soldats se vantent de savoir violer tous les réglements sans jamais se laisser prendre sur le fait, en prétendant observer la discipline la plus rigoureuse. Je crois au contraire que les effets de la caserne sont bons pour certains campagnards des régions italiennes les plus sauvages, car ils y apprennent au moins à se laver la figure, à marcher avec une allure humaine, à connaître d'autres hommes et à converser avec eux. Autrefois ils apprenaient encore à griffonner un peu, mais on a supprimé maintenant les écoles des régiments, par économie, me dit-on.

Ce qu'on peut faire de mieux pour arriver à un régime de paix plus sûr, c'est de chercher à diminuer l'ignorance incroyable des classes cultivées, en matière de faits et de phénomènes sociaux. Le plus grand nombre des idées universellement professées sur la guerre, sont la conséquence de préjugés vieillis, de théories modernes comprises à l'envers ou seulement à moitié, de notions mal interprétées, d'analyses superficielles des phénomènes sociaux, qu'on a voulu faire sans y être préparé par des études suffisantes. Tandis que nul ne voudrait parler de chimie sans avoir préalablement étudié cette branche, tous veulent parler d'économie politique, sans avoir jamais ouvert un livre traitant de cette matière. L'atmosphère s'épaissit tellement et devient si lourde de tant d'erreurs que toute idée saine y est asphyxiée et meurt. Pour ne citer qu'un exemple : dans la première série d'enquêtes déjà publiées, je lis, dans la réponse du général di Revel que la guerre est à craindre parce que la condition économique de l'Europe est mauvaise, comme le démontre, entre autres, ce fait que les importations sont supérieures aux exportations. C'est une idée très commune que la prospérité des états se mesure par les statistiques des importations et des exportations, et qu'un pays est d'autant plus prospère qu'il exporte plus et qu'il importe moins tellement qu'on a voulu trouver un signe de la décadence de l'Angleterre dans le fait que ses exportations sont restées stationnaires, tandis que ses importations ont augmenté de beaucoup pendant les dix dernières années. Puisqu'au contraire on ne constate pas que l'Angleterre ait fait des dettes pour subvenir à ces différences, il est évident que cette supériorité d'importation correspond à une augmentation du crédit de l'Angleterre à l'extérieur et indique, par cela même, un accroissement de richesse. En d'autres termes : si, pendant les dix dernières années, les exportations de l'Angleterre ne se sont pas accrues, son crédit envers d'autres pays, s'est au contraire accru, en raison de capitaux prêtés, ou placés au dehors, d'achats d'actions de sociétés étrangères.

Son crédit envers l'extérieur augmentant, l'Angleterre a pu acheter plus au dehors ; elle a pu satisfaire plus facilement ses caprices, soit en Orient, soit en Occident ; elle a pu se parfumer avec les arômes de l'Inde, fumer de plus grandes quantités de tabacs américains, se vêtir de soies chinoises, orner ses maisons d'objets d'art achetés en Italie. Pour un pays qui ne fait point de dettes, l'accroissement des importations est donc un signe de prospérité et de richesse plus grandes.

Ce raisonnement si simple n'est cependant pas encore compris par les gens instruits, et beaucoup d'entre eux craignent qu'un jour l'Angleterre, appauvrie par l'accroissement de ses importations, ne se lance à la mer pour dépouiller les nations plus faibles, à la façon des pirates.

J'ai cité cet exemple, et je pourrais en citer mille autres, pour démontrer combien d'erreurs et de préjugés sont communs, parmi les gens instruits eux-mêmes, dans la société, et comment l'opinion, qui fait de la guerre une nécessité immanente à la société civilisée, tire sa plus grande force de ces préjugés et de ces erreurs mêmes. Eclairer les intelligences humaines est encore le meilleur moyen de collaborer au progrès social.

GUGLIELMO FERRERO.

LINO FERRIANI. — *Italien. Procureur du roi. Auteur de* : Delinquente che Scrivono ; Delinquenti Scaltri o Fortunati ; Nel mondo dell' Infanzia, etc.

Pour répondre convenablement aux quatre questions d'une si grande importance, il faudrait composer une longue monographie qui ne serait d'ailleurs pas une chose neuve, puisque ce thème fort grave compte déjà une riche littérature qu'on peut dire presqu'entièrement éclairée par la pensée réfléchissante du désir de la paix universelle. Je ne possède cependant pas, moi, modeste écrivain de choses criminelles, le temps ni la compétence pour composer un travail aussi compliqué, qui s'écarte, en somme, du caractère de mes études, bien que des liens étroits existent certainement entre la guerre et le délit. Je suis cependant reconnaissant de l'honneur que l'on m'a fait en me demandant mon avis, et puisqu'enfin ce ne sont pas des volumes qu'on exige, mais de brèves réponses qui soient comme la synthèse des études, des opinions en dehors de la science expérimentale, du personnage consulté, j'exposerai mes idées, me permettant de rappeler que j'ai déjà en grande partie répondu à la seconde question, dans *La Vita Internazionale*, au courant de mon travail *Guerre et criminalité*.

Le mot « progrès » signifie, avant tout, conquête achevée grâce au travail, quelque forme que celui-ci assume ; on ne peut, en outre, concevoir de travail profitable qui ne soit appuyé par les échanges internationaux. Ceci suffit pour démontrer que le travail a besoin d'une base solide, constante, en un mot d'une paix stable. Le siècle qui meurt laisse à celui qui lui succède un héritage de travail, mandat solennel de la civilisation dont le développement se verrait arrêté si une guerre venait à éclater, par lequel l'histoire, le droit

des gens, étudiés dans l'évolution éthique des peuples, enseignent *aujourd'hui* que seule la paix peut féconder les gloires du travail, puisque les conquêtes salies par le sang, fruit de la violence, ne trouvant pas d'écho dans la conscience populaire, n'auraient que des splendeurs éphémères, après lesquelles la civilisation irait plus que jamais à tâtons dans les ténèbres. Il est évident, pourtant, l'antagonisme logique qui existe entre les conquêtes du travail et celles de la violence qui trouve son appui légitime dans le militarisme. Celui-ci, comme je l'ai dit dans mon article dont j'ai déjà parlé, pour devenir fort, vigoureux, doit nécessairement subir un apprentissage préalable spécial, bien différent de celui auquel se soumet la grande majorité des hommes qui demandent au travail pacifique la vie physique, morale et intellectuelle, et qui ont précisément besoin de la paix pour ne pas demander en vain. C'est pourquoi les efforts de la civilisation visent avec une persévérance quotidienne à entourer de garanties pacifiques tout travail régénérateur, pour qu'elle ne soit jamais suspendue et encore moins brisée; de telles garanties auraient leur appui dans les arbitrages internationaux qui seraient composés surtout d'hommes instruits à l'école du travail.

LINO FERRIANI.

ALFRED H. FRIED. — *Allemand. Journaliste. Auteur de :* La Question de l'Alsace-Lorraine.

1° Les guerres sont le *critérium* de la civilisation, et leur existence parmi les peuples prouve que ceux-ci ne peuvent pas encore être comptés comme nations civilisées. Jusqu'à nos jours nous ne distinguons que divers degrés de barbarie; des peuples qui sont plus ou moins barbares : parmi les derniers, les guerres sont devenues plus rares, et nous pouvons espérer qu'elles cesseront bientôt entièrement. Selon moi, on ne peut pas demander si les guerres entre nations sont autorisées, parce que, comme je l'ai déjà dit, si les nations étaient civilisées, elles ne feraient plus la guerre.

2° Le militarisme me fait l'effet d'un abcès se développant sur un organisme sain dont il tire toute la sève et qu'il finit par tuer, s'il n'est pas extirpé à temps, par une opération.

3° Dans l'intérêt de la civilisation générale future, il est nécessaire, à mon avis, que les peuples ne se considèrent plus comme autant de parcelles séparées de l'humanité, mais qu'ils commencent à se sentir un tout et qu'ils agissent en conséquence. Ce n'est que lorsqu'on sera débarrassé de tous les intérêts minimes qui veulent trouver leur profit dans le morcellement du monde en un grand nombre de peuples, qu'on créera l'intérêt humain complet, la vraie civilisation.

4° Les moyens? Je n'en connais pas de meillèurs, ni de plus pratiques que de répandre l'instruction, d'opérer la cataracte des aveugles, d'abattre les tranchées de la stupidité, de verser la lumière, de détruire les petits revendeurs intéressés et de réveiller, par la parole et les écrits, la conscience de l'humanité. Il faut enfin lutter du matin au soir et extirper les sottises chez les hommes.

Berlin, mai 1898. ALFRED H. FRIED.

Pompeyo Gener. — *Espagnol. Homme de lettres; Docteur es sciences naturelles; Membre de la Société d'Anthropologie de Paris; Commissaire de la ville de Barcelone à l'Exposition Universelle de 1889. Auteur de :* El Origen del Hombre ; La Mort et le Diable, Histoire et philosophie des deux négations suprêmes; Literaturas malsanas, Estudios de Patologia literaria contemporanea; Amigos y Maestros, Contribucion al estudio del spiritu humano à fines del Siglo XIX.

1°. — La guerre, les armes à la main, telle qu'on l'entend aujourd'hui, est un non-sens, et un crime en même temps, entre des nations qui s'appellent civilisées. Elle n'est ni voulue par l'histoire, ni par le droit, c'est-à-dire par la libre évolution de la vie des individus, ni, partant, par le *Progrès*. Ce qui la fait nécessaire parfois, c'est la division des hommes en ces groupements accidentels qu'on appelle *nations*, et, en conséquence, l'idée étroite, et artificielle souvent, de patriotisme.

Aujourd'hui, l'Humanité se forme par convergence. Chaque race supérieure représente, au moins, une grande qualité humaine; même la race nègre (qui n'est pas arrivée à un grand état de splendeur), je soutiens qu'elle représente la prédominance de la sensibilité. Donc, je crois que chaque race et chaque nation doit concourir à la formation supérieure de l'Humanité par contribution spéciale, afin que les futurs hommes généraux, les surhumains, la nouvelle espèce qui est en voie de se former, puissent arriver à un degré d'évolution que nous ne pouvons pas encore prévoir.

2°. — Les plus désastreux. Mais d'abord, et avant tout, il faudrait se demander : *Est-il nécessaire, le militarisme, même dans le cas où les nations supérieures devraient être armées pour se défendre*? Je crois que non. On peut organiser les pays militairement sans militarisme. Il est vrai que la guerre exige des intelligences directrices, avec une application toute spéciale des sciences qui y concourent; mais, pas de caste militaire. L'armée doit être le pays tout entier, représenté par les hommes les plus forts et les plus intelligents. Le militaire ne doit être que le bras qui défend l'organisme total; mais le militarisme c'est le bras faisant métier de cerveau; bien plus encore, l'écrasant, pour en prélever la dîme. On sait fort bien, que bon nombre de ce qu'on appelle des vertus militaires, dans l'ordre civil s'appellent, tout bonnement, des crimes. En plus, les armées permanentes produisent l'augmentation des névroses, des vésanies, des suicides, et toute sorte de vices et de dégénérations provenant de l'oisiveté; en plus des tyrannies politiques, sociales, religieuses.

3°. — Ici encore, il faut se demander si, la guerre n'étant ni utile, ni nécessaire, entre des nations civilisées, elle n'est pas indispensable entre celles-ci et les peuples inférieurs qui se trouvent encore à l'état sauvage (comme certaines tribus de l'Afrique et de l'Océanie), ou dans un état de dégénérescence d'une civilisation primitive, comme les Turcs et les Tartares? Puis : est-elle encore nécessaire, la guerre, sous la forme de révolution, chez les peuples civilisés pour détruire la monarchie, ou les despotismes politiques et économiques?

Dans ces deux derniers cas, je crois que, malheureusement, elle est encore nécessaire. Je pense que, tant qu'il y aura des peuples agressifs, barbares, et brutaux, dominés par des religions absolutistes, comme sont les Turcs et, disons-le sans embarras, les carlistes en Espagne, les peuples civilisés auront à se défendre de leurs attaques dirigées contre eux.

Ainsi, tant que tout homme venant au monde avec des prédispositions morales et intellectuelles, ne pourra pas les développer complètement, se suffisant en même temps pour se procurer une nourriture et un logement confortable et un habillement hygiénique, même artistique; tant qu'il y aura des stupides qui deviennent millionnaires, et des génies qui périssent, s'étiolent ou n'arrivent pas même à pouvoir se montrer, manque de moyens de développement, les germes de la guerre de révolte couveront, sourds, mais puissants, au cœur même de la civilisation moderne. En général, le militarisme aujourd'hui n'est là que pour soutenir les injustices sociales.

Je pense que tout homme a droit au développement de tout ce qu'il précontient de vital, que ce soit comme intelligence, comme sentiment, ou comme action, depuis ses qualités les plus matérielles, jusqu'à ses prédispositions les plus géniales et les plus héroïques. LE DROIT A L'EVOLUTION VITALE TOUT ENTIÈRE, voilà l'unique droit, voilà le critérium qui doit éclairer la formation de la société nouvelle, voilà la règle de toute morale. *Tout ce qui est vital, dans l'humanité, est moral. Tout ce qui ne l'est pas, est immoral, et, par ce fait même, criminel.*

Si les sociétés modernes évoluaient dans ce sens, elles rendraient inutile la guerre, et, partant, le militarisme.

4°. — Ces moyens, il est très difficile de les indiquer d'une façon exacte. Ce serait résoudre d'ores et déjà la question sociale tout entière. Nous nous bornerons à en indiquer quelques-uns, qui, à notre avis, pourraient y concourir puissamment.

Une bonne instruction intégrale intensive, avec une bonne hygiène, produisant le *mens sana in corpore sano.*

Des associations fraternelles internationales, scientifiques, artistiques, littéraires, industrielles, agricoles, maritimes, de locomotion, et la suppression de toute institution héréditaire ou inamovible, c'est-à-dire de toute borne ou limite (encore que cette limite ne soit que pour peu de temps), qui entrave la libre expansion évolutive de la nature humaine, physique, intellectuelle et affective.

Disparition de toute religion positive, et de toute espèce de culte de l'absolu, sous n'importe quelle forme.

Abolition de la monnaie, comme matérialisation (accaparable) du travail humain, et sa substitution par des *bons* de travail, ou par toute autre façon de faire l'échange de produits entre les producteurs.

Organisation de la Société sur la base du libre travail humain et des catégories ou ordres naturels de la production ou (ce qui revient au même) du talent et du génie des hommes, considérés, non seulement comme activité, mais comme émotion artistique, dévouement moral, analyse et généralisation scientifique.

Voilà, à mon avis, ce qui contribuerait puissamment à la suppression de la guerre parmi les hommes.

POMPEYO GENER.

René Ghil. — *Belge. Littérateur. Auteur de :* Œuvre : En méthode à l'œuvre (Livre Préface); 1re *partie* : Dire du mieux (5 volumes); 2e *partie* : Dire des sangs (1 volume paru.)

I

A premier examen, l'Humanité paraîtrait évoluée hors du mode de Guerre tel que primitivement nécessité, — c'est-à-dire, sans notion de droit ethnique et individuel, violation des territoires du plus d'avantages par des peuplades ou peuples moins heureux de climature, produits naturels, matières premières. Ou, ensuite, guerre de races à races.

Or, à mieux regarder, — sous la ruse des mots, le mensonge de prétendus principes humanitaires ou religieux sacrant des prétentions civilisatrices, les deux modes de violence persistent : conscients par surcroît et honteux, puisqu'ils n'osent s'avouer.

N'est-il point évident que les entreprises où s'évertuent de mieux en mieux les puissances Européennes, décorées du nom vague de Colonisation, ne sauraient pourtant se dénommer autrement qu'incursions, rapine et vol? — comparables en tout, moins l'immédiate nécessité et la gloire pour l'intrus de mépriser un péril, aux primitives intrusions de tribus plus puissantes parmi des stations moins évoluées en tant que Force...

Nous avons vu à l'œuvre les pionniers de la Civilisation : détruire à coup sûr l'élément de lutte (lutte éminemment patriotique, pourtant !), détruire ensuite des survivants l'énergie latente de vaincus en sourde révolte, annihiler et salir leur caractère de race et la Race elle-même, même s'il est nécessaire de lui donner le goût de l'Alcool — et du moindre prix, s'entend, du poison pour nègres! Ailleurs, l'on emploiera l'opium : l'important est que ces arriérés humains soient par notre « Civilisation » émerveillés, à la stupeur ivre-morte.

Telles peuplades noires, pourtant, celles surtout où ont pénétré les préceptes généraux du Koran (qui, lui, garde, gardera peut-être ses Races de la décrépitude alcoolique), instinctivement et plus aisément reconnaîtraient une autre Force : toute morale, l'exemple donné par le Blanc, de principes de droiture et de sagesse. L'on peut admettre assez volontiers qu'il soit utile de leur montrer que l'on peut être, aussi, puissant en sévices et destructions : mais ne point se servir de cette puissance, — et les dominer par une grandeur d'âme, une intelligence sûre que le Noir tout naturellement pense l'apanage des merveilleux étrangers Blancs... Or, rien de pareil : soldatesque et Mercantiles, voici ce qu'on envoie pour l'éducation si spécieuse de ces esprits qui sont d'enfants — ou de vieilles races déchues, qui ont gardé, même en l'inconscience de leur meilleur Passé, une gravité mélancolique. Je parle du Sénégal et du Soudan, par exemple.

Mais, quand, au lieu de tribus noires, il s'agit de l'Empire chinois sournoisement menacé d'un partage, les agissements de toute l'Europe, qui se dévorera d'ailleurs sur sa proie, me paraissent plus odieux encore!

Les « hommes de progrès » devraient s'arrêter, honteux de la lâcheté savante de leurs canons et de leurs explosifs, — devant ce peuple, vraiment, de qui la morale et la philosophie rendent singulièrement grossières les religions dont les principes mènent vers lui les Civilisateurs qui ont à lui imputer à crime, sans doute, son orgueil d'avoir su vivre indemne en cultivant une sagesse qu'ici l'on n'essaierait pas de comprendre, son dédain des choses de la guerre, et le secret de sa durée si lointainement séculaire !... Ah ! que dureront encore les Etats sur lesquels le soleil se couche?..

Ce qui les devrait encore arrêter, ce sont, dans l'Inde et dans l'Egypte, et de l'El-Borg aux plateaux du Pamir, d'égale astuce guettés par l'Angleterre et la Russie, — ce sont les ruines mêmes, sous lesquelles, las des énergies et des expansions merveilleuses des antiques constructeurs, leurs pères, des peuples sont silencieux, mais en des attitudes comme d'attente ! .. L'incompréhension et l'omnipotente et souvent puérile vanité de l'Occident sont étonnantes, — qui, si mécaniquement et industriellement il paraît avoir presque tout trouvé ou recréé en merveille, n'accomplit en arts, spéculations philosophiques et sans doute science pure, qu'une pénible et hasardeuse analyse — de tout ce que contint en intuition l'intellect sacré de cet Orient qui a été l'Inde védique, l'Iran, les plaines d'Assur et de l'Egypte...

Le génie occidental a été procréateur de musculatures d'acier, monstrueuses et déliées, prolongeant et multipliant les muscles humains pour donner aux hommes la plus grande somme de corporelles plénitudes... Il me plaît de dire que ce ne sera (plus tard, si certain avenir heureux est accompli par les sociétés d'Europe), ce ne sera qu'en communiant à l'intuitive sagesse de l'Orient, que l'Occident pourra, intellectuellement, avoir un commencement de consciente Synthèse...

II

Or, par telles convoitises soi-disant colonisatrices, civilisatrices, l'Europe demeure en esprit de guerre : d'une acuité sournoise à devenir de plus en plus mortelle, si les conditions sociales présentes ne viennent pas à se muer assez rapidement. C'est-à-dire, pour une part, si le militarisme demeure tel que nous le connaissons : promu en caste, en dehors des lois, soutenu en gardes prétoriennes par les Gouvernements, la haute Finance et le pouvoir spirituel d'une religion qui tend de plus en plus à une occulte action politique pour reprendre empire sur les esprits terrorisés ou anémiés : prêchant aux peuples la résignation, le renoncement, et aussi l'inutilité et le mal d'agir et surtout de penser, tandis qu'elle est le désir le plus tenace de domination sans scrupules.

Le vieux rêve de théocratie armée demeure, est, l'on dirait, en recrudescence. Armée contre l'examen personnel et la consciente et progressive pensée, contre le grand et vital phénomène historique et social désormais en vivace genèse : la conscience, en l'individu, du droit de son individualité !... Vivace, ce phénomène qui transmuera les conditions de vie : mais nul ne saurait dire s'il ne s'éclipsera pas pour des temps, soit par despotisme, soit par licence si tout de suite on en livre la trop hâtive et incomplète connaissance aux incompréhensions et aux appétits.

Il n'est pas nécessaire de s'appesantir sur d'autres caractéristiques de l'esprit du haut Militarisme, après le procès que tout le monde sait ! qui, s'il a découvert à nos stupeurs des âmes de mensonge et de crime, là où devait résider le plus strict honneur, a montré, par toute l'Europe, par le monde entier, peut-on dire (et c'est une grande leçon, et un grand espoir) la levée unanimement consciente des Cerveaux !

Quant à ceux qui sont tenus de livrer un temps précieux de leur vie pour apprendre à se dépouiller de personnalité et de légitime orgueil, apprendre à tuer des hommes qui doivent leur être, par ordre, des ennemis, nous savons les résultats : habitudes de paresse et déséquilibre social qui dépeuplent la vie agricole méprisée et trop dure, habitudes d'intempérance, goût des vices des villes, déséquilibre moral, contaminations, importations périlleuses auxquelles il n'est point trop osé d'attribuer certaines tares, parmi les populations des champs.

III

Certes, le remède auquel tout le monde songe serait le désarmement. Malheureusement, il est impossible et se révélerait dangereux : pour raisons sociales, pour raisons économiques. Croit-on que les pouvoirs, temporels et spirituels, se voudront priver ainsi de la sauvegarde veillant autour d'eux, l'épée haute? et le voulant, pourraient-ils la sacrifier...

Mais encore, tous les hommes rendus au travail, et aux seuls travaux d'industrie pacifique : mais, dès maintenant, le travail manque pour tous !

Le désarmement ne peut être, que précédé d'une organisation autre de la société, et d'une réglementation du Machinisme à qui incombe, en les présentes conditions économiques, la redoutable crise attiseuse de haines trop souvent criminellement exploitées, dont l'Europe se lamente et s'énerve... La Machine, cette énorme et subtile travailleuse occidentale, nous la saluions, plus haut ! et pourtant, à l'heure actuelle et parce que notre vie sociale et intellectuelle n'est pas développée, demeure inévoluée en la Masse, elle s'oppose à l'Homme, au manœuvre, sans que les avantages de sur-production qu'elle donne compensent des désavantages résultant du manque de travail, travail enlevé par la Machine videuse des ateliers où les mains et les intelligences s'étaient spécialisées. Elle n'est surtout qu'un outil de sur-capitalisation.

Mais, d'autre part, les puissances Européennes, de par la politique de convoitises que nous avons examinée, — mais aussi de par des tendances sourdement resurgies, — ne peuvent logiquement songer au désarmement, si des éléments à les muer politiquement et socialement n'interviennent pas. Car, voici que nous avons de tristes et redoutables avertissements : des luttes de Races, en Europe même, nous paraissent prendre position. Pour quel moment de mêlée, pour quel dénouement?

Deux prévisions, pour des temps qu'on ne saurait déterminer :

... Ou — l'état de l'Europe demeure à peu près tel, sous la puissance unie des principes monarchiques, religieux et capitalistes, et l'évolution par la Force produit ses effets — selon les prodromes qui nous semblent dès maintenant visibles... Les races latines, en Europe et en Amérique, continuent, précipitent chaotiquement leur déchéance, sous l'énergique extension des races anglo-saxonnes et germaniques — qui, à leur tour, entreront en conflit... Du côté germanique seraient nécessairement les nations françaises et slaves... L'on pourrait prévoir une prépotence germanique d'un temps, avec une alliance politique des peuples soumis aux lois du Koran, — et lors, contre les Slaves secouant cette vaste hégémonie.

Jusqu'aux temps sans doute, où de l'Asie et de l'Afrique, — après qu'elles auront pressenti par d'incessantes révoltes en les trop vastes empires germaniques et slaves en Orient, Extrême-Orient et Equateur noir, des déhiscences et des décadences, — un torrent de leurs races s'avancera, de millions d'hommes qui n'auront appris de leurs oppresseurs que la Force, par-dessus les canons impuissants et des peuples énervés par une morale sans contact avec la vie, ou une philosophie de demi-science souriant au néant!...

... Ou, — en chaque Patrie, par une sorte d'initiation de science, de volonté et de démontrable liberté, un nombre d'individualités prenant conscience d'elles-mêmes se sera assez rapidement et solidement accrû, pour, à un moment, peser de sa vertu sur les pouvoirs néfastes, — arrêter leur œuvre de conquêtes destructives, ou tuer même la possibilité de sa mise en mouvement en en annihilant les causes despotiquement déterminantes.

Il sied de remarquer que cette minorité devrait, simultanément, s'opposer aux oligarchies dirigeantes, et aux Démagogies inconscientes, dressées en aveugles révoltes sans autre critère que le sursaut d'instinct mauvais et obscur, qu'ont et qu'auront exploité de non-moins obscurs desseins qui, s'ils vainquaient par de pareilles forces, ne pourraient, eux aussi, que se hausser à des pouvoirs autres, aussi néfastes.

Le nombre d'hommes individuellement conscients que nous envisageons ne pourraient s'être connus eux-mêmes, élevés au-dessus des doctrines transitoires et hasardeuses pesant encore sur les Masses égarées ou débilitées, et au-dessus des pouvoirs qui les imposent, — qu'en prenant conscience des lois générales réglant nécessairement la succession et la conservation de l'Univers même. Ils auront dû concevoir ou apprendre qu'il n'est d'autres lois portant en elles-mêmes leur sanction, que celles que révèle une science impersonnelle, indépendante et désintéressée, — et que l'homme qui est parvenu à comprendre pourquoi il se doit soumettre à celles-là, a le droit de répudier les autres.

Ainsi, il est en harmonie constante avec le milieu où il existe, vit dans la vie, par une suite d'actions et de réactions qu'il a pesées, avec le moins de souffrance... Souffrance qui lui vient précisément de n'être pas en harmonie avec toutes les lois naturelles, parce qu'il les ignore.

Ainsi, encore, il conclura que la Vie est haute et précieuse, et que toute sa passion doit tendre à découvrir, à s'appliquer ces lois inconnues que l'ignorant appelle Fatalité, et que l'inconscient accepte d'ignorer au nom d'une Foi...

Ce sont, ces hommes évolués et évoluant sans cesse, de quelle naissance, de quel état qu'ils soient, ceux qui me semblent pouvoir être dits « intellectuels », — n'en déplaise à l'immonde et sanguinaire Imbécillité qui, de ce mot, ces temps derniers, se servit comme d'une insulte!

Or, leur devoir tend à la propagation du progrès, du « meilleur devenir » qu'ils sont. Car, il importe de ne pas errer en l'équivoque quand on parle de meilleur Devenir, ne pas croire à un rêve de total élargissement de tous les cerveaux. Je ne saurais laisser passer l'occasion de le déclarer encore, en ce qui regarde ma particulière doctrine par la poésie mise en acte... Le Progrès ne s'accomplit, de siècle en siècle, que par seulement une minorité dans toutes les classes sociales, si minime, à tels siècles, qu'elle semble n'exister pas, comprimée par les Pouvoirs et par la Foule inconscients ou criminels...

Si cette minorité devient assez puissante à son tour, elle pourra par elle-même et l'ascendant de raison et de justice qu'elle exercera au moins sentimentalement sur les Masses, arrêter ou réduire les luttes sociales, politiques ou ethniques. Ainsi, ne serait plus un rêve : la Confédération des peuples Européens.

Dès lors, possible, la disparition de la guerre, du militarisme et des occultes menées religieuses. Ainsi se pourrait réglementer le droit au travail et à ses avantages économiques, etc.

Mais encore, à l'aide de cette puissance de paix et d'intellectualité pourraient être vraiment « colonisées » — par uniquement l'apport de mieux être corporel et moral — les Races encore point ou peu développées, races noires pour la plupart. Et, il semble que, les dogmes religieux peu à peu écartés pour laisser transparaître et resurgir les grandes vérités intuitives, naturelles et d'expérience, qui sur les ruines de leurs grands temples se cèlent en Symboles, — les peuples de l'Orient et de l'Extrême-Orient, aussi, pourraient lier une alliance au nom de principes généraux de philosophie et de morale, identiques sous la diversité des formes... Il serait ainsi permis de rêver, comme nous le disions plus haut, une première Synthèse — qui ne serait en somme, éliminés tous déchets et toutes erreurs au long de notre longue Analyse, — que l'intuition devenue consciente, de cet Orient d'où viennent notre sang et notre mentalité.

*
* *

Or, comment s'organiser, comment se pourrait développer cette sorte de ligue universelle d'individus s'évertuant vers la liberté sans licence telle que nous la comprenons ?

Il sied d'abord, que chacun, droitement, en tout désintéressement, en conviction, sans autre dessein que devenir un cerveau maître de soi, veuille pareil Bien moral et physique. Il sied qu'il s'instruise, sans croire, à aucun moment, posséder toute science, — sachant qu'elle est et demeurera, aussi loin qu'elle aille, devant des secrets infinis...

Il importerait, en second lieu, de répandre la science, et cette philosophie qui en découle logiquement. — D'où, à côté des Ecoles et Universités d'enseignement officiel, intéressées à dénaturer la vérité, ou ne donnant que le demi-savoir qui a créé depuis vingt ans une si méprisable engeance « d'arrivistes » et quelques détraqués, — nécessité d'Etablissements d'enseignement libre, s'élevant en toutes les principales villes d'Europe, du monde. Enseignement gratuit des lois qui couvrent le temps et l'homme, — sans négliger la partie Art, sans quoi la vérité ne saurait être complète, et ne saurait s'immortaliser.

Par cet enseignement sur mêmes principes, le premier départ de la Fédération rêvée serait donné : par décentralisation dans une même Patrie, tandis que l'internationalisme créerait un essentiel contact par mêmes caractéristiques manières de penser entre individus de même race, — cependant dominés par l'intégrale acceptation des principes reconnus universellement.

De tous les points du globe, il serait encore indispensable de multiplier de ville en ville, des Congrès, de grandes Assises des sciences et des arts, où viendraient, comme en ganglions nerveux, plus intimement s'harmonier les diverses interprétations de l'Idée commune. Et, pour que plus loin s'en aille

la préparation de cette pacifique Synthèse — dont nous parlions, en de tels Congrès devraient prendre place ces prêtres de l'Inde et du Thibet habitués aux hautes spéculations et dès maintenant en correspondance avec les sciences et la philosophie européennes. (Car, soit par la guerre, soit par la paix intellectuelle et économique, ma conviction est que l'Orient rentrera en scène. Je le souhaite en tant qu'homme de progrès, par attaches de race et d'intellect.)

Mais il me semble qu'à l'exemple très prudent des hauts intellectuels orientaux, il conviendrait de maintenir haut et sans compromissions de vulgarisation, cet enseignement — oui, pour des Initiés, — mais pour un nombre illimité d'Initiés ! Je crois que la science et l'art, la sagesse suprême, ne doivent point s'incliner vers la Foule, sous peine de déchoir, mais que la Masse, si souvent inconsciemment ennemie ! doit tendre vers eux de tout son effort, — par quel effort, elle commencera, tout d'abord, à se montrer digne de la Liberté vraie, et d'un Bonheur...

Je crois à pareille solution, en des temps indéterminés, nous l'avons dit. Je ne serais pas le poète du meilleur Devenir, si tels n'étaient pas mon désir, ma volonté.

René Ghil.

Edoardo Giretti. — *Italien. Docteur en droit. Industriel. Président du Comité pour la paix de Torre-Pellice.*

I. — Quelle que soit l'opinion des savants sur l'action exercée dans le passé par la guerre, soit qu'on admette, comme de Molinari, qu'elle a eu réellement une période d'utilité et de grandeur, pendant laquelle elle agissait comme un facteur nécessaire d'activité sociale, contribuant à assurer la survivance des races humaines les plus robustes et les mieux douées et leur triomphe définitif sur celles moins susceptibles de progrès et de culture; soit qu'on incline plutôt à donner raison à Novicow qui soutient que la guerre, quoique parfois une nécessité douloureuse et inévitable, fut toujours, depuis les commencements de la Société humaine, une cause de recul et « d'évolution à rebours », tous, désormais, considèrent la guerre comme un reliquat de la barbarie primitive, un contresens véritablement funeste dans la civilisation moderne, et une anomalie condamnée et par l'histoire, et par le droit, et par le progrès.

Par l'« histoire », parce qu'elle démontre comment toutes ou presque toutes les guerres livrées depuis plus d'un siècle auraient pu être évitées avec un avantage réciproque immense pour les deux partis combattants, en soumettant les causes qui les ont provoquées au jugement calme et impartial d'un arbitrage élu d'un commun accord ;

Par le « droit » parce qu'à mesure que les rapports juridiques s'étendent entre les Etats civilisés — et l'extension de ces rapports a été vraiment merveilleuse dans ces derniers temps, — la nécessité d'avoir à tout moment recours à la sanction barbare et inhumaine de la guerre diminue, et parce que dans la phase actuelle de nos idées de justice internationale, rien ne nous empêche, et cela est même au contraire absolument logique et naturel, de concevoir un état de choses tel que la guerre soit entièrement bannie des rapports réciproques entre les Etats civilisés et que leurs controverses soient tranchées et résolues par des moyens moins injustes et moins nuisibles ;

Par le « progrès », parce que, par la complication toujours plus grande des intérêts commerciaux de tout le monde civilisé,— et c'est un mérite immortel des économistes de l'avoir démontré, de Smith à Say, à Bastiat, à De Molinari et à notre illustre Frédéric Passy —la guerre est devenue et devient toujours davantage une cause énorme de destruction et de crises, et parce que le progrès n'est autre chose qu'un développement toujours plus grand des facultés pacifiques et productives de l'homme aux dépens de ses facultés belliqueuses et destructives, et, comme l'enseignent Sumner-Maine et Spencer, le passage graduel du type de société militaire ayant pour base l'« acte d'autorité souveraine » au type industriel, dont la base est constituée par le « contrat » libre et volontaire des individus entre eux.

II. — Quant aux effets du militarisme, il ne peut en être question, sauf peut-être parmi ce petit nombre de personnes pour lesquelles il continue d'être un métier qui leur permet de vivre avec peu de fatigue.

Ces effets sont désastreux et nuisibles sous tous les rapports. C'est précisément dans les pays qui sont les plus affectés par la recrudescence du militarisme qui a été, sur le continent d'Europe, la conséquence naturelle des guerres du premier et du second régime napoléonien, cœteris paribus, qu'on peut noter tous les symptômes de décadence physique, morale et matérielle d'un peuple : affaiblissement de la race et du caractère, affaiblissement de l'esprit d'initiative et de la responsabité personnelle, corruption des coutumes et dégénérescence dans un sens réactionnaire des institutions politiques, développement énorme des arts de destruction aux dépens du commerce et des industries pacifiques et, enfin, renaissance de l'esprit de protectionnisme économique et d'intolérance religieuse, avec le régime du sabre substitué à celui du droit et de la libre discussion.

III. — C'est faire en vérité trop d'honneur aux phénomènes déplorables de la « guerre et du militarisme » que de les qualifier du nom de « graves problèmes ».

Fondés comme ils le sont, exclusivement sur la survivance d'idées vieillies et superstitieuses qui depuis longtemps ne sont plus en harmonie avec les besoins différents et les aptitudes nouvelles de la Société moderne, ils devront simplement disparaître avec l'accroissement et la diffusion de l'instruction et de la culture populaires.

Un temps viendra, et nous pouvons désormais le prévoir assez prochain, où les hommes considéreront la guerre et le militarisme avec le même sentiment d'horreur inexprimable que nous éprouvons généralement à l'égard des habitudes d'infanticide et d'anthropophagie de la Société primitive.

Et ces dernières étaient certes beaucoup plus logiques et plus excusables chez des populations exposées à tout moment à mourir de faim, que ne le sont la guerre et le militarisme chez les peuples modernes qui, abstraction faite de toute autre considération de caractère moral, devraient être guidés par la seule loi de l'intérêt commun et bien entendu, et se donner la main en frères et travailler d'un commun accord pour que la magnifique prophétie de Pasteur fût bientôt réalisée et que la venue du jour fût hâtée « où la science et la paix triompheront définitivement de l'ignorance et de la guerre, » et lorsque tous s'entendront, non plus pour détruire, mais pour édifier, l'avenir appartiendra alors à ceux qui auront le plus contribué à soulager les maux de la triste humanité.

IV.—On voit clairement,d'après ce que j'ai dit jusqu'à présent,quels sont à mon avis, les seuls moyens propres et efficaces pour arriver à l'abolition de la guerre entre les nations civilisées.

Comme le disait fort bien l'économiste Quesnay pendant une époque d'absolutisme, et comme on peut le répéter avec beaucoup plus de raison encore dans nos temps de régime parlementaire, ce sont les « opinions qui mènent les hallebardes ».

C'est pourquoi il faut agir avant tout sur les opinions, avec un labeur de propagande patient,tenace et infatigable.Il faut ne pas se lasser et combattre une à une les vieilles erreurs et les préjudices insensés dont continue à s'alimenter le funeste esprit de conquête et le militarisme.

Aux idées de jalousie, de vengeance et de haines internationales auxquelles la majorité des hommes continue à sacrifier de temps en temps, plutôt par une espèce d'instinct héréditaire que par un mouvement prémédité et raisonné des consciences proprement dites, il faut s'efforcer d'opposer toujours davantage l'esprit de tolérance, de modération et de justice ; la conviction enracinée des désavantages et de l'absurdité de la guerre, et la ferme volonté d'en rechercher et d'en trouver la fin dans l'institution d'un nouvel organisme qui assure et maintienne la paix entre les peuples, tout comme les tribunaux ordinaires ont assuré et maintiennent la paix entre les individus.

Les gouvernements peuvent certainement faire beaucoup pour faciliter l'œuvre des amis de la paix. Mais il ne faut cependant pas s'exagérer l'efficacité des moyens législatifs.

La réforme des coutumes ne s'impose pas par décret de l'autorité souveraine, ni ne peut surgir non plus d'une discussion parlementaire quelque profonde et élevée qu'elle puisse se montrer.

Ce n'est pas sur les gouvernements mais sur les peuples qu'il est nécessaire d'agir avant tout. Les législateurs et les gouvernements se rangeront de notre côté aussitôt que nous aurons suscité un fort et large mouvement des consciences et des opinions populaires.

De là, la nécessité pour les Sociétés de paix de redoubler la force et l'enthousiasme de leur propagande et de lui donner un caractère plus intense de popularité et de solidarité internationales, remettant en honneur l'exemple de Cobden et de sa vieille et glorieuse devise : Libre Echange, Paix, Bon vouloir parmi les nations.

EDOARDO GIRETTI.

VEKOSLAV HABER. — *Tchèque. Poète. Ancien directeur de* Volny Duch. *Collaborateur de* Omladina.

Une thèse domine dans notre siècle : l'Humanité. Si vous voulez savoir ce que c'est que la guerre, demandez-le aux mères et aux épouses. Et, d'ailleurs, il n'est pas nécessaire d'avoir des sentiments humanitaires : il suffit de savoir seulement que, en Autriche, un fusil *système Manlicher* coûte 30 florins, — ce que coûte l'entretien d'un écolier pendant un an.

La guerre ne vient pas d'un sentiment humain, c'est seulement un moyen (parmi les autres) pour prendre le pouvoir et elle n'est qu'un instrument d'exploitation et de gouvernement. La faim et la peste sontles seuls bienfaits que la guerre ait apportés au peuple.

A vingt ans, le jeune homme va enterrer la poésie de sa vie à la caserne, car ce qu'il y a de plus beau dans la vie humaine, l'Art et la Science, n'existe pas pour le militarisme. Marcher, observer la discipline, tuer, voilà ce que l'on vous apprendra à la caserne. Mais l'âme et l'esprit ! ? F... aises ! Pour un soldat, le « commando » (les ordres) de M. le général est seul à considérer.

La paix des nations sera l'œuvre de l'Avenir, et, comme nous détruisons les bacilles de la tuberculose, nous détruirons les bacilles du militarisme.

Enfin, celui qui sent et qui aime ne peut avoir l'esprit du soldat.

VEKOSLAV HABER.

KARL HENCKELL. — *Allemand, poète. Auteur de* : Gedichte. (Œuvres poétiques complètes).

1° Si c'est une conséquence des « conditions historiques « qu'à un moment donné je ne voie plus qu'une cible pour un instrument de meurtre celui en qui je reconnaissais plus ou moins amicalement, mais toujours courtoisement, mon semblable et mon camarade en civilisation, je déclare me mettre absolument « hors de l'histoire » (1) et, en ce qui me concerne, je brise avec un tel passé. Si beaucoup font de même, la « condition historique » cédera devant la « condition de l'avenir », la guerre devant la paix, sans effusion de sang. Le droit et le progrès basés sur le canon d'un fusil ne valent pas une charge de poudre.

2° Quand je courais avec un flingot pour m'exercer au meurtre « en grand », je me faisais l'effet d'un pauvre idiot, méchant, maudit et martyrisé. Tel fut sur moi l'influence intellectuelle, morale, économique, politique et physique du militarisme. A qui cela fit-il et fait-il encore le même effet ?

3° La solution du problème de la guerre et du militarisme existe pour le monde civilisé dans la transformation progressive de la pensée humaine, dans le sens d'une société qui ne soit plus en contradiction insensée avec les prétentions de l'élite intellectuelle de la classe civilisée.

4° Les meilleurs moyens sont les jeunes cerveaux.

KARL HENCKELL.

LÉON HENNEBICQ. — *Belge. Avocat à la Cour de Bruxelles. Professeur à l'Université Nouvelle.*

Ce mot de « la Guerre » n'a pour moi rien d'effrayant. Cette impression sentimentale dériverait d'une puérile et fade sensibilité. Elle n'offre nullement l'aspect d'un phénomène exorbitant, d'un cataclysme confus et inexplicable. Cette invocation à la Force, ce cri d'appel vers l'obscur hasard, et l'espérance d'un jugement de Dieu, ne tient pas à un atavisme, n'est pas une tare, ou une régression, c'est une des conditions de la vie. Il y a dans l'existence de tous les jours un combat constant, et si les luttes réciproques des hommes vont jusqu'au sang et à la mort, ce sont des moments de vie plus intense, des

(1) *Ich erklaere mich für unbedingt « unhistorisch. »*

crises de croissance, des éclosions, des renouveaux. L'Aurore, mère du jour laborieux, le Crépuscule, annonciateur des nuits pacifiques, eux aussi, ne sont-ils pas sanglants?

Il ne faut craindre et haïr ni la mort, ni la guerre. L'une et l'autre font l'existence même; ses soubresauts d'héroïsme, ses palpitations d'amour, ses joies sont liés à ses périls, à ses résistances, à ses combats. Loin de représenter la Mort comme la blême conspiratrice, tortueuse et maligne, je la verrais, sœur pâle et souriante, appuyée sur l'épaule robuste de la Vie. Et loin de voir la Guerre, sanglante et gangrenée, comme une peste fétide, elle m'apparaît comme un archange viril.

Elle est partout : à l'intérieur des cités et des états, en luttes politiques, esthétiques, religieuses; à l'extérieur en conflits commerciaux, industriels, ethniques, partout les hommes se ruent sous des étendards. Et quand leur idéal de vivre voit se dresser en face de sa rayonnante flamme le péril de disparaître devant un autre, on voit, miroirs reflétant le ciel, la terre, les faces tendues et des désirs fixes, surgir du fourreau les claires épées!

La Vérité, la Justice, la Liberté, le Progrès, les Conditions historiques, ce sont des mots, des mots, des mots. Etaient-elles assez confites en humanitaireries, Angleterre et Amérique, avant la guerre de Cuba, avant les Philippines, avant Fachoda? Les mots régnaient, on n'y parlait que d'arbitrage international et d'amour de l'humanité. Quelques réalités sociales ont surgi. Des intérêts, des ambitions, des passions, un idéal de grandeur, de puissance, d'organisation d'une ou de plusieurs sociétés, bref, un formidable mélange social, un faisceau irrésistible d'hommes agissant, voulant, aimant, haïssant. Les mots se sont évanouis comme des fantômes. Car la vie est un enfer de figures grimaçantes ou joyeuses dans lesquelles, si l'on a quelque haut idéal à défendre, il faut marcher comme les héros au milieu des monstres, l'épée à la main. Celui qui est désarmé est vaincu.

Et même si les canons ne grondent point, si diplomatiquement c'est la paix, est-ce la paix vraiment?

Il y a peu de jours j'entendais quelqu'un dire avec une pitié humaine pleine de raison : Prenez n'importe quelle ville ou village aux temps médiœvaux où régnait la guerre, regardez son histoire et comparez-la à celle d'aujourd'hui. Il y a peut-être moins de coups d'épée. Y a-t-il moins de luttes, d'appétits, de haines et de vanités? Y a-t-il moins de souffrance humaine? Au contraire. Les gens d'autrefois étaient moins sensibles. Ils savaient regarder leurs blessures. Les gens d'aujourd'hui ne supportent même plus les piqûres d'épingles. Et s'ils s'efforcent d'être braves, c'est un faux stoïcisme qui les inspire, la coquetterie et la bravade d'une vanité suraigüe.

La guerre, le combat, la souffrance n'ont point arrêté le cliquetis pulsatoire des luttes humaines. Elles tissent le réseau du temps, elles font, comme disait Héraclite, « l'Ame du monde ».

Il est donc inutile d'essayer de donner une solution au problème de la guerre, sans supprimer la vie elle-même, dont elle est l'obligatoire condition.

Le Paradis de la paix m'a toujours fait songer à ces fades représentations enfantines de l'Empyrée catholique, règne de l'ennui dans la mort et je n'ai jamais songé sans émotion à ce défi plein de bravoure héroïque lancé au début de la Renaissance par un auteur, Bonaventure des Périers, peut-être : « Je ne veux, après ma mort, aller en compagnie des tourneurs de messes, aultres bavards et blêmes figures, au Paradis. C'est en enfer que je veux descendre où sont les beaux gentilshommes, les gentes dames, les cœurs pleins de fierté et de courage. » N'y a-t-il pas quelque chose de touchant à préférer la souffrance avec ses frères, c'est-à-dire la société et la vie, à toutes les célestes vanités et surhumains hochets ? Mais surtout n'est-ce pas réel, vivant et vrai ?

*
* *

Il en est tout autrement du militarisme. C'est un mal.

Cependant je ne lui ferai pas une guerre aveugle. Ce poison contient en lui des remèdes. Ceux qui l'attaquent obstinément et partout ont tort. Non seulement il a quelque utilité par lui-même, mais il n'est pas coupable des maux qu'il fait.

J'ai la prétention d'être un socialiste aussi progressif que personne, et les intransigeances me plaisent. Mais je n'hésite pas à penser et à écrire que ceux qui se plaignent surtout du régime militaire sont des fils de bourgeois à la paresse desquels la dure vie de soldat répugne et qui lui préfèrent la paresse de la vie civile. C'est la race odieuse des gardes nationaux, en Belgique des gardes civiques, qui veulent conserver au militarisme sa vanité d'uniformes et sa parade de meurtre ignoble, sans lui rien laisser de son rôle éducatif.

Car cela aussi n'est pas niable. Le militarisme sert d'éducation à ceux qui n'en ont pas reçu. On donne quelque instruction dans nos écoles primaires. Pas un jeune Français, pas un jeune Belge, ne reçoit dans son enfance ou sa jeunesse, d'ÉDUCATION. Et si le militarisme donne une éducation critiquable à l'adolescent, au moins le met-il, au nom d'une discipline sociale, en contact avec la vie, ce qui vaut mieux que de ne pas lui donner d'éducation du tout.

Je ne comprends les anti-militaristes que s'ils agissent au nom d'une discipline sociale plus parfaite. Alors oui. Proposez-moi de remplacer le militarisme par une éducation puisée à la triple source du milieu, de la race, et de la libre expansion de nos sentiments collectifs. Nous serons d'accord aussitôt.

A cet égard l'école ne peut suffire. Je parle de l'école telle qu'elle existe et surtout des collèges et des externats laïques et même religieux. Je dis « même religieux » car si les écoles catholiques sont routinières et néfastes en ce qu'elles enseignent, elles sont peut-être moins mauvaises que les autres au point de vue éducatif. En tous cas, pédants laïques ou pions sacristains, les gens de l'école, tous bons pour le même sac, ne savent point harmoniser les âmes autour d'une tâche et cultiver dans l'expérimentation d'une œuvre la floraison de la fraternité. S'ils se querellent sur leurs propre mérite, ils s'entendent parfaitement pour cette nuisance.

J'irai plus loin et je dirai qu'entre l'Officier et le Pédant, entre le soldat et le gratte-papier, entre l'école et l'armée, si la fatalité devait m'amener à choisir, je n'hésiterais pas. Un régiment est, à tout prendre, moins immoral dans sa brutalité qu'un pensionnat contemporain.

Mais il serait vraiment désolant pour un pays que la question s'y posât dans ces termes. En réalité on ne peut se borner à être anti-militariste, pas plus qu'on n'est l'ennemi de l'Enseignement laïque ou religieux. La vérité est que *toute l'Education sociale est mauvaise*. Les anti-militaristes sont aussi étroits et sectaires que les adversaires de l'enseignement public, et le seul moyen de mettre fin à leurs byzantines querelles serait de les fondre l'un et l'autre dans une commune réformation de l'éducation sociale. Oui, tout en faisant de l'armée quelque chose de plus aéré et de plus éclairé qu'une organisation exclusivement professionnelle, il faudrait donner à l'éducation et à l'instruction aujourd'hui folle, verbaliste et fausse, l'allure militaire d'une action combative et disciplinée, celle en un mot que prend toute communauté active et vivante dans n'importe quelle société. LÉON HENNEBICQ.

GAETANO JANDELLI. — *Italien. Professeur de philosophie morale à l'Académie scientifique et littéraire de Milan.*

I. — On ne peut raisonnablement rien demander d'autre à l'histoire, que la narration véridique des faits sociaux ; ni à la science historique, rien d'autre que l'explication la plus plausible de ces faits, grâce à la connaissance des causes et des lois correspondantes. Or, personne ne doute qu'il ne faille compter la guerre parmi les faits historiques qui paraissent généraux, et beaucoup s'exclament avec Manzoni :

> Tu che *angusta* a tuoi figli parevi,
> Tu che *in pace nutrirli* non sai,
> Fatal terra...

La science historique et sociale à la fois, étant encore dans l'enfance, ne va pas au-delà des classifications et de quelques uniformités empiriques, bien qu'elle présume de retrouver, en quelque temps que ce soit, les lois dérivées de la nature des choses. Celui qui proclame donc la guerre dans le monde des nations, au nom de l'histoire et de la science sociale, soit pour les motifs indiqués par notre poète, tant d'années avant Darwin, soit pour d'autres inspirations utilitaires, se trompe grossièrement.

Il reste à savoir si la guerre, comme fait plus ou moins fréquent, peut-être légitime dans certaines conditions. La science juridique a donné autrefois une réponse affirmative à cette question, mais seulement dans les limites de la légitime défense. Et puisque l'exercice d'un tel droit doit viser à la conservation de la vie et de la dignité nationales qui sont les conditions nécessaires de la civilisation commune, la guerre nécessitée par ce but concourt donc au progrès de tous les peuples valeureux.

II. — La seconde question équivaut à celle-ci : quelque chose d'essentiellement bon peut-il sortir d'une ordonnance politique et sociale dans laquelle l'institution d'une hiérarchie militaire sert d'instrument et d'aiguillon à une ambition illimitée de domination? — Celui qui pense que la politique ne devrait jamais s'opposer à la conscience de la justice, que la justice est la vraie loi du monde moral et que le recul fatal de tous les peuples conquérants est la confirmation manifeste d'une telle loi ; celui qui est persuadé de tout cela est d'accord avec le poète déjà cité :

Beata fu mai
Gente alcuna per sangue ed oltraggio?
Solo al vinto non toccano i guai,
Torna in pianto dell'empio il gioir.

III. — Le problème de la guerre auquel nous faisions allusion, il y a un instant, de la solution duquel dépend celle du militarisme, s'énonce ainsi : de quelle manière les états isolés peuvent-ils pourvoir à la défense de leurs droits respectifs, contre toute violence étrangère, de façon que la guerre soit évitée, ou que la réparation de l'injure reçue atteigne sûrement son but légal?

Les moyens imaginés et mis en pratique avec un succès variable furent nombreux : qu'il nous suffise d'en rappeler les principaux.

1° L'équilibre politique des Etats en contestation d'intérêts entre eux ;

2° La médiation diplomatique dans les cas de guerre ;

3° L'arbitrage ;

4° Les alliances défensives, d'extension variable et toujours temporelles.

5° Le cosmopolitisme.

L'histoire des tentatives faites pour mettre à exécution tantôt l'une, tantôt l'autre des propositions indiquées ci-dessus, et la critique correspondante guidée par une connaissance plus profonde de l'ordonnance morale et sociale concourent à nous prouver qu'aucune de ces propositions, excepté la dernière, n'est propre à résoudre le gigantesque problème. Mais le cosmopolitisme doit être compris d'une manière bien différente de celle qu'à imaginée le délire des ambitieux, sous les noms de monarchie et d'empire universel, de l'« Unus pastor et unum ovile » de la sainte Alliance ; et bien diversement encore des songes des communistes modernes. Le cosmopolitisme doit correspondre à la personnification de l'espèce grâce à l'organisation politique et sociale progressive de toutes les nations ; chacune de celles-ci personnifiant l'organisation progressive des sociétés élémentaires. Tout ceci est non-seulement contenu dans les plus nobles aspirations de la conscience humaine, mais se montre faisable en vertu d'une règle rationnelle, s'élevant à la conscience elle-même avec le progrès du bon sens pratique et de la juste valeur.

Cette règle exprime la forme essentielle et incontestable de cette coopération entre les forces coexistantes, et, quoique imparfaite, constitue l'ordonnance réelle, la beauté, la finalité, la vie dans le tout et dans les parties du monde connu de nous. C'est donc un idéal pratique comprenant non seulement les principes de justice et d'assistance affectueuse dans les relations entre les sujets moraux (individus isolés et individus collectifs) mais encore les obligations inhérentes à la domination de l'homme sur le restant de la nature ; d'où, la règle elle-même est l'achèvement de toutes les lois naturelles.

Or, puisqu'on croit communément que toute loi acceptée par la conscience sociale doit rester inviolable, comme l'est, de fait, toute loi naturelle, ceci peut s'affirmer avec d'autant plus de raison lorsqu'il s'agit de la coopération juridique.

Et comme, au point de vue de la première considération, on juge nécessaire l'institution d'une milice stable soumise à l'autorité exécutive de la loi, de même, au point de vue de la seconde considération, une pareille institution peut être plus appropriée à sa fonction particulière, mais abolie jamais. Aussi lorsque, comme on l'espère, ce cosmopolitisme qui devra mettre en pratique

la coopération universelle, sera constitué, le besoin de moyens matériels pour prévenir et pour réprimer tout délit de lèse-nationalité et de lèse-humanité, ne manquera aucunement, si on ne veut pas imaginer un tel degré de perfection morale chez les hommes de cette heureuse époque, de manière à leur rendre pour ainsi dire impossible de céder aux motifs multiples de discorde, de tromperie, de guerre, et de s'adonner aux arts malsains de la concurrence envieuse.

Entend-on par ceci un état plausible de coopération humanitaire, dans lequel l'institution militaire se réduise à son devoir final? La réponse ne peut être donnée à la hâte, et le chemin est trop long et trop difficile pour y arriver.

A la paix désirée depuis de longues années! GAETANO JANDELLI.

LÉOPOLD KATSCHER. — *Allemand. Homme de lettres. Auteur de:* Bilder aus den englischen Leben (1880); Nebelland und Themsestrand (1886); Charakterbilder aus dem 19 Jahrhundert (1883); Frieden, Frieden, Frieden! (1890); Bilder aus dem chinesischen Leben (1881); Was in der Luft liegt (1889); Friedensstimmen (1895); etc.

1° Non, non, non.

2° Mauvais, défavorables, déplorables.

3° Abolir le militarisme tout entier, former les Etats-Unis d'Europe, constituer des cours d'arbitrage ou un parlement international de querelles.

4° Entrevues *systématiques* avec les hommes d'Etat, les députés aux Parlements, les princes, etc. ; une propagande *intensive* et *universelle* dans la presse et par les sociétés de paix; collaboration, dans toutes les formes possibles, de toutes parts, à l'action du Tsar.

LÉOPOLD KATSCHER.

JOHN C. KENWORTHY. — *Anglais. Ancien pasteur. Homme de lettres. Auteur de:* The Anatomy of Misery; From Bondage to Brotherhood, etc.

1° Rien ne rend la guerre nécessaire, excepté l'égoïsme et la crainte, l'ignorance et la brutalité, qui en sont les générateurs.

2° Le militarisme a pour effets directs : intellectuellement, la stupidité et la déloyauté ; — moralement, l'annihilation de toute moralité ; — matériellement, le meurtre en masse, la mutilation des corps mettant les estropiés hors d'état d'accomplir un travail utile ; — économiquement, la destruction sans frein de la propriété et l'épuisement complet des ressources des nations; — politiquement, la tyrannie de la force brutale et la corruption. C'est à cela que, dans chacun de ces domaines, aboutit invariablement le militarisme ; par lui, l'homme renonce à sa raison et à ses bienveillantes dispositions pour s'abandonner à la force brutale et se livrer à la haine.

3° Le seul moyen possible d'échapper à la guerre est de répandre parmi les hommes cette idée que l'on ne doit se battre dans aucune circonstance. Cette détermination ne peut leur venir que par l'adoption de la ligne de conduite qui fut celle de Jésus-Christ, mais que les églises païennes d'aujourd'hui, faussement dénommées chrétiennes, ont entièrement dénaturée. Cette conception de la vie enseigne que les hommes n'ont nul besoin de se défendre contre d'autres hommes, mais doivent simplement être bons et sincères et céder à toute agression dirigée contre eux.

4° Le moyen d'arriver à la suppression de la guerre est d'adopter pour nous-mêmes, et de pratiquer, la ligne de conduite enseignée et pratiquée par Jésus. En le faisant, nous augmenterons parmi les hommes la détermination à ne pas se battre et ainsi les luttes diminueront.

Bien que ce qui précède puisse paraître singulier à beaucoup d'esprits, je crois pouvoir dire que c'est là le seul principe logique en la matière. Si les hommes admettent que la guerre, à quelque point de discussion que ce soit, puisse être nécessaire et juste, il y aura toujours guerre à ce point-là et le militarisme rongera la vie des nations, qui devront toujours se tenir prêtes à faire la guerre.

De sorte que, en ce qui concerne le militarisme et la guerre, il n'y a qu'une seule question qui puisse être logiquement et raisonnablement discutée, à savoir : « A quel moment, si ce moment existe, est-il nécessaire pour un homme de défendre sa personne, ou ses amis, ou ses droits, ou sa nation, par la violence ou la force ? »

Et moi, pour ma part, avec un nombre toujours croissant de personnes, je réponds : Il n'est pas nécessaire de se défendre par la violence, ni soi-même ni les autres, dans n'importe quelles circonstances, contre les attaques de nos semblables. L'esprit qui ne veut pas se battre, l'esprit qui répudie la guerre, constitue sa propre, sa meilleure défense.

John C. Kenworthy.

Arturo Labriola. — *Italien. Docteur en droit. Auteur de :* Le dottrine di F. Quesnay ; Le teoria del valore di K. Marx, etc.

Je ferai observer tout d'abord que les quatre points de l'enquête sont terriblement amples et exigent une trop grande connaissance et expérience de l'histoire humaine de la part de celui qui y répond. C'est pourquoi, comme il me semble trop compliqué de répondre au second et au quatrième des quatre points de l'enquête, je me bornerai à donner ma très modeste opinion sur la première et la troisième des questions posées.

1° Si par la question : la guerre entre nations civilisées est-elle encore voulue par l'histoire, par le droit, par le progrès, on veut faire allusion aux conditions objectives dans lesquelles se trouvent beaucoup de nations, en faisant abstraction de nos désirs et de nos inclinations personnels, il me semble, malheureusement, que la question exige une réponse affirmative. Etant donné que l'histoire du passé, léguant à quelques Etats des controverses sur des questions territoriales et politiques, a également légué à ceux-ci un intérêt équivalent, à la poursuite d'une même chose et à l'exclusion l'un de l'autre, je ne puis concevoir autrement comment chacun d'eux voudra subir une perte, aussi parfaitement juste et morale qu'elle soit, s'il ne doit la subir par la force. La même question s'effacerait et disparaîtrait donc si les Etats, comme les individus, du reste, s'inspiraient de l'unique pensée de l'équité, et s'offraient à ne soutenir de leurs intérêts que ceux qui seraient d'accord avec la mesure de l'équité. Ceci n'est pas encore le cas, car, à vrai dire, les hommes croyant être tous en même temps dans le vrai, ils ne se soumettent pas à la perte d'un droit (en attendant le règne d'une morale plus élevée qui les fasse se considérer comme un seul corps, avec des intérêts semblables) si ce n'est par la force.

2° Toutefois, comme cette conclusion terrible choque notre sentiment d'homme de cœur, nous devons espérer que la pratique de la guerre disparaîtra, par suite de la transformation même des conditions objectives qui rendent la guerre inévitable, c'est-à-dire l'opposition des intérêts, soit entre les individus, soit entre les Etats. La solution du problème de la guerre est dans l'entente des peuples, au moins pour ces questions secondaires qui concernent les rapports extérieurs des échanges de richesses et les besoins supérieurs de l'intelligence. L'idéal réduit à ces *desiderata* secondaires ne me semble pas être trop utopique. Il trouve, néanmoins, de l'opposition aussi bien dans la politique dynastique traditionnelle des monarchies, que dans le chauvinisme malfaisant de certaines nations démocratiques.

ARTURO LABRIOLA.

Le Chevalier LE CLÉMENT DE SAINT MARCQ. — *Belge. Officier.*

1°. — La guerre doit être proscrite en règle générale; mais, à certains moments, elle peut devenir nécessaire et inévitable.

Faut-il se laisser dévorer par des bêtes fauves plutôt que de les abattre?

La guerre hispano-américaine, qui a mis si rapidement fin aux odieuses rapines espagnoles dans les Antilles et les Philippines, constitue un acte de force absolument louable; d'autre part, il est certain que si, au moment des massacres d'Arménie, les nations européennes avaient pu s'entendre entre elles pour arrêter, par les armes, ces crimes abominables, tous les hommes de bon sens y auraient applaudi.

Les guerres qui ont un mobile sincèrement humanitaire sont donc excusables; celles qui ne sont dues qu'à un prurit de vanité nationale sont les pires manifestations de la folie humaine; pour les hommes, comme pour les nations, le point d'honneur remplace la conscience chez ceux qui n'en ont pas.

2°. a) *Intellectuels.* — L'organisation des armées renferme des problèmes très difficiles qui ont aiguisé d'une manière toute spéciale l'intelligence humaine. Actuellement, l'imitation des institutions militaires de l'Europe par les peuples arriérés constitue un puissant moyen d'expansion des idées les plus récentes.

Dans les contrées européennes, le service militaire constitue, en général, un supplément d'instruction et d'éducation pour l'homme du peuple.

Celui qui sort des rangs de l'armée a une notion plus nette de ses droits, de ses devoirs et de ses responsabiltés.

b) *Moraux.* — Toute la vertu est dans le strict accomplissement du devoir. C'est là ce qu'enseigne la discipline militaire dont la devise éternelle est et sera toujours :

« FIDÈLE JUSQU'A LA MORT! »

Jamais les grandes agglomérations humaines devant agir rapidement et avec ensemble ne pourront se passer de discipline; il en faut, pour les grands travaux, pour la lutte instantanée contre les incendies, contre les inondations, contre la tempête à bord des navires.

Mais il faut que l'obéissance soit contrôlée par la conscience; un ordre contraire à la Justice, contraire aux lois existantes, ne doit jamais être exécuté. Sous ce rapport, il y a de mauvaises traditions dans certaines armées; il faut aussi blâmer sévèrement l'indigne brutalité dont ont fait preuve plusieurs officiers allemands à l'égard de leurs subordonnés. Une pareille conduite n'a aucun rapport avec la véritable discipline.

c) *Physiques*. — Le service militaire bien entendu peut aider par une gymnastique convenable au bon développement corporel de la jeunesse mâle.

d) *Economiques*. — La fonction normale de la force armée régulière est de préserver l'ordre social contre toute tentative de bouleversement provenant d'initiatives malveillantes inspirées par le crime ou par la folie.

Tant qu'il y aura des fous et des criminels, il faudra donc des soldats pour assurer la tranquillité publique.

Tout le monde sait calculer ce que coûtent les armées; jamais je n'ai vu un calcul sérieux établissant la valeur de ce qu'elles rapportent.

Vous figurez-vous ce que c'est que *la valeur* de l'ordre social?

Voyez un palais splendide; la valeur de sa construction est immense; supposez maintenant que tous les matériaux qui le composent, au lieu d'être disposés dans l'ordre voulu, soient entassés pêle-mêle sur le même terrain. Aucun objet n'aura disparu. Croyez-vous que la valeur n'aura pas diminué?

On peut dire, sans crainte d'exagérer, que la valeur de l'ordre social est infinie par rapport à la valeur des objets matériels et des propriétés particulières.

Notez que cela ne veut point dire que cet ordre social ne peut pas être notablement amélioré dans l'avenir; mais il doit l'être régulièrement et suivant les principes fixés à cet égard.

e) *Politiques*. — La vie des armées nationales développe des sentiments exclusifs qui ne sont pas de nature à aider l'avènement de l'Humanité terrestre à sa propre conscience.

Il serait très désirable, à cet égard, de voir se constituer une armée internationale. Les événements qui se sont passés récemment en Crète présentent probablement l'embryon de cette formation future.

3°. — Il faut tout d'abord VOULOIR LA PAIX, la vouloir fermement et la maintenir malgré les esprits brouillons et tapageurs. Il faut vouloir le développement de l'arbitrage en cas de contestation et préparer l'établissement d'une Justice Mondiale, placée au-dessus des souverains et disposant pour l'exécution de ses jugements de toutes les forces armées du globe terrestre.

Là est le point essentiel; un désarmement partiel de l'Europe paraît dangereux actuellement, la race jaune pouvant devenir menaçante pour l'Occident avant peu d'années.

4°. — La parole est le plus puissant de tous les moyens à mettre en œuvre dans ce but.

Mais il faut aussi travailler avec ardeur au perfectionnement moral de l'Humanité. Chacun doit surveiller ses actes, ses paroles et même ses pensées.

Il faut exécrer l'égoïsme individuel, ses mensonges et ses vanités; il faut glorifier l'idée humanitaire en dehors de laquelle aucun bien ne peut exister.

Tel est mon avis. Chevalier LE CLÉMENT DE SAINT-MARCQ.

Belva A. Lockwood. — *Américaine. Secrétaire de l'International Peace Bureau de New-York.*

1° Je ne crois pas que, pour les nations civilisées, la guerre soit encore nécessitée, soit par les conditions historiques, par le droit ou par le progrès.

Pendant leur existence comme nation, les Etats-Unis ont réglé avec les diverses autres nations du monde, environ 350 différends ou difficultés distincts, dont beaucoup auraient amené des guerres, et cela par arbitrage ou par traité, sans recourir aux armes et moyennant un très petit pourcentage des frais de guerre.

La loi civile, spécialement dans la dernière moitié du siècle, est devenue tellement une règle d'action, en laquelle les traités qui ont tous force de loi, ont prédominé, qu'actuellement recourir aux hostilités paraît un acte barbare. Dans le passé, la guerre fut le meurtre légalisé, mais le xxe siècle devrait introduire une méthode plus humaine pour aplanir les différends. La méthode judiciaire est éminemment la méthode chrétienne et civilisée d'apaiser les querelles; elle épargne les vies humaines et écarte ces haines nationales si intenses qui subsistent souvent pendant plusieurs générations.

INTELLECTUELLEMENT

2° Les effets intellectuels, moraux et physiques du militarisme, notés par l'écrivain, sont les suivants : on a coutume de dire que la guerre recule la civilisation d'un peuple d'une décade entière. Je pense que cette assertion nécessite une restriction. L'effet intellectuel produit sur le peuple des Etats-Unis par la guerre de 1861, a été de vivifier, d'éclairer et de développer les masses populaires. Elle a stimulé l'industrie et le commerce dans toutes les classes de produits se rapportant à la guerre ou autrefois fournis par l'ennemi. Elle a mis les femmes de front et les a introduites dans la vie sociale parce que tous les hommes jeunes étaient aux champs de bataille. Elle a créé une situation monétaire qui a rendu la nation apparemment prospère. Les mêmes résultats ont été obtenus pendant la récente guerre contre l'Espagne.

MORALEMENT

Les effets moraux ont été funestes. Tandis que les collèges et les universités étaient en grande partie désertés pendant la guerre, les églises abandonnées ou transformées en hôpitaux, le commun des soldats apprenait la paresse, le vice, l'ivrognerie; ils perdaient ce respect pour la sainteté de la vie humaine qu'exige une civilisation chrétienne. La guerre a détruit des archives qui n'ont pu être remplacées, elle a brûlé des bibliothèques et des édifices publics. Elle a développé le *tramp system* qui a produit depuis 1865, sur la vie sociale de la nation, l'effet d'un *barnacle* et qui paraît augmenter plutôt que décroître.

PHYSIQUEMENT

Elle a amené la dégénérescence physique de nos hommes, à tel point que la taille moyenne est maintenant d'un demi-pouce de moins qu'en 1860.

ÉCONOMIQUEMENT

Elle fut une faute. Nous avons perdu, dans les combats et par maladie un million d'hommes et nous avons été entraînés à une dépense de trois millions de dollars. Cette dette n'est que partiellement payée et d'autre part le gouvernement paie en suite de la guerre de Sécession un total de pension qui s'élève annuellement à la somme de 141 millions de dollars.

POLITIQUEMENT

Elle établit et cimenta l'union en un seul gouvernement assurant la sécurité des grandes voies fluviales et terrestres, elle affranchit 4 millions d'esclaves et en fit des citoyens.

L'effet politique de la récente guerre avec l'Espagne sera de rendre libres les habitants de Cuba, de Porto-Rico et des Philippines; d'étendre jusqu'à eux nos lois et notre civilisation; d'accroître la puissance des Etats-Unis sur les océans et d'augmenter son commerce. Le droit moral est une question ouverte.

3° La solution qu'il convient de donner dans l'intérêt de l'avenir de la civilisation universelle aux graves problèmes de la guerre et du militarisme a déjà été suggérée par l'ukase du tzar Nicolas de Russie aux puissances, qui les convoque prochainement à un congrès à La Haye, pour conférer au sujet du désarmement graduel, pour le motif que le militarisme ne peut assurer la paix, et d'après l'idée émise par Mme Griess Traut, de convertir « les armées destructives de la guerre en des armées productives de la paix » et l'idée élevée élaborée par les congrès et conférences de la paix d'une *Cour d'arbitrage internationale* ou *Haute cour des nations*, toujours en sessions, à laquelle seraient déférés, pour être judiciairement réglés, tous les différends entre les puissances rivales.

Cette cour sera inaugurée avec le xxe siècle, et la guerre et les effusions de sang ne seront plus. Les Etats-Unis ont déjà désarmé cent mille hommes et en désarmeront bientôt cent mille autres, ne gardant que soixante mille réguliers pour les besoins de police intérieure.

4° Les moyens qui conduiront le plus rapidement possible à cette solution, les voici : une pression simultanée exercée par les partisans et les sociétés de paix sur les parlements du monde entier, afin d'établir ce mécanisme judiciaire qui révolutionnera la barbarie, la cruauté et le fardeau destructif de la guerre qui, après tout, ne résout rien que la question de la force brutale.

BELVA A. LOCKWOOD.

GUSTAVE MAIER. — *Suisse. Ancien banquier. Publiciste. Président de la Société pour la paix de Constance; membre du comité de la Société pour la paix de Zurich; secrétaire de la Société suisse pour l'action morale et membre du comité de la Ligue morale internationale. Editeur de* : Ethische Umschau. *Auteur de :* L'organisation du mouvement éthique; La lutte pour le travail; Der prozess Zola; Soziale Bewegungen und Theorien, etc.

Je laisse à des personnes plus compétentes le soin de répondre à la première question.

A la seconde, je réponds :

Les effets du militarisme sont, d'après moi, les suivants :

a) Au point de vue intellectuel :

Il détourne de tâches plus importantes une trop grande part des forces intellectuelles et du génie d'organisation des peuples ;

Il limite le sentiment patriotique, qui en son principe n'est nullement exclusif ou agressif, a une unique tendance grossièrement matérialiste, et le transforme ainsi en sa caricature : le chauvinisme.

Il contribue, il est vrai, en une grande mesure, au développement intellectuel du peuple, spécialement des populations rurales ; mais ce but pourrait être atteint par des moyens plus simples et moins dangereux, la propagation de l'instruction populaire par exemple.

b) Au point de vue moral :

Il raffermit, dans l'individu, les instincts de violence et de défense personnelle : il est, par exemple, en Allemagne, le dernier et le plus fort soutien du duel.

Il développe l'espionnage, empoisonnant ainsi l'esprit des peuples.

Il favorise la débauche, parce que des milliers de jeunes hommes sont parqués dans les casernes pendant le temps de leur développement.

c) Au point de vue physique :

Il est sans doute une école d'exercice et de fortifiement physique et, par suite de force de volonté, mais il pourrait être mieux remplacé par la gymnastique et les sports, comme le prouve l'exemple du peuple anglais.

d) Au point de vue économique :

Il réclame les forces financières des peuples pour des entreprises particulières et improductives, d'une façon absolument démesurée, comme le prouve de toute évidence, la comparaison des budgets de l'instruction, des arts et des sciences avec celui de l'armée dans les Etats militaires.

Il maintient improductives pendant une grande partie du plus bel âge de la vie les meilleures forces du peuple.

Il contribue pour une grande part à augmenter l'émigration vers les villes de la population rurale, qui a appris à connaître la vie citadine pendant son temps de service.

e) Au point de vue social :

Il introduit dans la Société civile une division et une isolation pernicieuse.

Il rend de plus en plus le mariage une affaire d'argent pour les officiers ; il influe, sur ce point, de la pire façon sur l'éducation féminine dans les classes bourgeoises, attendu que, contrairement aux idées de notre époque, les femmes qui ont appris ou exercé un métier, si honorable qu'il soit, ne peuvent en principe se marier avec un officier, spécialement en Allemagne.

f) Au point de vue politique :

Il a particulièrement dans les Etats monarchiques, mais aussi dans les républiques capitalistes, le but secondaire d'arrêter le peuple dans son essor vers la justice et la liberté.

Il maintient non seulement ses propres membres dans l'ignorance et la partialité politique, dans une dépendance absolue à la puissance régnante, mais il exerce encore une action également réactionnaire sur toute leur famille et le cercle de leurs intéressés.

Il crée de nouveaux privilèges qui, sous l'apparence d'avantages accordés à l'éducation, ne le sont qu'à la richesse (Institution du volontariat d'un an et autres institutions similaires).

Par le service militaire obligatoire il neutralise politiquement—surtout dans les pays où l'institution des officiers de la réserve y est liée avec ses privilèges — une grande partie de la bourgeoisie.

Il est, par son organisation, en opposition catégorique avec le courant démocratique de notre époque, car en vérité, « l'armée du peuple » n'est presque partout qu'une phrase vide; son centre de gravité se trouve dans le corps des officiers permanent, privilégié et complètement indépendant du pouvoir de l'Etat; c'est pourquoi aussi, en république, une armée permanente doit toujours, à la longue, mener nécessairement à une dictature militaire.

A la question 3 :

Comme seule solution, il faut considérer la création d'un tribunal arbitral, d'abord facultatif, mais qui pourra peut-être plus tard devenir obligatoire. Son introduction pourrait avoir pour conséquence sinon de réduire les armements militaires, du moins peut-être de mettre un terme à leur augmentation indéfinie.

Malheureusement, pour les *grands Etats européens*, un semblable progrès se réalisera dans un avenir lointain, c'est pourquoi tous les efforts doivent être employés à préserver autant que possible les petits Etats — Suisse, Belgique, Hollande, Scandinavie, — des empiètements du militarisme, en éclairant l'opinion publique sur ses dangers, et à encourager partout, dans ces pays, la création d'armées véritablement populaires, avec peu d'éléments permanents et le moins possible de charges financières.

La prospérité sociale, politique, économique et morale qui en résultera nécessairement, disons le mot, la supériorité de ces petits Etats anti-militaristes, jointe au maintien de l'organisation de leur défense nationale, provoquera, dans le cours des temps, un revirement moral chez les peuples des grands Etats captifs du militarisme.

Il faudrait pousser à une sorte d'alliance entre ces petits Etats neutres et on y atteindrait sûrement. Et plus tard peut-être pourrait-il en sortir une union plus étroite de tous les Etats européens, en laquelle les relations internationales déjà si nombreuses dans le domaine du commerce, des communications de l'art et de la science trouveraient leur point central. Sous ce rapport l'histoire de l'empire d'Allemagne est riche en enseignements et pourrait servir d'exemple : en effet, son organisation est sortie du *Zollverein*, ou alliance douanière, et cette dernière était due, à l'origine, à l'initiative des petits Etats allemands.

A la question 4 :

Avant tout : Travailler et éclairer l'opinion publique de toutes les localités, au moyen de journaux, brochures, circulaires et avec l'aide d'orateurs parcourant toutes les contrées.

Vaste organisation du mouvement international pour la paix sous une direction la plus unitaire possible. Renforcement et perfectionnement du bureau international pour la paix, de Berne.

Dans l'organisation pratique du mouvement, il faudrait prendre en considération les points suivants :

a) Rompre catégoriquement avec le principe des unions fondé sur la cotisation, lequel est tout à fait vieilli. Trouver les moyens de se procurer d'autre façon les fonds nécessaires et *libérer de toute charge pécuniaire* l'accession aux unions pour la paix.

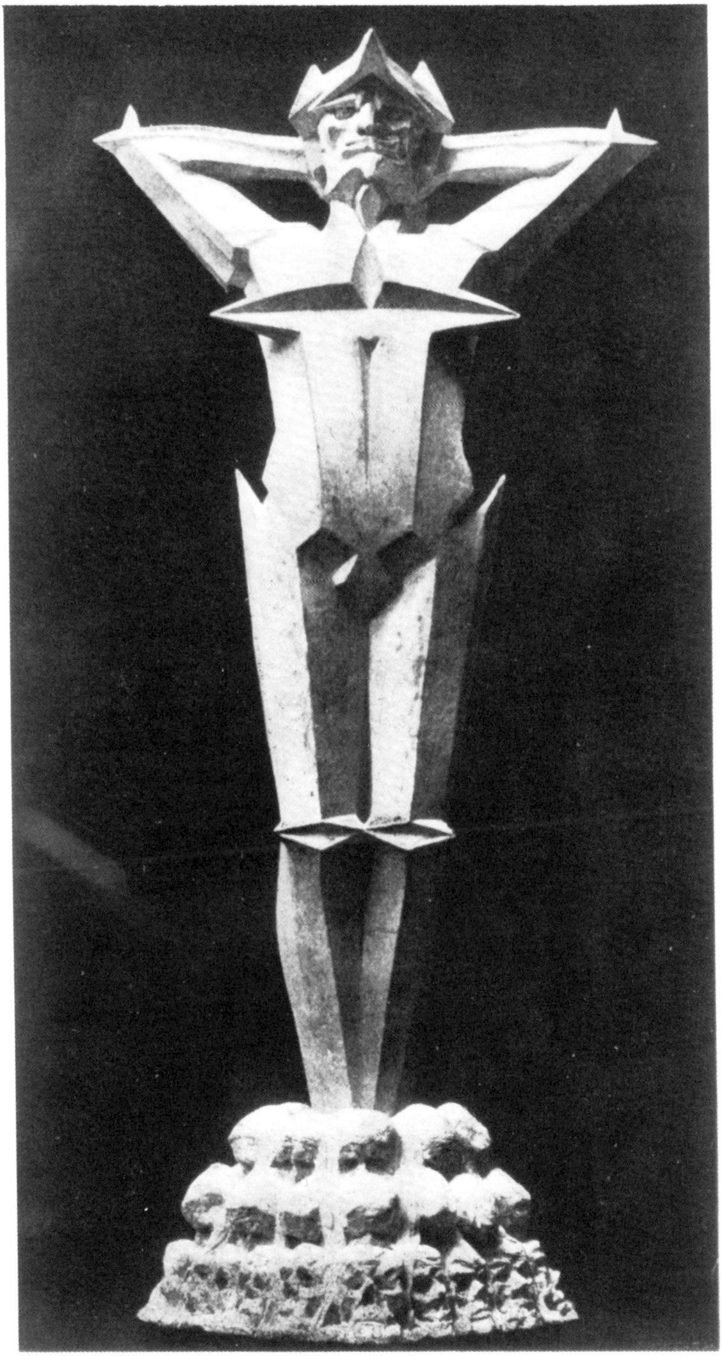

A. HANSEN JACOBSEN. — *Danois. Statuaire.*

b) Créer de nouveaux moyens de propagande conformes aux goûts de notre époque, par le texte et par la gravure, à des prix extrêmement modérés, cela par une fabrication en grande quantité.

On pourrait, par exemple, étudier sérieusement le système si moderne des « cartes postales avec vues ». Si les sommes recueillies le permettaient, ces cartes, artistiquement exécutées, avec de jolies gravures, et surtout avec une devise courte et frappante, seraient mises, dans les principales langues, à la disposition de tous les membres d'une union pour la paix, avec l'obligation de s'en servir pour leur correspondance privée. On aurait ainsi, en quelques années, répandu sur toute la terre des matériaux de propagande au chiffre de plusieurs millions. On devrait d'abord recommander l'institution d'un concours pour l'organisation de cette propagande ou de toute autre semblable.

c) Action sur les écoles, principalement à l'occasion de l'enseignemeut de l'histoire, en ce sens qu'on écarterait tout manuel chauvin, sur le modèle de la proposition récemment déposée par le Cercle pour la paix badois à la seconde chambre de Bade.

d) Dresser et répandre d'une manière efficace des statistiques populaires, avec texte et gravures, sur les frais et sur les résultats du militarisme.

e) Répandre le plus possible la coutume d'obliger, lors des élections politiques, les candidats à adhérer au programme de la paix et à s'associer aux unions interparlementaires.

GUSTAVE MAIER.

COMTE FORTUNATO MARAZZI. — *Italien. Colonel. Député.*

1° Oui : la guerre est encore voulue par l'histoire, car celle-ci n'a été, jusqu'à présent, que narrations de guerres.

Si on ne devait consulter que l'histoire, si celle-ci était l'unique maîtresse de la vie, les apôtres de la paix ne sauraient avoir de disciples, parce que, dans le passé, chaque palpitation de la vie publique, chaque loi, chaque ordonnance, soit politique, soit religieuse, soit scientifique, soit économique, chaque lien de famille ou de classe s'est formé dans une nécessité suprême : la guerre.

Les annales historiques, sans récits de batailles, seraient des pages ternes : elles ne parlent au contraire que de guerres, elles nous démontrent que les Etats désarmés, qu'ils aient eu tort ou raison, furent toujours mis en pièces par les Etats forts ; que la richesse, le bien-être, les progrès, la liberté d'un peuple naquirent toujours après des luttes sanglantes, tandis que la décadence des nations fut toujours marquée par la haine des armes. Que Venise serve d'exemple à tous !

La guerre est encore nécessaire, et voulue par le droit : entendons-nous, toutefois, non par le droit abstrait, mais par le droit réel, c'est-à-dire cet assemblage de raisons qui parlent aujourd'hui encore au cœur plus qu'à l'intelligence, cet ensemble d'idéalités sublimes qui sont encore la patrie, la race, les revendications, l'honneur!

Le droit, en outre, et surtout le droit international, est encore renfermé dans ses principes, très discuté dans ses applications et entièrement dépourvu d'une sanction contre laquelle toute révolte serait impossible ; il expose, plus qu'une loi inexorable, une série de préceptes, de règles, chevaleresques plutôt qu'indiscutables.

Un droit ainsi conçu qui n'a réussi, après tant de siècles, qu'à donner une tête à une queue embryonnaire, qui prohibe la balle de fusil explosive et pas le shrapnel, les corsaires et pas les bombardements, le fusillement des prisonniers et pas celui d'un défenseur de sa propre maison en ruines, est quelque chose de si puéril qu'il laisse clairement voir la fragilité de sa base. Un tel droit n'est pas simple,il n'est pas lumineux, il ne s'impose pas à toutes les consciences par des raisonnements solides, de telle manière que si une contestation comme celle de Trente ou de Trieste venait à surgir, des multitudes entières puissent accourir sur les champs de batailles soutenant des intérêts opposés, avec la certitude très profonde d'être toutes du côté du droit.

Le progrès ! Je suis convaincu qu'une loi qui enlèverait à l'homme arrivé à une certaine phase de sa vie, la possibilité de s'ingérer dans les affaires publiques, aurait pour résultat d'accélérer de beaucoup le progrès mondial.

Les guerres, les grandes révolutions ont pour effet de pousser en avant de nouveaux éléments; c'est pourquoi, comme on l'a vu en France à la fin du siècle dernier, elles accélèrent le progrès : nous sommes meilleurs, (pris en masse) que ceux qui nous ont précédés et ceux qui viendront après nous seront encore meilleurs que nous.

Mais puisque c'est une vérité élémentaire de dire que progrès signifie *idéal*, et que l'idéal exclut la violence et les spectacles sanglants, je suis d'avis alors que le vrai progrès n'a pas besoin de guerre, tout comme je ne crois pas qu'on puisse affirmer que celle-ci soit un obstacle à celui-là.

2° La guerre affine l'intelligence, parce que rien plus que le danger et la responsabilité vivement sentie et sanctionnée par de grandes peines, n'oblige plus à tendre les cordes de la pensée.

Les troupes s'enivrant pour aller au feu et à la mort sont une légende des temps passés : aujourd'hui, la guerre est une science qui embrasse tout le savoir humain.

L'école militaire moralise et renforce aussi physiquement les classes dirigeantes, et la brièveté des engagements empêche désormais la formation de soldats aguerris, de « vieux troupiers. »

Le peuple n'apprend pas seulement, dans les casernes, à manier une arme ; le contact et l'égalité de tous est un exemple salutaire, qui emporte beaucoup de préjugés et offre l'occasion d'instruire et d'aimer ses propres concitoyens. Il est certain que sous ce rapport, l'armée italienne fut un élément de fusion très puissant pour unir moralement le pays. De là vient aussi qu'au point de vue politique, l'armée n'est pas un élément négatif, et les partis extra-légaux la détestent plus pour des idées d'ordre social, pour des sentiments de devoir, de respect pour les pouvoirs constitués qui sont répandus chez elle, que par crainte de ses baïonnettes.

Son existence crée des inconvénients, mais non dans la mesure que beaucoup craignent. Une école qui parle plus de *devoirs* que de *droits* est un frein nécessaire pour celui qui croit devoir tout *recevoir* et rien *donner*.

Les effets économiques sont complexes et ne peuvent se distinguer de la phase que nous traversons. Il est certain que si la guerre venait à être supprimée, cela occasionnerait des effets désastreux; mais qui peut nous assurer la paix?

Il faut noter en outre, et ce n'est pas ici le cas de le démontrer, que la source véritable et bien réelle d'argent et de travail qu'absorbe l'armée est beaucoup moins considérable que le font croire les balances annuelles. Celui qui prétend, par exemple, que 250 millions sont dépensés annuellement pour la *guerre*, est dans une très grave erreur, et si nous continuons à considérer l'armée comme une école pour la défense de la patrie, la vraie instruction des classes rurales, la haute morale, l'abnégation, le sacrifice, nous pouvons dire qu'une part peu minime de la source susdite sert en même temps et à l'art de la paix, et à l'art de la guerre. On ne doit pas rapetisser les questions, et, quel que soit le but suprême d'une armée, on doit convenir que dans ses effets, il a des conséquences multiples qui sont loin d'être nuisibles au pays.

3° L'instruction, la conscience civile, rendront toujours plus longs, grâce à la lenteur de l'évolution, les intervalles de paix entre les peuples européens; et l'ordonnance des armées dans le sens d'une défense libérale du droit propre pourra faciliter la solution désirée. Le désarmement immédiat d'une seule des grandes puissances européennes serait excessivement dangereux, et le désarmement partiel mais simultané de toutes, outre que ce serait une chimère, rendrait les guerres plus faciles. Coûtant moins, en effet, étant moins périlleuses, moins graves dans leurs conséquences, elles induiraient les peuples à recourir aux armes pour des motifs futiles. Les guerres devinrent plus rares à mesure que les armements se fortifièrent, et celles qui durèrent des années et des années furent toujours soutenues par de petites armées.

4° L'ordre! Il faut ouvrir des horizons nouveaux aux nouvelles générations. Une jeunesse qui n'agit pas, c'est la vieillesse! Et pour ne pas la faire agir sur les champs de batailles sanglants, il faut la faire agir sur les champs de l'initiative individuelle, des études, des découvertes, des voyages, de la philanthropie, du sacrifice personnel, pour des causes vraiment belles et pures.

Transformons les classes dirigeantes, persuadons leur que leur mission est de tirer de la misère, de l'abjection, des millions et des millions de malheureux, et alors le peuple aura perdu l'instinct de la guerre, sans avoir perdu la foi en sa propre force et la volonté de la faire valoir.

Conclusions : celui qui fait le fanfaron, qui se pose en héros, n'a jamais été sur un champ de bataille, parce que quiconque s'est trouvé là où la mort instantanée plane sur des milliers de têtes, mort contre laquelle la nature physique se révolte et réclame d'instinct la conservation, sait que le courage est précisément cette force morale consciente qu'un pareil instinct réussit à dominer.

« Ah! mes jambes, vous tremblez, disait un brave général, dans je ne sais plus quelle bataille; eh bien! si vous saviez à quelle dure épreuve je vais vous conduire dans quelques instants, vous refuseriez d'avancer. »

La guerre est une chose horrible, et c'est une œuvre éminemment civilisatrice que de l'empêcher; mais si, dans les complications de la vie humaine elle a duré et dure toujours, on doit cependant admettre qu'elle est un phénomène reconnu, au moins jusqu'ici, inévitable, étant donnée la nature de l'homme telle qu'elle fut et qu'elle est encore. Rendons l'humanité meilleure, et les guerres disparaîtront: elles sont les effets et non les causes.

FORTUNATO MARAZZI.

EMILIO DE MARCHI. — *Italien. Professeur et Secrétaire de l'*Accademia scientifica e letteraria *de Milano. Romancier. Auteur de* : Demetrio Panelli ; Il cappello del prete ; Giacomo l'Idealista ; Storie d'ogni colori. *Traducteur des* Fables *de La Fontaine.*

Celui-là seul qui fait profession de doctrines sociales peut répondre avec jugement aux quatre grandes questions. Pour mon compte, je ne puis qu'invoquer le bon sens et dire, d'une manière générale, ce qui me paraît le moins absurde.

La guerre fut, pour les peuples arrivés maintenant à la maturité de leur civilisation, un moyen de progrès cruel, mais nécessaire, à mon avis. Tous les peuples dont l'éducation est arriérée ou dont les capacités morales sont inférieures, chez lesquels les forces morales manquent en quelque sorte, et cèdent la place aux forces aveugles de l'impétuosité naturelle, tous ces peuples donc, passent et continueront à passer par cette même alternative. Au contraire, là où, comme chez beaucoup de peuples de l'Europe, et tous ceux des Etats-Unis d'Amérique, la civilisation repose sur la conscience nette des droits de chacun et sur le juste équilibre des forces de tous, la guerre avec sa brutalité physique ne pourrait faire autre chose que repousser la civilisation vers un état de dégradation morale et économique. Lorsque la fibre musculaire a, depuis un certain temps, cédé la place à la fibre de l'idée, la guerre ne peut se faire qu'avec les idées, c'est-à-dire qu'elle ne peut être qu'une rivalité, fatigante, il est vrai, mais fort noble entre ceux qui concourent le plus à répandre les bénéfices de la culture intellectuelle, des commodités matérielles, de la sûreté publique, en un mot du bonheur. Vouloir vaincre la force des éléments avec des flèches et des lances, c'est vouloir l'absurde ; de même la guerre matérielle avec les mains contre la force de l'idée est ou devient une absurdité. Vouloir vaincre par les armes, c'est confier à l'instinct ou au hasard ce qui ne peut être accompli que par la raison et la méthode : c'est, en un mot, confesser tacitement l'infériorité de l'histoire elle-même, devant des peuples plus avancés dans la voie du perfectionnement.

L'histoire est une preuve parlante que celle-ci et nulle autre est bien la voie du progrès. Plus les bienfaits de la civilisation vont se propageant et se consolidant, plus les guerres deviennent rares et plus les champs de massacre reculent. Après avoir été, en principe, une lutte d'homme à homme, comme entre bêtes féroces, la guerre se changea bien vite en luttes entre hordes, entre villes ; puis, les centres homogènes ayant fraternisé, ce fut la guerre de province à province et enfin de nation à nation ; aujourd'hui, c'est encore trop de parler de guerres de races ; à présent, la guerre se fait de mauvais gré, sans enthousiasme, et là seulement où les droits n'ont pas été bien définis ou contre les sauvages que nulle autre force que celle des armes ne parviendrait à tirer de leur nonchalance égoïste et cruelle ; mais Tyrtée ne chante plus.

Faites se propager le principe de la solidarité humaine, démontrez les avantages des unions économiques, faites goûter toujours davantage aux peuples les fruits savoureux de la paix ; et la gloire de massacrer et de se faire massacrer tombera d'elle-même.

Que deviendra le militarisme si cette gloire ne le soutient plus ? A sa place se formera, me semble-t-il, une grande armée de la paix qui aura pour mission glorieuse d'empêcher les peuples inférieurs et barbares de se faire la guerre. *Si vis pacem para bellum...* disait le citoyen antique ; le citoyen moderne, avec des armes et une discipline nouvelles concourra vraiment à maintenir et à défendre la civilisation commune contre les embûches des instincts les plus féroces et contre les menaces et les résistances de la nature. Je ne vois rien d'extraordinaire à ce que cette nouvelle armée ne se forme encore par le recrutement et ne se maintienne avec une discipline semblable à la discipline actuelle ; mais le but de son existence ne sera plus ce qu'il était auparavant. Tandis qu'à présent le soldat aspire à faire la guerre, le nouveau soldat aspirera à empêcher qu'elle ne se fasse ; et tandis qu'actuellement la gloire est de tuer, demain, avec une poésie et une vigueur d'esprit et de corps qui ne seront pas nouvelles, elle consistera à donner la vie à tout ce qui est stérile, aux champs et aux peuples. EMILIO DE MARCHI.

ROLAND DE MARÈS. — *Belge. Journaliste. Auteur de* : En Barbarie ; Baisers d'Avril, Baisers de sang ; etc.

« *La guerre, parmi les nations civilisées est-elle encore voulue par l'histoire, par le droit, par le progrès ?* »

Certainement non ! La guerre est infâme, la guerre est monstrueuse ! Jamais d'ailleurs elle n'a été nécessaire, car jamais deux peuples n'ont éprouvé réellement le désir et le besoin de se détruire mutuellement. Cette nécessité de la guerre est une des mille et une fausses vérités qui font encore de l'effet dans les discours parlementaires et que les politiciens exploitent habillement. Quand on aura absolument détruit l'absurde idée de Patrie, quand on ne délimitera plus par des lois les sympathies naturelles des hommes, la guerre disparaîtra et l'assassinat collectif sera considéré comme un crime, ni plus ni moins que l'assassinat isolé.

Et déjà l'idée de la guerre a si bien dégénéré de notre temps que les conflits internationaux ne sont plus que des combinaisons financières plus ou moins louches. Le jour où les manieurs d'argent qui règnent en Bourse et qui imposent leurs volontés aux empereurs, aux rois et aux parlements auront été chassés à coups de trique du Temple, la guerre sera devenue impossible.

Les effets intellectuels, moraux, physiques, économiques et politiques du militarisme sont évidemment déplorables. Le jeune homme qui entre à la caserne devient très rapidement une brute et un lâche. Une brute parce qu'il agit inconsciemment, et un lâche parce qu'il obéit. Celui qui admet une autorité quelconque, quelle que soit la forme sous laquelle cette autorité se manifeste, sacrifie son individualité ; or l'homme impersonnel n'est pas un homme ; c'est une chose méprisable au service des puissants et des malins. L'unique loi de l'homme, le droit suprême de toute créature, c'est d'agir selon son âme et selon sa conscience et de se révolter contre toute influence mauvaise.

Quant à la solution à donner aux graves problèmes de la guerre et du militarisme, c'est l'alliance de plus en plus étroite entre les peuples. Que les politiciens fassent leur politique et travaillent au mieux de leurs intérêts personnels, peu importe ! mais que les peuples apprennent à se mieux connaître les uns les autres, qu'ils élargissent le plus possible leurs relations et le jour où les politiciens croiront nécessaire de provoquer un conflit, ils auront contre eux les nations, ils se trouveront en présence d'une vaste ligue naturelle de tous les hommes de bonne volonté qui règleront les différends possibles entre nations par l'arbitrage.

Mais comme le militarisme est un mal abominable qui ruine l'humanité moralement et matériellement, il conviendrait peut-être de hâter l'avènement de l'ère de paix universelle en se révoltant toujours et partout contre les assassins diplômés et officiels.

ROLAND DE MARÈS.

LUIGI MARINO. — *Italien. Professeur à l'Université de Catane. Auteur de :* Saggio di Filosofia naturale; La Morale e la Giustizia nella storia de trattati; Della schiavitú alla libertà; etc.

1. Guerre entre nations *civilisées* est une contradiction manifeste dans les termes : la guerre est le triomphe de la force matérielle, le produit de l'animalité prépondérante de l'homme sauvage ou barbare ; la civilisation est le triomphe du droit, le produit de la subordination progressive de l'animalité aux faits historiques. Il faut donc que les nations civilisées renoncent ou à la lutte brutale ou à la qualification de civilisées.

II. A la gymnastique du corps suffisent les exercices annexés aux instituts scolastiques, les jeux et le *sport* en général, le travail physique inhérent à chaque métier, à chaque art ou profession, celui du cœur qui correspond en vingt-quatre heures à plusieurs milliers de kilogrammes métriques, des tuniques de l'intestin... Mais à la gymnastique de l'esprit, les exercices militaires, qui n'impliquent pour ainsi dire aucune fatigue mentale, ne suffisent pas.

Plus la discipline est rigoureuse, de manière à ne rien laisser échapper de l'homme en aucun moment de sa végétation, et plus la force de volonté décroît. La volonté n'est pas une des propriétés de l'homme, c'est tout l'homme. Il s'ensuit donc que la vie militaire où l'absence d'initiative individuelle est absolue, semble faite exprès pour supprimer la volonté.

Les soldats mangent, dorment et endossent l'uniforme, mais néanmoins aux yeux d'un observateur expert et intelligent, ils semblent des animaux pris au lasso. En outre, l'insuffisance fonctionnelle du cerveau finit par décomposer le corps même dans ses instincts et dans ses organes, jusqu'à démonter la complexe machine humaine. Benoiston qui s'est occupé de rechercher la mortalité de l'armée française nous apprend, écrit Quetelet, que celle du soldat est supérieure à la mortalité générale. La moyenne s'élève encore par les fortes chaleurs, ce qui n'arrive pas dans l'état civil.

Le même résultat fut obtenu par Hawkins en 1813 : la mortalité pour toute la marine anglaise était de un sur quarante-deux. Duels, maladies vénériennes, suicides, nostalgies, phtisies, débilitations, sont, par la quantité et la qualité, quelques-unes des causes déterminantes de l'augmentation de mortalité chez les soldats.

Des dizaines de millions d'ouvriers, enlevés à l'emploi d'un travail productif représentent un gain interrompu et une source de dommage énorme, quoique pense contrairement Wagner. De même que la parole sert souvent à cacher la pensée, surtout pour les diplomates, souvent aussi la raison sert à se voiler elle-même, comme on peut en juger par l'exemple suivant : ...« affirmant l'improductivité du travail du soldat, on devrait, avec un droit

pareil, calculer *deux fois* dans le coût de production d'un objet donné, le travail de tous ces ouvriers qui sont employés au service d'un art donné, parce que ce travail est perdu pour d'*autres* productions. » D'après Wagner sacrifier annuellement plusieurs milliards sur l'autel de la paix, s'occuper d'inventer et de perfectionner les armes de guerre, élaborer des combinaisons politiques, conclure des alliances, régler la question de savoir qui égorgera et qui sera égorgé, est un art comme un autre ! La puissance et la sécurité de l'Etat, argument achilléen de la productivité du travail militaire, ne consiste pas dans l'armée permanente, mais dans l'assurance pour tout citoyen d'avoir de quoi *vivre en homme*, c'est-à-dire dans l'humanisation intégrale de tous les travailleurs, en favorisant la plus grande application possible de toutes les énergies de la personnalité.

III. L'humanité nouvelle donnera cette solution fort remarquable aux problèmes de la guerre et du militarisme : instituer un tribunal suprême international qui jugera les conflits entre les Etats. De même que les citoyens sont gouvernés et dirigés par les lois de leur propre Etat, de même les Etats, ces citoyens du monde des nations, seront gouvernés et dirigés par les lois supernationales ou de l'humanité. La garantie de l'individu et de ses biens personnels sera observée gratuitement et alternativement par les citoyens des différentes communes, d'où milice communale, provinciale, cantonale. La fonction terminée (le besoin de la garantie), l'organe périra également. Au frein extrinsèque se substituera un frein intérieur beaucoup plus efficace que l'autre, la conscience, qui brillera finalement d'une lueur insolite, et fera émerger de ses rayons, le vrai, le bien, le droit, la justice, le travail qui contente et délivre, la paix.

IV. Les moyens pour arriver plus vite à une telle solution sont des livres populaires pour les écoles, des opuscules de propagande, des conseils aux fidèles de pousser *le pasteur de l'église qui les guide* à toucher le cœur des puissants à qui manque la moitié des sentiments humains, comme disait Cavour, fonder une *Association internationale des travailleurs pour la paix*. Quand l'Association aura atteint son premier million d'adhérents, qu'elle commence à imposer sa bonne volonté dont le prix est la paix. « *Et paix sur terre aux hommes de bonne volonté.* »

LUIGI MARINO.

A. MARTINAZZOLI. — *Italien. Professeur de philosophie. Privat docent libre à l'Académie scientifique et littéraire de Milan, etc.*

I. — La guerre entre nations civilisées est-elle encore voulue par l'histoire, par le droit, par le progrès?

Par l'*histoire* comme maîtresse de la vie, non; par l'*histoire* comme fait, oui ; par le *droit* comme droit, non ; par la volonté de le faire valoir, oui ; par le *progrès*, jamais : c'est une grande illusion de penser que les guerres puissent être utiles : les avantages qui peuvent en ressortir resteront toujours à une distance infinie des dommages qu'elles entraînent.

II. — Quels sont les effets intellectuels, moraux, physiques, économiques, politiques du militarisme?

Il fausse la pensée, tue la morale, développe les forces physiques pour les anéantir; il ruine l'économie, il foule aux pieds la liberté.

III. — Quelles sont les solutions que, pour l'avenir, il convient de donner aux problèmes de la guerre et du militarisme?

Les problèmes doivent être résolus par la suppression de l'une et de l'autre, de manière à leur enlever toute raison de fin pour ne leur laisser que la simple raison de moyen. De même que la *profession des bravi* disparaît, de même la *profession des armes* doit disparaître; les nations seront alors plus sûres sans armées, comme à présent les citoyens sont plus sûrs sans *bravi*.

IV. — Quels sont les moyens pour arriver le plus vite possible à de telles solutions?

La guerre, puisque nous ne savons pas encore nous servir de la raison. Il ne nous est pas permis d'espérer que les nations qui s'arment follement jusqu'à l'épuisement de leurs propres forces, désarment volontairement par condescendance pour le droit et la morale. Vienne donc la grande crise, puisqu'elle est nécessaire. A. MARTINAZZOLI.

JOSÉ DA MATTA CARDIM. — *Brésilien. Avocat; Docteur en droit.*

La guerre est nécessaire. C'est une chose bien connue que dans les temps primitifs la guerre a été un instrument de civilisation; c'est par le moyen de la guerre que le Droit a été établi sous ses diverses formes et aujourd'hui encore elle peut créer un droit nouveau comme peut-être la guerre entre l'Espagne et les Etats-Unis nous en offrira l'exemple.

Le militarisme, au contraire, en prenant cette expression dans le sens politique, ne nous semble offrir aucun avantage. Le militarisme, au gouvernement, s'il commence bien, finit toujours mal. Comme on l'a dit avec raison, le gouvernement du sabre est toujours pernicieux. JOSÉ DA MATTA CARDIM.

MAUBEL. — *Belge. Littérateur; critique d'art. Directeur du Théâtre du Parc. Auteur de* : Préface pour des musiciens.

Pour répondre à vos questions, je devrais m'aventurer en des régions scientifiques où je ne suis pas compétent. En deux mots : La théorie de la sélection et du progrès par la guerre me semble une théorie de brute. Quant au régime militaire, il produit des imbéciles d'autant plus dangereux qu'ils sont plus chamarrés. Ce qu'on nomme l'armée tient tout entre l'étable et le cabanon et cela n'a rien d'humain. MAUBEL.

C. E. MAURICE. — *Anglais. Homme de lettres. Auteur de :* English Popular Leaders; History of the Revolution of 1848-1849; History of Bohemia.

La réponse à votre première question est peut-être la plus difficile qu'on puisse imaginer. En effet, on ne peut y répondre sans paraître plusieurs fois se contredire. Il est malaisé de dire qu'une coutume est *nécessaire* lorsqu'on a le sentiment qu'elle fait plus de mal que de bien; il est difficile de dire qu'elle ne l'est pas, si elle produit certains résultats qui ne peuvent, semble-t-il, être obtenus par d'autres moyens. Je ne vois pas, par exemple, comment en Turquie, les maux actuels pourraient être écartés sans de nouvelles effusions de sang, mais en même temps je sens que l'intervention militaire de ce qu'on appelle les grandes puissances pourraient substituer une tyrannie à une autre. Par conséquent je préférerais éviter toute réponse directe à la question et déclarer que tout grand mal peut être écarté sans prophétiser la date à laquelle on y parviendra, ou le nombre de certaines concessions qu'on doit lui faire.

Je crois voir plus clair dans la seconde question. Je ne me soucie pas, en effet, de perdre mon temps à énumérer les désavantages économiques et matériels de la guerre. Mais tout pays en Europe peut témoigner des dangers moraux, intellectuels et politiques du militarisme. L'Allemagne qui fut jadis le guide de la pensée en Europe est devenue maintenant une simple machine à tuer et les intelligences de cette nation sont prostituées à ce but. J'écrivais au *Spectator* au sujet d'une lettre de Mommsen encourageant ses frères allemands d'Autriche à casser la tête de leurs compatriotes slaves. Si le grand historien de l'Empire romain envisage un retour au temps de Clodius et de Mito comme réalisant son idéal politique, que peut-on attendre d'empereurs despotiques et de leurs ministres ? De fait, en Autriche, Allemands et Magyars suivent la même ligne de conduite. En France des généraux dictent leurs verdicts au moins à quelques tribunaux (Dieu merci pas encore à tous !) En Italie, le militarisme semble avoir fait tout ce qu'il a voulu et avoir conduit ce pays si près de la banqueroute et de la misère que nous pouvons espérer un changement. De pays comme la Russie et la Turquie il ne vaut pas la peine de parler; les faits sont si patents. Mais je ne crois pas qu'en Angleterre nous nous faisons une idée du danger où nous sommes actuellement de perdre nos libertés. Dans une des dernières sessions, une mesure fut préconisée devant le parlement qui, si elle avait été adoptée, aurait enlevé aux juges ordinaires la juridiction sur les droits de passage publics pour la remettre entre les mains de gens désignés par les autorités militaires. Le projet fut repoussé, il est vrai : mais ce ne fut que sur les efforts d'un membre qui l'attaqua plutôt au point de vue de la « préservation des biens communaux » qu'à celui des principes généraux de la loi et de la liberté. Et si nous passons à la téméraire facilité de la Chambre des communes à augmenter nos forces militaires et navales, à la moindre demande de nos soldats et de nos marins, nous remarquons une décadence continue sous le rapport de la liberté des débats.

Beaucoup de nous peuvent se souvenir de l'occasion dont profita si habilement un leader parlementaire comme Disraeli pour dénoncer les excitations de Lord Palmerston à des « armements boursouflés ». Qui donc maintenant, à l'exception de radicaux très excentriques, oserait se servir d'une expression semblable au parlement ? Et comment serait-il accueilli s'il s'y aventurait ?

Et avec le progrès des idées militaristes a décru le zèle pour les guerres d'affranchissement. Je viens de parler de la question turque ; eh ! bien, combien toute intervention en Turquie ne fut-elle pas ridiculisée, comme une chose impossible par ces mêmes hommes qui se lançaient avec ardeur dans la guerre à la frontière indienne, au Mashonaland et au Soudan ?

Ceux que préoccupe la moralité publique ne peuvent se désintéresser du maintien de la vie de caserne, comme le prouve surabondamment les vieilles lois sur les maladies contagieuses et les règlements, à peine terminés actuellement, sur les cantonnements indiens.

En ce qui concerne les solutions de ce problème, il est évident que la substitution d'un tribunal légal à l'arbitrage de la guerre est nécessaire avant que nous puissions réellement espérer d'arrêter la fièvre militaire. Mais il me paraît certain qu'un autre changement doit précéder celui-là si on ne veut pas que ce tribunal arbitral devienne lui-même un autre engin de tyrannie et même de guerre. Un réel concert européen, auquel les petites puissances auraient, avec les cinq grandes puissances actuelles, une égale participation doit remplacer le présent « Concert » négligent, tyrannique et destructeur. Je pense que l'Angleterre serait plus fidèle à ses vieilles traditions si elle se mettait à la tête d'une ligue semblable de paix et de liberté que lorsqu'elle s'embrouille dans les guerres d'Egypte et de l'Inde.

Mais si l'Angleterre doit être guidée en cette matière, il faut que deux conditions précèdent son action effective. Elle doit se débarrasser de la partie entièrement mécontente de ses sujets, ou établir une base d'autonomie qui puisse faciliter la séparation éventuelle; et elle doit mettre son administration des affaires étrangères dans une situation plus rationnelle. Il semble tout à fait absurde qu'un ministère des Affaires étrangères soit changé au sujet d'une question de *Home rule* irlandais ou de gouvernement municipal londonien; et plus inique encore qu'un ministère soumis à de telles fluctuations de gouvernement local, se laisse entraîner dans des guerres étrangères parce qu'il a besoin du vote et de la protection de quelque autre ministre chauvin. Ne serait-il pas possible de trouver dans la question, si souvent soulevée, de la réforme de la Chambre des lords, une solution à cette difficulté? Si nous pouvions avoir une seconde Chambre, réellement élue par le peuple mais avec une durée suffisamment longue pour qu'elle se rende indépendante des accès de colère populaire, suffisamment dévouée à la chose publique pour ne pas entraîner la nation à la légère, et qui pourrait rassembler quand ce serait nécessaire, ne lui confierions-nous pas quelques-uns des pouvoirs attribués au Sénat des Etats-Unis ?

J'exprime cela sous une forme succincte parce que j'estime que c'est une réforme trop importante, pour qu'une personnalité obscure comme la mienne ne se borne pas à la suggérer.

Je ne comprends pas l'exacte distinction entre la troisième et la quatrième question de M. Moneta, mais sans aucun doute ces propositions qui ont pour but de faire naître des rapports plus faciles et une meilleure entente entre les différentes nations sont toutes dignes de considération et dignes d'être adoptées à l'heure favorable. C.-E. MAURICE.

RICARDO MELLA. — *Espagnol ; Topographe. Auteur de :* Los sucesos de Jerez; La Anarquia, su pasado, su presente y su porvenir; Lombroso y los Anarquistas.

La guerre entre les nations civilisées est une nécessité historique. A cette nécessité s'opposent le progrès moderne d'une part, le développement croissant des principes du droit d'autre part.

Les nations civilisées fondées par la force et organisées dans le but d'obtenir l'hégémonie du monde ou d'un continent et en vue d'intérêts groupés en face d'autres intérêts, ont nécessairement, aujourd'hui comme hier, la guerre comme suite immédiate.

Toute la différence entre les temps passés et présents consiste dans le grand développement de l'industrie et du commerce qui oblige à maintenir la lutte sur le terrain financier et d'amener la violence en dernière fin. Ce moment arrive fatalement pour les nations comme pour les individus dont les intérêts sont antagoniques.

Aussi, la nécessité historique de la guerre persistera tant que durera l'organisation actuelle des peuples et la constitution basée sur la violence des nations.

Les tendances guerrières toujours encouragées par le pouvoir, rencontrent sans contredit de puissants obstacles dans l'accroissement du sentiment du droit et dans la marche ininterrompue des idées ainsi que dans le développement des habitudes de voyage, si bien que, parfois, par une heureuse union du droit et du travail, livrant la lutte pacifique pour le progrès général en même temps que pour l'intérêt privé, l'évolution de la solidarité acquiert une indiscutable prépondérance qui pèse sans aucun doute dans la direction gouvernementale des nations.

Il existe une opposition entre les idées courantes dans les sphères du pouvoir et les opinions enracinées dans la masse du peuple. Les idées pacifiques et de solidarité sociale ne prévaudront pas sur les tendances guerrières soutenues par le militarisme et par la lutte des intérêts, tant que persistera l'antagonisme sanglant dans lequel les sociétés civilisées se meuvent. Les nations sont des agglomérats hétérogènes et leur organisation ne représente que des intérêts limités à un groupe déterminé des associés.

La violence prévaut et subsiste, et sous le règne de la violence, l'inégalité sociale se développe, gagne des sphères plus étendues, et introduit le principe de la lutte et propage la lutte elle-même à tous les coins du monde, à toutes les manifestations de la vie. Le maintien de l'état de guerre est l'unique objet de tous les organismes politiques et sociaux.

La lutte pour les grandes idées est éclipsée et annulée par la guerre continuelle des petites causes, des intérêts coloniaux, des intérêts financiers, par la guerre sans trêve pour conquérir le marché commercial du monde. Dans les heures exceptionnellement graves que nous vivons en Espagne, une grande question se pose, qui menace de se résoudre à coups de fusil. Il s'y traite de l'affranchissement d'un peuple, il s'y discute l'anachronique droit de conquête. On y plaide le droit à l'indépendance collective et la contestation se liquidera par la violence de même que très prochainement se résoudra aussi la grande question de l'indépendance individuelle. Et cependant, dans le monde des faits, toute la transcendance du problème disparaît, matériellement étouffée par le choc des petits intérêts mesquins. Tandis que les gouvernants espagnols se sauvegardent derrière le vieux concept de l'honneur national, agitent les étendards, et que les gouvernants américains se couvrent de sentiments humanitaires qu'ils ne connaissent pas, les gouvernements de ces pays n'agissent que pour des intérêts matériels, pour les gras bénéfices que Cuba pourrait procurer à l'un ou à l'autre. L'intervention d'autres nations, organes de la force en Europe n'a d'autre explication que la menace de préjudices certains pour leur intérêt particulier.

Aussi, tandis qu'au sein de la société, l'évolution est favorable à la paix et au travail, tandis que les idées et les sentiments populaires s'inclinent de plus en plus en chaque occasion, vers les solutions du droit, il s'observe que, dans les domaines de la politique et de la banque, prévalent les tendances à accroître les préparatifs de guerre et les nations s'arment jusqu'aux dents pour se faire respecter à la manière qu'au midi de l'Espagne se font respecter les légendaires brigands.

Il est vrai que le problème s'aggrave sous l'influence du militarisme. Des soldats sans guerre sont des organes sans fonction. L'élément militaire favorise et fomente les solutions violentes. Les conséquences de ce fait sont fatales. La vie de subordination se fait chaque fois plus intense ; le peuple s'éduque dans la cruauté et dans l'obéissance aveugle. La brutalité gagne tout le terrain que perd la courtoisie. En politique c'est fréquemment le sabre qui inspire et dirige la marche des événements. Il s'est manifesté au cours du scandaleux procès Zola et dans les terribles événements de Montjuich où l'honneur militaire fut mis aux pieds des inquisiteurs et des moines du catholicisme.Il s'est vu dans les fruits sanglants de la barbarie de Weyler, l'homme-lige du gouvernement de Cuba.

Economiquement et socialement, le militarisme est le parasitisme. Les nations ont besoin, pour la défense du travail, d'organiser la tranquillité.

Par son éducation,le soldat est, une fois restitué au foyer natal,un élément perturbateur au sein de la société laborieuse.Il lui porte ses habitudes de despotisme, les insolences de la chambrée.

Obéissant dans les rangs, il est rendu à la société grossier et babillard, mauvais travailleur, moins apprécié que celui qui ne vient pas du régime militaire. La discipline atrophie et encanaille. La vie en commun de la caserne fomente le vice, empoisonne le sang. Les conséquences physiques du militarisme sont la dépravation du peuple et la dégénérescence de l'individu. Le régiment reçoit des hommes sains et vigoureux et il les renvoie malades au moral et au physique.

Les effets de l'organisation guerrière des nations sont nécessairement funestes. La violence est dans nos mœurs et le Pouvoir en fait une nécessité suprême du maintien de la paix entre des intérêts dont l'antagonisme provient de l'inégalité sociale.

Par humanité et pour le bien de la civilisation mondiale il est nécessaire de résoudre rapidement les graves problèmes de la guerre et du militarisme. Comment ?

Malgré l'évolution des mœurs, l'industrialisme dominant, le grand développement des idées et la réalisation de la démocratie, il n'y a pas d'autre moyen que la violence même.Rien n'est capable d'unir formellement les accapareurs de la richesse et du pouvoir avec les spoliés et les exploités. Il n'y a pas de moyen de nous conduire à la solidarité en respectant les limites de la plus criante des inégalités. Le régime de la violence sera violemment dissous.

Palliatifs diplomatiques, déclarations platoniques pour la paix, arbitrages internationaux, confédérations de peuples et des races, ne sont qu'empirisme Tant que d'un côté seront le pouvoir, le capital et l'Eglise, et, de l'autre, le troupeau d'agneaux qu'on tond, l'abondante chair d'exploitation et de servitude, la paix sera impossible.La guerre intérieure persistera et la guerre intérieure apportera la guerre extérieure. Se proposer la solution du militarisme et de la guerre, c'est se proposer la solution du problème social, tout simplement. La guerre sera nécessaire, sans la vie de solidarité, pour ceux d'en haut comme pour ceux d'en bas. Les nations sont-elles des agglomérats d'individus solidaires ? Les groupements du monde civilisé le sont-ils ?

Travaillons pour le triomphe de la solidarité universelle et nous aurons la paix.

Mais la solidarité n'est pas possible sans la révolution, sans la violence, sans la guerre. Il n'y a pas ce chemin, court ou long ; il n'y a qu'un chemin : la force.

Nous arriverons à la paix par la guerre! R. MELLA.

SAVERIO MERLINO. — *Italien. Avocat. Directeur de la* Rivista critica del Socialismo. *Auteur de :* L'Italie telle qu'elle est ; Formes et essence du socialisme.

Vous demandez si la guerre peut jamais être un facteur de la civilisation et du progrès.

Je suis tenté un moment de dire que oui, pour démontrer le contraire ensuite.

En effet, étant donné qu'une guerre quelconque peut favoriser le progrès de celui qui la livre et remporte la victoire (car personne ne dira que *toutes* les guerres soit bonnes et utiles et l'on n'osera dire que les guerres favorisent le progrès de la civilisation de ceux qui sont vaincus), par qui se fera conseiller un peuple, pour savoir quelle est la guerre qui peut se terminer à son avantage?

Les peuples ne font pas la guerre quand et à qui ils veulent; mais, tantôt ils y vont aveuglément, tantôt ils sont menés au carnage par leurs gouvernements respectifs; et plus un gouvernement est despotique, plus il se sent vaciller, plus il sera porté à précipiter le pays dans le gouffre de la guerre, sans penser si celle-ci est mauvaise ou si elle est bonne. *Vice versa*, le peuple qui a un mauvais gouvernement (et il n'y en a que trop de mauvais), et qui fait la guerre contre un autre peuple, doit espérer plutôt la défaite que la victoire pour lui-même, parce que la première peut réussir à le délivrer du joug sous lequel il gémit, tandis que la seconde ne ferait que le lui rendre mille fois plus pesant encore.

Le peuple sait-il jamais, d'ailleurs, pourquoi il combat, et le laisse-t-on jamais combattre dans un but propre ou pour son intérêt personnel? Les guerres se trament dans les cours des souverains et dans les cabinets des ministres, et le motif apparent en est toujours différent du motif réel, et ce dernier ne concerne pas du tout, ou est absolument défavorable, à ceux qui versent leur sang sur les champs de bataille.

Ce qui indigne le plus, c'est de penser combien il est facile pour les hommes du gouvernement, aidés par la presse salariée, d'infuser à un peuple la haine d'un autre peuple (crime qui n'est naturellement pas prévu par aucun code pénal), au point de les rendre tous deux capables des plus grandes folies.

Le peuple qui conçoit une haine de cette espèce, peut être sûr, quatre-vingt-dix-neuf fois sur cent, d'avoir été victime d'une tromperie; et tandis qu'il s'acharne à la guerre, quelqu'un rit derrière son dos et s'enrichit, grâce aux fourniments militaires, à des spéculations de Bourse et à des traitements somptueux.

C'est pourquoi, si nous ne devions haïr la guerre pour aucune autre raison, nous devrions la haïr parce qu'elle est le signal d'une orgie immonde de l'essaim de vautours qui accompagne les armées.

En temps de paix également, les vrais partisans des guerres et des dépenses militaires sont moins les militaires de profession que ces parasites du militarisme qui ont tous les avantages de la guerre sans en courir les risques, et qui font, pendant la durée de la paix, plus de mal à leur propre pays que n'en pourrait faire une armée ennemie victorieuse.

Le militarisme est en rapport, non pas avec le caractère belliqueux et les occasions de guerre qu'a un peuple, mais avec l'existence d'une classe plus ou moins nombreuse de dévastateurs du Trésor public. Voilà pourquoi nous souffrons de ce mal, plus peut-être qu'aucun autre peuple au monde.

Les dommages indirects de la guerre — et du militarisme — sont beaucoup plus considérables que les dommages immédiats.

Et les remèdes? demandez-vous.

J'en connais un radical, comme vous savez : mais nous ne parlerons pas de celui-là.

Parlons des petits remèdes, de ceux qui se réduisent à la propagande.

La guerre à la guerre doit se faire en temps de paix.

Répondre par une inaction générale à la première annonce d'une nouvelle guerre ne me semble pas devoir inspirer beaucoup de terreur aux gouvernements, à moins que, par inaction générale, on n'entende... cette autre chose.

Une solution plus pratique serait peut-être de trouver moyen d'opposer instantanément une immense agitation populaire à toute tentative que voudrait faire une presse comme celle dont j'ai déjà parlé, c'est-à-dire d'instiguer un peuple contre l'autre, parce que, si je ne me trompe, c'est de ce côté-là que vient le plus grand danger. SAVERIO MERLINO.

STUART MERRILL. — *Anglais. Homme de lettres. Auteur de :* Les Gammes; les Fastes; Pastels in Prose (en anglais); Petits poèmes d'Automne; etc.

1° Je ne crois pas que la guerre entre nations civilisées soit nécessitée par les conditions historiques, qui sont simplement des conditions imposées par les morts. D'ailleurs, la guerre ne déplace que des frontières, elle n'a jamais annihilé un peuple. Les Israélites et les Polonais sont, à l'heure présente, des peuples aussi vivaces que s'ils étaient gouvernés par des élus de leur race. Engager la guerre pour la restitution de la Pologne aux Polonais ou de la Palestine aux Israélites serait revivre un passé politique à jamais oublié. L'ère des guerres politiques va finir, celle des luttes sociales est inaugurée.

La guerre est encore nécessitée par le droit et le progrès, non entre nations, mais entre classes : elle tend à devenir civile plutôt qu'internationale. Quand le prolétariat aura compris que les guerres coloniales où on l'engage le plus souvent ne profitent qu'à la ploutocratie, il déclarera la grève de la guerre. N'a-t-on pas vu les conscrits italiens refuser de partir pour l'Erythrée, et les conscrits espagnols se dérober aux ordres de mobilisation ? Les guerres coloniales ne se justifient par aucun droit et ne déterminent aucun progrès. Quant à une guerre européenne, elle anéantirait pour longtemps en Occident les notions naissantes du vrai droit et de la vraie justice. Aussi n'est-elle rêvée, sinon désirée, que par les professionnels du militarisme.

2° Les effets du militarisme doivent être étudiés à un double point de vue, suivant qu'ils se manifestent chez l'officier ou chez le simple soldat. Pour m'en tenir aux divisions de votre questionnaire, je constate que le militarisme inculque au soldat le fétichisme de la patrie et à l'officier le fanatisme de sa caste. Le soldat est hynoptisé par la ligne imaginaire de la frontière, comme ces coqs qu'on immobilise en traçant sous leur bec une ligne à la craie ; quant à l'officier, s'il pense à la frontière, c'est pour supputer les galons et les étoiles que lui procurerait un profitable massacre.

L'amour de la patrie ne va pas chez le soldat sans la haine de l'étranger. Je me suis laissé dire qu'en Allemagne on exerçait parfois les soldats à tirer sur des mannequins revêtus d'uniformes français, et qu'en France cette aimable pratique n'était pas tout à fait inconnue, à peu de chose près, c'est-à-dire la couleur de l'uniforme du mannequin. Je n'y veux pas croire. Quoi qu'il en soit, les officiers, chez qui l'esprit de caste prédomine sur l'idée de patrie, ne connaissent pas cette haine de la tunique et du pantalon étrangers. Une petite preuve en est qu'au cours des dernières manœuvres du centre, un haut personnage a bu à la santé des « camarades étrangers », les attachés militaires des diverses puissances.

Quant aux effets physiques du militarisme, ils sont désastreux. La caserne agit sur la moralité des hommes, et par conséquent, sur leur physique, comme la prison. Boire et forniquer semblent l'unique souci de la plupart des soldats, l'alcoolisme et les maladies vénériennes en sont la triste conséquence. La libérale Angleterre elle-même a dû jadis réglementer la prostitution dans ses villes de garnison, et quoique le *Contagious Diseases Act* ait été abrogé, si je ne me trompe, une stricte police sanitaire y supplée. L'officier, de son côté, s'il est peu fortuné, est voué au célibat, et soumis aux mêmes tentations que ses subordonnés. Dans la plupart des armées, il ne peut se marier qu'avec le consentement de l'autorité militaire, et à condition que sa femme lui apporte une dot prévue par les règlements. Est-il donc étonnant que la moralité des jeunes officiers ne soit guère supérieure à celle des simples soldats ?

Les effets économiques du militarisme sont évidents. Il n'y a pas à s'étonner que les nations non militarisées, comme l'anglaise, l'américaine ou la belge, prennent une telle avance sur celles qui astreignent leurs citoyens à n'apprendre, pendant les trois plus belles années de leur vie, que l'art de tuer. Le soldat, après ces trois années de stérilité, a peine à se soumettre au travail fécond de la vie civile. L'officier d'ailleurs ne laisse pas d'afficher en toute occasion son mépris du travailleur, que celui-ci soit en blouse ou en redingote, fasse œuvre de ses mains ou de son cerveau. Dans un procès récent, on a vu de quelle cavalière façon les généraux traitaient les « intellectuels ». Napoléon lui-même ne se reconnaissait pas de pires ennemis que les « idéologues ».

Dans l'ordre politique, l'armée est une menace constante pour la société civile. Je n'en veux pour exemples que l'Italie et l'Espagne, où les garanties constitutionnelles sont suspendues en ce moment au profit de la loi martiale. La France elle-même n'a-t-elle pas tout à craindre, au point de vue politique, de son armée? Les soldats, en qui on a tué l'esprit d'examen, sont les instruments passifs d'officiers vendus d'avance à n'importe quel parti réactionnaire qui maintiendra le principe d'autorité. Or, on sait assez que le principe d'autorité est le seul suppôt de l'Armée, de l'Eglise, de l'Etat, de toutes les organisations qui cherchent à enrayer le libre arbitre de l'individu.

3° Je crois que pour détruire le militarisme, il faut d'abord détruire l'idée de patrie dans l'esprit des hommes. Il faut démontrer au peuple par tous les moyens que ceux qui entretiennent en lui la notion du patriotisme forment une caste sociale, financière, politique et religieuse qui n'en observe guère elle-même les restrictions. La noblesse, par exemple, n'a jamais hésité à contracter des mariages internationaux; le capital, on l'a souvent répété, n'a pas de patrie; la politique, pour ne citer qu'un cas, après avoir poussé le peuple français en Crimée, l'amène, quarante-trois ans plus tard, à chanter *Bojé Tsara krani*; enfin l'Eglise, qui se dit universelle, ne se fait pas faute, dès qu'une guerre est déclarée, à invoquer le même Dieu en faveur des deux armées opposées. Le peuple, éternelle dupe, éternelle victime, continue à verser son sang. Pour la patrie? Non. Pour des intérêts de caste, d'argent, de politique ou de religion.

4° Pour détruire l'idée étroite de patrie dans le peuple, il faut élargir en lui l'esprit d'humanité. Opposons l'union internationale du travail au sectarisme patriotique de la soldatesque; revendiquons les droits de l'individu libre devant la société autoritaire; préconisons l'entente économique par opposition à la propriété privée; affirmons la pensée libre envers et contre toutes les églises.

L'armée de cette nouvelle croisade est déjà organisée dans tous les pays. Elle est même prête, s'il faut en croire les orateurs du Congrès de Stuttgart, à opposer sa force révolutionnaire à toute violation de droit. Quoi qu'il en soit, le jour est proche, nous en avons la certitude, où le prolétariat, après avoir détruit les casernes, effacera les frontières des cartes de l'avenir. Le militarisme ne vit que par la division des peuples. Or, la force même des choses rapproche tous les jours les peuples les uns des autres. Le militarisme aura vécu quand la Révolution sociale aura proclamé, à l'aurore peut-être du siècle prochain, les Etats-Unis de l'Europe! STUART MERRILL.

FEDERICO MUSSO. — *Italien. Homme de lettres. Chevalier de la Couronne d'Italie.*

1° Si la guerre eut, dans les temps passés, une excuse dans le manque de civilisation, dans la conscience imparfaite du droit humain, et dans une notion inexacte des devoirs sociaux, une excuse semblable n'existe plus à présent, à moins qu'on ne veuille reconnaître que la civilisation n'a pas fait un pas et que la science est plus que jamais environnée de ténèbres.

2° Le militarisme est un dépérissement moral et physique : au point de vue économique, c'est un fléau, et au point de vue politique, une catastrophe.

3° et 4° Pour éviter la guerre et, comme conséquence logique, pour combattre le militarisme, il est nécessaire que la solution des grandes questions internationales soit confiée à des personnes choisies, non par les gouvernants (parce que le choix pourrait être partial), mais par le peuple, juge suprême du caractère et des consciences des individus qu'il se choisit. Le jugement des personnages élus, devant appartenir chacun à une nation différente, serait naturellement sans appel. **Federico Musso.**

Stanislas K. Neumann. — *Tchèque. Directeur de* Novy Kult. *Auteur de* : Nemesis bonorum custos ; Aforismy vásnivé a hrdé ; Jsem rytir bez bázné.

Quelques aphorismes sur la guerre et le militarisme.

Le conflit entre deux nations venant de causes rationnelles ou économiques, ou d'autres causes encore, ou bien encore quand il est suscité par l'art de la diplomatie, ne peut être réglé par la guerre. Au contraire, des deux côtés, la haine grandit et fait naître le désir de revanche chez le vaincu. Et nous en avons un exemple dans l'aventure des Philippines : la guerre a amené une autre guerre, tout de même que la violence appelle la violence.

***

Nous croyons quelquefois que la guerre vient comme une fatale vengeresse. Ainsi : l'Espagne. Mais comment une nation innocente, tenue dans l'esclavage spirituel et matériel, arrive-t-elle à penser qu'elle *doit* effacer (par son dévouement) les péchés de son misérable gouvernement qui sommeille tandis qu'elle perd ses meilleures forces ?

***

Pas plus que le duel ne peut satisfaire « l'Honneur », la Guerre ne peut satisfaire le droit. Oui, c'est tout-à fait dans l'esprit de la morale capitaliste d'aujourd'hui que les princes et les gouvernements règlent leurs différends passagers de *droit* par la guerre, c'est-à-dire par le *sans droit*, imposant au peuple le devoir de marcher à l'abattoir.

***

Quelle importance a pour le peuple une modification quelconque de la carte du monde civilisé, malgré les avantages qui résulteraient des autonomies nationales ? Son plus grand ennemi reste toujours le système capitaliste, la société capitaliste avec sa moralité. Et il en est partout de même, en Autriche comme en France. Pour l'instant, c'est le plus grand problème de toutes les nations. Les autres questions sont d'importance secondaire.

***

Si on envoyait au combat seulement les vieillards et les hommes faits, on réaliserait une grande économie sur les forces du peuple. Mais y envoyer la jeunesse, qui a encore de belles années devant elle, sans s'occuper des tortures qu'elle subit de ce fait, qui donc osera dire, après cela, que la guerre est un facteur de progrès, ou qu'elle en est une conséquence.

***

Si quelqu'un vous demande quels sont les effets du militarisme, vous ne le tromperez pas en répondant: déplorables, à tous points de vue. Ceci est généralement connu, même dans les sphères gouvernementales d'où peut venir l'initiative de la suppression du militarisme (ainsi que le prouve la proposition du Tsar). Mais ne nous trompons pas. La prochaine conférence de la paix ne peut avoir aucune influence sur le militarisme actuel, parce que le militarisme n'est pas seulement dirigé contre l'ennemi extérieur, avec lequel on peut conclure facilement une entente, mais contre l'ennemi intérieur, avec lequel l'entente est impossible. *To be or not to be!* Rien de plus, rien ne moins ! Contre les armées militaires sont levées les armées militaires prolétariennes. Et c'est pourquoi le militarisme ne succombera qu'avec la société d'aujourd'hui.

***

C'est un beau rêve que de croire possible qu'un jour, dans un moment critique, les soldats refuseraient de jouer un rôle dans les intrigues des rois et des gouvernements. Mais l'évolution a réalisé des rêves plus audacieux. Il ne s'agit que de *travailler*. En avant ! STANISLAS K. NEUMANN.

A. NICEFORO.— *Italien. Docteur en droit. Collaborateur de:* La Revue de Neuropathologie et de psychologie; Archives d'Anthropologie criminelle. *Membre de la Société romaine d'Anthropologie. Auteur de:* Il' gergo nei degenerati e nei criminali; La criminalita in Sardegna; L'Italia barbara contemporanea.

A LA PREMIÈRE DEMANDE

L'évolution sociale — sortie de l'abîme sauvage de la guerre permanente et chronique — s'achemine vers un état de conscience toujours plus profond et plus robuste d'aspiration vers la paix et de haine pour la guerre. Hier la guerre, aujourd'hui la guerre à la guerre. Voilà en résumé le grand cycle de l'évolution sociale. Tandis que dans les sociétés primitives, et par conséquent inférieures, le grand ressort passionnel qui faisait se détendre les âmes de la collectivité était l'amour des armes, de la guerre et du pillage, dans les sociétés supérieures, au contraire, l'esprit de combativité sanguinaire disparaît peu à peu, le fétichisme des armées s'affaiblit et l'on ne se combat plus avec les muscles et la violence, mais avec le cerveau et la pensée. Dans les sociétés primitives, les lauriers les plus glorieux se cueillaient dans le sang ; dans les sociétés modernes, dans les entrailles desquelles l'avenir palpite déjà, l'honneur et les lauriers — au contraire — croissent dans les champs, bien plus féconds, des luttes titaniques de la pensée et de l'intelligence. Mahomet, qui, dans l'éclat de la société barbare qui l'entourait récompensait le poète qui écrivait le fameux vers :

Le prophète est l'épée la plus belle de toutes les épées du Seigneur,

symbolise à merveille — par son acte — l'esprit des sociétés primitives, barbares et inférieures : l'adoration de l'épée. Buckle, au contraire, lorsqu'il écrit que dans la grande Angleterre, si un père a un fils intelligent et un qui ne l'est pas, il fait du premier un travailleur ou un érudit, et donne au second un sabre d'officier, caractérise clairement l'esprit de la société moderne, le mépris pour le sabre destructeur et le culte de l'intelligence créatrice. Hier le laurier cueilli par la force qui détruit, aujourd'hui le laurier cueilli par l'intelligence qui crée. Celle-ci tend à supplanter celle-là, et la guerre, la combativité sanguinaire et le sabre pâlissent d'autant plus que la pensée et l'esprit de modernité — c'est-à-dire l'histoire moderne, le droit moderne et le progrès moderne — procèdent en avant.

À la seconde demande

Un des effets les plus tragiques du militarisme est qu'il permet et facilite à la classe qui s'appuie sur lui — comme un conquérant sur un bâton de guerre — de dépouiller à son gré la classe dominée. L'épuisement des classes inférieures par la classe dirigeante est très grand là où le militarisme est à son maximum, puisqu'il assure aux spoliateurs la force la plus brutale et l'impunité. Les prétoriens et les janissaires d'autrefois formaient une cuirasse d'acier qui entourait et protégeait l'empereur — tout fort et coupable qu'il fût dans ses actes de sauvagerie ; le militarisme d'aujourd'hui représente le prétorien et le janissaire non d'un seule personne, mais d'une classe entière. Le militarisme apporte donc avec lui la décadence du droit et de l'équité en permettant à une classe de dépouiller impunément une autre classe ; et cela ne suffit pas, car il amène — fatalement — la dissolution plus ou moins lointaine de la société qui lui a donné la vie. C'est pourquoi il y a deux types de sociétés bien distincts : il y a la société qui *crée* et la société qui *détruit*. Dans la première, on est en présence d'une organisation toujours plus solide de l'ensemble social ; à côté du droit créé par les prêteurs, par les édiles, on voit l'art créé par Virgile et par Horace, l'aqueduc, la voie Appienne créés par la foule sous la direction d'une intelligence créatrice ; dans la seconde, on est en présence de la destruction continue, destruction des provinces conquises, destructions des richesses privées dévorées par les désirs des feudataires.

La société qui *crée* a en elle la vie et devant elle l'avenir ; la société qui *détruit* n'a devant elle que la dissolution. L'empire de Rome qui sut *créer* eut la vie grande, comme l'ont aujourd'hui les deux nations modernes éminemment *créatrices* : l'Angleterre et les Etats-Unis. L'empire du Croissant qui ne sut que *détruire*, brilla d'un éclat éphémère et il s'éteint actuellement dans une agonie d'une tristesse mélancolique.

Donc, le militarisme paralyse les forces *créatrices* d'une nation et fait d'elle une de ces sociétés dont la fonction est éminemment *destructive*. Les sociétés qui *créent* ont pour elles la vie, celles qui *détruisent*, par une loi mystérieuse de justice sociale, n'ont pour elles que la mort. C'est pour cela que le militarisme jette la société dans la voie de la dissolution ; la société militaire porte en elle-même les causes de sa décadence : elle meurt, rongeant son propre cœur, comme ces oiseaux de la légende qui expirent en enfonçant leur bec aigu dans leur poitrine jusqu'à en arracher l'âme.

A. Niceforo.

J. Novicow. — *Russe. Industriel. Sociologue. Auteur de* : Les luttes entre sociétés humaines; La Guerre et ses prétendus bienfaits; l'Avenir de la race blanche; etc.

LA GUERRE SOURCE DE PESSIMISME

J'ai déjà tant écrit sur la guerre que j'ai, pour ainsi dire, répondu d'avance à vos questions; je veux profiter cependant de l'occasion que vous m'offrez pour mettre en évidence un effet moral de la guerre peu observé jusqu'à présent : le pessimisme.

Les nations qui ont été battues à la guerre tombent parfois dans un profond découragement et se considèrent comme finies. Cet état psychique est des plus désastreux parce qu'il peut se répercuter sur la production économique, artistique et intellectuelle.

Les peuples découragés s'imaginent, par exemple, qu'ils ne sont plus aptes à la colonisation, qu'ils ne peuvent pas soutenir la concurrence industrielle et agricole des pays voisins, que leurs savants, leurs philosophes et leurs artistes ne peuvent plus être parmi ceux qui mènent le mouvement de la civilisation. Or, rien n'est plus désastreux que de manquer de confiance en soi. Tout homme, qui tient une plume ou un pinceau, ne peut faire des choses remarquables qu'en ayant la conviction absolue qu'il va mettre au jour un chef-d'œuvre. S'il n'a pas cette conviction, il ne produira rien de supérieur, quels que soient ses talents et ses facultés innées.

Ainsi les Italiens ont mené autrefois le mouvement intellectuel de l'Europe. Ils ont eu les premiers peintres du monde : Titien, Raphaël, Michel-Ange; les premiers poètes, Dante, Arioste, Pétrarque; les premiers musiciens : Palestrina, Pergolese, Marcello; les premiers astronomes, Galilée, Cassini, etc. Bref il n'y a pas un art et une science où les Italiens n'aient été les pionniers, et n'aient ouvert la voie.

Mais, parce qu'ils ont été battus à Custozza, à Lissa et en Abyssinie, beaucoup d'Italiens s'imaginent, de nos jours, qu'ils sont une nation vieillie et qu'ils ne pourront plus jamais tenir la tête du mouvement intellectuel de l'Europe, dans aucune branche.

Le découragement social est désastreux. En économie politique, il produit le protectionnisme, c'est-à-dire l'appauvrissement systématique d'un pays par les mesures de son propre gouvernement; dans le domaine intellectuel et artistique, il produit la stérilité. Et cette stérilité est d'autant plus tragique qu'elle est artificielle. Des hommes peuvent ne rien produire de grand, non pas parce qu'ils en sont réellement incapables, étant donné leur nature physiologique et psychologique, mais parce qu'ils s'en croient incapables.

A ces deux points de vue (le physiologique et le psychologique) on ne voit pas en quoi les Italiens modernes, par exemple, sont différents de leurs ancêtres des XVe, XVIe, XVIIe siècles. On ne voit donc pas pourquoi il ne pourrait pas naître, de nos jours, en Italie, des gens ayant les facultés innées d'un Signorelli, d'un Machiavel ou d'un Giordano Bruno.

De notre temps les opérations militaires durent à peine quelques semaines ou quelques mois et elles sont suivies de nombreuses années de paix. Mais le découragement, produit par la défaite, se répercute sur de longues périodes et plonge les nations dans l'atonie et la torpeur.

Voilà, je le répète, un des résultats moraux les plus néfastes de la guerre. Ce découragement est-il justifié ? C'est ce qu'il reste à examiner. Admettons qu'un peuple quelconque ait perdu la faculté de combattre. Est-on en droit de le proclamer fini ? Mais que veut dire, en vérité, perdre la faculté de combattre ? Cela veut dire perdre la faculté d'aller massacrer et piller le voisin pour lui enlever des provinces.

Quand un peuple a perdu cette faculté, il a fini d'être sauvage et criminel pour devenir civilisé et moral. A partir de ce moment, il est plus juste de l'appeler un peuple commencé qu'un peuple *fini*. En effet, il commence seulement alors à vivre d'une vie véritablement humaine et non animale. Tels sont les Suisses, les Hollandais, les Belges. Par cela seul qu'ils ont renoncé à faire les guerres pour enlever des provinces à leurs voisins, loin d'être *finis*, ils sont devenus les peuples les plus riches, les plus cultivés et les plus honnêtes de notre continent.

Mais voici encore une autre preuve à l'appui de ce que j'avance.

Imaginons la fédération européenne constituée et les questions internationales réglées par une haute cour de justice. Ces nations ne s'abîmeront pas alors sous les entrailles de la terre et la terre ne cessera pas d'être habitée par des hommes. Quel sera alors le critérium pour juger des supériorités nationales ? Cela ne pourra plus être l'art de massacrer le plus de monde possible dans le temps le plus court possible, ce qu'on appelle remporter une brillante victoire, dans notre vocabulaire actuel, puisque les massacres seront supprimés. Il faudra bien alors, pour être parmi les premiers, avoir une agriculture savante, une industrie avancée, un essaim d'inventeurs, de savants, de poètes, d'artistes et de philosophes éminents. Bref, il faudra posséder la production économique et intellectuelle la plus grande possible.

Cela est bien plus difficile que d'organiser la mobilisation de quatre millions de soldats qui, en moins de trois jours, sont prêts à se ruer, sans vergogne, sur les territoires du voisin pour mettre tout à feu et à sang.

Il est difficile de démontrer que la nation incapable de mettre en campagne ces millions de soldats ne pourra pas produire des agriculteurs non routiniers, des industriels habiles, des négociants entreprenants, des financiers hardis, des musiciens inspirés, des peintres de talent, des philosophes profonds, des savants de génie. Mais si une nation possède beaucoup de gens de cette espèce, même sans posséder les soldats, elle aura une production économique et intellectuelle très importante ; donc elle sera, au point de vue de la civilisation, parmi les premières, et non parmi les dernières nations.

La guerre n'est pas l'unique fonction sociale. Voilà ce qu'on oublie trop souvent. Dans nos temps de sauvagerie, certains peuples ne peuvent pas se consoler de ne plus être parmi les meilleurs massacreurs de la terre. Mais il viendra certainement un jour où cette prétendue infériorité sera considérée comme la plus haute des vertus.

On ne voit pas, en effet, de lien de causalité inévitable entre le talent de massacrer et les autres. Parce que les Tchèques ont été battus, en 1278 et en 1626, par les Allemands, cela ne prouve pas que les Tchèques ne pourront jamais produire des capacités intellectuelles égales à celles des Allemands. Au xve siècle, pendant la guerre des Hussites, les Tchèques ont battu les Allemands à plate couture plusieurs années de suite. Cela n'a pas empêché les Allemands d'avoir un Leibnitz, un Goethe et un Beethoven, génies supérieurs à tous ceux qui sont nés en Bohême. En un mot la perte des talents militaires n'entraînera pas nécessairement la perte de tous les autres. Et, comme les fonctions économiques et intellectuelles s'exercent constamment, tandis que la fonction militaire s'exerce accidentellement lorsqu'on entre en campagne, les premières sont infiniment plus importantes que la seconde. Donc les plus grandes nations seront toujours celles qui auront la plus puissante organisation économique, intellectuelle et non celles qui pratiqueront le mieux l'art de massacrer le voisin.

Un dernier mot pour répondre à une objection possible.

On pourra nous dire que si la guerre amène un courant pessimiste, chez le vaincu, elle doit amener nécessairement un courant optimiste chez le vainqueur, puisqu'il n'y a pas de défaite sans victoire. Cela fait compensation pour l'humanité dans son ensemble. Par exemple, la France tombe dans l'atonie, après 1871, mais l'Allemagne, au contraire, se relève et déploie une exubérance juvénile.

Cela n'est pas complètement ainsi et pour plusieurs raisons. D'abord, parce que le vainqueur, après une guerre sanglante, peut être aussi très épuisé et sentir une profonde amertume. Telle a été la situation de la Russie après 1878. En second lieu, parce qu'un développement social considérable n'accompagne pas nécessairement les grandes victoires sur les champs de bataille. Jamais la France n'a été aussi bas économiquement et intellectuellement que vers 1811 à l'époque de son apogée militaire sous Napoléon Ier. Quant à l'Allemagne, nous ferons remarquer que si sa production a pris récemment un si grand essor ce n'est pas parce qu'elle a fait la guerre à la France, mais parce que ses différents Etats se sont unis plus étroitement. Or, l'Allemagne aurait pu parfaitement s'unifier, en 1848, sans verser une goutte de sang. Il aurait suffi à Frédéric-Guillaume IV d'accepter la couronne impériale que lui offrait le parlement de Francfort.

Enfin nous prévoyons l'éternelle objection : on dira que, pour travailler et produire, il faut être sûr qu'on ne saura ni molesté, ni dépouillé par le voisin. Une nation, qui ne sait pas se défendre, c'est-à-dire combattre, a beau déployer le génie le plus extraordinaire, elle est à la merci du premier conquérant qui envahit son territoire. C'est parfaitement juste. Seulement, quand toutes les nations auront perdu la faculté d'attaquer le voisin, aucune n'aura l'occasion de devoir se défendre. Aussi aucune nation ne doit désarmer pendant que les autres sont armées jusqu'aux dents, mais toutes doivent se fédérer et mettre bas les armes en même temps.

J. Novicow.

P. H. Peckhover. — *Anglaise. Présidente de* Wisbech social Peace association.

J'ai reçu votre questionnaire. Mais je ne me trouve pas en état d'y répondre. Croyant que la guerre est tout à fait défendue au chrétien, car elle n'est conforme ni aux lois ni à l'exemple de Jésus-Christ, je ne puis pas croire dans la nécessité de la guerre et je trouve que les effets du militarisme contreviennent continuellement aux préceptes de l'Évangile. Mais je ne suis pas écrivain, et je ne sais pas profiter de l'occasion dont vous m'honorez.

P.-H. Peckhover.

SEVERINO PEREZ. — *Espagnol. Ouvrier agricole.*

Au nom et avec l'approbation de la Société d'ouvriers agricoles que je préside, j'ai le plaisir de vous faire connaître mon opinion sur la guerre et le militarisme conformément au questionnaire qui a été reproduit dans le périodique *L'Union Républicaine*, dont je suis l'un des fondateurs et auquel je collabore.

1° Non. Que par le droit s'entende le droit écrit ou qu'il soit la loi, la règle ou la méthode pour satisfaire les besoins primordiaux et inéluctables par lesquels la nature anime et maintient la vie et parmi lesquels figure la vie en société, le droit condamne la guerre parce qu'elle sépare les nations, rompant les liens de fraternité et de solidarité et nuisant considérablement au progrès.

Les guerres ne sont autre chose que des assassinats joints à des suicides que l'égoïsme dirige, des crimes irrationnels commis par des collectivités de bandits sous le masque de l'honneur et du patriotisme. C'est ce qu'enseignent l'histoire et la philosophie, enregistrant les iniquités d'ambitieux illustres et passant sous silence les faits et événements qu'anime l'esprit de justice.

La guerre n'est licite qu'en un seul cas : quand elle est dirigée contre les atteintes portées au droit. Je l'interprète alors comme une expression de la loi naturelle.

2° Les mêmes que portait la guerre, parce que le militarisme base le droit sur la force armée ou sur la supériorité du nombre et qu'il pervertit et atrophie le sentiment du juste. Je les spécifie pour que ma réponse soit catégorique.

Le militarisme tue les aspirations pour l'étude et conduit fatalement à l'ignorance qui sert de tremplin aux tyrans. Il stérilise la spontanéité consciente des actes libres, il obscurcit le sentiment du juste et de l'injuste et rend impossible l'ordre moral, parce que l'arbitraire de ceux qui le dirigent crée un régime abject de soumission des violentés. Il engendre l'indolence, développe le goût des plaisirs, énerve les énergies et efféminе le caractère. Il pousse au malthusianisme, diminue les sources de la richesse, enchaîne les travailleurs dans les douleurs de la misère et les livre à l'exploitation et au mépris des plus forts. Il éteint le sentiment de la dignité, entrave la marche de la démocratie, rapetisse les idées de régénération et, monopolisant le pouvoir, consomme à la fin l'abrutissement du peuple.

3° Aucune de celles qui jusqu'ici ont été proposées.

Ils font erreur ceux qui cherchent dans l'arbitrage et le désarmement général la garantie de la paix; nous nous tromperions si nous combattions directement la guerre et le militarisme parce qu'ils sont des conséquences de l'organisation mauvaise des nations.

Que se découvre la formule qui résoud le problème social et elle nous donnera la solution des inconnues que nous rencontrons au cours de la vie.

4° Les mêmes qui résoudront le problème social ; à savoir la raison comme unique critérium de la vérité ; et la justice comme unique moyen de réaliser le bien. Et si nous n'avons ni à perdre de temps, ni à entrer en discussion, commençons l'œuvre à l'instant même, unissant la théorie à la pratique, la parole à l'action.

SEVERINO PEREZ.

EDMOND PICARD. — *Belge. Sénateur. Professeur de droit à l'Université Nouvelle de Bruxelles. Avocat à la Cour de Cassation. Auteur de* : Manuel pratique de la profession d'avocat en Belgique ; Traité général de l'expropriation pour cause d'utilité publique ; Code général des brevets d'invention ; Synthèse de l'Antisémitisme ; Contribution à la révision des origines du Christianisme ; El Moghreb al Aksa ; Scènes de la vie judiciaire ; Le Sermon sur la montagne et le socialisme contemporain ; Le Droit pur ; etc.

1°. — La guerre, l'horrible guerre, non seulement parmi les nations civilisées, mais parmi toutes les nations, en tous les temps, en tous les lieux, ne fut voulue ni par *le Droit* ni par *le Progrès*. Ceux-ci ne l'admettent que lorsqu'elle est défensive, c'est-à-dire quand elle a pour but de résister à une entreprise injuste dont la force armée seule peut avoir raison. Mais sur le point de savoir si l'entreprise est injuste, les contemporains furent presque invariablement en désaccord, et la postérité elle-même a souvent hésité.

Mais la guerre est voulue par *les conditions historiques*, en ce sens qu'elle apparaît encore, dans l'état actuel des sociétés humaines, comme une fatalité inéluctable. Des facteurs puissants concourent à la maintenir constamment à l'état explosif : les armées puissantes, l'orgueil brutal des gouvernements, les instincts populaires à causes obscures. Il est difficile de concevoir l'histoire future, sans des guerres ; périodiquement les événements le démontrent.

2°. — Les effets du militarisme sont éminemment complexes. Intellectuels, moraux, physiques, économiques, politiques, ils contiennent du mal et du bien, mais en des proportions indiscutablement plus fortes pour le Mal. Léon Bloy, résumant l'action militaire de Napoléon, a pu dire : « Jamais homme n'a fait rouler sur le monde un pareil torrent d'héroïsme. » C'est vrai, mais il aurait pu ajouter : « Jamais homme n'a fait rouler sur le monde un pareil torrent de souffrances. » Le militarisme, dans tous les domaines, est surtout un fléau. On a pourtant fait remarquer avec raison, statistiques à l'appui, qu'en aucun temps la guerre n'a tué autant d'êtres humains que la mauvaise organisation sociale, ni causé, avec autant de permanence, des cruautés et des misères. La seule différence, qui rend le phénomène plus visible pour la guerre, c'est qu'elle concentre ces calamités sur un temps généralement court, en des catastrophes brusques, affreusement visibles, tandis que l'organisation sociale les espace et les débite avec lenteur, opiniâtrement, avec hypocrisie.

3°. — Voir disparaître la guerre et le militarisme, parbleu ! Voilà ce que réclame l'avenir de la civilisation mondiale. Il est d'évidence que, sans les dépenses et l'immobilisation de forces humaines des armées permanentes, sans les horreurs et les calamités de tous genres de la guerre, l'Humanité serait moins malheureuse ; elle pourrait appliquer à des buts sociaux utiles les ressources immenses qu'elle met actuellement en déperdition, et qui, en ces derniers temps, ont atteint des proportions fabuleuses.

4°. — La disparition, comme l'existence, de la guerre et du militarisme dépendent-elles des volontés humaines ou tiennent-elles à des causes plus profondes et cosmiques ? Voilà ce qu'il faudrait savoir pour apprécier « *quels sont les moyens qui peuvent conduire le plus rapidement possible à ces solutions* ». Or, là-dessus le mystère effrayant ! Les guerres ont presque toujours surgi avec l'imprévu, la soudaineté et l'impétuosité des cataclysmes. Il est très difficile, pour la plupart d'entre elles, de les rattacher à des combinaisons nettement raisonnées et voulues. Il est donc à craindre que ces grands et terribles phénomènes suivent, comme les cyclones, des lois que ni la puissance, ni l'ingéniosité humaine ne sauraient influencer sérieusement et qu'ils ne disparaîtront que suivant l'évolution fatale de ces lois. En d'autres termes, l'homme paraît spectateur et non pas fauteur de ces météores sociaux.

Il a pourtant un sentiment, en général, contraire. Il croit à sa liberté, en cette matière, comme en beaucoup d'autres, illusionné apparemment par l'impossibilité où il est de percevoir l'universalité des facteurs qui le poussent fatalement à l'action ou qui déterminent fatalement les événements. Et c'est pourquoi, avec une persévérance vaillante et touchante, il s'efforce en une propagande pour abolir les armées et la guerre et propose des moyens comme l'arbitrage international et la constitution d'une force publique internationale pour faire respecter les décisions, de ce tribunal même suprême qui serait le dernier vestige, cette fois légitime, du passé militaire.

Tout cela est louable et doit être encouragé, alors même que ce ne serait que l'effet forcé des lois secrètes de l'évolution cosmique, dont l'homme se croirait à tort le promoteur, tel qu'un miroir qui croirait que c'est lui qui produit les images qu'il reflète.

Il est, du reste, à remarquer, que lorsqu'on suit l'évolution du duel entre individus qui, dans le domaine privé est très analogue au duel entre nations, on peut, apparemment, prédire ce que ce dernier deviendra par ce que le premier est devenu. Or, dans les querelles privées, le Duel primitif, arbitraire, entre particuliers, a été remplacé par le duel judiciaire, le duel judiciaire par l'arbitrage du juge et il ne reste plus de l'institution originaire, chez certains peuples, que le duel de point d'honneur puni par les lois et de moins en moins admis par le sentiment public. La même transformation semble en train de se réaliser pour les querelles internationales ; nous en sommes encore au duel primitif, arbitraire, à la guerre ; on propose de le remplacer par l'arbitrage et cette idée gagne peu à peu et déjà parfois se réalise. Vraisemblablement, elle s'universalisera mais « par la longueur du temps » !

Edmond Picard.

Giuseppe Prato — *Italien. Avocat. Auteur de* : La Teoria della pace perpetua nelle sue derivazioni, nel suo svolgimento storico e nei suo risultati.

1o La guerre, c'est-à-dire la forme violente que, dans sa crise aiguë, vient à prendre la lutte entre deux peuples ou entre deux partis, est, à mon avis, indestructible et éternelle, comme sont éternelles les oppositions d'intérêts et les tendances contradictoires. Ses causes, ses formes, ses conséquences et sa portée changeront, mais elle-même subsistera toujours.

2o Au point de vue intellectuel, moral et physique, un militarisme intelligent et raisonnablement tempéré a un effet salutaire sur le caractère des peuples ; au point de vue économique, il constitue sans doute une dispersion ou, au moins, une immobilisation d'énergie et de richesse ; mais le mal ainsi produit est compensé par les avantages politiques que procure la force, lesquels ont une action directe sur l'accroissement de la prospérité nationale : l'Allemagne le prouve.

3° Contrairement à ce que prévoit Guglielmo Ferrero, je tiens pour certain que le militarisme de demain, loin de se former sur le type professionel de l'armée mercenaire anglaise, deviendra toujours mieux l'expression vraie de la force populaire armée pour le maintien de l'ordre, et la revendication des intérêts et des droits nationaux ; une armée solidement organisée et de type purement démocratique constitue la seule forme utile de *nation armée.*

4° Une telle transformation se fera par le caractère des temps et par la force des choses ; mais une propagande qui s'attaque et porte préjudice à l'essence même des institutions militaires ne peut aider à la hâter.

GIUSEPPE PRATO.

Dr EDOUARD REICH. — *Allemand. Membre de Sociétés savantes de Paris, Florence, Dresden, Hambourg, Berlin, etc. Auteur de* : Gesellschaft, Religion und Verbrechen ; System der Hygieine ; Arbeit und Lebensnoth ; Der Mensch und die Seele ; Der Kosmos des Uebersinnlichen und die Entwickelung der Wesen ; etc.

I

La grande loi du monde, et spécialement du monde civilisé, c'est le développement, et ce développement a pour but la création successive d'un type supérieur de l'humanité, supérieur physiquement et moralement.

Les points de vue d'une humanité d'ordre élevé diffèrent extraordinairement de tous les points de vue de l'homme-animal couvert à peine d'un léger vernis.

Pour l'homme animal d'aujourd'hui la guerre semble être « encore nécessitée par les conditions historiques, par le droit, par le progrès » ; mais, en vérité, elle n'est plus nécessaire, ni par les conditions historiques, ni par le droit, ni par le progrès ! Le développement incessant vient de vaincre toutes les causes de la guerre, en transformant l'animalité en humanité, en organisant une vraie religion et un système social naturel.

Cette transformation est empêchée par la guerre ; donc, la guerre, en survivance nuisible, vient détourner les conditions historiques, détruire le droit, rendre pénible le progrès.

Le type supérieur de l'humanité ne connaît la guerre que par les feuilles sanglantes de l'histoire et ne ressent jamais le besoin de guerre ; la *conditio sine qua non* de toute la vie civilisée, c'est l'absence de la guerre.

II

Le militarisme vient éveiller et nourrir l'intelligence brutale et égoïste le despotisme, les désirs sanguinaires, la dureté de cœur, la misère économique et morale, une politique des intérêts diaboliques. Par là, il est l'outil et la cause de la décadence des nations, des corps, des âmes, des sociétés, d'une corruption sans bornes, de souffrances infinies, d'iniquités criantes, d'enrichissement sans conscience et sans pudeur, de révolutions, de passions criminelles et subversives, de générations d'estropiés et de dégénérés, d'esclavage et de servitude.

La force médicatrice de la nature s'oppose ; mais — l'épuisement arrive souvent.

Le militarisme c'est le cauchemar des nations, le grand cauchemar du monde.

III

La fin de la guerre et du militarisme est une question du développement d'un type supérieur de l'humanité par l'éducation, par la religion, par l'hygiène, et, d'autre part, par l'existence du système de mutualité altruiste au lieu de système économique égoïste. L'abolition du « tantum-quantum » et la prédominance de l'instruction et de l'éducation de tous, d'une religion pure, de la santé complète, voilà la paix éternelle!

Chacun est obligé de s'améliorer soi-même et d'aider le prochain à s'améliorer incessamment et toujours. Voilà, l'exercice de la religion et l'extermination de la guerre et du militarisme.

IV

Une bonne éducation physique et morale, intellectuelle et religieuse, menant à l'harmonie, à la perfection, à l'empire sur soi-même, à la santé complète et durable.

Une bonne politique naturelle, remplie de l'esprit de la religion essentielle et vraie, ne connaissant que les intérêts du développement le plus parfait de l'individu et de la société ;

Connaissance de soi-même, estime et considération du prochain, indulgence, sympathie, dévouement pour tout le monde, sévérité à l'égard de soi-même ;

Arbitrage général des nations ;

Abolition complète du « tantum-quantum » et substitution par le système de mutualité altruiste ;

Tout cela fait : plus de besoin du militarisme, de la guerre, des querelles sérieuses, et la paix éternelle assurée. EDOUARD REICH.

GÉNÉRAL DI REVEL. — *Italien. Ancien ministre de la Guerre. Auteur de divers ouvrages d'Histoire militaire.*

La guerre n'est pas voulue par le progrès, elle est contraire au droit général, mais l'histoire nous démontre qu'elle est inévitable.

Les effets du militarisme furent peu sensibles durant le siècle passé quand on faisait la guerre avec des forces minimes, épargnant ainsi le sang et l'argent. Je ne saurais dire quel serait le résultat du militarisme tel qu'on veut l'adopter, sauf que le pays serait laissé sans défense. La nation armée est une très belle chose en théorie, mais en pratique, c'en est fait des chemins de fer et du télégraphe, si le pays est envahi et saccagé, avant que la nation n'ait eu le temps de s'organiser pour le combat.

Je suis trop ennemi des illusions pour espérer qu'on puisse éviter la possibilité d'une guerre, dans l'intérêt économique des nations et devant l'agitation des partis. La situation mondiale actuelle de l'Europe nous la montre fourmillante de populations, tandis que son industrie est généralement opprimée par les importations d'Amérique et d'Asie qui sont supérieures à son exportation. La dette publique est en général supérieure aux sources de profits. Il est fort à craindre, devant un tel état de choses, que quelque nation ne tente un effort désespéré pour en sortir, comme le fait un banquier sur le point de faillir.

Quant aux moyens à employer pour arriver à une solution satisfaisante, je confesse mon ignorance, je ne saurais les trouver. GÉNÉRAL DI REVEL.

AHMED RIZA. — *Turc. Ancien directeur de l'Instruction publique en Turquie. Directeur du* « Mechveret », *organe de la Jeune Turquie.*

La guerre est une chose horrible ; le maintien de l'armée, qui absorbe les richesses du pays, est la principale source des misères de notre époque. Tout homme soucieux du bonheur du genre humain doit en réclamer la suppression.

Mais pour supprimer le mal il faut, avant tout, en chercher l'origine et en examiner la cause.

L'instinct de conservation est une loi de la nature, aussi bien chez les individus isolés que chez les peuples. La lutte est une condition d'existence ; la force en est l'agent et l'appui. La terre a été et restera encore longtemps un vaste champ de bataille. Le véritable état normal de l'esprit humain, c'est la guerre, la lutte ; la paix n'est qu'un état passager et exceptionnel.

Toute théorie de paix qui ne tient pas compte de cette loi naturelle de la concurrence vitale est à la fois stérile et inapplicable.

Le fétichisme et la théologie ont bien compris cette vérité : Thémis, la déesse de la justice, tient une épée comme garantie du droit. La guerre, chez l'ancien peuple israélite était considérée non seulement comme légitime, mais encore comme un acte de sainteté. La papauté a de tout temps béni le drapeau de ceux qui soutenaient les droits de l'Eglise. L'islamisme,lui aussi, a glorifié l'épée comme étant le plus sûr défenseur de la justice et de la vérité.

La guerre a été un mal nécessaire. Elle a eu son utilité : elle a servi la grande cause du progrès ; elle a été le premier et le plus énergique élément de la civilisation. Les Grecs et les Arabes, avant de rendre de si éclatants services à la science et aux beaux-arts, ont fait preuve d'une valeur militaire de premier ordre. Les institutions militaires ont développé à la fois les facultés physiques et morales des Romains et des Turcs.

Certains peuples civilisés, comme les Anglais et les Français, semblent vouloir quitter la phase militaire pour entrer dans la phase pacifique et industrielle. Pour eux la guerre n'a plus de raison d'être, quoique certaines qualités propres aux peuples guerriers commencent à leur faire défaut. Mais chez d'autres nations, chez les Turcs, par exemple, l'activité populaire reste encore dans une phase militaire défensive; l'armée y demeure toujours le symbole de la vitalité; ils n'ont d'autre moyen pour protester contre les mesures agressives et envahissantes des Etats limitrophes que l'appel à la force armée.

La révolte du droit et de la raison contre l'injustice n'est qu'une lutte armée. C'est à elle que les peuples opprimés, même dans les pays les plus civilisés, ont recours pour leurs revendications.

Il y a, comme il y aura toujours,des rivalités entre les nations et des luttes dans la vie sociale et commerciale. C'est la question économique, et non pas la question de justice et d'humanité,qui constitue le fondement de la politique générale. Lorsqu'un groupe humain est faible et ignorant, si juste et honnête qu'il soit, on l'attaque, on l'exploite, et cela sous prétexte de le civiliser. La politique, la diplomatie sont partout l'instrument le plus oppressif, le plus immoral de cette spéculation éhontée. Pour empêcher les peuples de s'entendre et de se solidariser la politique s'empare du préjugé et fait naître des haines qui les divisent et les tiennent dans la servitude. L'équilibre des Etats ne repose en réalité que sur les rivalités et la destruction des faibles, et non sur un principe d'ordre supérieur ou sur un sentiment de fraternité. C'est en vertu de ce prétendu principe d'équilibre que la Pologne a été partagée et que la Chine et la Turquie seront probablement détruites et consommées à leur tour.

Une inquiétude légitime règne dans tous les pays d'Orient : chaque peuple y a ses blessures et ses haines; l'Europe s'y expose à des éventualités terribles.

Si les nations dites civilisées désirent tant supprimer les armées permanentes, elles n'ont qu'à commencer et à donner l'exemple aux nations moins avancées; qu'elles cessent d'inventer les balles dum-dum,les mélinites et tant d'autres formidables instruments de destruction.

Il serait donc absurde et même enfantin de demander l'abolition immédiate de l'armée, à une époque où toutes les nations du monde entier sont hostiles les unes aux autres, où elles n'ont ni les mêmes idées politiques et religieuses, ni les mêmes intérêts matériels à défendre, et où elles ne peuvent trouver de garanties solides et durables pour leur indépendance. Certes, il est très humain de prêcher la paix,mais une paix signée de la pointe du sabre ou de la plume d'arbitres plus ou moins intéressés et partiaux — surtout dans les affaires orientales — n'est pas celle qui peut assurer l'honneur et la tranquillité des peuples, elle arrête momentanément le conflit mais elle ne saurait en détruire la cause. Il faut donc avant tout donner au monde et le moyen et le désir d'éviter la cause qui engendre les conflits. Or, c'est dans le désarmement moral seul qu'il faut chercher la solution définitive de la paix universelle.

Aucun sentiment religieux, aucun préjugé public, aucun droit sacré n'est respecté aujourd'hui : il règne une absence complète de morale internationale.

Un lien scientifique, une morale universelle, dégagée de toute conception théologique, me semble le seul remède capable de réaliser l'harmonie et la bonne entente internationales.

Une espèce de pouvoir spirituel ayant une puissance morale plus large, plus générale et plus universellement reconnue que celle de la papauté et du khalifat, pouvoir exerçant son influence régulatrice dans toutes les opérations sociales, enseignant partout la même morale,les mêmes principes d'humanité pourra seule maintenir la paix dans le monde.

Ce n'est pas d'un coup de main que l'homme peut corriger ses mauvais instincts et devenir bon, juste et humain. Déjà l'éducation et le progrès l'ont rendu moins sauvage. Les haines entre nations deviennent de jour en jour moins profondes. Sous l'impulsion d'une morale unique et universelle, on finira par détruire les derniers germes du fanatisme et des jalousies politiques, et par rendre impossible le despotisme politico-financier qui est actuellement la grande source des conflits. AHMED RIZA.

JOHN M. ROBERTSON. — *Ecossais. Auteur de :* The Saxon and the Celt ; Montaigne and Shakspere ; The Fallacy of Saving; Essays towards a critical method; A short History of Freethougt; etc.

1. Je suis d'avis que la guerre entre nations civilisées n'est autre chose qu'un abus commis par la politique, étant donné l'état actuel de la science morale et sociale ;

a) Flatte les passions des types humains les moins rationnels, incapables d'estimer à leur juste valeur relative la satisfaction d'un instinct primitif et les conséquences que celle-ci entraînera.

b) Est entreprise parce que de plus en plus elle favorise les intérêts des classes militaires professionnelles, ainsi que ceux d'une fraction des classes commerciales, qui fournit les matériaux de guerre.

(*c*) Dénote simplement l'ignorance économique de ces classes, et de beaucoup de publicistes professionels et de non travailleurs de la classe moyenne supérieure.

2. Les effets *a*) intellectuels, *b*) moraux, *c*) physiques, (*d*) économiques, et *e*) politiques, de la guerre, sont, d'après moi, les suivants :

a) La paralysie de l'originalité de la pensée, non seulement pendant une guerre, mais aussi pendant une ère de préparatifs guerriers. J'en vois l'exemple 1) à Sparte; 2) à Rome, sous l'Empire; 3) en Espagne, pendant les derniers siècles de la civilisation mauresque; 4) en Angleterre entre les XIVe et XVIe siècles; 5) en France, dans la seconde moitié du règne de Louis XIV; 6) en France et en Angleterre pendant la période des guerres de Napoléon; 7) en Allemagne, depuis 1850; 8) dans toute l'histoire de la Turquie.

b) La dégénérescence de tous les sentiments éthiques, sauf peut-être celui de la discipline, qui correspond à l'une des formes les moins développées de la vie morale.

c) Les effets de la guerre sont plutôt mauvais que bons, puisque le militarisme développe invariablement les plus basses formes de la prostitution, répand ainsi la maladie, et soustrait les hommes à la procréation pendant leurs années les plus vigoureuses.

L'habitude de la discipline que donne le militarisme ne compense pas ces désavantages.

d) Perte de travail; canalisation de la production et de la consommation. non dans des formes d'activité qui constituent des richesses, mais pour la simple destruction; réduction de la consommation économique totale, par l'impôt extorqué pour subvenir aux besoins du régime militariste et qui, dépensé par l'individu, accroîtrait le bien-être de la classe des travailleurs.

e) Retrécissement des sympathies sociales des classes moyenne et dirigeante, qui s'habituent d'autant plus à regarder la classe des travailleurs comme une troupe dont elles seraient le corps d'officiers; diminution de la faculté d'invention en matière politique, et retour par conséquent au césarisme. Exemples : 1) la condition de la France sous Louis XIV; 2) celle de l'Angleterre pendant les guerres de Napoléon; 3) l'état actuel, au point de vue des libertés politiques, de l'Allemagne, de la Russie, de la Turquie et de l'Italie.

3° La solution la plus évidente du problème serait le *désarmement proportionnel* des cinq ou six grandes puissances européennes : la Russie, l'Allemagne, l'Autriche, la France, l'Italie, l'Angleterre.

4° *a*) Je pense qu'un comité international, qui se tiendrait en relation avec les politiciens des pays dont je viens de parler, pourrait d'ici peu en venir à discuter des projets pratiques pour la solution de la question. L'Angleterre pourrait être amenée à proposer aux autres puissances navales un projet de *limitation future* de la construction navale de la guerre, en prenant pour base la moyenne des forces navales relatives des puissances depuis cinquante ans, le premier pas serait fait, et l'on en viendrait aisément à traiter de la même façon la question des armements de terre.

b) Dans tous les pays, il importerait que les amis de la paix s'agitassent en vue d'obtenir qu'il soit donné dans les *livres scolaires* un enseignement rationnel sur la guerre, le patriotisme et la puissance militaire. Dans presque tous les pays, l'esprit dans lequel l'histoire est enseignée aux enfants est absolument barbare. JOHN M. ROBERTSON.

GEORGES RODENBACH (décédé). — *Belge. Homme de lettres. Auteur de :* La Jeunesse blanche ; L'Art en Exil ; Le règne du Silence ; Bruges-la-Morte ; La Vocation ; Les Vies encloses ; Le Carillonneur ; Le Miroir du ciel natal ; etc.

Votre enquête sur la guerre et le militarisme vient à point. C'est à nous de discréditer la gloire des armes pour la rendre si monstrueuse, si haïe, qu'elle devienne impossible. Car la guerre est le grand crime collectif. Le militarisme apparaît la cause de tous les maux économiques, intellectuels et moraux d'aujourd'hui. Il faut le répéter à satiété. Déjà les idées à ce sujet ont conquis des résultats immenses, progressé extraordinairement. Tolstoï, le grand romancier russe, écrivait naguère dans la *Guerre et la Paix* : « Le projet d'une paix perpétuelle, c'est très spirituel, mais ce n'est guère praticable. » Et voilà qu'en ce moment l'Empereur russe propose le désarmement, acheminement à cette paix perpétuelle.

Quant aux moyens pour réaliser celle-ci, c'est affaire aux diplomates et aux hommes de droit. M. Mérillon, avocat général à la Cour de Paris, a fait un jour une mercuriale excellente sur ce règlement juridique des conflits internationaux. Il y a, du reste, déjà une Cour internationale, votée par l'Œuvre de la conférence interparlementaire. Tout cela finira par aboutir, avec la volonté, en plus, du socialisme et du féminisme, qui ont à leur programme le désarmement. Quant à nous, écrivains, maudissons, méprisons la guerre sans relâche. C'est notre fonction — par des images pathétiques, des tableaux de couleur, des cris d'entrailles, si on peut dire — de susciter et jeter, dans le monde, des idées que les hommes de loi, ensuite, codifient et réalisent. Ainsi en sera-t-il pour notre grande œuvre des arbitrages et de la paix. Déjà, au moment même où de grandes manœuvres s'accomplissent partout (répétition et simulacre de la guerre), où le militarisme parade, où les troupes marchent, où le canon gronde, il est évident qu'une autre armée se lève, s'organise, grandit — l'Armée de la Paix — qui fera la guerre à la Guerre et, un jour, vaincra.

GEORGES RODENBACH.

RICHARD SCHMIDT-CABANIS. — *Allemand. Homme de lettres. Auteur de* : Was die Spottdrossel Pfift (3 actes) ; Jungferrede ; Nervœse Humoresken, etc.

1° Non ! Attribuer à la guerre une justification historique équivaut à se faire — en dépit de l'invention des chemins de fer — transporter d'une localité à une autre en chaise à porteur; ou à vouloir, malgré l'introduction du gaz d'éclairage, lire le soir son journal à la lueur d'une torche.

2° Le militarisme (en allemand, je voudrais le nommer *soldaterei*), a pour conséquence nuisible certaine, l'endettement de la généralité et vraisemblablement l'oppression des individualités particulières. Les avantages que l'on assigne souvent par erreur au militarisme (*soldaterei*) sont : l'accélération du développement intellectuel notamment pour la population rurale astreinte au service militaire, l'éducation physique et l'endurcissement du jeune soldat; on devrait plutôt s'en remettre pour cela à des écoles populaires améliorées et à l'enseignement de la gymnastique plus étendu.

3° Le seul moyen efficace de déraciner progressivement la guerre et de se débarrasser de la « soldaterei », me paraît l'institution de tribunaux arbitraux populaires.

4° Il y a de nombreuses voies pour atteindre ce moyen et certes les courtes sont toujours dangereuses parce qu'elles sont violentes. Toute l'Europe se trouve déjà depuis longtemps sur la plus longue de ces voies, qui, du reste, conduira au but d'une façon absolument sûre.

Lorsque les peuples seront à ce point vieillis et affamés, qu'ils ne pourront plus rien dépenser pour l'accroissement des armées permanentes, celles-ci — et avec elles les armements militaires — cesseront d'elles-mêmes !

RICHARD SCHMIDT-CABANIS.

FRANÇOIS SKÉMÈNY. — *Hongrois. Secrétaire de la Société hongroise de la Paix.*

1° La guerre est malheureusement voulue par l'histoire, mais non par le droit et par le progrès. Mais comme ce sont les hommes qui font l'histoire, c'est sur les hommes que doivent être dirigés tous les efforts pour obtenir qu'ils *ne veuillent plus la guerre*.

2° Tous les effets du militarisme sont négatifs et contraires au vrai progrès.

3° Nous devons nous dévouer à des solutions possibles, mais nous ne croyons

pas que des institutions et des vices séculaires puissent disparaître tout d'un coup. L'initiative, selon moi, devrait venir non des gouvernements mais plutôt des parlements à qui incomberait spécialement l'œuvre dont nous parlions plus haut.

4° Il ne s'agit pas de moyens *rapides*, mais plutôt *sûrs* et *durables*. Et à cet égard, j'ai la conviction qu'il n'y a qu'un moyen : l'*éducation* et l'*instruction de la jeunesse*. Les instituteurs et les parents de toutes nations devraient transformer lentement et graduellement l'esprit et le cœur, l'âme et le caractère des générations futures, dans le but de leur infuser la tolérance, la fraternité, l'humanité dans le vrai sens du mot.

François Skémeny.

C. N. Starcke. — *Danois. Sociologue. Professeur à l'Université de Copenhague. Membre de l'Institut International de Sociologie. Auteur de:* La Famille primitive ; Questions sur la méthode en sociologie ; La Famille dans les différentes sociétés ; etc.

Toute civilisation possède deux traits caractéristiques. Objectivement elle se manifeste par une organisation qui harmonise et combine les éléments détachés, et ouvre, par cette harmonisation, des voies nouvelles pour utiliser beaucoup de ces éléments qui se perdaient jusqu'ici ; et subjectivement la civilisation consiste dans la création des sentiments et des motifs qui font des hommes les collaborateurs volontaires de cette œuvre unitaire. C'est seulement parce que nos États modernes possèdent ces deux traits que nous les regardons comme civilisés. Tout Etat est une machine de coopération réalisant ces œuvres immenses qui sans elle dépasseraient les forces humaines, et utilisant les plus différentes facultés des individus qui sans elle resteraient infécondes. Mais l'Etat suppose aussi cette unité subjective, que nous appelons la conscience nationale, et qui fait de l'activité de cet Etat l'intérêt intime de tous les citoyens. Autrefois les hommes se sentaient liés à leur Dieu où à leurs princes, aujourd'hui ils parlent de la nation comme d'eux-mêmes; le petit mot « nous », « notre » histoire, « nos » intérêts, « nos » grands hommes, etc., révèle le secret de ce sentiment national.

Comme l'individu s'efface s'il perd le sentiment de son moi, de la valeur, des facultés et de l'individualité caractéristique de ce moi, les nations s'effaceront aussi, si elles perdent ce petit mot « nous ». Avec toute la force de l'instinct les nations continueront toujours de combattre tout ce qui menacera ce « nous ».

L'Etat, nous l'avons dit, est la machine par laquelle cette conscience nationale, ce « nous » se nourrit et agit. Chaque Etat possède son individualité, et ses traits spéciaux se trouvent non seulement dans ses institutions, c'est-à-dire dans sa manière de réaliser l'œuvre organisatrice, mais aussi dans le cercle des tâches différentes dont cette organisation assure l'accomplissement. Ici on trouve la centralisation, là on trouve la décentralisation ; et, ces différences ne sont point des différences du degré de l'organisation mais seulement des différences d'espèce. Accoutumé à l'un ou l'autre de ces systèmes, un peuple souffrira gravement si on le force à subir le contraire ; toutes ses relations seraient gâtées : et encore plus grande deviendrait la débâcle, si les tâches de la civilisation d'un peuple étaient remplacées. Chez un tel peuple les intérêts du commerce ou de l'industrie sont placés en avant, chez un autre l'art et la littérature occupent les soins de l'Etat. Comme chaque individu représente une combinaison spéciale de facultés différentes, les nations aussi réalisent des types différents de culture. Ces types dépendent de la race et de l'histoire, mais les moyens dont la nation dispose pour perfectionner son type et par là contribuer le plus possible au progrès de la civilisation générale, sont essentiellement en proportion de sa grandeur et de sa richesse. Nous ne pensons pas à nier que les petites nations ne soient capables de développer une civilisation originale et considérable; mais ces petites cultures ne pèseront jamais dans le progrès général autant que celles des grandes nations.

Les Etats contemporains sont formés par la force. Quelque main vaillante a réuni des localités indépendantes sous le même régime, au moins la force est toujours entrée en scène à l'une ou l'autre époque du développement. Certainement l'Etat restait toujours faible quand son énergie était absorbée par les luttes contre des provinces récalcitrantes ; il devenait fort quand il pouvait appeler à son service quelque grand sentiment unanime. Mais on ne peut pas nier que c'est souvent la force qui a commencé par créer, et pour quelque temps soutint l'union, qui plus tard s'est transformée dans une unité nationale. Sous l'abri de la force, les intérêts communs, économiques, juridiques, moraux, littéraires et historiques se sont formés et en grandissant ont conquis les cœurs et remplacé la force par des sentiments qui expliquent que les esprits, peut-être les plus avancés de nos jours et les plus touchés des idées de culture, aiment à rêver d'un état de choses où toute force, toute contrainte extérieure disparaîtrait.

Il serait absurde de croire que nous sommes arrivés à la fin de cette évolution historique qui a formé les grands Etats nationaux des localités dispersées et hostiles. Le désir d'une plus grande sécurité et d'une paix assurée a contribué à abattre les égoïsmes provinciaux et continuera sans doute à pousser les peuples dans la voie d'une toujours plus vaste unification. Les particularités nationales sont devenues plus prononcées et la conscience de leur existence est devenue plus distincte, mais à côté de cette influence individualisante et différentielle de la civilisation et des progrès, les peuples commencent à entendre qu'il y a aussi de grands intérêts qui les unissent, et que leur prospérité économique, morale et intellectuelle dépendra de l'élaboration de plus en plus efficace de cette unité. Que nous marchions vers ce but, c'est-à-dire vers la paix générale, vers l'organisation internationale des centres nationaux de nos jours, nous n'en doutons point, mais les voies de cette marche ne sont pas données, parce que les différences entre les civilisations nationales sont trop accentuées pour entrer sans conflit dans une organisation plus vaste.

La paix générale étant le but idéal, il n'est point certain que la guerre cesse d'être le moyen de la réaliser. L'atrocité et la brutalité de ce moyen révoltent l'esprit passionné des sentiments fondamentaux de notre civilisation, la sympathie et la compassion. Mais si ces sentiments ont acquis une assez grande force pour mettre l'individu en état de se sacrifier pour la cause de sa famille, de sa patrie, de la vérité ou de toute l'humanité, nous ne trouvons aucune nation, qui agirait selon ces principes, qui croirait que la cause de l'humanité gagnerait par son effacement, où, si elle le croyait, aurait assez de résignation pour en accepter les conséquences. Les nations défendront le libre développement de leurs civilisations particulières avec tous les moyens dont elles disposent. Et si ces civilisations nationales sont en opposition sur des points capitaux, si la grandeur et le perfectionnement de ces civilisations dépendent, comme nous le croyons, à un certain degré, de l'expansion territoriale de la nation, et de la densité de sa population, si les frontières des nations ne sont si marquées, que toute hésitation dans les tendances des populations frontières vers l'un ou l'autre type de culture a cessé, nous regardons la guerre comme une possibilité si menaçante que nous sommes disposé à la considérer comme une nécessité.

Dans l'Europe civilisée les causes de la guerre ne sont pas très prononcées. Les différences qui existent sur ce continent s'effacent devant les intérêts communs et la concurrence des nations pourrait se borner à la concurrence de la plus grande habileté, et à l'essai de l'emporter en patience et en ingéniosité. Mais l'expansion des grandes nations dans les autres continents, les intérêts coloniaux renferment une multitude de causes de conflits, qui ne perdraient leur caractère guerrier que si toutes les nations renonçaient à tout autre moyen d'expansion que leurs forces commerciales et civilisatrices (1).

Mais si nous pensons que la guerre dans l'état actuel de notre civilisation peut toujours devenir nécessaire, nous faisons remarquer que cela n'implique point que les nations doivent continuer de regarder la guerre comme la pierre de touche de leur politique. *Ne pas fermer les yeux sur la possibilité qu'un jour il pourra devenir nécessaire d'appeler à la force pour défendre ces valeurs de la civilisation nationale qui nous sont chères, c'est le devoir de toute grande nation ; mais de là il y a un grand pas à permettre que cette pensée absorbe beaucoup plus que la moitié de l'énergie nationale.* Les nations qui ont su s'organiser militairement sans trop entraver les occupations vraiment civilisatrices du peuple l'emporteront de plus en plus dans la concurrence des nations. Pour les petites nations, qui ne sont pas assez riches pour dissiper impunément leurs moyens, ces considérations deviennent de la plus haute urgence.

Si par le militarisme on comprend cette organisation qui met l'armée à la tête des institutions nationales, on ne peut évaluer ses effets qu'en relation de la nécessité de la guerre. Moins on croit que la guerre est nécessitée par les conditions de nos Etats actuels, moins on est disposé à subir les effets fâcheux de cet armement excessif qui dévore tant de forces de la nation. Nous ne parlons pas seulement des effets économiques du militarisme, mais surtout de ses effets politiques et moraux. Comme toujours, dans l'évolution historique ces dernières conséquences sont les plus importantes, mais on ne s'en remet jamais que lorsque la dissolution s'est étendue aux finances et menace d'amener une banqueroute. Cette situation, le militarisme actuel commence à la préparer, non seulement par les sommes énormes dont il a chargé le Trésor,

(1) Ces lignes étaient écrites avant la conclusion du traité entre la France et l'Angleterre qui a réglé les intérêts africains de ces deux grandes puissances et qui a, par cela même, rendu plus forts les aspects pacifiques de l'avenir.

mais aussi par ces milliers de travailleurs qu'il soustrait aux occupations productives.

Dans la politique, le militarisme est le plus fidèle soutien du régime d'en haut, qui nourrit chez les citoyens les instincts aveugles et superstitieux. L'autorité prend le caractère du commandement, et le citoyen se sent réduit à un chiffre. Ces tendances du militarisme, diamétralement opposées au gouvernement civil, deviennent encore plus prononcées en connexion avec l'influence financière. Plus l'Etat a une administration étendue sous sa main et un budget énorme à son emploi, plus le contrôle devient difficile et plus les affaires de la bourse gagnent en importance. Les intérêts du pays risqueront d'être menés selon le gré de quelques financiers qui joueront avec les instincts du peuple à leur propre profit. L'existence de l'armée à la tête d'une nation, c'est-à-dire le militarisme, est par elle-même la source d'une grave altération dans les idées morales. L'honneur, la justice et la sympathie, qui gouvernent l'homme dans sa vie privée et civile, prennent un sens tout à fait contraire, lorsqu'il s'agit des affaires publiques. Le militarisme s'allie partout à la morale primitive, où le droit signifie ce qu'on est assez fort pour faire, et où l'honneur se mesure par la terreur qu'on peut inspirer.

Le militarisme d'autrefois se présenta toujours comme un roi vaillant qui, entouré de son armée, prétendit défendre son pays et régna sur ses sujets civils selon son humeur et selon ses capacités. Le militarisme moderne est bien différent. Il a son origine dans la belle pensée que les citoyens doivent défendre ensemble leur patrie, imitation voulue des armées de citoyens des républiques antiques. Mais cette imitation de l'antiquité est devenue défectueuse, car nos armées se composent de deux éléments, les cadres avec les officiers, dont le métier est d'être soldat, et qui sont mis au-dessus de la juridiction civile, et la conscription des citoyens, qui pendant le temps de leur service perdent tout leur caractère civil. L'armée a ainsi cessé d'être la nation prête à défendre sa culture et est devenue une institution qui met les forces de la nation à la disposition des quelques ambitieux assez habiles pour manœuvrer la machine.

La nécessité d'une telle institution dépend du rôle que la possibilité d'une guerre doit jouer dans la politique du pays. Nous le répétons : la guerre ne sera pas sous toutes éventualités en contradiction avec les principes et l'état de notre civilisation, mais on ne doit pas mettre cette éventualité à la tête de sa politique. Si une des grandes nations se résolvait à mettre l'armée sous la suprématie efficace des pouvoirs civils, à réduire ses cadres à une proportion plus modeste et plus raisonnable en relation des forces de la nation, cette nation marcherait avec plus d'énergie en avant dans tous les domaines de la civilisation, industrie, commerce, art et littérature ; mais dans le cas où une guerre éclaterait avec un de ses voisins, ayant continué de s'armer à outrance, elle succomberait. Certainement ! Mais nous osons le dire, les chances d'une telle guerre sont diminuées considérablement. Une guerre, entreprise purement et brutalement dans l'intention d'accabler le voisin, n'enthousiasmerait point les nations actuelles, et sans cet appui de la nation aucun gouvernement n'oserait déclarer la guerre à l'exception peut-être du gouvernement de la Russie. Les guerres de nos jours sont impossibles si les peuples ne croient pas qu'ils sont attaqués dans leurs intérêts vitaux ; les guerres doivent se masquer comme des guerres défensives. Que deux grandes nations se trouvent en querelle : l'homme d'Etat habile qui pour une raison quelconque désire assaillir le voisin réussira facilement à appeler son peuple sous les armes pour défendre ses droits les plus sacrés, — si la nation voisine possède une armée assez puissante pour être suspecte de penser à faire la guerre. Mais si son armée est trop faible pour une telle entreprise, les manœuvres des hommes d'Etat pour présenter la guerre avec elle comme une guerre défensive deviendront beaucoup plus difficiles.

Si les intérêts des nations se heurtent sur des points d'une grande importance, une telle situation deviendrait insupportable pour le peuple qui aurait réduit son armée. Mais nous avons justement supposé que les nations contemporaines ne rivalisent plus que sur des points où elles pourraient s'arranger sans courir aux armes. Et nous croyons que si une nation osait réduire son armée, l'opinion publique forcerait les gouvernements des autres nations à suivre l'exemple. Aussi longtemps que les nations rivaliseront surtout dans leurs armements, elles continueront de se rendre suspectes de vouloir mettre la force à la place du droit, si l'occasion favorable se présente. La nation qui est sincèrement résolue à ne vouloir appeler aux armes que pour défendre ses droits et à vouloir respecter les droits des autres nations, ne court pas de grands risques par un désarmement.

Beaucoup des difficultés de la vie seraient aisément surmontées, si l'homme osait se relier davantage aux forces morales. Néanmoins on aime à regarder l'homme qui a ce courage comme un Don Quichotte. Dans la politique cette conception est encore plus forte, et nous ne doutons pas qu'on ne guillotinerait l'homme d'Etat qui essayerait d'affaiblir l'armée de son pays. Tout homme pratique rira des rêves du philosophe en lisant les lignes que nous venons d'écrire. Mais en vue de ce manque de foi dans les forces morales, nous sommes pour notre part des grands sceptiques, quant à tout essai d'assurer la paix et d'amoindrir le fardeau du militarisme. Les mesures les plus urgentes seraient : *a*) la subordination de l'armée à la juridiction civile, et *b*) la réduction de son budget. Mais nous n'attendons la solution de ces graves questions que d'une banqueroute ou de l'écrasement de quelques-unes des nations actuelles. Nous voyons toutes les sociétés dans un mouvement convulsif, partout nous entendons les gémissements et les cris contre le militarisme ; mais les hommes d'Etat, les journaux et les parlements sont encore occupés à des manœuvres pour exciter l'esprit national au profit du militarisme. Il y a les souffrances d'une fatigue qui commence à être excessive, mais il n'y a aucune trace d'une indignation morale. Il ne suffit pas de se donner l'air d'admirer la civilisation de notre siècle, si on n'a pas le courage de croire à la force de ses principes dans la pratique. « Il n'y a pas de foi dans Israël ! » Et le joug du militarisme ne peut être brisé que par la foi — ou par son propre excès.

C. N. STARCKE.

Dr S. R. STEINMETZ. — *Hollandais. Docteur en Droit. Sociologue. Privat-Docent à l'Université d'Utrecht. Auteur de :* Ethnologische studien zur ersten Entwicklung der Strafe ; Endokannibalismus ; Het Feminisme ; etc.

Le problème redoutable de la guerre appartient essentiellement au domaine de la sociologie. Tant que si peu de chercheurs sérieux et positifs s'associent à ses travaux, on ne peut pas s'attendre à ce que ce problème, comme beaucoup d'autres analogues, soit résolu d'une manière rigoureusement scientifique. La seule digue contre le flot croissant des « politicians » serait une science sociale fortement établie ; par étroitesse de vue on néglige ce devoir. Tandis que toutes les sciences font des progrès rapides, la science qui seule s'occupe directement de ce qui nous intéresse le plus, l'Avenir social, est abandonnée à sa marche lente. Le fait même est un symptôme important d'immaturité sociale.

Ainsi l'état actuel de la sociologie n'admettant pas encore un traitement définitif du problème de la guerre, ma réponse à l'Enquête ne sera qu'un essai de discussion scientifique et objective ou plutôt une indication brève des points les plus importants qu'on ne saurait négliger dans une telle discussion.

1° Le fait est indiscutable que toutes les nations ne vivent pas éternellement : la Grèce et la Rome antiques, le Mexique et le Pérou, l'Egypte et la Babylonie et beaucoup d'autres ont disparu ; le Portugal n'est plus qu'une ombre de ce qu'il était au xve siècle, l'Espagne est presque réduite à son territoire européen. Est-ce qu'il faut regretter ce phénomène si général ? Je crois que non, car ces peuples n'ont pas disparu en vain. Ils ont été vaincus, parce que dans une certaine constellation, d'autres peuples étaient devenus plus forts qu'auparavant et eux plus faibles qu'ils avaient été.

Mais ici aussitôt se présente la grande question : est-ce que cette extinction d'un peuple et cet avènement d'un autre, se font toujours au plus grand profit de l'humanité ? Avant d'essayer une réponse, il faut faire remarquer que la même question se pose à l'égard des individus et de leurs changements de place.

Tout bien considéré, je crois devoir répondre dans l'affirmative. On ne peut pas désirer que le faible tienne une place large, parce qu'il est défendu au fort de faire usage de ses forces. Mais les forces supposées ne sont-elles pas plutôt des vices, des vertus manquantes ? C'est un mythe inventé comme excuse par les faibles qui se revêt d'une apparence de vérité par le fait indéniable qu'à côté des qualités qui constituent la force nationale, un peuple peut avoir des vices assez gros : il n'est pas nécessaire d'être tout à fait fort ; il suffit d'être plus fort que l'antagoniste. Aucun peuple n'en vainc un autre, parce que le dollar est tout puissant, ni parce que la corruption pénètre toute la vie politique, ni parce que la protection rend possible l'existence de milliardaires, mais parce que l'adversaire a chassé et exterminé pendant des siècles ses meilleurs citoyens, parce qu'il souffre une église qui amène la stérilité d'une grande partie du peuple et qui tue la liberté et tout esprit d'initiative du reste. Surpasser l'ennemi en vertus ne mène pas plus à la victoire que lui céder en vices.

Je ne trouve aucun vice ni individuel, ni social qui, *à lui seul*, rend plus fort son possesseur. Seulement je constate et je regrette que de redoutables fautes peuvent être unies à des qualités bonnes ou neutres. Est-ce qu'on peut supposer qu'un fort méchant respecte le faible bon ? Et qu'un fort bon respecte le faible méchant n'est guère désirable.

Les adversaires plutôt enthousiastes que logiques de la guerre n'ont jamais prouvé que dans une vraie guerre (j'excepte les petites rencontres et les coups de main comme celui de Rhodes), la victoire pourrait jamais être attribuée à des qualités inessentielles du peuple vainqueur, ou ce qui revient à la même chose, à des fautes accidentelles du peuple vaincu. Ce n'est pas le hasard de la guerre qui décide, mais la constitution intime des peuples au moment de la guerre.

J'avoue qu'ici se cache une difficulté. Un peuple peut vaincre un autre dans une certaine époque de son histoire, et par le même peuple, il sera vaincu à une autre époque. Les exemples abondent. Aussi la proportion des forces totales des deux se change dans le cours de l'histoire. Il n'est pas nécessaire qu'une nation trouve son adversaire fatal à l'époque de sa décadence définitive par épuisement complet de toutes ses forces vitales. Il se peut très bien qu'un peuple aux meilleurs éléments et à qui on devrait prédire le plus bel avenir, rencontre avant son éclosion un adversaire trop puissant qui l'écrase. Seulement si le peuple vaincu a été vraiment fort, il se relèvera au moment faible de l'autre, ou bien il formera une partie importante du vainqueur, dont la force vitale et la résistance contre les concurrents, seront de la sorte augmentées.

Dans les collisions des peuples l'arrêt fatal n'est pas si tôt prononcé.

Dans chaque guerre, l'observateur impartial et muni de connaissances suffisantes, pourrait prédire l'issue immédiate, mais nous ne pouvons nous imaginer une science sociale capable de prévoir les sorts définitifs de toutes les nations. Néanmoins dans tel cas donné cette prophétie n'est pas si difficile, du moins en gros.

Considérons une conjoncture comme celle de l'empire chinois subjugué par les Mandchous, leurs inférieurs sous plusieurs regards. Est-ce que cette conquête n'a pas servi à consolider l'empire chinois, dont la seule force est la masse énorme qui, sans tyrannie centrale, aurait été probablement mise en pièces, chacune sans force de résistance contre les étrangers qui les auraient assujetties beaucoup plus profondément. Avec les Mandchous la Chine existe, quoique sous un gouvernement tyrannique, ennemi de tout progrès ; sans eux elle aurait été répartie entre les nations étrangères, la conquête mandchoue elle-même ayant prouvé que le peuple n'a pas assez de force politique.

Par la guerre entre tribus, offensive ou défensive, dans le passé le plus reculé, la cohésion des groupes a été fortifiée plus que par aucune autre circonstance. Par la guerre contre la force brutale ou perfide à l'intérieur c'est-à-dire contre les criminels, l'État a été fondé.

Par la guerre, surtout, l'esclavage est devenu possible et, avec lui, les conditions de la civilisation ultérieure étaient remplies : le capital et le temps libre pour penser à autre chose qu'à la seule lutte pour l'entretien de chaque jour. La force brutale appliquée aux femmes et aux esclaves nous a élevé de la chasse à l'agriculture ; sans cette transition facile, on se serait contenté des « preventive checks » de l'infanticide et du cannibalisme.

Sans la guerre, les groupes ne se seraient pas isolés les uns des autres, c'est-à-dire que tous les groupes auraient fusionné, la famille même aurait été inutile pour une très bonne partie. Nous n'aurions eu qu'un troupeau humain sans structure, homogène, rien que des individus et l'humanité. L'humanité est trop vaste pour être aimée ; sans ce point de repère qui est le groupe, l'homme n'aurait aimé que soi-même, comme le font les bêtes paisibles, le lièvre, etc. Mais,constitué faible comme il l'est, sans un bon fonds d'agressivité, comment aurait-il tenu son rang à côté des grands carnassiers? Et le tempérament à les combattre lui étant nécessaire, il était inévitable que ce tempérament acquis pendant des milliers d'années, ne se perdît pas si vite.

Ainsi je crois indéniable l'utilité de la guerre aux temps passés.

Mais à notre temps aussi elle remplit une fonction hautement importante.

La guerre est la seule forme de la concurrence des groupes, opposée à celle des individus et complémentaire d'elle. Ce sont d'autres qualités psychiques des individus qui les rendent forts eux-mêmes, et d'autres qui forment les groupes vitaux et forts au combat. Dans la guerre ces qualités-ci, beaucoup plus que celles-là, décident de la victoire. Telles sont la fertilité, le patriotisme, la soumission à une volonté dominante, le respect de l'autorité, la faculté d'assimilation et quelques qualités négatives qui font que l'individu ne se sente pas trop comme tel. Pourquoi ces qualités ne seraient-elles pas employées aussi bien que les autres? — Tel peuple est fort comme groupe et assez faible quant aux qualités essentielles pour la lutte des individus, par exemple la Russie; tel autre se trouve dans le cas inverse, par exemple la Chine; d'autres encore sont très forts sous les deux rapports, comme l'Angleterre et l'Allemagne. Est-ce qu'on peut s'imaginer qu'un peuple faible quant aux individus abdique volontairement l'usage de ses forces collectives? Mais ce serait un suicide national, qui impliquerait des conséquences funestes pour les individus, beaucoup plus cruelles et plus lourdes à supporter que les pertes énormes d'une guerre de temps à autre. La Russie sans guerre et sans armée, sans recours possible à la force collective mais brutale, serait submergée, par les individus beaucoup plus forts des nations chinoise, juive, allemande, anglaise et américaine et, à la longue, les Russes eux-mêmes ne formeraient que la classe inférieure dans leur propre pays. La lutte des classes qui est encore une lutte de groupes déguisée les aurait refoulés jusque-là (1).

Aussitôt que vous abolissez la guerre et les armées, il faut ouvrir les frontières à quiconque veut entrer, car comment repousser l'étranger en dernière instance sans la forme brutale? La Chine l'éprouve à ses dépens. La conséquence serait la même qu'aux temps passés :

L'effacement de tout caractère national, rien que l'humanité!

Une certaine agressivité est la condition inévitable de conserver son caractère, pour les peuples aussi bien que pour les individus; sans elle point de liberté interne, point d'indépendance. Sans guerre nous aurions une expansion communiste sans bornes, toute chrétienne, comme l'aime M. Tolstoï, mais qui tuerait tout progrès et tout plaisir de vivre dans l'âme des hommes sains et forts.

Je crois que la grande majorité des nations soi-disant civilisées n'est pas encore mûre pour l'amour de l'humanité; même pour la minorité supérieure longtemps encore le patriotisme sera l'émotion la plus vaste; l'internationalisme des réunions socialistes et anarchistes me semble plutôt une phrase sans fondement psychique. L'antisémitisme en Galicie, en Russie et en France, la ma-

(1) Le Transvaal se trouve dans une situation analogue; ce sont les guerres qui le soutiennent.

nière peu généreuse dont l'Amérique a traité l'Espagne vaincue. la popularité de Rhodes et de Jameson en Angleterre, la violation de la Finlande et beaucoup d'autres phénomènes analogues démontrent bien clairement que le chauvinisme n'est pas mort encore, dans les pays les plus civilisés, et que l'amour et le respect de l'humanité entière sont restreints à une petite minorité sans puissance directe.

Sans guerre, plus de frontières, et par là plus de patrie, et la patrie a encore une fonction bien importante dans l'éducation de la masse des hommes.

Comment nous défendre contre les flots envahissants des Chinois sans défense définitive, c'est-à-dire sans la possibilité de la guerre.

Ceci quant à l'influence directe de la guerre, mais en approfondissant le problème nous touchons à ses conséquences de sélection.

Il n'y a pas encore si longtemps que quelques savants considèrent l'histoire sous ce point de vue de la sélection, qui a prouvé un levier de tant de force dans la biologie générale. Toute notre histoire humaine n'est après tout qu'un chapitre de la biologie générale, avec, sans doute, quelques caractères spéciaux. Dès maintenant on peut prédire un avenir brillant à cette branche virginale de la sociologie.

Comme je viens de le dire, ces recherches sont encore dans leur première jeunesse.

Ainsi, quant à notre problème, on n'a pas assez distingué la sélection individuelle qu'éprouvent seule les animaux de la sélection collective ou par groupes qui est le propre de l'humanité (1). Tandis qu'on peut reprocher à la guerre une influence de contre-sélection pour les individus, quoique je sois incliné à croire qu'on l'exagère, le cas est tout différent pour les groupes, comme j'ai essayé de le démontrer. Et si vraiment c'est la force réelle qui fait vaincre le groupe, et si ce sont les qualités morales des individus qui effectuent sa cohésion, la sélection des groupes implique la sélection de ces qualités. C'est par un procédé indirect que les sélections par la guerre sont favorables aux qualités morales des individus.

La guerre est le seul ou du moins le principal procédé de la sélection par groupes, sans la guerre l'humanité aussi, comme le règne animal, ne serait tamisée que par la sélection individuelle. Le caractère humain en serait singulièrement appauvri et diminué. Ce n'est que cette forme de la sélection qui exige des qualités morales, les conditions de la cohésion du groupe. Pour la sélection individuelle la sympathie, l'amour, la justice ne sont que des épiphénomènes difficiles à expliquer, car on ne saurait soutenir avec l'ancien utilitarisme rationaliste qu'elles aident l'individu à satisfaire sa cupidité sans bornes ; il faut bien le reconnaître, pour l'individu égoïste, éclairé ou non, ces vertus ne sont que des entraves. Pour le groupe c'est tout le contraire. A sa vie, à son succès la plus grande quantité de ces vertus qui peut co-exister avec la vitalité des individus (qui exige leur sélection continue entre eux) est indispensable. Ce sont des vérités qu'on ne découvre pas dans les réunions populaires, mais elles n'en ont pas moins de valeur.

Je ne puis pas m'appesantir. Un seul exemple : les défauts graves que l'on reproche à quelques Juifs, et que l'on retrouve chez les Arméniens et les Chi-

(1) Je me permets de citer mon article : « la Sélection indirecte ou Corollaire », dans les *Annales de l'Institut International de Sociologie*, IV, 1898.

nois, sont les produits de la sélection individuelle sans le contrepoids de la sélection collective (1).

Ce n'est pas par hasard qu'ils se trouvent à un si haut degré chez des races sans vie nationale. Si on les abhorre, n'ôtez pas la condition de développement des vertus contraires, c'est-à-dire la vie nationale qui ne peut exister sans territoire et frontière, sans quelque isolement qui, quelquefois, rendra nécessaire la guerre.

La vie du groupe comme toute vie cherche à se maintenir et même à se répandre, toute nation, qui se sent comme telle, a besoin d'expansion; les voisins ont le même besoin, voilà la guerre inévitable à la longue.

Il ne faut pas que les guerres soient fréquentes entre les nations civilisées pour atteindre aux hauts buts que nous venons d'indiquer, mais leur suppression, supposée possible, impliquerait des pertes incalculables pour l'humanité et pour la civilisation.

Je n'oublie pas un instant les maux énormes que la guerre apporte, ni la démoralisation pas toujours momentanée qu'elle cause encore, tout cela sera atténué pour une très bonne partie par les progrès de l'humanité, mais ce progrès lui-même exige la guerre comme un de ses procédés les plus efficaces.

Il ne dépend pas de nous de déterminer les conditions du progrès, nous pouvons seulement les remplir ou non. Il faut bien choisir.

II. — Certainement, les effets du militarisme sont déplorables sous plusieurs rapports, et pour une bonne partie ces vices sont inhérents au système. Tout corps a ses défauts caractéristiques à ce genre d'organisation : tels le despotisme des supérieurs envers leurs inférieurs respectifs, le népotisme, le formalisme, le mépris de ceux qui sont au dehors du corps, l'étouffement de l'esprit d'initiative et du respect de soi-même chez tous hors du chef suprême, le servilisme. Je ne crois pas que ces vices soient l'apanage spécial de l'armée, tout corps les mûrit; seulement dans l'armée, qui est le corps le plus rigoureusement organisé, ils se montrent à un plus haut degré, et, parce que l'armée est l'organisation la plus vaste dans l'Etat, ses fautes sont les plus dangereuses.

Toutefois il ne faut jamais oublier que le caractère de l'armée est en rapport étroit et direct avec le caractère de la nation. Comme on le dit avec raison : chaque peuple a les dieux et le roi qu'il mérite; autant vaut de l'armée. Ainsi, puisqu'il n'y a pas une démocratie, à peu près saine et sans mélange de féodalité parmi les grandes nations armées, on ne doit pas s'étonner que leurs armées exhibent tous ses vices. Si dans la société civile chacun occupait la place que ses mérites personnels lui assignent, ni une trop haute ni une trop basse, inévitablement ça serait le cas dans l'armée aussi. Mais nous sommes loin de là. Ce sont les fautes de la société civile que l'armée nous montre, mais peut-être un peu grossies. L'armée ne devrait être rien que l'arme du peuple; c'est une faute à nous qu'elle peut être plus, et non une faute propre à son principe.

Tout de même les excès du tyran sont notre faute, puisque nous le souf-

(1) A entendre les cris de leurs victimes, il ne semble pas agréable non plus d'être supprimé par cette sélection individualiste. Peut-être est-elle plus cruelle, certainement ce procès dure plus longtemps.

frons ; sans le peuple russe, Ivan le Terrible n'aurait été rien qu'un bretteur cruel de village, aisément tué par deux garçons courageux et unis ; ce ne sont que les faiblesses du peuple qui lui ont permis de devenir terrible. Ainsi les défauts du militarisme sont pour une très grande partie la punition juste du peuple qui les souffre et qui ne sait pas les corriger. C'est la constitution qui rend susceptible ou non de contagion par les bacilles.

La forme actuelle de l'armée n'est pas plus éternelle que la forme passée; elle passera et sera suivie par une autre plus adaptée aux besoins des sociétés survivantes.

Le peuple survivra dont l'armée a combiné les moindres fautes avec la plus grande force. Ce sera le peuple le plus sain, politiquement le plus développé qui réussira le mieux dans cette tâche vitale.

III. — L'anarchisme veut abolir le gouvernement parce que tout gouvernement a ses défauts ; les antimilitaristes à outrance veulent abolir l'armée entière, parce qu'aucune armée n'est parfaite. Cela me semble assez enfantin. A cette logique cruelle rien n'échapperait, rien n'étant parfait.

Toute politique sérieuse, qui ne se paye pas de mots, ne peut aspirer qu'à faire la guerre plus rare et mieux motivée, qu'à amoindrir toujours les maux de la guerre, qu'à assainir l'armée.

Plus que tous nos efforts exprès, l'évolution non-voulue, mais inévitable, de l'humanité nous approchera de ce but, entre autres par le procédé très efficace de la guerre. Les nations trop turbulentes aux armées corrompues, qui n'inspirent pas le respect aux autres, seront réduites. Toutefois, nous pouvons nous efforcer de hâter ces conséquences. Ces efforts sont le plus beau symptôme de l'évolution.

IV. — Tout moyen concourra à ce but qui élèvera l'hygiène morale et politique de l'humanité et surtout des peuples civilisés.

Les moyens directs et à phrases, comme les congrès interparlementaires et internationaux, les unions de paix, les brochures, les romans à tendance, ne me semblent point tout à fait inefficaces, mais certainement les moins efficaces. La guerre et les armées ont des racines trop profondes et trop fortes dans toute la vie des peuples, même les plus civilisés, pour qu'il soit possible de les déraciner vraiment par de l'éloquence. On peut se demander si les paroles ont jamais tué quelque chose qui ne fût pas mort ? Elles sont l'annonce tout au plus de la mort.

Mais les hommes à paroles ne veulent pas de cette vérité pourtant démontrée par toute l'histoire, et dont nous sommes convaincus pour notre vie intime. Aucun ménage n'est apaisé par une belle résolution suggérée du dehors. Si les paroles enthousiastes nous pouvaient amener la paix, ce serait déjà fait depuis longtemps par Jésus, saint François ou Savonarole. Nous ne prêcherons jamais plus avec leur conviction, leurs promesses et leurs menaces.

Il faut préférer les moyens indirects, protéger le développement des tendances positives et désirables de l'humanité et encore il sera sage de choisir parmi elles celles qui ont le plus de chance au moment actuel. Car avant tout il faut éviter de gaspiller la force des hommes de bonne volonté. Nous pouvons répandre encore la meilleure éducation dont nous disposons dans ce moment, et surtout nous devons rendre l'éducation propre à former et à fortifier le caractère, à éveiller le respect de soi-même et l'initiative, à faire des hommes justement balancés entre l'individualisme et l'altruisme. Mais l'éducation nous permet seulement de modifier un peu le caractère une fois donné. Est-ce que nous pouvons l'atteindre plus profondément? Oui, un peu, en utilisant bien les rares lumières que la science actuelle nous donne sur ce sujet très important. C'est de l'hérédité que dépend le fond du caractère qui domine tout son développement ultérieur. De l'union des parents dépend l'hérédité, c'est ici que nous pouvons appliquer notre levier. A l'aide de l'éducation et de la presse, nous devons faire notre mieux pour populariser l'idée que, seuls, les parents sains de corps et d'esprit doivent procréer des enfants. La tâche complémentaire sera plus difficile, de combattre la répugnance croissante des grandes familles. Par divers autres moyens encore nous pouvons espérer influencer un peu la sélection sociale et rendre la sélection individuelle un peu plus favorable à notre but moral.

Outre ces deux mesures, par lesquelles nous aurons des caractères plus forts, mieux doués, dans la possession de connaissances suffisantes à juger indépendamment, ainsi capables de n'être plus la matière malléable à la merci des « politicians » civils ou militaires, nous pouvons combattre la corruption, le servilisme, le népotisme partout où ils se montrent.

Nous devons combattre efficacement tout ce qui tue la liberté de l'esprit, tout ce qui étouffe l'indépendance du caractère, comme la tyrannie cléricale, féodale et financière. Le protectionnisme, qui favorise les milliardaires et les trusts, fait plus de mal à l'humanité que la guerre.

Avec des hommes meilleurs et des institutions saines rien ne restera de la guerre que ce qui est nécessaire au progrès de l'humanité et au plus grand bonheur de l'homme.

S. R. STEINMETZ.

C. SUNDBLAD. — *Suédois. Instituteur communal. Rédacteur de* Fredsfanan.

1° En examinant la chose d'une manière superficielle, on dirait peut-être que certaines guerres sont nécessaires d'abord parce qu'elles sont la conséquence de faits historiques et de vieilles injustices internationales que le temps n'a jamais réparées, puis pour administrer la justice, là où il semble qu'elle ne pourrait être obtenue que par la violence, et ensuite, quoique moins souvent, afin de contribuer au progrès chez les nations moins avancées qui s'isolent obstinément et résistent au temps qui exige la coopération perpétuelle avec les nations plus civilisées et plus avancées. Mais la nécessité absolue de la guerre n'est pourtant nullement prouvée.

Si nous examinons soigneusement les lois de la nature et du développement humain, nous apprenons que l'emploi de la violence n'est point aussi nécessaire qu'on a pensé auparavant. Il y a d'autres moyens plus efficaces que la violence et la guerre pour obtenir justice et contribuer au progrès. On peut affirmer sans hésiter que la guerre entre des nations civilisées n'est point nécessaire.

2° Le militarisme éveille directement chez les militaires eux-mêmes et indirectement dans les autres classes, la brutalité et le cynisme et les rend moralement sauvages, parce que le militarisme, érigé et basé sur le principe de la violence, répand et enracine chez la masse du peuple les principes de la violence au lieu des principes d'humanité, du christianisme et de la confraternité. Voici les effets moraux du militarisme.

Au point de vue économique, le militarisme, par sa soif d'argent inextinguible, son gaspillage de matériaux, de temps, de bras précieux, maintient la grande masse du peuple, dans une permanente misère économique il en résulte une lutte désespérée pour la vie par laquelle une grande quantité d'hommes, qui seraient honorables dans d'autres conditions, sont contraints à suivre les chemins du dérèglement et du crime.

Le militarisme maintient dans la vie politique internationale un état dont le vrai nom est l'anarchie, qui se communiquera un jour à la vie sociale et qui anéantira toute la civilisation actuelle, si le militarisme n'est pas bientôt remplacé par l'arbitrage international.

3° Il n'y a pas à mon avis d'autres moyens de sortir de la terrible misère du militarisme actuel que les suivants:

a) Les conventions internationales par lesquelles les Etats s'engagent à régler tous les points litigieux par l'arbitrage au lieu de la guerre;

b) La neutralisation des petits Etats et des grandes routes de communication internationale;

c) L'organisation d'une grande union d'Etats sous une administration générale élue tous les trois ans par toutes les nations d'Europe réunies ;

d) L'abolition des armées nationales, remplacées par une armée commune à toute l'Europe, relativement peu nombreuse, qui ne recevrait d'ordres que du chef de l'administration commune.

4° Pour parvenir à ces réformes importantes il n'y a pas d'autre moyen que l'instruction effective du peuple, afin que les idées et les désirs du peuple soient dirigés vers la réalisation de ces réformes aussitôt que possible.

C. Sundblad.

Bertha von Suttner. — *Autrichienne. Femme de lettres. Présidente de la Société autrichienne de la Paix. Membre du Bureau international de la Paix à Berne. Directrice de* Waffen Nieder. *Auteur de* : A bas les armes! L'Age des machines ; Echec au tourment, etc.

1° Une institution qui a pour but la destruction des œuvres du progrès ne peut certainement pas être voulue par le progrès. L'histoire ne *veut* rien ; elle enregistre simplement les effets des volontés et des contingences individuelles et sociales.

Quant au droit, la guerre « sanction de la violence » en est la négation absolue.

2° Les effets du militarisme?

Désastreux sous tous les rapports. Les vertus, les abnégations, les nobles enthousiasmes, les actes de courage et d'intelligence, les élans de joie et de fierté qui, sans aucun doute, se sont manifestés et se manifestent encore sur le champ du militarisme, ne dérivent certainement pas de celui-ci ; ils sont une preuve de l'inébranlable tendance vers le bien et vers le bonheur qui anime l'humanité et se perce un chemin dans toutes les conditions de la vie humaine, même les pires; il en est de même pour les plantes qui, du fond d'une caverne, réussissent à germer et à envoyer des branches vers quelque crevasse par où pénètre un rayon de soleil : qui osera dire que l'air de ce lieu souterrain soit favorable à la croissance des fleurs, et que la lumière y abonde ?

Quel développement incalculable de richesse pour nos sociétés, et quelle accélération de leur évolution, si toutes les forces intellectuelles, morales, physiques, économiques, aujourd'hui dispersées, sinon étouffées par la prédominance de la destruction et de la haine, étaient employées à un labeur productif et dans le champ de la bienfaisance !

Quant aux effets directs du militarisme, il me semble que les séjours des casernes ne sont pas faits pour affiner l'intelligence ; que l'obéissance passive et absolue ne tend aucunement à élever le caractère, tout comme l'obligation éventuelle de tuer son prochain n'adoucit pas les cœurs ; il me semble encore que pendant les périodes dites de paix, les millions et les milliards engloutis par les armements doivent forcément conduire à la ruine et que, comme effet politique, le militarisme perpétue l'état d'anarchie existant entre les nations et constitue, sous prétexte de garantir la sécurité de la patrie de quelques-uns, le péril permanent qui menace les patries de tous.

3° Les solutions ? Je les signalerai rapidement, l'adoption pour les rapports internationaux des mêmes lois qui règlent les rapports entre individus ; une fédération entre les Etats civilisés ; des traités permanents d'arbitrage, un tribunal international. L'état de guerre actuel, héritage de tout le passé de notre race, pénètre toutes les parties de l'organisme social. Pour y faire succéder l'état de paix, il faudrait que la métamorphose se fît simultanément dans toutes les parties. Il y a par conséquent mille chemins différents qui tous convergent au même but. « Where there is a will, there is a way », dit le proverbe anglais. Par conséquent, l'action la plus efficace des sociétés de paix consiste à susciter dans les masses et auprès des gouvernements, l'intention sincère, c'est-à-dire la *volonté*, d'abolir la guerre.

Le premier devoir de ceux qui sont déjà animés de cette intention, les pacifiques résolus et convaincus, est donc d'exprimer leur opinion sans ambage et sans aucun ménagement pour les opinions contraires.

Il ne s'agit pas de dire : « Marchons, oui, — mais nous n'arriverons jamais. »

« Aimer les carnages est indigne de l'humanité, — mais l'homme est ainsi fait. »

« Que la guerre disparaisse, — cependant elle a du bon ! »

Non, de pareilles réticences ne nous feront pas avancer d'un pas. Il est nécessaire que nous disions le fond de notre pensée.

Nous arriverons nécessairement, donc, marchons.

« L'homme moderne, l'homme de demain, doit être au-dessus des barbaries, — donc à bas l'indignité des tueries. »

« La guerre est malfaisante, et rien que malfaisante : donc périsse la guerre ! »

BERTHA VON SUTTNER.

CARLO TIVARONI. — *Italien. Provediteur royal. Auteur d'œuvres sur* Storia critica del Risorgimento Italiano.

Je ne puis répondre, parce que la question posée est trop haute pour être traitée par une personne incompétente ; elle mérite des études approfondies, générales et spéciales.

Je ne puis répondre parce que m'étant formé sur la question une impression propre qui pourrait être en désaccord avec celle de tous ceux qui répondront, il faudrait d'autant plus la développer avec sérieux et pondération.

Sommairement, pour qu'on ne me croie pas un « décrocheur de nuages », je dis qu'aussi longtemps que le niveau intellectuel moyen de la société humaine sera aussi bas qu'il l'est à présent, niveau moyen qui permet aux classes dirigeantes allemandes de germaniser la Lorraine, aux classes dirigeantes slaves et allemandes de rendre slaves ou allemandes, l'Istrie et le Trente, aux classes dirigeantes anglaises, allemandes, françaises, italiennes, de considérer l'Afrique comme une proie, aussi longtemps que :

1° L'homme type ne réussira pas à substituer une conscience individuelle éclairée à la conscience confuse, pervertie ou absente d'aujourd'hui ;

2° Que le niveau intellectuel moyen des classes dirigeantes empêchera les Etats de se constituer sur la base de la nationalité, pour se confédérer sur la base de la solidarité universelle ;

La guerre comme expression du droit de la force sera nécessaire pour remettre en vigueur, chaque fois qu'il sera possible, le droit de la raison.

Le droit de la force fait dominer aujourd'hui les classes dirigeantes de la même manière qu'il inspire les apôtres des multitudes encore inconscientes, instrument brut des uns et des autres.

Il y a donc encore trop à faire pour qu'on puisse penser à supprimer la guerre pour le moment.

Il faut d'abord, et c'est un travail fondamental, transformer l'homme en l'améliorant ; il faut diriger vers ceci l'action isolée et collective des penseurs, et, ce résultat obtenu, la guerre cessera d'elle-même, comme la misère, plus que tout, le fruit de l'ignorance.

Jusqu'à cette époque reculée où ce résultat sera obtenu, la guerre sera le seul moyen qui reste à la force pour accomplir ses violences, et au droit pour s'en relever une fois sur mille.

Visons à l'idéal, mais en nous rendant compte que sa réalisation est lointaine; visons à l'idéal, mais en nous persuadant de continuer infatigablement ce lent travail qui a transformé après des siècles l'homme des bois en homme civilisé et qui devra transformer encore, après des siècles, l'homme civilisé en homme juste, en homme complet. CARLO TIVARONI.

LÉON TOLSTOÏ. — *Russe. Littérateur et philosophe. Auteur de :* Anna Karénine ; La puissance des Ténèbres ; La Guerre et la Paix ; Que faire ? ; Ce qu'il faut faire ; Le salut est en vous ; Résurrection ; etc., etc.

DELENDA EST CARTHAGO.

Je ne puis dissimuler les sentiments de dégoût, d'indignation, de désespoir même que cette lettre a soulevés en moi. Ces chrétiens, bons, sensibles et éclairés qui considèrent le meurtre comme un crime affreux, dont aucun, sauf de rares exceptions, ne nuirait à un animal, sont cependant les mêmes hommes qui, quand le meurtre et le crime s'appellent la guerre, non seulement reconnaissent la destruction, le pillage et l'assassinat comme justes et licites, mais qui contribuent à ces vols et à ces massacres, s'y préparent, y participent et s'en font gloire. Cependant, toujours et partout, il est à constater que l'immense masse — tous les travailleurs — de ces hommes qui pratiquent le pillage et le meurtre et en subissent toutes les responsabilités, ne les demande, ne les recherche et ne les désire pas, qu'elle n'y prend part que contre son gré, parce qu'on lui a fait une telle situation qu'il lui semble que ses souffrances seraient plus grandes si elle refusait d'y participer. Et il en est ainsi malgré que ceux qui excitent au pillage, qui préparent les massacres et obligent le peuple travailleur à s'y livrer, ne sont qu'une minorité insigne qui vit dans les plaisirs, le luxe et l'oisiveté, du travail des ouvriers.

Cette vaste duperie qui se prolonge et s'accentue de siècle en siècle, a atteint de nos jours son extrême développement. La plus importante partie du produit du travail de l'ouvrier lui est enlevée et va se perdre dans des préparatifs incessants, toujours accrus, pour les pillages et les hécatombes. Et non seulement l'ouvrier est frustré de son travail, mais lui-même, dans tous les pays d'Europe, doit y aller de sa personne et prendre part aux boucheries guerrières. A dessein, les relations internationales sont compliquées de plus en plus; des campagnes et des villes paisibles sont ravagées et saccagées pour des futilités; chaque année, dans un coin ou l'autre du monde, le massacre et le pillage s'installent en maîtres et, tous, nous vivons dans la crainte perpétuelle du brigandage et du meurtre. L'existence de ce triste état de choses étant due à ce fait que la grande masse est trompée par une minorité à laquelle cette duperie offre d'immenses avantages, il semblerait que la première tâche à remplir par ceux qui voudraient débarrasser les peuples de ces assassinats et vols mutuels, serait de révéler aux masses la duperie qui les tient subjuguées, de leur faire ressortir comment elle est perpétrée, par quels moyens elle est maintenue et comment on arrivera à l'anéantir. Les hommes éclairés d'Europe, cependant, n'en font rien, mais sous le prétexte de poursuivre l'avènement de la paix, ils s'assemblent tantôt dans l'une, tantôt dans l'autre ville d'Europe et siégeant autour d'une table, d'un air aussi grave que possible, ils délibèrent sur la question de savoir comment on persuadera le mieux aux brigands qui vivent de pillages, d'abandonner le vol et de devenir de paisibles citoyens, et alors ils se posent de profondes questions; en premier lieu, ils se demandent si la guerre se justifie devant la loi, l'histoire et le progrès (comme si de telles fictions établies par nous, pouvaient exiger de nous dévier de la loi fondamentale de la vie); en second lieu, ils recherchent quelles sont les conséquences de la guerre (comme s'il n'était pas incontestable et incontesté qu'elles sont la misère et la corruption), et, enfin, ils s'appliquent à résoudre le problème de la guerre, comme s'il y avait problème, à libérer un peuple trompé d'une duperie que nous voyons clairement.

En vérité, c'est monstrueux! Nous voyons comment des gens sains, paisibles et souvent heureux vont chaque année, dans quelque repaire de jeu comme Monte-Carlo, laisser au profit des tenanciers, leur santé, leur tranquillité, leur honneur et souvent leur vie. Nous les plaignons; nous savons que l'illusion qui les pousse consiste dans ces entraînements qui caractérisent les joueurs dans l'inégalité des chances et dans l'augmentation du nombre des joueurs, qui, quoique complètement certains de perdre, espèrent néanmoins, une fois au moins, voir la fortune leur sourire. Tout cela est évident. Et alors, dans le but de délivrer l'humanité de ce vice et au lieu de faire ressortir aux joueurs les tentations par lesquelles ils se laissent entraîner, le fait indéniable qu'ils sont sûrs de perdre et l'immoralité du jeu qui est basé sur l'expectative de la malchance des autres, nous nous assemblons gravement en congrès et nous délibérons et recherchons comment les tenanciers de maisons de jeu seront amenés à fermer d'un commun accord leurs établissements; nous écrivons des livres sur ce sujet et nous nous demandons si l'histoire, la loi et le progrès réclament l'existence de maisons de jeu et quelles sont les conséquences économiques, intellectuelles, morales et autres de la roulette.

Si un homme s'adonne à la boisson et si je lui dis qu'il peut se débarrasser par lui-même de son intempérance et que je lui indique comment il doit agir pour y arriver, il y a espoir qu'il m'écoutera; mais si je lui dis que son intempérance est un problème compliqué et difficile que nous, hommes de science, nous essayons de résoudre dans nos conférences, eh bien! très probablement, il continuera de boire en attendant que la solution du problème soit découverte. Il en est ainsi avec les moyens faux, policés et scientifiques d'abolir la guerre par les arbitrages, les tribunaux internationaux et autres absurdités, qui négligent la méthode la plus évidente et la plus simple. Etant donné que les gens qui ne veulent pas la guerre ne devraient pas combattre, il n'est pas nécessaire d'avoir ni entente internationale, ni arbitrage, ni tribunaux internationaux, mais bien d'affranchir les peuples de la duperie qui les enchaîne. Ce moyen d'en finir avec la guerre est pour ceux qui ne la veulent pas et qui considèrent qu'y participer est un péché, de mettre bas les armes et de refuser de combattre. Ce moyen d'action a été propagé aux premiers siècles de notre ère par des écrivains chrétiens tels que Tertullien et Origène, aussi bien que par les disciples de saint Paul et leurs successeurs, les Mennonites et les Quakers. Le péché, les conséquences néfastes et l'absurdité du service militaire ont été dépeints et établis sous toutes leurs faces, par Dymond, Harrisson et, il y a vingt ans, par Ballon, de même que par moi-même. Le moyen que j'indique a été adopté dans le passé et récemment appliqué par des individus isolés en Autriche, en Prusse, en Hollande, en Suisse et en Russie, aussi bien que par des groupes entiers, tels que les Quakers, les Mennonites et les Nazaréens et, hier encore, par les Doukhobortsi qui au nombre de 15.000, résistent pour la troisième année à la puissance gouvernementale russe et, malgré les souffrances et les vexations auxquelles ils sont en butte, ne se soumettent pas à l'obligation à laquelle on veut les astreindre, de prendre part aux crimes du service militaire.

Mais les amis éclairés de la paix non seulement se refusent à recommander cette méthode, mais ils ne la mentionnent même pas, et, quand on la leur soumet, ils prétendent n'avoir pas à s'en occuper, ou bien, s'ils la prennent en considération, ils haussent les épaules gravement et expriment toute leur pitié pour ces hommes déraisonnables et sans éducation, qui adoptent une méthode aussi inefficace, aussi sotte, alors qu'il en existe une excellente entre toutes, mettre du sel sur la queue de l'oiseau qu'on veut capturer, c'est-à-dire persuader aux gouvernements qui n'existent que par la violence et le mensonge, d'abandonner l'une et l'autre.

Ils nous disent que les malentendus qui s'élèveront entre gouvernements seront réglés par des tribunaux ou par l'arbitrage. Mais les gouvernements ne désirent pas le moins du monde la solution de leurs malentendus. Au contraire, s'il ne s'en produit pas, ils en inventent, car ce n'est que dans ces mésintelligences avec d'autres Etats qu'ils trouvent prétexte à maintenir ces armées sur lesquelles leur pouvoir repose.

C'est ainsi que ces amis éclairés de la paix s'efforcent de détourner l'attention des masses ouvrières et opprimées de la seule méthode qui peut les délivrer de l'esclavage auquel ils sont soumis dès l'enfance par le patriotisme, par l'obligation du serment — avec l'aide des prêtres mercenaires de notre chrétienté pervertie — et enfin par la peur du châtiment.

De nos jours, quand des relations étroites et pacifiques ont été établies entre les peuples de nationalités et de gouvernements différents, la duperie appelée patriotisme (qui proclame toujours la prééminence d'un Etat ou d'une nationalité sur les autres et qui invite toujours les hommes à des guerres inutiles et pernicieuses) apparaît déjà trop sous son véritable aspect, aux hommes raisonnables de notre temps, pour qu'ils ne s'en affranchissent pas; et la foi en la tromperie religieuse de l'obligation du serment (qui est formellement défendu par cet Evangile que les gouvernements invoquent) est, Dieu en soit loué, de moins en moins profonde. De sorte que le véritable et unique obstacle au refus du service militaire consiste seulement, pour la grande majorité des hommes, dans la crainte des châtiments qui sont infligés par les gouvernements lorsque de tels refus se produisent. Cette crainte, cependant, est encore une fois le résultat de la duperie gouvernementale. et n'a d'autre base qu'un réel hypnotisme.

Les gouvernements craignent et doivent craindre ceux qui refusent de servir et ils en sont effrayés, parce que chaque refus diminue le prestige de cette tromperie par laquelle ils tiennent le peuple sous leur domination. Mais ceux qui refusent n'ont aucun motif de craindre un gouvernement qui leur demande des crimes. En refusant le service militaire, un homme court moins de risques que s'il s'y soumet. Le refus du service militaire et la punition, emprisonnement en exil, qui en est la suite, constituent souvent une assurance avantageuse contre les dangers du service. En l'acceptant, chacun peut avoir à participer à une guerre à laquelle il est longuement préparé et pendant la guerre, comme un condamné à mort, il est dans cette situation de quelqu'un qui, à moins d'un concours de circonstances difficiles, sera certainement tué ou estropié, comme j'ai vu à Sébastopol un régiment qui vint occuper un fort où deux régiments avaient déjà été détruits et y resta jusqu'à ce qu'à son tour il eût été entièrement exterminé. Autre chose aussi profitable, est d'échapper aux maladies mortelles que développent les conditions anti-hygiéniques dans lesquelles s'effectue le service militaire. Autre chose encore, est d'échapper aux conséquences d'un mouvement d'impatience, d'une réponse trop vive auxquels on se laisse entraîner devant la brutalité des supérieurs et qui amènent des châtiments plus sévères que ceux qui seraient infligés en cas de refus du service militaire. Mais l'avantage le plus grand de ce refus est qu'au lieu de la prison ou l'exil qu'il amène, le service militaire force l'homme à passer trois ou quatre années de sa vie dans des milieux vicieux, à pratiquer l'art de tuer, étant dans la même captivité que dans une prison, mais ayant en plus à se morfondre dans une humiliante et dépravante soumission. Ceci, en tout premier rang.

En second lieu, en refusant le service militaire, chacun, si étrange que cela puisse paraître, peut presque toujours compter échapper à tout châtiment, son refus étant la révélation de la duperie gouvernementale, révélation qui, en peu de temps, rendra impossible tout châtiment pour un tel acte. La répétition de pareils actes ne peut laisser d'hommes assez stupides pour contribuer à la punition de ceux qui refusent de participer à leur oppression. La soumission à la conscription militaire n'est évidemment qu'une soumission moutonnière des masses ; le moindre acte d'indépendance dans ce troupeau de Panurge amènera la destruction de l'obéissance militaire.

En dehors de ces considérations toutes d'avantage personnel, il y a une autre raison qui doit exciter à refuser le service militaire tout homme indépendant d'esprit qui a conscience de l'importance de ses actions. Tout homme ne peut espérer que sa vie ne sera pas sans but mais sera utile à Dieu et aux hommes et souvent un homme passe son existence entière sans en rencontrer l'occasion. C'est précisément cette occasion cherchée qui s'offre à nous. En refusant le service militaire et le payement des impôts d'un gouvernement qui les emploie à des dépenses militaires, chacun par ce refus peut rendre un très grand service à Dieu et aux hommes, car il met en œuvre les moyens les plus efficaces à conduire la marche du progrès de l'espèce humaine vers cet ordre social meilleur pour lequel elle lutte, et qu'elle doit atteindre un jour. Mais il n'est pas seulement avantageux de refuser de se plier au service militaire, et non seulement tous devraient s'y refuser, s'ils étaient délivrés de l'hypnotisation qui les subjugue, mais il y a plus, il est *impossible* de ne pas le refuser.

Certaines actions sont moralement impossibles à certains hommes, comme le sont aussi certains actes physiques. Et le serment d'obéissance passive à des êtres immoraux qui ont pour but avéré et avoué le meurtre, est précisément une de ces actions moralement impossibles à la plupart des hommes s'ils étaient délivrés de l'hypnotisation. Par conséquent, il n'est point seulement avantageux et obligatoire pour tout homme de se refuser au service militaire, mais il ne lui est pas possible d'agir autrement.

« Mais qu'arrivera-t-il, si tous refusent le service militaire? » Nous serons sans moyens pour refréner les méchants et sans protection contre les races barbares — contre la race jaune — qui nous envahira et conquerra.

Je ne dirai rien de ce fait que les méchants ont triomphé longtemps, qu'ils triomphent encore et que, quoique luttant les uns contre les autres, ils ont dominé longtemps la chrétienté ; aussi, il n'y a donc pas à craindre ce qui a toujours été. Je ne veux rien dire de l'épouvantail de la race jaune, que nous provoquons constamment et instruisons dans le métier des armes, qui n'est qu'une excuse puérile et que la centième partie des armées actuellement sur pied en Europe suffirait à contenir. Je ne veux rien dire sur ces points parce que la considération du résultat général pour le monde de telle ou telle de nos actions, ne peut nous servir de guide dans notre conduite.

A tout homme, il est donné un autre guide infaillible, le guide de sa conscience. En le suivant, il apprécie ce qu'il fait, sait ce qu'il devrait faire. Toutes considérations des dangers qui menacent l'homme qui refuse le service militaire, aussi bien que la crainte des conséquences pour le monde de tels refus, ne sont qu'une molécule de l'immense et monstrueuse duperie dans laquelle le monde chrétien est engagé et qui est soigneusement maintenue par les gouvernements.

Quand un homme agit conformément à ce que lui dictent sa raison, sa conscience et son Dieu, il ne peut y avoir pour ses actions que d'excellents résultats aussi bien pour lui que pour le monde.

On gémit sur les tristes conditions de la vie du peuple dans le monde civilisé. Mais il est possible de les modifier, il suffirait pour nous tous d'observer la loi fondamentale proclamée il y a des milliers d'années : « Tu ne tueras point », de même que les lois d'amour et de fraternité humaine. Et pourtant que voyons-nous ? Tout Européen désavoue cette loi divine, et sur l'ordre d'un président, d'un empereur ou d'un ministre, de Nicolas ou de Guillaume, il s'affuble d'un costume idiot, saisit un instrument de carnage et s'écrie : Me voici, prêt à outrager, ruiner ou tuer quiconque me sera désigné.

Quelle peut être une société composée de tels hommes ? Cette société ne peut qu'être épouvantable, et il en est bien ainsi.

Eveillez-vous, frères ! N'écoutez ni ces misérables qui, dès l'enfance, vous infestent de l'esprit diabolique du patriotisme, opposé à la vérité et à la droiture et qui ne sert qu'à vous enlever vos biens, votre liberté et votre dignité, ni ces imposteurs qui prêchent la guerre au nom d'un Dieu cruel et vindicatif qu'ils ont inventé, et d'un christianisme perverti et faussé, ni moins encore, ces Sadducéens modernes qui, n'ayant comme but réel que le maintien des choses dans leur état actuel, s'assemblent sous le couvert de la science et de la civilisation, écrivent des livres et prononcent des discours, promettant d'arriver à donner au peuple une vie heureuse et paisible, sans aucun effort. Ne les croyez pas. Croyez seulement en votre conscience qui vous dit que vous n'êtes ni bêtes de somme, ni esclaves, mais des hommes libres, responsables de leurs actes et, par conséquent, incapables de devenir des meurtriers, que ce soit de votre propre gré, ou sur l'ordre de ceux qui ne vivent que du meurtre. Et il faut que vous vous éveilliez, que vous vous rendiez compte de toutes les horreurs et les insanités dont vous avez été, et cela fait, vous mettrez fin à cette maladie que vous abhorrez et qui vous ruine. Si vous y arrivez, tous ces imposteurs qui vous oppressent, après vous avoir corrompus, s'évanouiront comme des hibous devant la lumière du jour et alors sera réalisée cette nouvelle vie humaine et fraternelle vers laquelle aspire la chrétienté alourdie de souffrances, épuisée par le mensonge et perdue dans d'insolubles contradictions. Que chacun laisse accomplir, sans arguments embrouillés et frelatés, ce que lui ordonne chaque jour sa conscience et il reconnaîtra la vérité des paroles de l'Evangile ! Si quelqu'un veut faire la volonté de Dieu, il reconnaîtra si ma doctrine vient de Dieu, ou si je parle de mon chef (Saint Jean, VII, 17.)

Tolstoi.

Wilhelm Unseld. — *Allemand. Architecte. Homme de lettres.*

1° La guerre ne disparaîtra pas de la surface de la terre, aussi longtemps que le *pillage mutuel* sera considéré par les peuples et leurs gouvernants comme un *droit historique*, et que ce prétendu droit historique sera exercé en tous lieux de nos jours, voilà qui est incontestable.

2° Si la situation actuelle persiste encore, une anarchie militaire absolue

menacera les peuples qui, malgré leur apparente richesse ne seront plus à la fin que les esclaves des castes militaires. Ils sont déjà en très bon chemin pour cela.

3° L'idée des tribunaux arbitraux doit de plus en plus prendre corps. Et ceci serait surtout rendu possible par l'insertion dans tous les traités politiques de la clause suivante : les *différends concernant ce traité seront aplanis par un jugement arbitral. Une manière d'écrire l'histoire essentiellement différente* de celle actuellement employée préparerait les voies; la part principale appartiendrait non pas *aux actions guerrières* mais au *développement historique de la civilisation*; on devrait surtout prouver constamment, sans considérations chauvinistes, combien la civilisation fut détruite par toute guerre et montrer quelle somme de travail et de temps fut nécessaire pour, qu'après une guerre, *vainqueurs et vaincus* participent de nouveau enfin à un progrès de la civilisation. WILHELM UNSELD.

BARBARA VOTCHINNIKOF. — *Russe. Etudiante en lettres. Réponse publiée dans* La Fronde *du 3 avril* 1898.

1° Dès le moment où la société humaine conçoit l'idée ou plutôt le pressentiment d'une phase subséquente de son développpement *elle devient mûre pour entrer dans cette nouvelle période*. Dès le moment où les idées antimilitaristes sont conçues par la société humaine, l'histoire, le droit, le progrés exigent l'abolition de l'institution militariste.

2° *Effets intellectuels du militarisme* : la tendance à transformer un être humain en un pion d'échec ne peut avoir d'effet bienfaisant pour l'intelligence de cet individu.

***Effets moraux* : je ne crois pas que les hommes qu'on élève spécialement en vue de l'assassinat pendant la paix soient en mesure de satisfaire aux exigences de la morale humaine, même les plus élémentaires.**

***Effets politiques* : la possibilité de précipiter toute cette chair à canon sur « l'ennemi » pervertit les nations, ainsi que les gens qui ont l'habitude de porter des armes sont plus exposés que les autres à la tentation de s'en servir.**

***Effets économiques* : il suffit de consulter les statistiques...**

***Effets physiques du militarisme* : ils sont assez curieux.**

3° L'institution de l'armée permanente sera probablement remplacée dans la société future par un tribunal suprême composé d'hommes et de *femmes* de tous les pays pour résoudre les malentendus qui pourraient surgir entre les nations. Ce tribunal prendra le nom de *conseil de guerre*.

4° *Moyens conduisant à la solution du problème de la guerre* : La propagande active de l'antimilitarisme amènera forcément un congrès international qui aura pour résultat le désarmement SIMULTANÉ de toutes les nations...

BARBARA VOTCHINNIKOFF.

ALFRED RUSSEL WALLACE. — *Anglais. Naturaliste. Philosophe. Membre de la Société Royale de Londres. Auteur de :* Le Darwinisme, etc.

LES CAUSES DE LA GUERRE. — COMMENT Y REMÉDIER.

1. — Dans les conditions actuelles de la société dans tous les pays civi-

lisés étant une conséquence même des principes et méthodes de gouvernement qui y sont appliqués, la guerre ne peut cesser d'exister.

Ce qui conduit presque inévitablement à la guerre, c'est l'existence des classes militaires et gouvernementales pour qui le pouvoir, les excitations et les récompenses des guerres victorieuses constituent les grands intérêts de la vie. Aussi longtemps que le peuple permettra l'existence de ces classes distinctes et indépendantes et continuera de les considérer comme supérieures et indispensables pour assurer le gouvernement du pays et pour sauvegarder la propriété nationale aussi bien qu'individuelle, aussi longtemps qu'il en sera ainsi, les gouvernements continueront à faire la guerre.

Tous les gouvernements civilisés, quelle que puisse être leur tendance, *agissent* d'après ce principe que l'extension du territoire et l'annexion de pays lointains ou voisins aussi bien que l'accroissement du pays et de la population qu'ils dominent, sont choses bonnes en elles-mêmes, sans se soucier du consentement des peuples ainsi absorbés et gouvernés, même si ces peuples sont différents de race, de langage, et de religion. Il est vrai qu'ils ne peuvent avouer ouvertement cette doctrine, mais ils agissent invariablement d'après elle, tout en trouvant dans certains cas qu'il est nécessaire de justifier leurs actes. Ils déclarent alors que de telles conquêtes étaient indispensables à la sécurité nationale, au développement du commerce et invoquent d'autres raisons diverses, même celle d'assurer aux peuples conquis un gouvernement meilleur.

Mais la majorité des travailleurs et des gens éclairés, qui n'appartiennent pas aux classes dirigeantes ou militaires, n'acceptent pas ce principe établi plus haut ou y ajoutent d'importantes réserves. Ils professent plus ou moins cette opinion que les gouvernements ne peuvent tirer leurs pouvoirs que du consentement des peuples gouvernés et que toute guerre pour accroître le territoire et toute annexion de population est fondamentalement inique.

La raison de cette divergence d'opinion est simple. Toute annexion, toute nouvelle conquête même de peuples sauvages ou barbares procurent de nouveaux débouchés au commerce et à la spéculation, créent de nouvelles places pour le nombre toujours grandissant des classes gouvernementales, pendant qu'elles donnent, en même temps, de l'activité et de l'avancement aux classes militaires, en subjuguant d'abord, en opprimant ensuite les populations soumises et en ouvrant la voie pour de nouvelles extensions de territoire. Les guerres et les conquêtes, l'extension des frontières et les colonies nouvelles sont essentielles à l'existence et au maintien du pouvoir des classes dirigeantes.

La masse du peuple écartée de ces dernières, profite peu — si elle en profite — de ces extensions, pendant qu'elle souffre invariablement de l'accroissement des impôts temporaires et permanents dûs aux armements nouveaux que réclame la défense du territoire agrandi. Presque toutes les guerres du siècle ont été des guerres dynastiques — des guerres conçues et conduites dans l'intérêt réel ou supposé des classes gouvernementales, mais n'ayant que peu ou pas de relation avec le bien-être des peuples qui se sont laissés mener aveuglément par les gouvernants à combattre l'un contre l'autre. Dans tous les cas le peuple pâtit par la perte ou la mise hors de combat de fils, de maris, ou de parents, par la destruction des récoltes dans le pays conquis et par l'accroissement des impôts dûs aux nouveaux armements qui suivent toujours de telles guerres même dans le cas de victoires.

Ainsi tous les vrais intérêts de la masse des peuples sont opposés à la guerre, excepté dans le seul cas de défendre la patrie contre l'invasion et l'annexion. Les peuples sont plus ouverts à l'influence des considérations morales et humaines parce qu'eux seuls éprouvent, dans toute leur étendue, les maux sans nombre que la guerre leur amène. Excepté dans des cas très rares, il est probable qu'un plébiscite déciderait contre toute guerre autre que la guerre défensive.

2. Discuter les conséquences du militarisme aux différents points de vue indiqués dans la question demanderait beaucoup de place aussi bien que des connaissances spéciales que je ne possède pas. On peut admettre que ces effets sont bons et mauvais. Les déplorables conséquences du militarisme ont été souvent démontrées et sont trop connues. Je veux me borner à quelques remarques concernant le lien qui existe indiscutablement dans cette chose fondamentalement mauvaise, dans le but surtout de démontrer que quels que soient les bons résultats qu'elle donne, ils peuvent être obtenus par d'autres voies qui sont aussi humaines, morales et productives que la guerre est essentiellement cruelle, immorale et désastreuse.

L'un des avantages du militarisme vient de la perfection de son organisation, de ses habitudes d'ordre, de propreté et d'obéissance que le soldat apprécie rapidement comme n'étant point seulement favorables à son éducation personnelle mais comme absolument essentiels à une action efficace. La vie commune et fraternelle du soldat à la caserne comme en campagne développe le caractère en inculquant l'esprit de corps qui remplace par de généreuses rivalités, l'égoïsme du monde extérieur et conduit à ces hauts faits d'héroïsme et d'abnégation qui sont si universellement admirés. Tout soldat apprend par l'expérience le merveilleux pouvoir du travail organisé sous une habile direction d'arriver à surpasser ce que l'homme ordinaire considère comme insurmontable.

Il voit comment les torrents mugissants et les rivières profondes peuvent être rapidement pontées ; comment des routes peuvent être tracées sur des moraines ou des montagnes abruptes, comment les plus formidables retranchements, les forteresses inexpugnables sont attaquées et prises sous la direction d'un général habile et comment quelques hommes hardis, dans un élan désespéré, par le sacrifice de peu de vies, assurent souvent le succès de l'armée à laquelle ils appartiennent. La plupart des meilleures qualités de la nature humaine sont ainsi mises en activité par le soldat et les longues campagnes devant l'ennemi. Et de notre temps où on a développé les meilleurs sentiments de l'humanité, il y a lieu d'examiner si ces bons résultats ne balancent pas les mauvaises passions de cruauté et de pillage qui, si elles se sont souvent manifestées dans la guerre, le sont cependant à un degré beaucoup moindre que dans les périodes primitives.

Mais chacun de ces bons résultats du militarisme serait certainement obtenu par n'importe quelle organisation aussi étendue et aussi scientifique dans des buts meilleurs. Si le travail organisé pour le militarisme est si productif, il le serait au moins autant s'il était organisé pour surmonter les obstacles que la nature oppose aux progrès de l'humanité, à la production des choses nécessaires à la vie humaine, aux travaux sanitaires pour la préservation de la santé et à toute chose qui développe l'humanité. Si la même somme de connaissances, la même énergie à réussir et les mêmes sacrifices excessifs étaient appliqués à la grande armée industrielle, à la maintenir dans sa force et sa santé et à la guider dans la grande guerre que l'homme livre toujours contre la nature, subjuguant ses myriades de forces à son service, se préservant de ses attaques soudaines par la tempête et l'inondation, les volcans et les tremblements de terre qu'on ne peut pas toujours éviter, les bons effets seraient certainement plus grands que ceux produits par le militarisme.

Et si ces armées industrielles pouvaient faire valoir les avantages aussi bien matériels que moraux qu'elles peuvent procurer, les résultats seraient si évidents que toute la population tant féminine que masculine, réclamerait une telle organisation; la joie de vivre sous un tel régime de travail librement organisé serait telle que bien peu refuseraient de s'y soumettre.

Le travail en commun pour le bien de tous cesserait d'être du travail. L'émulation fraternelle prendrait la place de la concurrence égoïste et *l'esprit de corps* inciterait chaque organisation locale à surpasser les autres. Dans une immense organisation industrielle où les mêmes occasions de s'instruire et de s'éduquer seraient données à tous, le monde des inventeurs et des étudiants s'accroîtrait nécessairement, dont le but et la joie seraient de perfectionner les méthodes et les instruments de travail, de diminuer les besognes fatigantes et d'accroître ainsi les loisirs et les jouissances de la vie sociale.

On objecte souvent à de telles théories que cette organisation détruirait l'individualité de chacun ; mais il n'est pas prouvé que l'organisation militaire donne de semblables résultats ; le contraire est plutôt le cas. Il peut je pense être affirmé que toute organisation du travail est bonne pour autant qu'elle s'élève au-dessus de l'esclavage. Et quand elle aura atteint au point d'être une organisation d'égaux pour l'égal bien-être de tous, elle aura atteint son extrême influence. Alors, le caractère et le mérite conduiront seuls aux situations culminantes et au fur et à mesure que les diverses catégories de travailleurs deviendront éduquées, elles pourront de plus en plus être laissées à leur propre initiative et chaque individualité aura la plus grande liberté d'action, contrôlée seulement par l'influence et les conseils de ses compagnons de travail. Il en est ainsi dans les organisations militaires où l'intelligence et l'individualité d'officiers brevetés et non brevetés ont pu concourir. Les hommes ne sont pas réduits à un niveau médiocre, l'intérêt qu'ils apportent à leurs travaux n'est pas diminué, les déserteurs, les réfractaires ne sont pas d'un nombre considérable. On ne peut dire non plus que les hommes de talent qui s'y livrent tiennent compte du peu d'avantages dont ils jouissent comparativement à ceux qu'ils obtiendraient dans la vie commerciale. On ne peut non plus affirmer que le fait qu'ils sont tous nourris, logés et vêtus et par conséquent libérés de l'influence de la lutte économique, à une action diminutive de leurs facultés comme travailleurs, combattants ou organisateurs. De même la preuve que ces résultats ne sont pas dûs aux sévères pénalités militaires, se trouve dans ce fait que durant la guerre civile aux Etats-Unis, les deux armées étaient formées de volontaires qui se soumettaient pour le bien commun à l'organisation militaire et témoignaient des mêmes qualités que celles qu'on apprécie dans les armées européennes.

Et ce sont des objections de ce genre qui nuisent à l'organisation nationale de l'industrie et le système même qui dans un cas est proclamé comme ayant des effets favorables sur le caractère et qui incontestablement, même dans de mauvaises conditions, plaît par sa camaraderie et son altruisme, est condamné comme impraticable et nuisible quand il est question de l'appliquer industriellement.

Que quelque grand conducteur d'hommes arrive et donne à l'humanité l'organisation industrielle, qui conduira à l'éducation et au bien-être tout un peuple et qu'il soit ainsi prouvé que la paix peut avoir ses victoires plus grandes et plus glorieuses que la guerre !

(3,4) Les deux dernières questions concernant la solution à donner aux problèmes de la guerre et du militarisme et les moyens d'y arriver aussi rapidement que possible, ont été en partie résolues dans ce qui précède, mais quelques considérations peuvent y être ajoutées.

Il est, je crois, évident qu'il n'y a pas d'espoir d'obtenir une solution — même une amélioration — des classes dirigeantes composées d'un côté de ceux qui cherchent les places et le pouvoir, ou des situations officielles dans les pays nouvellement conquis et de l'autre par les classes militaires qui cherchent toujours à justifier leur existence et l'énorme fardeau qu'elles sont pour les nations.

Elles sont généralement soutenues par les classes commerciales qui, en temps de guerre et de conquête, peuvent se livrer à de lucratives spéculations sur le prix du papier-monnaie.

Nous ne pouvons donc nous reposer que sur le peuple pour en finir avec le militarisme et la guerre et nous devons dans ce but l'éduquer et l'éclairer non seulement au sujet des horreurs et des iniquités des guerres, mais de l'insignifiance de toutes les causes pour lesquelles elles sont engagées. Il faut lui montrer que toutes les guerres modernes sont des guerres dynastiques ; qu'elles n'ont pour causes que l'ambition, les intérêts personnels, les jalousies et l'avidité insatiable de pouvoir des gouvernants et que les résultats des guerres sont rarement, peut-être jamais même, de quelque profit pour les peuples qui en supportent tout le fardeau.

Il y a surtout certains points qu'on devrait spécialement développer. Par exemple, rien n'est plus inconséquent, plus fou et plus blâmable que l'habitude adoptée universellement par les nations civilisées et chrétiennes, de vendre à des rois barbares, demi-civilisés ou même sauvages, les armes les plus dangereuses et les instruments de destruction ; on étend ainsi le domaine des guerres et on rend plus difficile — plus coûteux en sang comme en argent — le châtiment de ces gouvernants, quand leurs crimes contre leur propre peuple deviennent trop grands pour être supportés. A tout point de vue, aussi bien du christianisme que de l'humanité ou du progrès, la fourniture d'armes et de munitions de guerre à des Etats barbares pour l'asservissement de leurs propres sujets est comme une entrave à la civilisation et devrait être absolument défendue.

Dans ce but et pour que l'effet des lois prises soit effectif, nous devons essayer de créer un sentiment d'horreur contre ceux qui continuent ainsi à trahir la cause de la civilisation pour leur profit personnel et sont non seulement traîtres à leur pays mais à la race humaine tout entière. A mon avis, ceux qui après avertissement et en dépit de la loi établie continueraient à fournir ces armes aux ennemis possibles de leur pays devraient être mis hors la loi dans toute contrée civilisée et chrétienne. L'autorisation du commerce d'armements de guerre n'est pas moins illogique que le sont certaines nations qui fournissent des armes à des peuples avec lesquels elles seront peut-être en guerre un ou deux ans après. La guerre privée est abolie et le commerce privé d'armes subira le même sort.

Le seul moyen logique de procéder serait de défendre la fabrication et le commerce privé du matériel de guerre. La guerre étant un acte national, aussi longtemps qu'elle existe, tout préparatif la concernant devrait être strictement aux mains des gouvernements.

Presque aussi répréhensible que la fourniture de matériel de guerre est l'autorisation donnée à des officiers d'accepter des emplois auprès de gouvernements barbares dans le but d'organiser leurs armées selon les méthodes les plus modernes, augmentant encore ainsi le champ des horreurs de la guerre.

Un autre point sur lequel le peuple devrait être éduqué comme soldat, est celui de refuser de marcher contre ses propres compatriotes ou contre les habitants d'un autre pays avec lequel il n'a point de querelle. Ils devraient réclamer le droit de ne prendre les armes que pour la protection du pays contre les envahisseurs. En se basant sur le principe que les droits des gouvernements n'ont d'autre base que le consentement des gouvernés, on peut dire que ce qu'on qualifie de rébellion n'est pas un crime mais une protestation fortifiable contre un mauvais gouvernement. Au lieu d'être réprimée par la force celle-ci devrait trouver des concessions et des réformes.

Toutes les tentatives d'établir des traités d'arbitrage pour dénouer les contestations entre nations devraient être fermement appuyées ; mais, pour les raisons données dans cet article, il ne semble pas probable que ce moyen d'abolir la guerre et le militarisme soit adopté. Dans toutes les grandes nations civilisées, les classes gouvernementales ont un intérêt trop puissant à maintenir de grandes armées permanentes pour qu'elles permettent leur abolition ou même une diminution des armements. Le peuple peut seul faire la grande transformation du *militarisme* en *industrialisme*. Il commence à comprendre la vérité des vers du poète Cowper :

> « La guerre est un jeu auquel, si leurs sujets étaient avisés,
> « Les rois ne joueraient pas ».

D'année en année, *ils* deviennent avisés et avant que le XXe siècle soit écoulé, nous pouvons espérer qu'un industrialisme bien organisé prendra la place de l'hydre du militarisme qui a atteint un développement si irrationnel et si pesant que l'humanité gémit pour sa délivrance.

ALFRED RUSSEL WALLACE.

B. DE WASZKLÉWICZ VAN SCHILFGAARDE. — *Hollandaise. Présidente de la Ligue Néerlandaise des Femmes pour le désarmement international.*

Bien qu'ardente amie de la paix, je suis trop peu philosophe pour pouvoir vous envoyer des idées bien originales, bien neuves, en réponse au questionnaire que vous m'avez fait l'honneur de m'adresser. Toutefois, je vais tâcher d'y répondre de mon mieux.

Je pose en principe, comme ma ferme conviction, que la guerre entre nations civilisées n'a plus la moindre raison d'être et que les jours du militarisme sont comptés. C'est la logique, la loi de l'évolution qui nous l'apprend.

Si l'on jette un regard en arrière, on voit que dans la nuit des siècles la guerre règne en maître suprême. Croyez à la vérité des récits bibliques et vous voyez les premières pages ensanglantées par le meurtre d'un frère ; soyez darwiniste et vous reconnaissez les premières traces de l'homme dans les armes en pierre qu'il s'est confectionnées.

Mais dans le premier de ces cas, ce meurtre a été puni comme un péché, — c'est-à-dire une déchéance d'un état de perfection — la paix — ; dans le second, les armes artificielles marquent un pas en avant sur la route de l'évolution. En progressant dans cette route, on doit logiquement venir à substituer des armes intellectuelles aux armes matérielles, à la suprématie de l'esprit sur la matière — la paix.

Je considère les dernières années de ce siècle comme une période de crise. L'ancienne barbarie fait un dernier effort pour conserver la maîtrise, mais l'aube de l'ère nouvelle se montre déjà à l'horizon et la lumière à la fin sortira victorieuse de sa lutte contre les puissances des ténèbres.

Rien de plus illogique, de plus barbare, qu'une guerre entre les nations civilisées dans la période où nous sommes. A quelques minimes exceptions près, les pays ont tous leurs frontières naturelles. Chaque invasion dans un pays limitrophe, toute conquête d'une province est une atteinte aux droits des gens, une grande injustice, une source de haine et de discorde, le pronostic d'une guerre nouvelle par le désir de revanche qu'elles font naître.

Qui dit guerre dit régression, qui dit paix dit progrès.

Non seulement la guerre, mais la paix armée, cette perpétuelle menace de guerre, le militarisme en un mot, a une influence des plus néfastes sur toutes les conditions de la vie tant intellectuelles, morales et physiques, que politiques et économiques.

Les sommes énormes, grandissant toutes les années, que le militarisme dévore, immobilisent ou, du moins, entravent tous les ressorts de la vie. Partout, l'humanité gémit sous le faix écrasant des impôts, elle sue sang et eau pour amasser l'argent que le fisc lui demande. Et à quoi servent ces sommes qui auraient pu procurer joie, santé, bien-être à des milliers de déshérités ? A fabriquer des navires qui seront coulés après un combat d'une couple d'heures, à acheter des canons, des fusils qui, après une ou deux années, ne vaudront plus rien, puisque le voisin en a inventé de plus ingénieux, de plus meurtriers surtout.

La plus grande partie de l'humanité souffre de faim, de froid. Pourquoi ? Puisque la science n'a pas à sa disposition les moyens pour faire des recherches aptes à améliorer les conditions de la vie, à changer les climats, à augmenter la production alimentaire sur notre globe, ou, si cela ne réussissait pas, à créer du moins des conditions nouvelles, où la souffrance serait réduite à un minimum.

On parle de faire des lois répressives contre l'anarchisme et les anarchistes. Que l'on mette fin à cette éternelle menace de guerre, que l'on travaille de toutes ses forces à l'avènement du règne de la paix et les anarchistes, peu à peu, rentreront dans les rangs des bourgeois paisibles et, n'étant plus exaspérés à chaque pas qu'ils font, leur haine se calmera.

On se plaint de dépopulation, de l'extrême nervosisme des hommes du temps présent, surtout en France. Vraiment les causes ne sont pas difficiles à trouver. Les guerres napoléoniennes, en arrachant à leurs foyers les plus sains, les plus vigoureux, les plus jeunes, avant qu'ils eussent le temps de procréer une race forte, toute l'œuvre de la répopulation échut aux chétifs, aux maladifs, aux plus âgés. Et la progéniture de quelques vigoureux qui en avaient échappé, tomba sur les champs de bataille de 59, 64, 66, 70.

Grave question que celle d'indiquer les solutions qu'il convient de donner dans l'intérêt de l'avenir de la civilisation mondiale aux graves problèmes de la guerre et du militarisme. Question plus aisée à poser qu'à résoudre et qui, à vrai dire, fait corps avec la dernière : quels moyens conduisent le plus rapidement à ces solutions.

Je n'en vois qu'un. C'est de persuader les gouvernements de l'absolue nécessité d'établir une ou plusieurs cours d'arbitrage, aux décisions desquelles ils s'engageront à se soumettre toutes les fois que des causes de litige surgiront.

Il faudrait encore que la bonne foi fût adoptée comme règle de conduite dans les corps diplomatiques et que l'on abolît le service d'espionnage dont nous venons de voir l'influence funeste sur l'esprit d'hommes originairement droits de nature. Ensuite faire trève aux armements excessifs, réduire peu à peu l'effectif des troupes jusqu'au moment où l'on n'en gardera sous les armes qu'autant qu'il en faut pour servir de garde aux princes, pour veiller à la sécurité publique et pour maintenir l'ordre.

Le premier pas dans le bon chemin serait de faire déclarer au congrès de la paix, convoqué par le Tsar, la neutralité perpétuelle des petits Etats, pour que ceux-ci, du moins, soient dégrévés au plus vite des frais de la guerre qui les épuisent sans que cela serve à rien. Qu'ils se ruinent de fond en comble pour s'armer jusqu'aux dents, un seul corps d'armée d'un de leurs puissants voisins n'en ferait qu'une bouchée, avec quelque héroïsme qu'ils se défendissent. Car ce n'est plus aujourd'hui une question de courage, de bravoure, d'endurance, mais uniquement une question de masses d'argent et de masses d'hommes.

On peut espérer que les grands Etats en voyant la prospérité grandissante des petits, du moment où ceux-ci pourront en toute sécurité se vouer aux œuvres de la paix, se résoudraient à faire trève d'armements et à jouir à leur tour d'un bien-être qui ne peut exister qu'à cette condition-là.

Pour arriver à ce but, il faut que l'opinion publique soit travaillée, que tous ceux qui partagent ces idées les propagent de toutes les manières.

Mais que surtout la femme se pénètre de l'idée que c'est à elle qu'incombe la tâche d'être le nouveau messie.

Non seulement parce que c'est elle qui souffre le plus en temps de guerre, puisqu'elle est épouse, sœur et fille, mais surtout puisqu'elle est *mère*. Mère de ses propres fils voués au carnage, mère aussi du genre humain tout entier.

Il faut qu'elle comprenne que rien ne résiste à la volonté ferme, unanime de toute une race. Il faut qu'elle *veuille* la paix, avec toutes les forces de son âme, avec la tension de tout son être.

Il faut que du moment où le germe de vie sera déposé dans son sein, elle voue cette nouvelle existence aux idées pacifiques, que dès la première éclosion de l'âme, elle la pétrisse dans ce sens, que toute l'éducation qu'elle donnera à son enfant soit dirigée à lui faire haïr la violence et l'injustice.

Que celles qui sentent la gravité du devoir qui pèse sur elles, agissent sur leurs sœurs pour que cette unanimité de vouloir — condition *sine qua non* de la réussite — se forme ; qu'ensuite, pendant une ou deux générations, elles travaillent sans défaillir dans le sens indiqué et la femme aura créé l'humanité nouvelle, aura inauguré l'ère de la paix.

B. DE WASZKLÉWICZ VAN SCHILFGAARDE.

JULIA WEDGWOOD. — *Anglaise. Femme de lettres. Auteur de plusieurs romans.*

1. Je crois que la guerre peut être nécessaire pour défendre la justice et le droit entre nations, dans beaucoup de cas qui peuvent se présenter à n'importe quel moment, d'autant plus facilement qu'il subsistera plus longtemps une puissance barbare et non chrétienne parmi nous en Europe, et des Empires européens chargés du gouvernement de races sauvages. En ce qui concerne plus particulièrement nous-mêmes (l'Angleterre) il me semble que « les précédents de l'histoire » auraient justifié dans un cas qui s'est présenté récemment, une guerre, puisque la guerre européenne la plus longue de ces cinquante dernières années a été celle que nous avons livrée précisément pour défendre la susdite puissance barbare et que nous nous sommes rendus virtuellement responsables du maintien de cette puissance en Europe.

2. La seconde question eût gagné en clarté, si le mot militarisme avait été défini. Ce mot, peut vouloir dire :

Soit (*a*) l'amour de la guerre pour le plaisir de se battre ;

Soit (*b*) une tendance à considérer toutes choses du point de vue militaire, sens qui n'est pas identique au premier ;

Soit (*c*) le sentiment de la valeur des vertus militaires. Ce dernier sens se rapproche beaucoup du premier, mais ne lui est pas non plus identique.

Il me parait que le militarisme, si on le comprend dans le premier sens, a des résultats également bons et mauvais à tous les points de vue ; compris dans le sens (*b*), il a une influence presque entièrement mauvaise ; enfin, dans le sens (*c*) il est presque entièrement bon.

Les questions 3 et 4 me paraissent n'être que la même sous deux formes différentes, et cette question est une des plus vastes qui soient dans l'ordre politique.

On ne peut, à mon avis, avoir d'opinion sur cette question que si l'on est doué du génie politique ou si l'on possède une longue expérience de la politique. Je me bornerai à critiquer la forme dans laquelle cette question est posée. Ainsi posée, elle peut vouloir dire :

(*a*) A quelle solution pratique du problème peut s'arrêter une nation seule en supposant que les autres nations ne s'y rangent pas ?

(*b*) A quelle solution pourrait-on s'arrêter si toute l'Europe désirait en trouver une et était prête à l'accepter ?

En d'autres termes, en supposant que le désarmement offrît la solution voulue, une nation seule serait-elle justifiée à donner aux autres l'exemple, avant que les autres aient accepté de le suivre? Cette distinction est d'une grande importance, même dans la morale individuelle. Il y a beaucoup d'actes, tels que celui de l'homme qui paie ses dettes, dont l'accomplissement est également à souhaiter, que cet acte soit accompli par d'autres ou non. Mais il y a d'autres actes pour lesquels il est nécessaire d'examiner s'ils sont accomplis exceptionnellement ou généralement avant de pouvoir dire jusqu'à quel point ils sont désirables. La morale nationale comprend beaucoup plus d'actes de ce genre que la morale individuelle. Il serait peut-être utile, pour trouver la solution du problème, de se poser cette question préliminaire. Jusqu'à quel point les nations les plus éclairées agiraient-elles utilement dans l'intérêt du monde en général, si elles donnaient aux nations moins éclairées un exemple que celles-ci ne suivraient pas? JULIA WEDGWOOD.

LÉON WINIARSKI. — *Polonais. Privat-Docent à l'Université de Genève.* Collaborateur de la *Revue internationale de sociologie*, *l'Humanité nouvelle*, etc.

La guerre fut autrefois l'état naturel de l'humanité, elle découlait de la loi de la lutte pour l'existence, elle fut un moyen de production. Mais les énergies qu'elle utilisait se sont profondément transformées et elles ont été dirigées dans une foule d'occupations pacifiques. Tout en restant toujours le tribunal suprême de l'humanité, puisque c'est la force qui prime le droit, elle n'est plus une nécessité si pressante. Les énergies qui découlaient autrefois brutalement sur le champ de bataille, découlent à présent dans des luttes industrielles, commerciales, artistiques, diplomatiques, etc. Dans cette transformation des énergies sociales, il y a une tendance vers l'aplanissement de tous les différends entre les nations par des tribunaux internationaux. Quant au militarisme il a des causes tout économiques. C'est un fait bien connu que les dettes publiques de tous les Etats européens croissent constamment. Ce fait de l'endettement continuel et croissant des Etats est une conséquence de tout le régime social existant, basé sur le monopole des moyens de production d'un côté et sur le salariat de l'autre. Les crises de superproduction ayant lieu périodiquement sont la meilleure preuve de manque d'harmonie dans la production contemporaine qui dépasse périodiquement la consommation, — elle ne dépasse pas les besoins de la population évidemment, mais seulement ses moyens d'achats bornés au strict nécessaire. La productivité des machines croît sans cesse, ce qui fait constamment une partie des bras inutiles, inoccupés. D'autre part, si le salaire croît absolument, il ne croît pas dans la même proportion que cette productivité. On fabrique une masse toujours grandissante de marchandises qui ne trouvent pas d'acheteurs. Le capital mis dans la production donne un taux d'intérêt toujours plus petit qui, dans les temps de crises peut même devenir négatif. Les capitalistes sont donc obligés d'employer la machine de l'Etat pour assurer artificiellement à leurs capitaux, inutiles dans la production, un taux d'intérêt convenable. L'Etat s'endette pour payer la rente et le grand livre de la dette publique se remplit sans cesse. Le mécanisme de l'Etat devient ainsi une presse qui arrache par voie d'impôts des sommes toujours croissantes, destinées aux rentiers. Et que

fait l'Etat des capitaux qui lui sont imposés de telle façon ? Inutiles dans la production, il tâche de les employer d'une façon quelconque et c'est le militarisme qui est le gouffre nécessaire qui les engloutit. La même cause, la productivité croissante du travail, donne des capitaux superflus dans la production et une masse toujours croissante des gens inoccupés. Ceux-ci se révolutionneraient et se démoraliseraient si on les laissait en liberté. On les enrôle donc dans les armées, qui sont des soupapes de sûreté de la société contemporaine. Pour obtenir le vrai chiffre des inoccupés, de la population « superflue », qui n'a pas de travail, il faut prendre non seulement le *Lumpenproletariat*, mais aussi le contingent toujours croissant des armées.

Remarquons que l'Europe entretient presque 3,5 millions de soldats et de marins qui coûtent environ 5 milliards annuellement.

Passons aux effets du militarisme. La sélection militaire avait des suites anthropologiquement favorables dans les sociétés primitives : les fatigues et les dangers de la vie militaire, à laquelle tout le monde participait, exterminaient les faibles, et les forts pouvaient se distinguer par leur force ou par leur adresse personnelle qui, dans ce temps-là, jouaient un rôle considérable. Tout ceci est applicable encore aux sociétés antiques et à celles du moyen-âge. Mais à mesure que les armées régulières ont remplacé les levées universelles, les faibles ont été exemptés du service militaire et ce sont eux qui se reproduisent, en même temps que les forts sont décimés par le militarisme ; d'un autre côté, à mesure que la technique militaire se perfectionne, la force et l'adresse personnelle jouent un rôle toujours plus insignifiant, les projectiles allant dans le tas et tuant en masse, sans distinguer s'il s'agit d'individus plus ou moins forts ou capables. Depuis cent ans ont péri par la guerre, suivant Engel, 13 millions, suivant d'autres auteurs, 20 millions d'hommes forts, sains et capables.

Mais outre le nombre des tués il faut encore compter la réduction de la natalité, les maladies, l'appauvrissement physiologique, etc., engendrés par le militarisme. Les guerres européennes de 1811-1816, provoquèrent 20 ans plus tard une baisse de la taille : la quantité d'incapables au service s'accrut de 30 0/0. La guerre de Crimée a diminué le nombre de mariages en France de 3 1/2 milliers et le nombre des naissances de 10.000. Quant aux effets sanitaires du militarisme il suffit de dire que dans la période 1855-79 plus d'une moitié (54 0/0) des soldats ont passé en France par l'hôpital. Les effets sanitaires du militarisme sont bien connus. Fluxions de poitrine, fièvres typhoïdes, épidémies, affections vénériennes — voilà ce qu'il réserve à ses victimes. Ajoutons là que les hommes ne se reproduisent habituellement qu'après avoir passé par cet enfer, affaiblis et infirmes.

Si l'Europe adoptait le système de milice des Etats-Unis, on pourrait faire une économie annuelle de 4 1/2 milliards. Les bras rendus libres fourniraient en outre 3 1/2 milliards par an. Sur 121 milliards de dettes publiques d'Europe, 80 sont d'origine militaire ; on en paye 3 milliards d'intérêt. En tout l'Europe perd, grâce au militarisme, 12 1/2 milliards de francs par an. Le type militaire n'étant qu'une survivance dans nos sociétés industrielles, les effets moraux, intellectuels et politiques du militarisme sont ceux d'un retard de l'évolution dans tous ces domaines.

La solution qu'il convient de donner au militarisme (1) c'est de trouver un emploi productif aux capitaux qui encombrent inutilement la dette publique et qui par cela doivent être engloutis par les armées. Peut-être pourrait-on, par un système de crédit bien organisé, donner en même temps une occupation aux bras « superflus » qui autrement doivent être enrôlés dans la caserne. Avant de résoudre cette question fondamentale on ne pourra rien faire d'important contre le militarisme. C'est ici que se trouve le point de la question. Quant à la guerre les tribunaux internationaux la remplaceront peut-être un jour, mais avant de disparaître elle ensanglantera plus d'une fois encore les pages de l'histoire. Dr L. WINIARSKI.

ADOLFO ZERBOGLIO. — *Italien. Privat-docent à l'Université de Pise. Anthropologue. Auteur de divers ouvrages.*

1° Je crois qu'il est difficile de répondre avec précision à cette partie de l'enquête, trop ample, trop complexe et trop indéterminée, à mon avis. Que signifie en effet cette question : « La guerre entre nations civilisées est-elle encore voulue par l'histoire ? »

Désire-t-on savoir si on croit qu'il y aura encore ou non des guerres ? ou que, étant donné le degré d'évolution qu'a atteint l'humanité, il devrait encore y avoir des guerres ?

Quand on répond affirmativement à la première question, la réponse à la seconde devient en quelque sorte un vain examen académique.

En ce qui concerne ensuite la seconde partie de la question : La guerre est-elle encore voulue par le droit ? l'objection immédiate est celle-ci, à mon avis : Par le droit de qui ? de quoi ? quel droit ? Selon moi, il y aura certainement encore des guerres. Certaines d'entre elles pourront être contraires au droit *limité*, à la forme la plus entière et la plus élevée du droit, qui consiste dans l'obligation de respecter les activités réciproques, et de ne pas percevoir, en général, uniquement les fruits de son activité propre ; d'autres auront, au contraire, ce droit comme but suprême quoique parfois inconscient et indirect.

Les guerres de la première catégorie, seront iniques et contraires au progrès ; les secondes, si elles sont momentanément défavorables au progrès, en constitueront ensuite le facteur le plus important.

2° Si les armées (utiles là ou elles ne sont pas hypertrophiques, et pendant longtemps encore peut-être, indispensables) peuvent être, dans des circonstances données, un avantage (en Italie l'armée aide à civiliser actuellement encore, de nombreux conscrits à moitié barbares) et, principalement lorsqu'il s'agit d'individus non éduqués et ignorants, elles peuvent constituer une école du devoir, d'habitudes plus correctes, le militarisme, lui, est absolument malfaisant dans ses effets intellectuels, moraux, physiques, économiques et politiques.

Dans le champ intellectuel, il tend à détourner de l'étude des plus hauts problèmes de la vie et de la science, en maintenant le culte de l'autorité brutale et de la force contre la raison.

Dans le champ moral, il tend à favoriser les coutumes corrompues, la

(1) Qui pourrait être remplacé par le système suisse ou américain.

pratique de l'oisiveté ou d'un travail stérile qui équivaut à l'oisiveté, la passion par la violence, le mépris des sentiments de solidarité et de fraternité humaines.

Dans le champ physique, s'il aide jusqu'à un certain point, au rétablissement des forces individuelles, il est défavorable à l'espèce, surtout parce qu'il soustrait à la reproduction les hommes les plus valides pendant les meilleures années de leur jeunesse.

Dans le champ économique, il signifie une absorption énorme de l'activité et de la richesse sociales, en faveur de productions inutiles.

Dans le champ politique, il vise à maintenir la direction des affaires publiques dans les mains des classes parasites, peu cultivées, et il inspire une conduite politique arrogante, agressive et antilibérale.

3° et 4° Pour résoudre, conformément aux exigences de la civilisation mondiale, les problèmes de la guerre et du militarisme il faut s'orienter sur la pensée du droit tel que je l'ai défini, combattant, sans relâche, le militarisme et toutes les guerres qui se montrent défavorables au triomphe de ce droit.

La transformation économique de la société entraîne avec elle la solution du militarisme et de la guerre.

Suivre les évènements en ce qu'ils constituent le développement de ladite transformation, entrer dans l'ordre de leur système de développement, affermir les sentiments supérieurs qui les accompagnent, c'est concourir à secouer pour toujours le joug des armes et des armées.

Adolpho Zerboglio.

TABLEAU SYNOPTIQU

La Guerre n'est pas nécessitée par

Le droit	Le progrès	Les conditions historiques
Barès.	Michel Corday.	Michel Corday.
J. de Biez.	Alfred Fouillée.	Comtesse Diane.
Michel Corday.	G. Gressent.	Alfred Fouillée.
Ch. Richet.	L. Guétant.	L. Guétant.
Savioz.	Yves Guyot.	Albert Lantoine.
G. Trarieux.	A. H.	Paul Passy.
F. Bajer.	Albert Lantoine.	Pichot.
G. Bonomelli.	G. Moch.	Pilon.
Bresca.	P. Passy.	G. Pioch.
Di Carneri.	Pichot.	Rainaldy.
Catellani.	Pilon.	J. Reibrach.
Marya Cheliga.	G. Pioch.	A. Retté.
J. Coucke.	H. Rainaldy.	Rochetin.
Walter Crane.	J. Reibrach.	E. Vaillant.
M. Von Egidy.	Elisabeth Renaud.	F. Bajer.
Havelock Ellis.	A. Retté.	Bonomelli.
P. Gener.	Ch. Richet.	Bresca.
Grietti.	Rochetin.	Di Carneri.
Henckell.	Savioz.	Walter Crane.
Katscher.	Trarieux.	Havelock Ellis.
Kenworthy.	F. Bajer.	P. Gener.
Lockwood.	G. Bonomelli.	Henckell.
De Marès.	Bresca.	Katscher.
Peckhover.	De Carneri.	Kenworthy.
Perez.	Catellani.	Lockwood.
E. Picard.	Marya Cheliga.	De Marès.
Reich.	Havelock Ellis.	Stuart Merril.
Di Revel.	P. Gener.	Reich.
Skemeny.	Giretti.	Sundblad.
Sundblad.	Henckell.	Suttner.
Suttner.	Katscher.	Votchinnikoff.
Votchinnikoff.	Kenworthy.	Waszkléwicz.
Waszkléwicz.	Lockwood.	
	De Marès.	
	Neumann.	
	E. Picard.	
	Reich.	
	Di Revel.	
	Skemeny.	
	Sundblad.	
	Suttner.	
	Votchinnikoff.	
	Waszkléwicz.	

DES OPINIONS EXPRIMÉES

La Guerre est

Nécessitée par le progrès	Nécessitée par les conditions historiques actuelles	Une nécessité inéluctable	Une survivance barbare	Légitime pour la défense
Hauser.	H. Bérenger.	Basch.	J. de Biez.	Barès.
Dolara.	V. Charbonnel.	M. Block.	P. Bureau.	M. Block.
Hennebicq.	F. Durkheim.	Nercy.	V. Charbonnel.	A. Chirac.
Marazzi.	G. Gressent.	Trarieux.	Chateauvieux.	A. Fouillée.
Da Matta.	Y. Guyot.	F. Abignente.	M. Corday.	Gerville-Réache.
Stuart Merril.	Hauser.	Hennebicq.	E. Durckheim.	Louise Michel.
	Meillet.	Marazzi.	Marya Cheliga.	P. Passy.
	F. Abignente.	Da Matta.	A. H. Fried.	G. Renard.
	Beesly.	Prato.	Giretti.	Elisabeth Renaud
	Catellani.		Marino.	L. de Rosny.
	A. Cipriani.			G. Bonomelli
	C. Cornelissen.			Sc. Borghese.
	C. Corsi.			Jandelli.
	J. Coucke			Le Clément de Saint-Marcq.
	A. De Potter.			Perez.
	Dolara.			Tivaroni.
	Labriola.			Russel Wallace.
	Marazzi.			
	Martinazzoli.			
	Da Matta.			
	Maurice.			
	Mella.			
	E. Picard.			
	Di Revel.			
	Skemeny.			
	Starcke.			
	Steinmetz.			
	Tivaroni.			
	Unseld.			
	Russel Wallace.			
	Wegdwood.			
	Zerboglio.			

Tableau synoptique des auteurs des réponses

NATIONALITÉS	Hommes	Femmes	Total	PROFESSIONS: Pharmaciens	Sans profession Rentier	Ouvriers	Avocats	Sculpteurs Peintres	Fonctionnaires et Employés	Députés Sénateurs	Institutrices	Prêtres	Médecins	Ingénieurs	Journalistes H. de Lettres	Professeurs d'Université	Magistrats	Industriels	Total	Sociologues	Philosophes	Economistes	Officiers Anciens Officiers	Juristes
Français	53	8	61	1	4	2	2	2	3	3	2	1	1	1	28	11	»	»	61	3	3	6	5	1
Italiens	24	0	24	»	4	»	3	»	»	1	»	1	»	»	6	5	2	2	24	4	3		4	2
Autrichiens	2	1	3	»	1	»	»	»	»	1	»	»	»	»	1	»	»	»	3		1			
Danois	3	0	3	»	»	»	»	1	»	»	»	»	»	»	1	1	»	»	3				1	
Anglais, Irlandais, Ecossais	8	3	11	»	2	»	»	1	»	»	»	»	1	»	7	»	»	»	11	2	2			
Polonais	1	1	2	»	»	»	»	»	»	»	»	»	»	»	1	1	»	»	2					
Hollandais	2	1	3	»	1	»	»	»	»	»	»	»	»	»	1	1	»	»	3					
Belges	10	0	10	»	2	»	2	1	»	1	»	»	»	»	4	»	»	»	10	1			1	1
Allemands	7	0	7	»	1	»	»	»	»	»	»	»	1	»	5	»	»	»	7	1			1	
Espagnols	3	0	3	»	»	1	»	»	1	»	»	»	»	»	1	»	»	»	3	2				
Américains	0	1	1	»	1	»	»	»	»	»	»	»	»	»	»	»	»	»	1					
Tchèques	2	0	2	»	»	»	»	»	»	»	»	»	»	»	2	»	»	»	2					
Russes	2	1	3	»	1	»	»	»	»	»	»	»	»	»	1	»	»	1	3	1	1			
Hongrois	1	0	1	»	1	»	»	»	»	»	»	»	»	»	»	»	»	»	1					
Suédois	1	0	1	»	1	»	»	»	»	»	»	»	»	»	»	»	»	»	1					
Turcs	1	0	1	»	»	»	»	»	»	»	»	»	»	»	1	»	»	»	1					
Suisses	1	0	1	»	»	»	»	»	»	»	»	»	»	»	»	»	»	1	1					
Brésiliens	1	0	1	»	»	»	1	»	»	»	»	»	»	»	»	»	»	»	1					
Total	122	16	138	1	19	3	8	5	4	6	2	2	3	1	59	19	2	4	138	14	10	6	12	4

Index Alphabétique des Noms d'Auteurs.